ro
ro
ro

ro
ro
ro

Zu diesem Buch Inge und Walter Jens erzählen in ihrem Buch, dem Ertrag vieljähriger Arbeit, die Geschichte einer deutschen Universität. Fünfhundert Jahre Tübinger Gelehrtenrepublik: Das ist eine Historie des deutschen Bildungswesens in nuce, die Darstellung einer gelehrten Institution, an deren Beispiel Größe und Ohnmacht, Glanz und Wirkungslosigkeit der Wissenschaft anschaulich wird. Es ist eine Biographie einer Hochschule, die wie kaum eine zweite das deutsche Geistesleben geprägt hat.

Die Autoren Inge und Walter Jens, geboren 1927 und 1923 in Hamburg, sind seit 1951 verheiratet. Sie haben sich große wissenschaftliche und gesellschaftliche Verdienste erworben und zahlreiche belletristische, wissenschaftliche und essayistische Bücher verfasst. Ihr bislang größter gemeinsamer Bucherfolg ist «Frau Thomas Mann – Das Leben der Katharina Pringsheim», erschienen im Rowohlt Verlag.

Inge und Walter Jens

Eine deutsche Universität

500 Jahre Tübinger Gelehrtenrepublik

Unter Mitarbeit von Brigitte Beekmann

Rowohlt Taschenbuch Verlag

Veröffentlicht im Rowohlt Taschenbuch Verlag,
Reinbek bei Hamburg, August 2004

Umschlaggestaltung any.way, Martina Kloke
(Abbildung: akg-images)
Satz Garamond und Futura PostScript
bei KCS GmbH, Buchholz/Hamburg
Druck und Bindung C. H. Beck, Nördlingen
Printed in Germany
ISBN 3 499 61690 4

Zur Erinnerung an Rudolf Günther,
Oberpedell der Universität Tübingen

In nomine domini Amen. Henricus
permissione divina Abbas Monasterij in Blaburen Ordinis Sancti Benedicti
Constantien. dioc. Executor et Commissarius ad infrascripta a Sancta Sede apostolica una
cum certis aliis in hac parte Collegis Cum clausula Quatinus vos vel duo aut unus
vestrum in subinsertis litteris apostolicis appositis specialiter deputatus Universis et singulis has
litteras visuris lecturis et audituris presentibus et posteris ac presertim illi vel illis quorum
interest intererit aut interesse poterit et quos nunc fuerit oportunum Subscriptorum notitiam
indubitatam cum salute in domino sempiterna. Litteras Sanctissimi in Christo patris et
domini nostri domini Sixti divina providentia Pape Quarti Eius vera Bulla plumbea in
filis Canapi more Romane Curie impendente bullatas Non abrasas non cancellatas nec
abolitas Nec in aliqua sui parte suspectas sed sanas integras et illesas omnique prorsus
vitio et suspitione carentes Nobis pro parte Illustris et Generosi domini domini Eber-
hardi Comitis in Wirtenberg et in Montepeligardo Senioris in ipsis litteris principali-
ter nominati alias pridem presentatas Nos cum ea qua decuit reverentia recepisse noveritis
huiusmodi qui sequitur Tenorem de verbo ad verbum continentes. Sixtus
episcopus servus servorum dei. Dilectis filiis .. Abbati in Blaburen et Sancti Martini
in Sindelfingen per Prepositum soliti gubernari Monasteriorum Ac ecclesie in Herrenberg
Prepositis Constantien. dioc. Salutem et apostolicam benedictionem. Copiosus in misericordia domi-
nus et in cunctis suis gloriosus operibus a quo omnia dona defluunt ad hoc nobis
licet insufficientibus meritis sue sponse universalis ecclesie regimen committere et
nostre debilitati iniungere servitutis imponere voluit ut tamquam de summo vertice
montis ad infima descendentes intuitum quod pro huiusmodi illustranda ecclesia
ad fidei propagationem conferat orthodoxe quod statui quorumlibet fidelium conveniat prospi-
ciamus attentius et qualiter a fidelibus ipsis profugatis ignorantie tenebris illi per
donum sapientie in via mandatorum ac domo domini conversari debeant solercius atten-
damus eos ad querendum litterarum studia per que militantis ecclesie rei publice geritur
divini nominis ac eiusdem fidei cultus protenditur omnisque prosperitatis humane
conditio augetur nostre sollicitudinis ope apostolicisque favoribus propensius excitemus.
Sane pro parte dilecti filij Nobilis viri Eberhardi Comitis in Wirtemberg et
Montispeligardi nobis nuper exhibita petitio continebat Quod in Civitatibus opidis et
locis suis Ac dilecti filij Nobilis viri Ulrici etiam Comitis in Wirtemberg et
Montispeligardi temporali dominio subiectis quorum territoria longe lateque ampla existunt
et incolarum multitudine ac fenerum ubertate habundant non est aliqua Universitas
Studij generalis ad quam Civitatum terrarum opidorum et locorum huiusmodi et aliorum circum-
vicinorum locorum incole volentes in scientijs proficere ad studendum et addiscendum com-
mode se transferre valeant. Adiecit in opido Tuwingen Constantien. dioc. pro-
vincie Maguntinen. loco insigni et comodis habitationibus pleno in quo vic-
tualium omnium maxima copia habetur eius temporali dominio subiecto prope
quod infra duas dietas vulgares non est aliqua Universitas studij generalis erige-
retur Universitas ipsius studij generalis cuiuscumque facultatis et scientie eidemque
Universitati sic postmodum erecte pro facilitori supportatione onerum et expensarum
eiusdem presertim salariorum illorum qui cathedras pro tempore inibi regent sancti

INHALT

Prolog 11

1. KAPITEL **Gründung einer Universität 13**

Deutschlands kleinste Universitätsstadt: Idylle oder abscheuliches Dorf? – Württembergs geliebter Herr, Graf Eberhard im Barte: ein Intellektueller und Autodidakt – Der Herzog und seine Berater – Vereinigung von Wissenschaft und Glauben im Zeichen der Weisheit – Die Brücke zwischen Scholastik und Humanismus: Ein dritter Weg in Tubingen? – Ende einer Ära: Philipp Melanchthon geht nach Wittenberg

2. KAPITEL **Die Zunft und ihr Betrieb 45**

Die akademischen Bürger und ihre Rechte – Von privilegierten Professoren, Witwen und Buchdruckern – Ordinarien als Gutsverwalter und Zeremonienmeister – Sorgen eines akademischen Senats – Die Universität: Ein Zunftbetrieb – Fakultäten, Professoren, Studenten und Pedelle – Der Kanzler als Auge des Fürsten – Vorlesungen, Prüfungen, Doktorschmäuse: Das Reglement einer Hochschule – Rangstreitigkeiten und kein Ende

3. KAPITEL **Die Universität spricht Recht 72**

Kindsmörderinnen und Totschläger, Malefiz-Affären und peinliche Prozesse – Grenzen einer akademischen Gerichtsbarkeit – Die Hinrichtung der Felicitas Heppler – Gnade für einen Mörder? – Wirt contra Pfarrer: Ein Satyrspiel um Spesen und Schadenersatz – Das Totschläger-Asyl in Reutlingen – Ein Duellant foppt den Senat – Von armen Mädchen und stolzen Herren, vom Hurengeld und vom Übermut der Studenten

4. KAPITEL **Die Herrschaft der Theologen 100**

Der Zerfall von Eberhards großer Koalition – Württemberg: Das protestantische Spanien – Klosterschulen und Stift: Rekrutierung einer Elite im eigenen Land – Das Glaubensbekenntnis der Orthodoxie – Große Kirchenordnung und Konkordienformel – Vom Häretiker Apian und vom großen Ketzer Johannes Kepler

5. KAPITEL **Die Glaubensanwälte und ihre Praxis 125**

Die Blasphemie: ein todeswürdiges Verbrechen – Gott hat gerülpst: Der Fall eines Tübinger Stipendiaten – Nur keine Neuerungen: Humanisten, Herrnhuter und Wolffianer auf der Anklagebank – Spielregeln der Zensur – Eine Offizin wird durchsucht – Von Teufelsanbetern und Proselyten

6. Kapitel **Das Fußvolk der Philosophen und die Juristen-Aristokratie 157**

Verfall der Sitten und Verfall der Wissenschaft – Die Artisten-Fakultät als Präparanden-Anstalt – Das Ritual der Magister-Feiern – Glanz und Elend der Disputationen – Vom Studienbetrieb der Juristen – Die zweite Fakultät: Ein Spruch-Kollegium – Tortur und Todesurteil: Professoren entscheiden – Zwei Fälle von Hexerei – Ein Freigeist namens Lauterbach – Mittelalter im achtzehnten Jahrhundert

7. Kapitel **Ärzte, Chirurgen und viele Tote 187**

Fakultät und Collegium Medicum: Gelehrte als Prüfer von Hebammen und Badern – Standes-Rivalitäten und Nepotismus – Der Teufel in Maulwurfs-Gestalt: Vom Aberglauben der Ärzte – Der Jahrhundert-Streit um die Leichen – Apotheken-Visitation und Inspektion der Aussätzigen – «Damit wir noch in etwas lengers beysamben bleyben können»: Wissenschaft im Zeichen von Krieg, Brand und Pest

8. Kapitel **Vom Verwandtschaftshimmel zur Staatsanstalt 211**

General-Inspektion einer Hochschule – Das Collegium Illustre: Blüte und Verfall des Adels-Kollegs – Niedergang der Universität: Reformvorschläge in Stuttgart und Tübingen – Karl-Eugen als Rector Magnificentissimus – Nur noch ein einziger Medizinstudent: Die Gründung Herzog Eberhards im Schatten der Hohen Karls-Schule – Die Universität wird Staatsanstalt

9. Kapitel **Im Zeichen Metternichs 231**

Der König entmachtet die Hochschule – Ein Kurator als Retter – Zwei neue Fakultäten werden gegründet – Vom Widerstand der Prälaten und Schreiber, von katholischen Aufklärern, Kurialisten und streitbaren Protestanten – Der große Donnerschlag des Jahres 1819: Tübingen und die Karlsbader Beschlüsse – Das Regiment des Kanzlers Autenrieth – Ein Oberjustizrat als Staatskommissär

10. Kapitel **Zwischen Reaktion und Reform 262**

Der Dichter Scardanelli und die Tübinger Republikaner – Der Fall Friedrich Theodor Vischer oder: Darf ein Pantheist ungestraft die Jugend verführen? – Der Hort der Orthodoxie wird zum Zentrum der historisch-kritischen Theologie-Bespitzelung, Provinzialismus, liberale Opposition – Im Zeichen Hegels: Ferdinand Christian Baur und die Folgen

11. Kapitel **Der Pyrrhus-Sieg der Naturwissenschaften 295**

Mediziner contra Philosophen: Gründung einer neuen Fakultät – Emanzipation der Wissenschaft – «Universität und Wirtschaft» als Zentralproblem der Zeit – Eine Stadt verändert ihr Gesicht – Neue Bauten, alte Sorgen – Von ärztlichen Plänen und von zweierlei Menschen

12. Kapitel **Den Vorhang zu und alle Fragen offen 316**

Tübingen im 20. Jahrhundert: Der Nationalsozialismus und seine sehr langen Wurzeln – Demokratie und angestammtes Herrscherhaus: Ungleichzeitigkeiten in der Epoche von Weimar – Kontinuität im Dritten Reich? – «Unter sich sein» als zeitüberdauernde Formel – Wirklich ein Neubeginn? – Der Streit um die épuration – Alles beim alten oder Aufbruch zu neuen Ufern?

Epilog 340

Nachwort 345

Anmerkungen 349

Benutzte Archivalien 401

Namenregister 407

«Dreyhundert Jahre steht er nun, unser schwäbischer Musensitz! Manch großer Mann, auf den Schwaben stolz seyn kann, zierte ihn seit dieser Zeit – manch anderer Große ging aus ihm hervor, wie die Griechen aus dem trojanischen Pferd – manch entfernte Gegend wurde von der Fackel der Wahrheit erleuchtet! Viel, sehr viel Wichtiges muß sich also bei der Feyer seines dritten Jahrhunderts sagen lassen»:

Wir denken, Christoph Friedrich Daniel Schubart, der Musiker, Poet und Rebell, hatte recht, als er die Geschichte der Universität Tübingen anno 1777 im *Teutschen Merkur* mit dem Prädikat *erzählenswert* versah: Sie nimmt sich in der Tat ebenso bewegt wie amüsant, so schaudererregend wie trostgebend aus, in der Fülle ihrer Details, den beispielhaften Arabesken und Anekdoten – heute, bei der Feier des fünften Jahrhunderts, weit mehr noch als zu Schubarts Zeit. Eine Geschichte, prall von Dramatik und Kraft, durch Blütezeiten, Katastrophen und jähe Umschwünge akzentuiert. Welttheater, Tragödie und Komödie, auf kleinstem Raum. Genialität im Wechselspiel mit Niedrigkeit und Mittelmaß. («Schwaben», heißt es bei Friedrich Theodor Vischer, «hat es seit jeher geliebt, seine edelsten Kinder zu verleugnen. Es ist nicht die erste Mutter, die ihr eigen Kind verstößt.»)

Will mich also die Mühe nicht verdrießen lassen, weitläufig davon zu reden: Schubarts Satz, formuliert am 6. November 1777, sei die Devise dieses Buches – das Motto eines wahren Romans, der am Ende des fünfzehnten Jahrhunderts beginnt, in einem Augenblick, als die Zentralgewalten, Kaiser und Papst, ihren Universalcharakter zu verlieren beginnen und die Territorialfürsten sich aus mittelalterlicher Botmäßigkeit befreien – auf eine Beamtenschicht und einen Stand gebildeter Kleriker, auf geschulte Ratgeber und zu Dolmetscher-Diensten taugliche Humanisten gestützt, Männer von Reuchlins Schlag, die ihr Rüstzeug mehr und mehr auf den Landesuniversitäten und nicht nur in Paris oder Bologna gewannen. Das erste Jahrhundert des Buchdrucks ist, an der Grenze von Spätscholastik und Frühhumanismus, auch das Jahrhundert der Universitätsgründungen. Sieben Hochschulen gab es um 1450 bereits in Deutschland, mit Köln und Erfurt als den mächtigen, weithin wirkenden Zentren – und dann, in einer zweiten Phase, ging es Schlag auf Schlag: Greifswald, Freiburg, Basel, Ingolstadt, Wittenberg, Frankfurt an der Oder – neun Universitäten wurden in einem halben Jahrhundert errichtet! Nachahmung und Konkurrenz bestimmten die Szenerie, Richtungs-Kämpfe und Partei-Kontroversen. Begannen hier, im präreformatorischen Geist des Humanismus, die Artisten an Macht zu gewinnen, so herrschten dort, wie eh und je, die Theologen mit ihrer mittelalterlichen Scholastik; regierten hüben die Realisten, so hatten drüben die Nominalisten das Sagen; die Positionen wechselten ständig, neben den General-Fehden und den Rivalitäten zwischen Mutter-Anstalt und Tochter-Gründung gab es Bündnisse unter den Schulen und Verbindungen von alt und neu – Koalitionen im Zeichen der Vereinigung von scholastischer Frömmigkeit und humanistischem Stil-Ideal, der *pietas* des Mittelalters und der *elegantia* der Renaissance.

Das war die Situation, anno 1477, als ein außerordentlicher Mann, Eberhard im Barte, Graf von Württemberg, eine Universität in seiner Stadt Tübingen gründete.

Incipit historia: Die Geschichte fängt an.

1. Kapitel

Gründung einer Universität

Deutschlands kleinste Universitätsstadt: Idylle oder abscheuliches Dorf? – Württembergs geliebter Herr, Graf Eberhard im Barte: ein Intellektueller und Autodidakt – Der Herzog und seine Berater – Vereinigung von Wissenschaft und Glauben im Zeichen der Weisheit – Die Brücke zwischen Scholastik und Humanismus: Ein dritter Weg in Tübingen? – Ende einer Ära: Philipp Melanchthon geht nach Wittenberg

«Wenn wir die Geschichte und Entwicklung der Menschheit erwägen und bedenken, was für große Wohltaten der höchste Vater und Schöpfer aller Dinge: Er, der Lenker dieses unermeßlichen Weltgebäudes, den Sterblichen erwiesen hat, dann finden wir in der menschlichen Natur nichts angemessener, als sich gegen den Geber dieser guten Gaben durch irgendein Werk dankbar zu zeigen. Indem wir das bedachten, kam uns am Ende der Gedanke, nichts sei geeigneter, ein glückliches Leben zu erlangen, nichts könnte dem unsterblichen Gott willkommener sein, als der Beschäftigung mit den schönen Künsten in emsigem Fleiß und Wettstreit nachzugehen und dafür Sorge zu tragen, daß die Wissenschaften in den unserer zeitlichen Herrschaft unterworfenen Ländern in Blüte stehen und brave und fleißige Jünglinge unterwiesen, unterrichtet und belehrt werden möchten. Dieser Aufgabe ziehen wir keine kunstreichen Tempelbauten, keine Stiftungen geistlicher Pfründen vor. Darum haben wir eine öffentliche Schule und eine allumfassende Unterrichtsanstalt für göttliches und zeitliches Wissen in den unserer Herrschaft unterworfenen Ländern unter der Mitwirkung der erlauchten Fürstin und Herrin Frau Mechthild, unserer Mutter, und des erlauchten Grafen Ulrich, unseres Oheims, begründet, damit hier die gelehrtesten Männer zusammenkommen und ungelehrte Jünglinge unterrichtet und unterwiesen werden könnten. Zu dieser Gründung bot sich recht gelegen als vorzügliche Stätte unsere Stadt

Tübingen dar, deren Schönheit, Fruchtbarkeit und Gesundheit lieber mit Augen angeschaut als von uns empfohlen werden mag»: Mit diesen Worten rief Eberhard der Ältere, der «im Barte», wie man ihn nennt, Graf zu Württemberg und Mömpelgard, am 3. Juli 1477 die Magister und studienbeflissenen Scholaren, welcher Würde, welchen Ranges und Standes immer sie seien, an die neugegründete Alma Mater seines Landes. Am 1. Oktober, so verkündete die in der Form eines Flugblatts verbreitete Proklamation, sollte der Unterricht an der Hohen Schule beginnen – vorgetragen von Gelehrten, die, so Eberhard, «in jeder Kunst und Wissenschaft die erste Stelle einnehmen»: zur Ehre des ewigen Gottes und des gesamten Himmlischen Hofes.

Der Mann, der hier spricht – in einer Verlautbarung, die ungeachtet der feststehenden, auch die Aufrufe anderer Universitäts-Gründer akzentuierenden Formeln, von frommem Ernst und Ergriffenheit zeugt … der Mann war kein mächtiger Fürst, kein Territorialherr von Rang. Sein Land war klein und zerklüftet, die Städte, über die er herrschte, waren in Wahrheit größere Dörfer, und was insonderheit das Musen-Zentrum betrifft, Tübingens vorzügliche Stätte, die Eberhard in seiner Proklamation (gefertigt zu Urach, der gräflichen Residenz) beschwor, so war dieser zum poetischen *locus amoenus* erhobene Wohnsitz alles andere als ein Hort von Urbanität und Kultur. Ein schwäbisches Provinz-Dorf: die kleinste unter den Universitäts-Städten des Reichs. Keine Residenz, kein Bischofs-Sitz, keine Handels-Metropole vom Range Kölns, Wiens oder Basels. Einerlei, ob man Tübingen nun als große Kleinstadt oder kleine Mittelstadt bezeichnet: bescheiden war sie auf jeden Fall. Dreitausend Einwohner, vielleicht ein paar hundert mehr, mögen's gewesen sein, die sich nach und nach auf den Ansturm der Professoren und Studenten, der Illuminierer, Notare und Syndici, der Pedelle und Schreiber, der Professoren-Frauen, Professoren-Kinder, Professoren-Mägde (die Professoren-Witwen, späterhin, nicht zu vergessen) hatten einstellen müssen. Ganze siebenhundert Steuerzahler waren es damals, die ihren Obolus entrichteten; die Oberschicht der Ehrbaren bestand aus wenigen Familien; kein Wunder, daß es nicht nur an Geselligkeit und Kultur, sondern auch an simpleren Dingen wie Hygiene und Sauberkeit fehlte. «Die Stadt selbst ist abscheulich», schrieb Goethe lapidar an seine Christiane, als er Tübingen, gelegentlich eines Besuchs bei seinem Verleger Cotta, in Augenschein nahm – und Goethes Urteil steht mitnichten allein. Friedrich Nicolai, der Deutschland-Reisende aus Berlin, bot eine Fülle wenig schmückender Adjektive auf, als er in den achtziger Jahren des achtzehnten Jahrhunderts daranging, seine Tübingischen Impressionen – auf mehr als dreihundert Seiten übrigens – zusammenzufassen: *uneben, eng, schmutzig, elend, schlecht, baufällig, klein, unglaublich dunkel, unförmlich, unbequem* ... so geht es fort und fort: «Ich kenne keine Stadt in Deutschland von einiger Bedeutung, deren äußeres Ansehen so häßlich wäre, als dieses.»

Das, wohlgemerkt, sind keine Notizen eines räsonierenden Herrn aus Berlin, der in dem ihm eigenen pedantischen Stil der Provinzstadt im Süden ihre Rückständigkeit vorhält (das Lob, das Nicolai hier und da einstreut, macht den Tadel nur schlimmer), das sind nicht Zufalls-Äußerungen von Durchreisenden – Goethe blieb nur ein paar Tage am Neckar –, das sind Charakteristiken, die durchaus glaubwürdig klingen. Schließlich haben sich nicht nur die Besucher, sondern – weit schärfer noch! – auch die Einheimischen (sofern man die Professoren als Einheimische bezeichnen will und nicht nur als «Reigschmeckte», wie die Urbürtigen sagen), über die altertümlichen Zustände zwischen Neckar und Ammer, den Tübinger Flüssen, belustigt: «Was das Äußere der Stadt betrifft», heißt es, apodiktisch und unmißverständlich, anno 1841 in einem von anonymen Bewohnern für die *Hallischen Jahrbücher* verfaßten Artikel, «so ist es allbekannt, daß es in ganz Deutschland keine so unschöne Stadt von Namen oder ohne Namen geben kann wie Tübingen. Enge, verrenkte Straßen, alte rauchige, winklige, überhängende Häuser ... alles bucklig und bergig, krumm und eckig»: Man sieht, der Vorrat an schmähenden Eigenschaftsworten ist, was die Alma Mater Tubingensis und ihr Domizil angeht, nahezu unerschöpflich. «Dorf Tübingen» hat der Ästhetiker und Rebell aus Schwaben, Friedrich Theodor Vischer, oben auf seine Briefe geschrieben, wenn er mit David Friedrich Strauß, seinem Bruder im Geist, korrespondierte:

«Woche auf Woche», heißt es in einer Schrift, mit deren Hilfe Vischer die schon von Leibniz vorgeschlagene Verlegung der Provinz-Universität nach der Stuttgarter Residenz zu befördern versuchte, «Woche auf Woche kann es in Tübingen dauern, daß man vor Koth nirgends wandeln, nicht aus dem Haus treten kann, ohne sich über und über zu beschmutzen. Sonst gewährt eine Stadt den Vorteil, daß man auch bei schlechtem Wetter sich die nötige Bewegung verschaffen kann, ohne durch den tiefen Morast waten zu müssen. Tübingen ist größtenteils neu und gut gepflastert, aber die Bevölkerung, wie sie ist, schleppt mit ihren schmutzigen Fuhren – meist mit armen mißhandelten Pferden unter wilden Hieben – von Morgen bis Abend die Ackererde in die Straßen der Stadt und verwandelt sie in ein Dorf; die Wege draußen sind grundlos, und das Innere der Stadt bietet nicht nur im unteren Viertel einen höchst traurigen, niederschlagenden Anblick; auch in manchen Straßen der oberen Stadt ergießen Kloaken und Dungstätten ihren ekelhaften Inhalt in den Weg, stehen neue Baracken jahrzehntelang unverblendet, verfault Balken, Planke, Geländer, Zaun, verwittert Wand und Mauer unausgebessert; nichts reparieren! scheint die allgemeine Losung zu sein und niemand zu ahnen, daß das Aussehen der Stadt sich zur Gemeinde verhält, wie das des Kleides zum einzelnen Menschen, daß jene sich eines schimpflichen Zustandes ihrer Häuser ebenso zu schämen hat, wie dieser eines unsauberen, vernachlässigten Gewandes. Im Innern der Häuser, und keineswegs nur bei der armen Klasse, wiederholt der Vorplatz das Bild der Straßen, am Treppengeländer klebt die Hand, besuchte Kaufläden scheinen noch nie eine reinigende Hand gesehen zu haben.»

So weit Professor Vischer und sein Pamphlet – eine Schmähschrift über Tübingen aus der Sicht eines Ästheten –, überzeichnet hier und dort und, dank der Sensibilität seines Verfassers, ein wenig ausgemalt und genreartig vergröbert, aber im Kern sicherlich richtig. Die Obrigkeit wußte schon, warum sie beim großen Universitäts-Jubiläum von 1777 (der Rector magnificentissimus, Herzog Karl Eugen, ante portas) den Bürgern mit Nachdruck befahl, den Mist und Unrat im Hinblick auf das Jubelfest aus den Gassen zu räumen, das Vieh nicht mehr durch die vornehmsten Straßen zu treiben, den Abfall aus «Wassersteinen und Geschirren» nicht länger vor die Häuser zu schütten und die Hunde nachts keineswegs auf die Gasse zu lassen. («Ansonsten der Scharfrichter dieselben totschlagen werde.»)

Bis tief ins neunzehnte Jahrhundert hinein – erst anno 1828 wurde eine Straßenbeleuchtung installiert – galt Tübingen als eine durchaus bäurische Stadt. Undenkbar, daß ein Spaziergänger von den Neckar-Niederungen aus das auf einem Hügel gelegene Schloß hätte aufsuchen können, der Mann wäre, zwischen Oktober und April, im Morast steckengeblieben. Und wie mag es da erst zu Eberhards Zeiten ausgesehen haben, als es auch im Zentrum noch kein Straßenpflaster gab! Von Schönheit, Fruchtbarkeit und Gesundheit jedenfalls, die Graf Eberhard mit feierlichem Dreiklang beschwor, kann so wenig die Rede gewesen sein wie von jener Fülle bequemer Wohnungen und dem großen Angebot an Lebensmitteln, die Papst Sixtus IV. in seiner Bulle, die Gründung einer Universität am Neckar betreffend, in Tübingen garantiert sah. («Es muß im fünfzehnten Jahrhundert eine sonderbare Idee von der Bequemlichkeit der Wohnungen geherrscht haben», schreibt, dreihundert Jahre später, Friedrich Nicolai.) An einer Metropole wie Nürnberg gemessen, war Tübingen kaum mehr als ein bäurischer Ort: nicht gerade klein, aber fernab aller Kultur. Es gehörten also Mut und Gottvertrauen dazu, wenn ein Mann, der, wie Eberhard im Barte, überhaupt nur über zwei wichtigere Städte gebot (Urach und Tübingen; Reutlingen war freie Reichsstadt), den Versuch unternahm, auf seinem Territorium eine Universität zu errichten – *sehr viel* Mut und *sehr viel* Gottvertrauen, wenn man bedenkt, daß die Grafschaft Württemberg-Urach von Universitäten ringsherum umgeben war: Heidelberg im Nordwesten, schon seit hundert Jahren florierend, Ingolstadt im Nordosten (erst fünf Jahre alt), Freiburg im Südwesten (1456 gegründet, unter Beteiligung von Eberhards Mutter, der Pfalzgräfin Mechthild), schließlich Basel im Süden. Dort hatte anno 1460 der städtische Rat die Hohe Schule ins Leben gerufen.

Wie groß war bei einer so massiven Konkurrenz und der Bescheidenheit eigener Ressourcen die Gefahr, daß Eberhards Plan sich als vermessen erwies: zu hoch gepokert, kleiner Landesherr! Wie groß ist, von Rinteln bis Trier, von Lüneburg bis Mainz, die Zahl jener Universitäten, die, binnen kurzem oder langem, Bankrott gemacht haben. Wie leicht hätte Eberhard scheitern können – ein Bruder Gernegroß, der sich herausnahm, mit Mammut-Universitäten vom Schlage Erfurts und Kölns konkurrieren zu wollen. Der Mann mit dem Wahlspruch ATTEMPTO (das heißt: *Ich wage und versuche es. Ich will's riskieren.*) brauchte in der Tat viel Glück, wenn er Erfolg haben wollte. Die Grafschaft Württemberg, die am Anfang des Jahrhunderts noch die Kraft eines mächtigen Fürstentums hatte, war infolge von Erbstreitigkeiten in zwei Teile zerfallen, in die nach den Residenzen benannten Grafschaften Württemberg-Stuttgart und Württemberg-Urach. Der junge Eberhard, der im Alter von vierzehn Jahren für mündig erklärt worden war, hatte Mühe genug, sich der Annexions-Gelüste seiner Verwandten aus Stuttgart und der Pfalz zu erwehren, der Regenten Ulrich und Friedrich. Aber er setzte sich durch. Die Zeit der verwegenen Jugendstreiche, der Lust am Raufen und Saufen (die in seiner Familie Sitte war und die sich auch in Zukunft bemerkbar machen sollte: Alkoholiker und Debile in Hülle und Fülle!), die Gärungsphase also war kurz (bei Karl Eugen, der erst im Alter von fünfzig Jahren zur Vernunft konvertierte, dauerte sie wesentlich länger), Eberhard kam bald zur Raison und bot seinen Widersachern aus dem Familienkreise Paroli. Zielstrebig und besonnen ordnete er sein Territorium, die Vereinigung der getrennten Landesteile nie aus dem Auge verlierend. Und anno 1482 war es dann soweit. Die vierzigjährige Teilung der Gebiete gehörte der Vergangenheit an. Im Vertrag von Münsingen übernahm Eberhard die Regierung der «in ein Regiment und Wesen» vereinten Landesteile mit der Maßgabe, daß sein jüngerer Vetter von der Stuttgarter Linie (Oheim Ulrich war zwei Jahre vor Vertragsschluß gestorben) erbberechtigt sein sollte. Ein Ritter wurde zum Territorialherrn, ein Mann aus der Reihe jener fürstlichen Egoisten, die das fünfzehnte Jahrhundert bestimmen, wandelt sich zu einem Landesherrn, der das Gemeinwesen rational und planmäßig, mit dem Blick auf ein einheitliches Staatsganzes, durchstrukturierte: Darum die Verpflichtung der drei herrschenden Kräfte, der Prälaten, des Adels und der *Landschaft*, auf den Landesherrn, darum die Ausformung der Zentralgewalt, die geordnete Rechtssprechung und die präreformatorische, der Stärkung landesherrlicher Macht dienende Übernahme der kirchlichen Administration, deren Ausübung auf dem Verfügungsrecht über die Pfründen und der Vogtei über die Klöster beruhte. Darum das Zusammengehen mit den Zentralgewalten, dem Papst und dem Kaiser, die Eberhard, mit Konsequenz und sehr viel List, gegen Feudalherrn und Bischöfe ausspielte – und das, wie sich erwiesen hat, nicht ohne Erfolg. Vom Kaiser 1495 in Worms mit der Herzogswürde gekrönt und vom Papst bei jeder Petition unterstützt, gelang es Eberhard, seine auf dem Prinzip des Interessenausgleichs zum Behuf eigenstaatlicher Wohlfahrt beruhende Politik zu Ende zu führen. Während andere Landesherren sich entweder an den Kaiser oder an den Papst anlehnten, war Eberhard zeitlebens auf peinlichste Respektierung der *beiden* Zentralgewalten bedacht: Kein Wunder also, daß er sowohl bei der Universitäts-Gründung als auch bei der Stiftung seiner zweiten, für ihn nicht minder wichtigen Lehrstatt, des Brüder-Klosters auf dem Einsiedel bei Tübingen, neben der Genehmigung des Papstes auch die Erlaubnis des Kaisers erbat – und dies, obwohl nach der Privilegientheorie der Zeit die Zustimmung *einer* der beiden katholischen Mächte durchaus genügte. (Im allgemeinen war das, aus verständlichen Gründen, der Papst. Er mußte die Übertragung der Pfründen billigen und war damit der Garant der ökonomischen Versorgung des Hochschul-Betriebs.) *Einer* also genügte, dieser Eine aber war unabdingbar. Ohne die universale Lizenz wäre es unmöglich gewesen, daß der Baccalaureus von Krakau in Salamanca zum Magister promovierte, daß das Doktorat von Basel auch in Erfurt galt, daß jedermann, der durch einen Eid, die Vorlage von Dokumenten oder ein Zeugen-Aufgebot seinen auswärts erworbenen Rang nachweisen konnte, an seiner neuen Universität die venia docendi erhielt. Vier Grade – Baccalaureat, Magisterium, Licentiat und Doktortitel – hatten Gültigkeit in ganz Europa, einerlei, wo einer sie erworben hatte, einerlei auch, wie lange er dazwischen einmal pausierte: Die letzte Universitätszeit Reuchlins lag, bedingt durch lange Berufstätigkeit, volle dreißig Jahre zurück, als der alte Mann, ein wenig befremdet auf die Juristen-Zeit von Portiers zurückblickend, in Ingolstadt und Tübingen wieder Vorlesungen zu halten begann, und zwar nicht über Fragen der Jurisprudenz, sondern über die griechische und hebräische Grammatik.

Der Mann, so viel ist deutlich geworden, der als kleiner Landesherr in seiner Dreitausendseelen-Stadt eine Universität einrichten wollte, brauchte Courage. (Ein paar Jahre später, nach der Wiedervereinigung, wäre alles viel leichter gewesen: Dann hätte es eine Universität Stuttgart gegeben, und Tübingen – nicht auszudenken! – wäre heute vielleicht, wenn's hochkommt, ein Kurort wie Urach.) Nun, Eberhard *hatte* Courage, und, mehr als das, er war diplomatisch und verfügte über Geduld … Eigenschaften, über die, neben einem ausgeprägten Sinn für Rechtsgeschäfte und Finanz-Transaktionen, ein Patron im fünfzehnten Jahrhundert verfügen mußte, wenn er eine Universität gründen wollte. Aber Graf Eberhard verstand sein Metier. Er kannte sich aus in der Behandlung von Behörden, wußte, auf welche Weise man Genehmigungen für Planungs-Projekte erhielt und an wen man sich wenden mußte, um ein Vorhaben auf dem schnellsten Weg zu realisieren. Zunächst, dies war das Wichtigste, galt es, einen Finanzierungsplan aufzustellen und durch eine Reihe von Geldgeschäften das vorhandene Kapital ohne Zinsverlust neu zu verteilen. Das hieß konkret: Es kam, nach dem Vorbild von Erfurt, Basel und Heidelberg, für Eberhard darauf an, eine Pfründe ihrem ursprünglichen Zweck zu entfremden und sie, kaum daß die Mittel freigesetzt waren, für die wirtschaftliche Fundierung der projektierten Stiftung zu nutzen. In diesem Sinn ging der Graf daran, das Chorherrenstift St. Martin zu Sindelfingen, das zum Witwengut seiner Mutter gehörte, kräftig zu schröpfen. Acht von zehn Kanonikaten, die Propstei und zwei Drittel der Einkünfte waren nach Tübingen, an die St.-Georgs-Kirche, zu transferieren; das Rest-Kloster mochten die Brüder vom Gemeinsamen Leben, die der Windesheimer Kongregation unterstanden, so bald als möglich beziehen: Als geschulte Kopisten und Bibliothekare waren die Fratres vorzüglich geeignet, Zubringerdienste für die zu gründende Alma Mater zu leisten. Dies freilich sagte Eberhard nicht. Vorsichtig, wie er nun einmal war, erwähnte er in seinem Gesuch an den Papst die Hochschule mit keinem Wort. Sindelfingen, hieß es, sei, außerhalb der Stadtmauern gelegen, für ein mächtiges Stift einer zu großen Gefahr ausgesetzt – darum die Notwendigkeit einer Verlegung. Die Begründung, so scheint es, leuchtete jedermann ein; alle Beteiligten, von Mutter Mechthild über die neue und alte Besatzung des Stifts bis hin zu den Regenten des Klosters zu Bebenhausen, dem die Tübinger St.-Georgs-Kirche einverleibt war, segneten, nach einigen Widerständen, die Transaktion schließlich ab. Und da alles so reibungslos ging, wiederholte Graf Eberhard sein Spiel ein paar Jahre darauf. Wieder war es eine Tübinger Kirche, das Kapellchen auf dem Schloß, das er durch die Verbindung mit einem außerhalb gelegenen Stift nobilitierte. Auch diesmal eine Rangerhöhung (wie einst die Pfarre St. Georg zur «Stiftskirche St. Georg und St. Martin» avancierte, so mauserte sich jetzt die Schloßkapelle zur Pfarre), auch diesmal, weil's so schön gegangen war, der Hinweis auf die Fährnisse des Status quo: Wie leicht konnte den Chorherren in ihrer Einsamkeit, fern von Sindelfingen, etwas passieren, wie leicht konnte Eberhard, auf dem Weg vom Schloß hinab, bei Dunkelheit und im Morast ein Unglück zustoßen, wenn er sich in das St.-Georgs-Stift begab.

Der Graf, sagten wir, verstand sein Geschäft. Ein paar Monate nach Eingang der Bittschrift, am 11. Mai 1476, wurde die Verlegung der Sindelfinger Majorität an den Neckar gebilligt; jetzt konnte Eberhard den zweiten Schritt tun; jetzt sprang die Katze aus dem Sack; jetzt begann der Graf zur Sache zu kommen und seinen Plan im Detail vorzutragen: Mit Hilfe der acht Kanonikate und ihrer Pfründe seien, so Eberhard, zehn Professuren, sechs ganze, für drei Theologen und drei Lehrer des kanonischen Rechts, und vier halbe, für ein Magister-Quartett der schönen Künste, zu etablieren, um auf diese Weise das Fundament für eine künftige Alma Mater Tubingensis zu legen. Die endgültige Ausführung, vor allem die Besoldung zweier, wenige Jahre später dreier Lehrer auf dem Gebiet des römischen Rechts und zweier Magister, die für die Heilkunde zuständig seien, ergäbe sich, samt der ausstehenden Finanzierungsmodalitäten, dann beinahe von selbst – man sei auf jeden Fall bereit, durch die Überweisung zusätzlicher Zinsbeträge die wirtschaftliche Autarkie der gelehrten Institution zu verbürgen.

Und siehe, der Papst stimmte wiederum zu. Am 13. November schon war das Geschäft perfekt; vier Monate später deklarierte Heinrich Fabri, Abt von Blaubeuren, die Hochschule als eine rechtens bestehende Anstalt, und im Sommer, ein paar Wochen vor dem Unterrichtsbeginn, wandte sich Eberhard mit einer Flugschrift an die Jugend im Land: «In der trefflichen und schönen Stadt Tübingen haben wir mit Ermächtigung des allerheiligsten Vaters in Christo, Sixtus IV., eine öffentliche Schule errichtet, die unter zehn Doktoren und vier Meistern der freien Künste, die daselbst ihrem Lehramt nachgehen, einen glücklichen Lauf vollenden möge: zehn Doktoren, von denen drei sich den Heiligen Schriften und Büchern der Gottesgelehrtheit widmen, drei, die das geheiligte Recht der Päpste erklären, zwei, die die umfangreichen Gesetzbücher mitsamt ihren Schwierigkeiten entwirren, zwei in der Medizin, die durch gesundheitsgemäße Behandlung Krankheiten heilen, dazu vier, die sich den freien Künsten zuwenden und die Gründe der Dinge und ihr Wesen durch eingehende Forschung erkunden.»

War Eberhard also am Ziel? Hatte erreicht, was er wollte: nämlich in einem kunstreichen Zweischritt, binnen eines einzigen Jahres, eine Universität zu errichten – eine Hochschule, zu deren Gründung man an anderen Orten Jahrzehnte brauchte? Nein, er war nicht am Ziel. Seine Konstruktion, so genau kalkuliert sie sich auf den ersten Blick ausnimmt, hatte eine Prämisse, die unberechenbar war – die Konzilianz jener Chorherren, die sich nicht in der Lage fühlten, eine Professur zu bekleiden. Wenn die nicht zurücktraten, sondern, wiewohl nicht lesend, auf ihren Rechten beharrten, dann brach das ganze Gebäude in sich zusammen. Denn wie sollten dann die Ersatzkräfte besoldet werden? Woher sollte Eberhard die Mittel nehmen, wenn die Kollegiatsherren erklärten: «So, Graf, haben wir nicht miteinander gewettet»?

Schwierigkeiten allüberall! Nicht nur, daß die Pfründner nicht resignierten (das Befürchtete trat ein: Die Herren weigerten sich), die Planung, zeigte sich jetzt, hatte noch einen weiteren Fehler: Es gab zweierlei Klassen von Professoren, Pfründeninhaber (wie die sechs für die geistlichen Belange zuständigen Männer) und Gehaltsempfänger (wie die «Legisten» – so hießen im Unterschied zu den «Kanonisten» die Vertreter des römischen Rechts – und die Mediziner). Hier Lebenszeitbeamte und dort Professoren auf Zeit, hier Privilegierte und dort von Existenznot bedrohte Gelehrte. Nein, die Konstruktion hatte nicht gehalten, was sie versprach; sie mußte verbessert werden, und zwar schnell, wenn nicht eine Katastrophe eintreten sollte. Was aber war hier zu tun? Es gab nur einen Weg: Die Verbindung zwischen Stift und Universität zu trennen und die Hochschule aus ihrer Funktion zu befreien, nichts weiter als ein Anhängsel der Kirche, sprich: des Stifts von St. Georg, zu sein.

Kein Zweifel, Eberhard sah die Gefahr und handelte rasch. Auf einer Wallfahrt nach Rom tat er den dritten, nunmehr endgültigen Schritt, indem er dem Papst die Erlaubnis abnötigte, die Erträge der acht Kanonikate nach und nach zu einem einzigen, mit dem Tod des letzten Sindelfinger Chorherrn auf seinem Soll angelangten Gesamtvermögen zusammenzuwerfen. Jetzt erst, nach der dritten Absegnung des Papstes im Jahr 1482 (der Kaiser kam im Jahre 1484 nach), war die Universität in der Lage, ihre Funktion zu erfüllen; jetzt erst konnte man Professoren, auf die man Wert legte, ein Angebot machen, das sie lockte, an den Neckar zu kommen. (Das war wichtig, weil die Gelehrten die Scholaren nachzogen. Ein Melanchthon und ein Reuchlin lasen in Wittenberg und Ingolstadt vor ein paar hundert Menschen – vor einem Auditorium also, das größer als die gesamte Tübinger Studentenschaft war.) Jetzt erst war die Hochschule aus der Verflechtung mit dem St.-Georgs-Stift befreit. Von nun an gab es zwischen hüben und drüben, Mutterkirche und Alma Mater, nur noch eine einzige Kontaktperson: den Propst, der zu gleicher Zeit Universitätskanzler war – einen Mann, dessen Benennung sich Eberhard mit Nachdruck vorbehielt. Er wußte warum – und seine Nachfolger, die protestantischen Landesherren, wußten es auch: Als Patrone und Vögte des Stifts hatten sie das Recht, das Amt des Propstes mit einem ihnen genehmen Mann zu besetzen. Darum hüteten sie sich nicht nur, an der Personalunion von Propst und Kanzler jemals zu rütteln, sondern gingen, Eberhards Trennung zwischen Hochschule und Stift widerrufend, noch einen Schritt weiter, indem sie bestimmten, daß die Identität von Propst und Kanzler zwiefach zu erweitern sei. Zum einen müsse der Propstkanzler auch erster Theologe der Universität sein, zum anderen hätten auch die übrigen Theologen Pflichten im Stift zu versehen – der zweite das Amt des Dekans, das eines Pfarrers der dritte. Auf diese Weise gelang es den Herzögen dann, Eberhards Vorschrift zu unterlaufen, die besagte: «Im Gegensatz zu mir, dem Gründer der Anstalt, sind meine Nachfolger, was die Lehrstuhl-Besetzung angeht, an die Vorschläge der Universität strikt gebunden.» Dieses Gebot, das die Nachfolger im Fall der Juristen, Mediziner und Philologen sehr wohl akzeptierten – die mochten sich getrost aus sich selbst rekrutieren und ihre Lehrstühle jahrhundertelang unter ein paar Familien aufteilen ... dieses Gebot haben die Ludwig, Friedrich, Karl Alexander oder wie immer sie hießen, die Regenten in Stuttgart, dort niemals anerkannt, wo es um die eigentliche Machtausübung ging: auf dem Gebiet der Theologie. Hier wurde kommandiert und ernannt, hier wurden Stiftspfarrer kraft landesherrlicher Verfügungsgewalt in die Universität inkorporiert; hier wurde die Einverleibung der Kirche in die Hochschule widerrufen und im Zentralbereich der Religion jener Status wiederhergestellt, dessen Beendigung Eberhard im Jahre 1482 Sixtus IV. abgetrotzt hatte. Reinkorporation hieß die Devise; Reinkorporation um der herzoglichen Verfügungsgewalt willen, jener Macht, die zu stärken und zu zentralisieren das eigentliche, letzte und wichtigste Ziel von Eberhards Universitäts-Gründung war. Und nicht nur Eberhards Ziel; andere Landesfürsten, geistliche Herren und Stadtoberhäupter dachten nicht anders.

Was immer dieser Mann tat, alles diente dem einen Zweck, die Zentralgewalt des Herzogs zu stärken: Deshalb der Versuch, die kleine Adels-Schicht nach und nach durch eine bürgerliche Intelligenz zu ersetzen, die, auf der Universität ausgebildet, das Rechts- und Unterrichts-Wesen, die Glaubens-Ausübung und die Medizinal-Praxis im Sinn des Herrschers beeinflussen konnte – in der höfischen Instanz, vor allem der Kanzlei, so gut wie auf der mittleren Verwaltungs-Ebene. Eberhard wußte zu rechnen und in die Zukunft zu schauen. Er war klug. Klug und, wenn es um die Wahrung von Interessen ging, auch skrupellos. Seine Widersacher, derer er sich gelegentlich mit Mitteln wie Raub, Vertreibung und Bestechung zu erwehren suchte, konnten ein Lied davon singen. *Württembergs geliebter Herr* war weder ein seraphischer Geist noch eine mildtätige Vaterfigur: Die Maxime «Der Zweck heilige die Mittel» galt für ihn in gleicher Weise wie die Sentenz, in deren Zeichen Württembergs Landesherren jahrhundertelang herrschten: *Dux est papa in territoriis suis.* (Der Fürst ist der Papst in seinem Herrschaftsbereich.) Aber das ist nicht alles – es gibt bei Eberhard noch eine andere, wichtigere Seite: Er war, im Gegensatz zu der überwältigenden Mehrheit seiner Mitregenten, ein gebildeter Mann. Keiner aus der Gilde jener, denen es ums Fechten und ums Trinken ging, sondern ein Intellektueller, der von seiner Mutter gelernt hatte, was Kunst und Wissenschaft für ein menschenwürdiges Leben bedeuten. An der Vollendung dreier Universitäten ist Mechthild – hier indirekt, dort unmittelbar – beteiligt gewesen: Als Tochter des Pfalzgrafen bei Rhein, Kurfürst Ludwigs III., dem die Förderung der *Heidelberger* Universität zu danken ist, als zweite Frau Albrechts VI., Herrn der vorderösterreichischen Lande, der die *Freiburger* Hochschule nur deshalb vorantreiben konnte, weil Mechthild eine ihrer Patronatskirchen preisgab, St. Martin zu Rottenburg, und schließlich als die Mutter jenes Eberhard im Barte, dem kein Papst und kein Kaiser hätten helfen können, seine Hohe Schule zu bauen, wenn Mechthild nicht zugestimmt hätte, die Freiburger Transaktion zu wiederholen und eine zweite Kirche, diesmal das Sindelfinger Stift, einer zweiten Universität, der Hohen Schule zu *Tübingen*, einzuverleiben.

An Mechthilds Witwensitz, in Rottenburg, gingen Gelehrte ein und aus, die Künste florierten, Artisten, vom mittelalterlichen Sänger bis zum Rhetor der Renaissance-Zeit, gaben sich ein Stelldichein am

Musenhof, dessen Verbindung mit der nahe gelegenen Universität in vorreformatorischer Zeit eng und freundschaftlich gewesen ist – ein Hinüber und Herüber, das erst der Glaubenskrieg beendete. (Dann freilich lagen zwischen dem württembergisch-protestantischen Tübingen und dem vorderösterreichisch-katholischen Rottenburg nicht ein paar tausend Meter, sondern – Welten. Selbst Konstantinopel, das sie zu reformieren gedachten, lag für die Orthodoxen aus den Reihen der Theologischen Fakultät zu Tübingen geistig näher als die Brutstätte jener Papisten, die in Rottenburg am Neckar regierten: dort, wohin man allenfalls zog, um den Gottesdienst in den Kirchen zu stören oder – das kam häufig vor und wurde sogar als Grund angesehen, ein Kolleg ausfallen zu lassen – um die Hexen brennen zu sehen.)

Graf Eberhard im Barte, Sohn einer Mäzenatin, die mit den Musenhöfen jenseits der Alpen zu wetteifern suchte (in bescheidenen Grenzen, gewiß, doch immerhin) … Eberhard war ein Intellektueller besonderer Art. Anders als sein Nachfahr Karl Eugen, der sich viel darauf zugute hielt, daß er den lateinischen Disputen der Studiosi zu folgen vermochte, konnte Eberhard sich nur auf deutsch verständigen. Er war Autodidakt: ein neugieriger und wissensdurstiger Mann, der die Bücher liebte, Übersetzungen anfertigen ließ – Transpositionen ins Deutsche, die er dann, mit Hilfe einer Art primitiver Textkritik, untereinander verglich: er, Eberhard, der dreimal in Italien war, der eine Gonzaga geheiratet und Lorenzo de Medici gesehen hatte; der mit dem großen Ficino, dem Meister der Platonischen Akademie zu Florenz, beinahe partnerschaftlich verkehrte (ein Tübinger Rechtsgelehrter, Martin Prenninger, Schüler Ficinos, hatte die Verbindung hergestellt), so wie er auch, von Humanist zu Humanist, mit jenem Esslinger Poeten und Rhetoren Niclas von Wyle parlierte, der ihm drei seiner berühmten «Translatzen» zueignete. (Der Meister selbst, Ficino, hat es nicht anders gehalten.)

Und was er sich da alles übersetzen ließ, dieser fürstliche Scholar! Was er las: Einen Traktat über die Nativität, den Einfluß der Gestirne auf die Geburt eines Menschen, einen zweiten Traktat über Epidemien, einen dritten über den Urin, einen vierten über die Kunst, das

Gift zu erkennen, das einem die Mörderhand reicht, einen fünften über die Schwierigkeit der Geburt mit Hilfe chirurgischer Instrumente, dazu natürlich die Bibel, die Weisheitsbücher voran, Sprüche Salomonis und Jesus Sirach, dazu Ovid und Livius. Kein Zweifel, hier war Geist von Huttens Geist, hier wurde das Diktum «Es ist eine Lust zu leben» durch das fürstliche «ATTEMPTO»: *mit Gott, ich will es versuchen*, antizipiert.

Wozu viele Worte? Es war ein potentieller Scholar, ein um Erkenntnis, Kunst und Frömmigkeit bemühter Mann, der, sooft er später nach Tübingen kam, nicht auf dem Schloß einkehrte, sondern im bescheidenen Gemach seines Freundes und Beraters, des Humanisten Vergenhans alias Naukler Herberge nahm: «Wenn die beiden vor Tagesanbruch aufgestanden waren», heißt es in Melanchthons Lebensbeschreibung des Herzogs, «sprachen sie ein Gebet, berieten sich miteinander, gingen zur Kirche und nahmen danach gemeinsam das Mahl. Danach stand jedermann, der Eberhard zu sprechen begehrte, der Zugang frei: Wenn Arme um Brot oder Holz baten, ließ er ihnen durch seine Vertrauten das Zugemessene geben. Dann ruhte er ein wenig, ging in den Abendgottesdienst und beriet sich noch einmal mit Vergenhans. Bei der Mahlzeit liebte der Graf die Heiterkeit und die Würze sanfter Gespräche, die den Schlaf nicht störten, den ihm die Last der Sorgen so häufig verscheuchte. So war die Hofhaltung in jenem kleinen Häuschen Nauklers beschaffen, die in ihrer Bescheidenheit, Mäßigkeit und Lauterkeit den Zusammenkünften der Eremiten Paulus und Antonius glich, sie aber an Nutzen weit übertraf; denn durch die Beratungen der beiden, Eberhard und Vergenhans, wurde ein ganzes Land regiert und Gerechtigkeit, Frieden und Ordnung aufrechterhalten.» Der Humanist, der kein Latein konnte, unter den ersten Gelehrten der Nation, der Landesherr, ein schwäbischer Renaissance-Mensch, inmitten der Juristen und Theologen, der fromme und sendungsbewußte Regent im Kreise der Freunde: So haben ihn seine Berater geschildert, Vergenhans in der *Weltchronik* allen voran, einem durch Generationen-Abfolgen (nicht, wie es üblich war, durch die Sequenz der Weltalter) markierten Geschichtswerk, das mit Adam und

Eva begann und mit – Eberhard endete; so haben ihn die Wissenschaftler der Zeit dargestellt; Melanchthon ebenso wie der Rechtsgelehrte und Theologe Summenhart oder Camerarius, der große Gräzist, haben ihn gefeiert als einen der ihren: einen Mann, der sich seiner Grenzen bewußt war und seine drei großen Pläne, die Gründung der Tübinger Universität, die Wiedervereinigung des Landes und die Errichtung des Peters-Stifts im Schönbuch, in enger Kooperation mit seinen gelehrten Freunden durchführte.

Die Struktur des Stifts von St. Peter, in dem die Vertreter der Stände, Geistliche, Adlige und Bürger, ihrem frommen Dienst nachgehen und alle Entscheidungen auf Vollversammlungen in gemeinsamer Verantwortung gegen Gott treffen sollten: Die Struktur dieses Stifts war demokratisch. Daß jedermann jedermanns Herr und Untertan ist – auch der Probst nur als der Erste unter Gleichen fungierend –, verrät Eberhards Intention, mit bescheidenen Kräften und im kleinsten Kreis so etwas wie eine platonische Akademie im Herzen Schwabens zu gründen – eine Akademie, die vorgriffsweise auf eine gerechtere Ordnung im Großen verweist. So herrisch der Graf gelegentlich auftreten konnte (Vergenhans berichtet darüber), so sehr war er, wenn es ans Grundlegende ging, an zukunftbestimmende Pläne, ganz und gar ein Mann des Teams. Deshalb ist es kein Zufall, daß sein Berater-Kreis aus Männern bestand, die ihn, jeder für sich, an Intelligenz und Kenntnisreichtum weit übertrafen und ihn dennoch akzeptierten, weil er sie zwang, die Theorie im Hic et Nunc, im Raum des Sozialen zu etablieren. Da war der Diplomat und Kanzler, Historiker und Chorherr Vergenhans, der, dank seiner Studien in Freiburg und Basel, die Gelehrten aus der Schweiz und Frankreich nach Tübingen zog; da war Vergenhans' Kommilitone Johannes Heynlin aus Stein: gleichfalls vorher in Paris und Basel tätig gewesen – einst Rektor der Sorbonne, dann Rektor der Tübinger «Eberhardina» – Heynlin, der kurz vor der Universitätsgründung, aus Basel kommend, plötzlich in Sindelfingen und in Urach auftauchte, um mit dem Gewicht seines Namens den gräflichen Plan zu befördern … der gleiche Heynlin, der später als Tübinger Professor und Prediger am St.-Georgen-Stift in einer Kanzel-Ansprache die Bevölkerung aufforderte, für ihren kranken Grafen zu bitten: «Christum», heißt es in einer Predigt vom 9. September 1478, «ist in Stuttgart eingekehrt, um unseren Fürsten heimzusuchen. Wir, die Untertanen, gehen unserem Herrn Jesus entgegen, um für den Grafen zu bitten: daß er sich des Mannes erbarme und uns den Regenten erhält, der für uns sorgt und nach dessen Tod uns Schlimmes erwartet.»

Wohin immer man blickt, überall sind Eberhards Freunde dabei, für die Sache des Grafen zu werben: Vergenhans verhandelt in Rom mit dem Papst; Reuchlin, Heynlins Schüler aus den Tagen von Paris, begleitet Eberhard in der Funktion eines «Orators» (was soviel wie Dolmetscher heißt) nach Italien; auch der Theologe Gabriel Biel ist anno 1482 in Rom im Gefolge des Grafen mit von der Partie; Martin Prenninger, genannt *der Himmlische*, stellt die Beziehungen zum Florentiner Intellektuellen-Zentrum her. Die «große Koalition» zwischen Theologen und Humanisten gewinnt im Umkreis Eberhards Realität; Männer des Ausgleichs und der Synthese – Heynlin, der Bußprediger, hat den Buchdruck befördert – scharen sich um einen Regenten, dessen Schiedsrichter-Rolle im Reich allgemein anerkannt war. Ausgleich, Synthese und Balance, das bedeutet konkret: Überwindung der Mißstände durch ein allgemeines Reform-Konzil (Eberhard hat dafür mit Diplomatie und Konsequenz gekämpft), Aufhebung der Dissonanzen zwischen den katholischen Gewalten, Beendigung des Zwists unter den Ständen im Sinne der Eintracht aller Klassen und Gruppen (der Graf hat für den Fall, daß sein Haus erbenlos bleiben sollte, an eine «demokratische» Verfassung unter der Herrschaft eines sogenannten Präsidenten gedacht), Überwindung der Schulstreitigkeiten durch die Vereinigung von Wissenschaft, Glauben und Kunst im Zeichen der Weisheit. Eine Brücke zwischen Scholastik und Humanismus, dem Geistlichen und dem Geistigen, der Frömmigkeit und der Gelehrsamkeit, dies mag, pointiert ausgedrückt, Eberhards geheimste Intention gewesen sein ... eine Absicht, die anschaulich wird, wenn man bedenkt, daß dieser Mann neben der zur Universitäts-Gründung führenden Transaktion noch ein zweites Geschäft durchgeführt hat – mit den gleichen Mitteln, wohlgemerkt –, ein Unternehmen, das, wiewohl oft unterschätzt, für ihn nicht minder bedeutungsvoll war als die Errichtung der Hohen Schule am Neckar.

Im August des Jahres 1477, im gleichen Monat also, in dem Eberhard die junge Mannschaft nach Tübingen lädt, gewinnt in der Residenzstadt Urach die Parochialkirche zum Heiligen Amandus die Würde eines Kollegiatsstifts – eines Stifts, das sich, vergleichbar der Neubesetzung des Frommen Hauses zu Sindelfingen, an das Generalkapitel der Brüder vom Gemeinsamen Leben anschließt. Wiederum also eine Inkorporation, wiederum die Gründung eines geistig-geistlichen Zentrums: Die Universität zu Tübingen und das Stift der grau bemützten, vom Geist der holländischen Frömmigkeitsbewegung inspirierten Brüder gehören zusammen. Kein Wunder, daß Vergenhans, der Chorherr des Tübinger Stifts, mit dabei war, als die Gugelherren (oder Kappenbrüder, wie man sie ihrer hohen Hüte wegen nannte) ihren Einzug in der Residenzstadt hielten. Hie Tübingen und dort Urach, hier Lehrbetrieb, dort fromme Praxis – die Kooperation zwischen den beiden Zentren des Landes bringt Eberhards Ausgleichs-Politik auf den Begriff.

Der Humanist unter den Gelehrten war zu gleicher Zeit Bruder unter den Brüdern, ein Anwalt jener Kappenherren, denen es zuallererst um die Entwicklung neuer Formen frommer Zusammenarbeit ging. Darum die Betonung der Freiwilligkeit in ihren Reihen, das Herausheben der Arbeit an gemeinsamen Aufgaben, darum die besondere Akzentuierung genossenschaftlicher Elemente, darum die Vorherrschaft des Ethischen und das Gewicht der Pädagogik, darum das Franziskanische und Volksverbundene, darum die sonntägliche Belehrung der Menschen in ihrer Muttersprache und die Verbindung von Forschung und Frömmigkeit im Zeichen der Praxis. Ein mittlerer Weg also: Verzicht auf Fanatismus, Sektiererei und Orthodoxie. Kein Wunder, bei alledem, daß der Graf die Bestrebungen der Brüder, wo immer es ging, unterstützte, daß er, der Wahlverwandte im Umkreis der *devotio moderna* («neue Frömmigkeit» war das Leitbild der Brüder vom Gemeinsamen Leben), die Fratres von Sindelfingen (die freilich ihre Funktion als gelehrte Zubringer der Tübinger Universität nur unzureichend erfüllten) und die Gugelherren von Urach als Verbündete ansah – dienlich, jene Sinn stiftende Existenz vorzuleben, die er später in seiner eigenen Gründung, dem Peters-Stift, zu verwirklichen suchte: «Dies sollte eine Kirche sein», heißt es gegen Ende von Vergenhans' Chronik, «in der Chorherrn und Weltgeistliche sich zu gemeinsamem Leben vereinen. Zwölf Chorherrn, dreizehn bekehrte Laien aus dem Adel oder dem Offiziersstand, unter denen einer Meister und Verwalter weltlicher Belange sein muß, zwölf Laien aus dem Bürgerstand und dem Volk sollen in ihrer Gesamtheit und jeder einzelne für sich Mitglieder derselben Kirche sein und sich gemeinsam mit dem Propst und den Chorherrn zum Kapitel vereinen: in blaugrauer Ordenskleidung mit einem Kreuz auf der Brust.»

Die Trinität von Hochschule, Bruderhaus und Stände-Stift: Was immer man gegen jede einzelne Gründung einwenden mag und wie unzureichend die Balance zwischen Laizistischem und Klerikalem (das am Ende denn doch dominierte) sicherlich gewesen ist – die Konzeption ist bewegend und wird weder durch kuriose Arabesken (in St. Peter zum Beispiel gab es die Vorschrift, daß die Laienbrüder alle zwei Wochen, die Priester hingegen nur einmal im Monat ein Bad nehmen sollten) noch gar durch den mangelnden Erfolg gemindert: Eberhard ist es zuallerletzt anzulasten, daß die erstrebte Synthese im Zeichen der reformatorischen Kassierung der Klöster und des Triumphs der Orthodoxie hüben und drüben sehr schnell hinfällig wurde. Der Plan bleibt, ungeachtet seiner Kurzlebigkeit, bemerkenswert: als eine Utopie, für deren Konkretisierung ein Theologe einstand. Er war neben Reuchlin und den beiden Baslern Eberhards wichtigster Ratgeber, sein Ideologe, wenn man so will: der Scholastiker und Bruder vom Gemeinsamen Leben Gabriel Biel. Er ist es gewesen, der in Werk und Leben gezeigt hat, daß die Doppel-Konzeption seines großen Lehrers, des Ahnherrn der sogenannten nominalistischen (besser: terministischen) Schule, des Ketzers und Systematikers William von Ockham, durchaus nicht irreal sein mußte – daß es vielmehr, Ockhams Intention entsprechend, möglich sei, den Entwurf einer neuen Erkenntnislehre mit einer Praxis zu vereinen, deren Fundament konziliar, franziskanisch und sozialbestimmt sei. Als Professor der Theologie an der Universität Tübingen und als Propst des Uracher Stifts, auf dem Katheder und im Kloster, hat Gabriel Biel die Synthese von Theorie und Praxis vorgelebt – auch er ein Ausgleichs- und Schiedsmann in Eberhards Sinn.

Vom Standpunkt der Wissenschaft war Gabriel Biel alles andere als ein Rebell, eher ein Eklektiker, dessen Hauptwerk aus einem Kommentar bestand, der die Deutung (verfaßt von Ockham) eines Schulbuches (geschrieben im zwölften Jahrhundert von Petrus Lombardus) bearbeitete – eine eklektische Arbeit, deren Eigenständigkeit in einer Komprimierungs-Kunst bestand, die jene begriffliche Strenge verriet, dialektisches Raffinement, Sinn für kühne Operationen und sophistische Spitzfindigkeiten, auf die sich die von Biel vertretene Schule der *via moderna* in besonderer Weise verstand … eine Schule, die, im Unterschied zu der mit ihr konkurrierenden *via antiqua*, Aristoteles, nicht Platon, als Lehrmeister folgte, größeren Sinn auf das Verbale (Dialektik, Logik, Rhetorik) als auf das Reale legte (Physik und Metaphysik), in Fragen der Erkenntnistheorie einen entschiedenen Skeptizismus vertrat (nur mit Hilfe der sinnlichen Wahrnehmung, hieß es, nicht durch Begriffs-Verknüpfung sei Wahrheit erkennbar) und schließlich auf dem Gebiet der Ontologie, im Sinne des alten Universalienstreits, die Existenz von Allgemeinbegriffen leugnete: Nur das Konkrete sei real existent, die Allgemeinbegriffe hingegen, hier irrten die Thomisten aus der Phalanx der *via antiqua*, seien so wenig wirklich existierende Wesen, wie das Einzelne, das sich allein im Innern der Seele, subjektiv und verstandesgemäß, auf den Begriff bringen ließe, als zufällige Erscheinungsform der Universalien abgetan werden könne. Nein, ein Rebell auf dem Gebiet der Dogmatik war Gabriel Biel sicherlich nicht, so groß sein Einfluß auch war und so mächtig die Sekte der Gabrielisten, die selbst in Salamanca die Dogmatik der Terministen in Bielscher Weise vortrugen. Die Theologie des jungen Luther zum Beispiel ist ohne jenen Mann nicht denkbar, der, wie er, an der ockhamistischen Hochschule von Erfurt studierte und von dem er, durch Staupitz, einen Tübinger Biel-Schüler, unterrichtet, nicht nur – verkürzt gesagt – die «Theologie des Subjektivismus», sondern, viel allgemeiner, auch die Fertigkeit gelernt hat, schwierigste gedankliche Operationen mit dem entsprechenden Begriffs-Arsenal zu Ende zu führen. Luther, das wird oft vergessen, begann seine theologische Laufbahn als Gabrielist, genau wie sein Gegenspieler, Dr. Eck, der in Tübingen zu Biels Füßen gesessen hatte.

Nicht allein die Wissenschaft also, und auch nicht die brüderliche Frömmigkeit, die Biel zuerst im Bruderhaus von Butzbach im Hessischen und hernach in Urach durchzusetzen versuchte – die Synthese von beidem ist es gewesen, die seine Besonderheit ausmacht und ihn, den im konziliaren Geist der Universität Erfurt Erzogenen, einen Bundesgenossen des Grafen sein läßt. Was Eberhard vorschwebte, hat Biel in seinem Traktat *de communi vita clericorum*, einer Zentralschrift der Brüder vom Gemeinsamen Leben, analysiert: einen Orden beschreibend, der für all jene bestimmt sei, die unter dem Abt Jesus Christus ein Leben zu führen gedächten, das, gleich weit entfernt von mönchischer Zucht und tristem Für-sich-Sein, gleichsam einen Mittelweg beschritte (*quasi medius vivendi modus*: die Konzeption des schwäbischen Grafen!) und sich schon durch die Kleidung sowohl vom Kleriker-Habit als auch von weltlichem Prunk unterscheide. Klosterdienst zu tun, weltoffen zu sein und sich sozial zu engagieren – dies war die Maxime eines Predigers, der Wissenschaft und Seelsorge miteinander zu vereinen suchte: Die Devise Gabriel Biels, des Propstes vom Uracher Stift, des Rektors der Universität Tübingen, des Vorstehers von Eberhards Gemeinschaft im Schönbuch. Er ist es gewesen, der, nach langen Verhandlungen mit dem Grafen, im Juli 1477 zur feierlichen Gründung des neuen Kollegiatstifts in die Residenzstadt kam (dort sah er Vergenhans, vielleicht auch Heynlin). Biel war es auch, der die *devotio moderna* im oberen Deutschland durchsetzte; Biels Persönlichkeit schließlich war es zu danken, daß, nach Sindelfingen (dem Grundstock der Hohen Schule) und nach Urach (dem geistlichen Pendant der Alma Mater), auch das Peters-Stift im Schönbuch (dort, wo man den Begriff *universitas* zu konkretisieren versuchte) dem Generalkapitel der Brüder vom Gemeinsamen Leben in Oberdeutschland einverleibt wurde: jenes Stift, in dem der Graf und sein frommer Berater, die kurz nacheinander starben, begraben worden sind – dort, wo Eberhards Beichtvater, Biels alter Schüler aus Butzbacher Tagen, Wendelin Steinbach, den Kommentar abschloß: auch er, als Pfarrer der Schloßkirche Tübingen, die gleichfalls zum Orden der Brüder gehörte, von Eberhard herbeizitiert.

Verbindungen allüberall: Dreiecks-Beziehungen (Biel, Eberhard und Vergenhans; Vergenhans, Heynlin, Eberhard; Vergenhans, Reuchlin, Heynlin; Eberhard, Ficino, Prenninger; Prenninger, Ficino, Vergenhans); ein Miteinander von Männern, die, in einer Wende-Zeit, nach einem Ausgleich der Spannungen, einer Versöhnung von Ideal und Realität, von hohem Ziel und einer Wirklichkeit suchten, die verworren und voll Widerspruch war. *Via media* wohin immer man blickt. Zwischen Scylla und Charybdis, den orthodoxen Thornisten und Ockhamisten sucht man Schutz bei einer Ausgleichs-Figur wie Duns Scotus, als dem Bahnbrecher des «dritten Wegs», erfindet Synthesen auf kontroversem Gebiet und bescheidet sich lieber mit Vorläufigkeiten und Kompromissen, als daß man die Entscheidungsschlacht suchte. Darin liegt die Stärke der «Ersten Tübinger Schule», darin liegt auch ihre Schwäche. Statt aufs Ganze zu gehen und, beispielsweise, den Ockhamismus in Lutherscher Manier aufzuheben; statt die Spannungen im Zeitalter der großen Kirchen-Verrottung und einer sozialen Not ohne Beispiel (ein Menschenalter noch, und die Bauernkriege werden beginnen) zu betonen und nicht zu verwischen; statt entweder in erasmianischem Geist nach einer totalen Versöhnung zu streben: jenem Bienengleichnis verpflichtet, in dem sich der Geist der Spät-Scholastik sinnfällig und verräterisch manifestiert (die Biene nimmt ihre Nahrung aus allen Körben zugleich), oder, wie Luther, bis zum letzten zu gehen, hielt man inne und beschied sich mit jenen Zweifeln, die der Blick nach überall hin dann sofort wieder abschwächte.

Welche Un-Schärfe bei so viel präreformatorischem Pathos! War Gabriel Biel nicht dabei, die Unfehlbarkeit des Papstes infrage zu stellen, die *persönliche*, wie sich versteht, als er die These vertrat, es sei nötig, für den *summus episcopus* Koloniedirektor zu beten, der als Mensch stets in der Gefahr sei zu irren? Stellte der gleiche Biel, gut konziliarisch (heute würden wir sagen: johanneisch) gesonnen, nicht die Allgemeine Kirchenversammlung über den Papst? Hat er nicht bezweifelt, daß der Leib Christi, wie die Lehre es will, im Brot vorhanden sei? Hat er nicht die Irrationalität von Phänomenen wie Jungfrauengeburt und Ausgießung des Heiligen Geists dargestellt: behutsam sicherlich, in Frageform, aber gewiß nicht ohne Risiko? Und dann sein Schüler Wendelin Steinbach, mit dem Satz, es sei unsinnig zu glauben, daß ein Erwachsener durch die letzte Ölung die Vergebung der Sünden erlange, sofern er seine Taten nicht aufrichtig bereue und über seine Vergehen Abscheu und Zerknirschung empfinde?

Wir sind im Zeitalter der Reformation. Das Dogmen-Gebäude steht nicht mehr fest, zentrale Lehren werden in Zweifel gezogen, der Widerspruch zwischen moralischem Anspruch und sozialer Realität, der offiziösen Sozialethik und ihrer niederträchtigen Praxis, dem Anspruch des christlichen Liebesgebots, das sich, in Folge der beginnenden Kapitalwirtschaft, nur allzu schnell pervertiert sieht, und der vom Geist des Wuchers bestimmten Realität ... dieser Widerspruch war es, der die Tübinger Theologen und Juristen zur Opposition provozierte und ihren von früher Interdisziplinarität zeugenden Voten die Schärfe verlieh. Da zog ein Rechtsgelehrter namens Krafft gegen Betrug, Bestechung und Wucher zu Felde, da analysierte der Theologe Summenhart die moralische Zweideutigkeit finanzieller Manipulationen, beschrieb die Unsittlichkeit der Handelsgewinne, die sich aus der Monopolmacht ergäben, und beleuchtete die Problematik eines Privateigentums, das es, so Summenhart, im Zustand der Unschuld, wo noch alles gemein war, nicht gab.

Das Privateigentum als Folge der Sünde und als Lohn der Schuld: Das ist die eine Seite. Entschiedenheit und Kritik. Doch eben dabei blieb es nicht. Die ersten Tübinger gehen bis zum vorletzten, aber nicht weiter. Kein Wunder also, daß auch Summenhart zögerte, die Konsequenz aus seinen Gedanken zu ziehen: Da nun einmal Adams Fall eine Tatsache sei, argumentiert der fromme Sophist (aus dem Lager der Thomisten übrigens), müsse das Privateigentum, als dem Sündenstand des Menschen angemessen, jener Gütergemeinschaft vorangestellt werden, die zwar paradiesisch, aber eben darum irreal sei. (Ob und auf welche Weise die aus dem Elysium Vertriebenen, durch den Liebeskommunismus vielleicht, sich ihr Arkadien zurückerkämpfen könnten – diese Frage stellt Summenhart nicht.)

Die Zeit des Feudalismus, dies wurde in Tübingen (und nicht allein in Tübingen) mit erstaunlicher Hellsicht erkannt, ging ihrem Ende entgegen: Die Epoche des Merkantilismus, in dessen Zeichen sich die Kapitalwirtschaft überall durchzusetzen begann, warf ihre Schatten – in welchem Ausmaß, das zeigen die Fragen, die Johannes Heynlin in Vergenhans' Auftrag anno 1459 (so lange vor Gründung der Tübinger Hochschule kannte man sich bereits) den gelehrten Theologen der Sorbonne vorlegen ließ. Dürfen, so wurde gefragt, die reichen Weinbergbesitzer ihren ärmeren Konkurrenten Geld gegen die Verpflichtung vorschießen, dafür wöchentlich einen Tag lang im Weinberg des Gläubigers Frondienst leisten zu müssen? Und weiter – nun allgemeiner, weniger konkret und bodenständig-schwäbisch gefragt – ist es richtig, daß die Verfertiger von Spielgeräten sich, solcher Tätigkeit nachgehend, automatisch im Stand der Verdammnis befinden? Weiterhin, jetzt wieder sehr real (das Judenproblem spielte nicht zuletzt für Eberhard eine bedeutende Rolle; die Grenzen seiner Liberalität werden da offenkundig): Darf man den Juden Geld für die Waren bezahlen, die man ihnen abkauft? Steht nicht zu erwarten, daß die Israeliten das Geld, kaum daß es in ihren Händen ist, für wucherische Ausbeutung von Christen verwenden? Und schließlich – auch dies eine Variation der Grundfrage: Wie hältst du es, Christenmensch, mit dem Geld? Ist es notwendig, jeden Spielgewinn unverzüglich, um seines Seelenheils willen, den Armen zu geben? Man sieht, was auf den ersten Blick scholastisch und höchst akademisch klingt, erweist sich auf den zweiten als ein sehr frühes Infragestellen der Wirtschaftspraktiken des Frühkapitalismus, einer Zeit, in der nicht zuletzt die Priester, wie die Tübinger Traktate beweisen, ihre Ämter und Würden, alten Gewohnheiten folgend, als käuflich ansahen. Kein Zweifel also, daß in einem solchen Augenblick ein Gabriel Biel, der Doppelrichtung seines Lehrens entsprechend, sich über diffizile Währungsprobleme, wie den

Münzwert und die Kursschwankungen, verbreitet und der rechtsgelehrte Thomist Konrad Summenhart über gerechte und ungerechte Spekulationsgeschäfte nachdenkt oder, in einer Schrift über den Zehnten, die Abgabepflicht dieser Summe für menschliches Gewohnheitsrecht erklärt, das auf keinerlei göttliches Gebot zurückführbar sei: unbiblisch, aber – jetzt kommt wiederum der Kompromiß – dort, wo es nun einmal eingebürgert sei, nicht rundheraus und allzu rasch zu verweigern.

Opposition, in behutsamer Weise, aus allen Richtungen – so stellt sich, *cum grano salis*, die Tübinger Situation zur Gründungszeit dar. Reformwillen hüben und drüben; Entschlossenheit, gegen den gemeinsamen, aus Obskuranten und Fanatikern bestehenden Feind zu Felde zu ziehen und – im Bestreben, Scholastik und Humanismus im Zeichen freundlichen Austauschs zu vereinen – sich auf Koalitionen einzulassen, die andernorts nie und nimmer hätten realisiert werden können. Hier aber, am Neckar, war das Unmögliche möglich. Hier bildeten, die gleichen Fragen stellend, Männer wie der Thomist Summenhart und der Ockhamist Biel eine Partei (zumindest ist von Binnen-Kämpfen nichts bekannt), hier wohnten die Studenten beider Richtungen unter einem einzigen Dach: Zwar war die Burse in einen Realisten- und einen Nominalisten-Flügel getrennt (in den «Pfau» und den «Adler» – jeder mit einem separaten Treppenaufgang), aber die Kämpfe untereinander, das zeigen die Dokumente, hielten sich durchaus in Grenzen, die Besetzung des Lehrkörpers war, fixiert durch Statuten, streng paritätisch, das Fakultätskollegium gleichfalls; und was die Prüfungen anging, so geschah es nicht selten, daß, in Ermangelung eines Gelehrten vom anderen Weg, die Realisten aus dem Kreis der Magister die Nominalisten aus dem Kreis der Scholaren abhörten. Zwistigkeiten scheint es dabei nicht gegeben zu haben. Es war, wenn man den Schulstreit ins Moderne überträgt, in Tübingen also möglich, daß ein Trotzkist einen Maoisten und ein Maoist einen Trotzkisten befragte – eine Ungeheuerlichkeit, heute nicht anders als zu einer Zeit, in der die Anhänger der beiden Schulen einander bis aufs Messer bekämpften und jede Richtung ihre Hochburgen hatte. Waren Wien und Erfurt fest in den Händen der Ockhamisten, so wurden Köln und Prag von den Advokaten des Heiligen Thomas gehalten – und an manchen Hochschulen, wie in Ingolstadt, gab es, da man sich durchaus nicht einigen konnte, sogar zwei Fakultäten: eine für die Jünger Platons, die Realisten, eine andere für die Aristoteliker, die *Terministen*, wie sie genannt wurden, weil sie sich in erster Linie um die Eigentümlichkeiten der Definitionen (*termini*) kümmerten. (*Nominalisten* hingegen war ein Schimpfwort aus der feindlichen Ecke. Diese Banausen, sagten im Universalienstreit die Realisten über ihre feindlichen Brüder, die bringen es fertig, die Allgemeinbegriffe für bloße Namen, *nomina*, zu halten!)

Kurzum, wenn es nicht, wie in Heidelberg, dem Oktroi des Landesherrn oder, wie in Basel, der Integrität eines Vermittlers gelang (wie Heynlin es war, der in seiner Universität die Parität der Wege durchsetzte) ... wenn es der Macht oder der Moral nicht gelang, zu einem Ausgleich zu kommen, dann befehdeten sich Magister und Scholaren mit einem Ingrimm, der noch in der harmlosen Form von Kampf-Beschreibungen anzeigt, wie weit die *rabies theologorum*, die Wut der Gottes-Zänker, damals ging. Während in Tübingen, wo die Versöhner (Versöhnler?) und Eklektiker herrschten, ein Realist wie Johannes Heynlin die «klassische» Terministen-Frage durchexerzierte: «Kann Gott mit den Begriffen *möglich* und *unmöglich* spielen, wie's ihm beliebt?» und der Platoniker Melanchthon, dem Florentiner Humanisten-Kreis zugetan, in der Burse der Aristoteles-Jünger Herberge nahm (nicht ohne Grund gewiß, da er in Tübingen den Plan gefaßt hatte, das gesamte Werk des Stagiriten neu zu edieren): während am Neckar, nimmt man alles in allem, Frieden und Eintracht regierten, wurden in Paris, dem Zentrum der Realisten, die Bücher der Widersacher nicht nur aus den Bibliotheken, sondern auch aus den Studierstuben der Scholaren und Magister gerissen.

Glückliche Eberhardina! Hier wohnten nicht nur die Kollegiaten in einer Wohngemeinschaft zusammen, ein Professoren-Quartett, das gemeinsam den Haushalt versah, hier begegneten einander auch Scholastiker und Humanisten in einer Manier, die von Übereinkunft und

Freundlichkeit zeugte. Freilich muß hinzugefügt werden, daß jenes Völkchen, das sich damals unter dem Banner der schönen Künste in der Universität versammelte, ein durchaus kirchentreues Fähnlein war: brav und konservativ wie jene oberrheinischen Früh-Humanisten, mit denen man in Tübingen angelegentlich korrespondierte. Revoluzzer, wie den Lehrer Brassicanus alias Kohl (er unterrichtete am Österberg, dem *mons Anatolicus*, wie ihn die gelehrten Tübinger nannten), Bilderstürmer und Huttensche Kämpen gab es allenfalls auf den unteren Rängen: kein Zufall, daß es Magister Brassicanus niemals zu Ruhm und größerem Ansehen brachte. Warum hatte er auch, im Vorwort seiner lateinischen Grammatik, den berühmtesten Theologen der Alma Mater, Professor Lemp, als Lump (lateinisch: Panutius) etikettiert? *Quod licet Iovi, non licet bovi:* Was einem Luther, der seinen Widersacher Dr. Eck kurzerhand mit *Dreck* anredete, wohl anstehen mochte (Eck, vom *Luder* redend, hat sich bekanntermaßen revanchiert) – das stand einem Schulmeisterlein noch lange nicht an. Die Form zumindest wollte gewahrt sein, wenn jemand schon vom Leder zog; Bettelpoeten und fahrende Humanisten hatten in Tübingen keinerlei Chance. Selbst Heinrich Bebel, ein Rhetor, Epistolograph und Poet, der in seiner *Triumph der Venus* betitelten Epopöe die Päpste und die Kardinäle, Priester und Mönche als Söldner der Verführerin vorstellte und in seinem dem Boccaccio und Poggio nachgebildeten *Facetien* die lüsternen Kleriker, geilen Nönnchen, tumben Kleinbürger und närrischen Bauern, die verkommenen Adligen nicht zu vergessen, aus italienischem ins schwäbische Milieu überträgt, auf die Alb und an den Neckar ... selbst Heinrich Bebel, dessen eigentliche Leistung auf dem Feld des Pädagogischen, in seinen Briefstellern und Vers-Anweisungen, lag, war trotz aller Derbheit ein behutsamer Mann, immer bestrebt, es mit den großen Herren und jenen Theologen und Kanonisten nicht zu verderben, auf deren Gunst er angewiesen war. Während die Anwälte der *sacrae litterae* mindestens hundert Gulden verdienten – die Einnahmen aus den Privatkollegien nicht gerechnet –, brachte es Bebel, der für die «Oratorie» zuständig war, auf ganze zwanzig; Eberhard hatte ursprünglich dreißig versprochen. Dies war nicht mehr, als ein Student brauchte, der sich ein Jahr lang recht und schlecht durchschlagen mußte, und sehr viel weniger, als ein Kandidat für eine Doktorprüfung aufwenden mußte: Unter vierzig Gulden kam ein angehender Jurist in beiderlei Rechten keinesfalls davon, die Spesen fürs Festmahl nicht mitgerechnet.

Jawohl, der Klerus konnte unbesorgt sein. Von den Bebels drohte keine ernste Gefahr: die waren an der Verbesserung des Stils, an elegantem Latein und nuancierter Ausdrucksweise interessiert. Mochte der Inhalt sein, wie er wollte, die Hauptsache war, man machte endgültig jenem grausamen *Hechinger Latein* den Garaus, das auf der Diphthongierung einfacher Vokale beruhte und selbst einen so friedfertigen Mann wie Philipp Melanchthon zur Raserei bringen konnte. Camerarius jedenfalls, der engste Vertraute des Reformators, berichtet, daß Melanchthon mit Vorliebe die Geschichte erzählte, wie päpstliche Gesandte an den Hof Eberhards kamen und dort von dem aus Hechingen stammenden Kanzler mit einem ihnen ganz und gar unverständlichen Satz willkommen geheißen wurden: *Ceilissimus et Eilustrissimus naoster Preinceps eintellexit* (unser allerhöchster, allerberühmtester Fürst hat bemerkt), dies alles noch durch den berühmten (*eiluschtrissimus*) schwäbischen *sch*-Laut bereichert ... kein Wunder, daß Reuchlin einspringen und den verdutzten Legaten das Gemeinte verdolmetschen mußte.

Alt und Neu lagen, wie überall, damals auch in Tübingen nah beieinander: Man polierte den Stil und ließ den Inhalt auf sich beruhen. Man mokierte sich im Kampf Johannes Reuchlins gegen die Dunkelmänner von Köln über die Hinterwäldler, die sich in Wortwahl und Stil als rechte Barbaren aufführten. Aber von entschiedener Parteinahme für Toleranz und gegen die Verbrennung von Büchern, wie sie Reuchlins Inquisitoren verlangten, war nicht die Rede. Der Wutausbruch des Magister Schlauraffius, den Ulrich von Hütten (oder wer immer es war) im zweiten Buch der Dunkelmänner-Briefe karikiert, in einem Reimgedicht von wahrhaft verwegener Komik, täuscht über die wahre Lage hinweg:

«Darauf ging ich nach Tübingen fort:
Viele Gesellen sitzen dort,
die neue Bücher machen
und fromme Leut verlachen.
Von denen ist der frechste Sohn
der Herr Philippus Melanchthon.
So hat man mir gesagt:
Drum schwör ich unverzagt
Könnt' ich ihn im Grabe sehn,
ich würde bis nach Spanien gehn.
Bebel, der war auch dabei,
mit Brassicanus sind's schon zwei.
Drei mit Gereander – die schworen miteinander:
Wenn der noch bleiben will,
dann machen wir ihn still.
Jedoch der Rat des braven Manns
– ein Theologe namens Franz –
hat mich dazu gebracht
zu flüchten über Nacht.
Ich bündle meinen Sack:
Zum Teufel mit dem Dichterpack!»

So stark, wie Freund Schlauraff seinen Zuhörern weismachen wollte, war die Position des Tübinger Dichterpacks ganz gewiß nicht; dazu waren, an den Erfurter Humanisten gemessen, die schwäbischen Musenjünger denn doch gar zu provinziell und rückständig in ihren Anschauungen – wie sehr, das zeigt das Wirken jenes Mathematikers Stöffler, der, ansonsten ein Naturwissenschaftler, Mathematiker und Astronom von Rang, auf einer seiner damals berühmten, die Kalender zierenden Landkarten unter den bekanntesten Städten Europas auch Tübingen mit seiner Universität einzeichnete (wodurch er Vergenhans' vom Sündenfall bis zu Graf Eberhard reichende Chronik gleichsam räumlich reproduzierte) – der gleiche Stöffler, der für den Februar 1524, auf sechzehn Sternzeichen von wäßriger Natur verweisend, eine

Veränderung für die ganze Welt, für Klima, Mensch und Tier vorausgesagt hatte, wie sie sich seit Jahrhunderten nicht mehr ereignet habe. «Auf, erhebt die Häupter, ihr Christen», rief Stöffler seinen Lesern zu, und die, soweit sie in der Lage waren, seine Ephemeriden-Tabellen zu lesen, nahmen die Worte des Tübinger Mathematikers nicht nur metaphorisch (wie er's natürlich nur gemeint habe, erklärte der kleinlaute Stöffler nach der verpatzten Sintflut), sondern verstanden sie wörtlich, schafften, und das überall in Europa, die Vorräte aufs Dach, das Bier auf den Speicher, mieteten, wenn sie auf Reisen waren, Zimmer im oberen Stockwerk, bauten Archen und trafen alle Vorkehrungen, die nötig waren, um die Katastrophe zu überleben. So mächtig war anno 1524, fünfzig Jahre nach der Gründung der Eberhardina, das Wort eines Tübinger Professors!

Die große Koalition, so viel ist deutlich geworden, die der gräflichen Stiftung Eintracht und Frieden verbürgte und der es zu verdanken ist, daß Bebel Gedichte auf Biel und Steinbach anfertigte: der Humanist auf die Theologen, und daß Biel mit Geiler von Kaysersberg und Heynlin mit Sebastian Brant befreundet war: die Theologen mit den Humanisten – diese große Koalition versagte dort, wo es darum ging, in einer Sache auf Leben und Tod, wie dem Reuchlinschen Kampf, Stellung zu nehmen. Da plötzlich schwiegen die Sänger, und die Außenseiter, der Drucker Thomas Anshelm, der in Tübingen Reuchlins Verteidigungs-Schriften edierte, ein paar Artisten aus den hinteren Reihen und Reuchlins Großneffe Melanchthon, der bei Anshelm Korrektur-Dienste tat, waren allein, als es galt, die Position Reuchlins zu stärken, der so oft in Tübingen einkehrte und einer der höchsten Richter des Landes war. Daß er, als alter Mann, vom Tod schon gezeichnet, den Lehrstuhl für Hebräisch übernahm, war übrigens eine Tatsache, die der Obrigkeit ein Extrablatt wert war: «Reuchlin lehrt in Tübingen, der hochberühmte und bei allen Nationen angesehene Mann. Auf, Freunde, macht euch auf den Weg!»

Anshelm und Melanchthon, der Drucker und der junge Magister, der damals seine legendäre griechische Grammatik, das Standardwerk für ein volles Jahrhundert, verfaßte – sie, und nicht die *professores or-*

dinarii der Artisten-Fakultät, waren die eigentlichen Anwälte des Humanismus an Graf Eberhards neugegründeter Schule. Aber beide gingen fort – Anshelm ins Elsaß und Melanchthon nach Wittenberg. Der künftige Reformator war als vierzehnjähriger Baccalaureus aus Heidelberg nach Tübingen gekommen und verließ die Stadt als Magister und weithin bekannter Humanist (selbst Erasmus ließ Freundliches über das Genie verlauten, das da am Neckar heranwuchs). Seine Lehrzeit war vorbei. Die Professoren, bei denen er studiert hatte: Stöffler, den er, mit der Lektüre Hesiods beschäftigt, nach den Plejaden befragt hatte; Bebel, den er griechisch bedichtete und – Ästhet, der er, Melanchthon, war – um jenes schwäbischen Bramarbasierens willen, das der Poet liebte, insgeheim aber verachtete; Lemp, der ihn belustigte, weil er die Transsubstantiation an der Tafel mit Kreide zu veranschaulichen pflegte ... die Professoren konnten ihn längst nichts mehr lehren. Seine eigentliche Heimat, Anshelms Druckerei, in der er zu Hause war wie Erasmus bei Froben in Basel, stand nach dem Weggang des Verlegers verwaist. Was sollte er noch inmitten der Kinder, unter denen er – wie es in einem Brief an Reuchlin, den Großonkel, hieß – nahe daran war, selbst wieder zum Kinde zu werden?

Der Schwung der Gründungsjahre der Universität war dahin, die große Koalition begann morsch zu werden, Eberhard und Vergenhans, Biel und Heynlin waren tot. Nur der letzte aus der großen Zeit, Johannes Reuchlin, lebte noch. Seiner Vermittlung hatte Melanchthon es zu verdanken, daß ihn Friedrich der Weise als den designierten Lehrer des Griechischen anno 1518 nach Wittenberg rief. Die Antrittsrede, die Melanchthon am 29. August, vier Tage nach seiner Ankunft in Kursachsen, hielt (*de corrigendis adolescentiae studiis*), hatte – Martin Luther saß unter den Zuhörern – den Charakter eines Erziehungsprogramms in der Form einer Abrechnung mit der Barbarei der Bildungsverächter. Was in Tübingen nicht realisierbar war – die Verbindung von Humanismus und christlicher Lehre, von Stil und Gesittung, oratio und ratio –, sollte im Zeichen der reformatorischen Praxis in Wittenberg durchgeführt werden.

Melanchthon konnte nicht ahnen, daß achtzehn Jahre später auch seine alte Hochschule in Schwaben, Herzog Eberhards Gründung, von ihm und seinen Mitarbeitern im Geist jener Wittenberger Vorlesung reformiert werden sollte, an deren Ende es hieß: «Habt den Mut, Einsicht zu gewinnen! Treibt Lateinisch, kümmert Euch ums Griechische, denkt daran: Seit einigen Jahren sind Männer am Werk, die Euch Beispiel und Ansporn sein können. Schon beginnt, hier und dort, eine neue Blüte in Deutschland; das Land fängt an, milder zu werden, zarte Freundlichkeit breitert sich aus inmitten eines Volkes, das früher durch die Barbarei der Studien verwildert war. Kommt, laßt uns an die Arbeit gehen.»

Geschrieben im Jahre 1518 zu Wittenberg: Graf Eberhard im Barte hatte vierzig Jahre vorher, mit anderen Worten, Gleiches gesagt, als er die Jugend aufforderte, Gott als Wissende dienstbar zu sein. Ganz so weit, wie es Melanchthon schien, lagen Wittenberg und Tübingen, die Tochter- und die Mutter-Universität, nicht auseinander.

2. Kapitel

Die Zunft und ihr Betrieb

Die akademischen Bürger und ihre Rechte – Von privilegierten Professoren, Witwen und Buchdruckern – Ordinarien als Gutsverwalter und Zeremonienmeister – Sorgen eines akademischen Senats – Die Universität: Ein Zunftbetrieb – Fakultäten, Professoren, Studenten und Pedelle – Der Kanzler als Auge des Fürsten – Vorlesungen, Prüfungen, Doktorschmäuse: Das Reglement einer Hochschule – Rangstreitigkeiten und kein Ende

Im Sommer 1770, die Hohe Schule zu Tübingen bestand mittlerweile schon beinahe dreihundert Jahre, Karl Eugen regierte das Land, schrieb der Goldschlager Jonathan Friedrich Schwalb an Rektor, Kanzler und die Hocherfahrenen, Hochgelehrten und Hochgebildeten Herren des Senats ein Gesuch besonderer Art: «Euren Excellentien wird nicht unbekannt seyn, daß die von den Goldschlagern zu einer erstaunlichen Dünne ausgedehnten Gold- und Silberblätter von denen Mahlern, Buchbindern, Futeralmachern und den Lackierern auf mannigfaltige Art zur Ausschmückung derer von ihnen verfertigten Sachen und Waaren in nicht geringer Menge gebraucht werden. Deßen ungeachtet aber findet sich im ganzen Herzogthum Würtemberg, und bey nahe in ganz Schwaben niemand, der die Kunst des Goldschlagens triebe ... und so gehet dahero alljärlich eine nahmhafte Summe Geld nach Augspurg und nach Nürnberg, welche im Lande bliebe, wann ein dieser Kunst erfahrner fleißiger Mann sich darinnen befände.» Darum «ergehet an Euer Magnifizenz, Hochwürden und Exzellentien die unterthänigste Bitte, mich unter die unstudierten Cives academici aufzunehmen, ist doch die Goldschlager-Kunst gleichsam als ein Zweig der Metallurgischen Chemie anzusehen» ... eine Kunst, die überdies «andern civibus academicis nöthige und nüzliche Materialien auf das beste zubereitet», so daß «die derselben Kunst Zugethanen» bereits in

Prag, Wien und Leipzig die Gnade genießen, unter die Akademischen Bürger aufgenommen zu sein. «Euer Magnifizenz, Hochwürden und Excellentien werden deswegen, wie ich unterthänig wünsche und hoffe, nicht das geringste Bedencken tragen», mir die erbetene Gnade angedeihen zu lassen: wofür ich «alle geziemende Achtung, Danck und Unterthänigkeit lebenslänglich zu beachten verspreche».

So weit Jonathan Schwalb, ein selbstbewußter, seiner Wichtigkeit gewisser Petent, dessen Name für tausend andere steht, für Advokaten und Apotheker, Beamte und Buchbinder, Maler und Kupferstecher, Schriftgießer und Siegelschneider, Bediente und Illuminierer. Ganze Berufsgruppen hatten, so scheint es, nur ein einziges Ziel: an der Hohen Schule zu Tübingen in den Besitz jenes *epitheton ornans* «akademisch» zu kommen, das selbst die Toten noch zierte: Wurde ein Universitätsbürger zu Grabe getragen, dann sprach man am Neckar von der Bestattung einer «akademischen Leiche». (Für deren Beförderung auf einem Schragen der städtische Totengräber sich vom Senat gelegentlich einen Batzen erbat.)

Wozu dieser Aufwand: Was eigentlich wollte man mit dieser Fülle von Bittschreiben erreichen? Was erwarteten die Petenten aus dem Handwerkerstand von der Gewährung ihres Gesuchs? Warum beschwerten sie sich in herzbewegender Rede, wenn der Senat sich ihren Bitten versagte? Wenn er einem Aufgenommenen, der aus seinem Dienst entlassen worden war oder sich unziemlich aufgeführt hatte, das gewährte Bürgerrecht wieder entzog? («Die schwere winters Zeit steht allberait vor der tür ...», ich habe «zwey kleine Kinder, und mein Hausfrau ist wider großes und schwangeren Leibs. Nirgents kein Unterschlauf, um weib und kindt zu ernehren!»)

Wozu, von Eberhard bis König Friedrich, der Fußfall vor den Toren des Senats? Wozu die Abgabe von Petitionen, die sich im Tenor jahrhundertelang kaum verändern? Die Antwort ist einfach: Ein *civis academicus* war ein Bürger besonderer Güte, ein Tübinger mit Stern sozusagen – ausgezeichnet und herausgehoben unter dem *clerus minor* der Weingärtner und Krämer aus der unteren Stadt; bevorzugt und mit Privilegien beschenkt, die, am 9. Oktober 1477 von Graf Eberhard statuiert, erst anno 1828 endeten. Dreihundertfünfzig Jahre lang mußten die akademischen Bürger weniger Steuern zahlen als ihre universitätsfernen Nachbarn, brauchten keinen Frondienst zu leisten und ihren Wein, sofern er dem Eigenverbrauch diente, nicht zu verzollen, waren vom Marktzwang befreit. Sie konnten ihre Waren also kaufen, wann immer es ihnen gefiel, durften zu taxiertem Preis – auch gegen den Willen der Eigner! – billige Wohnungen mieten und brauchten, obwohl sie, zwischen Neckar und Schloß, die schönsten Häuser besaßen, im Fall von Einquartierungen keine Soldaten aufzunehmen. Dies blieb dem geringeren Volk überlassen.

In der Tat, die Universitätsverwandten hatten alle Ursache, Eberhard, dem Universitätsgründer, dankbar zu sein, und wenig Veranlassung, sich, wie es nicht selten geschah, auch noch über die bescheidenen Pflichten hinwegzusetzen, die ihnen, bei so vielen Rechten, auferlegt waren: Das Verbot des «Fürkaufs» (Vorwegkaufs) zum Beispiel, das die Universitätsverwandten anfangs schlicht ignorierten, indem sie ihre Mägde an die Stadttore schickten, um, bevor der eigentliche Markt begann, bei den nach Tübingen einströmenden Bauern durch raschen Zugriff und Preisüberbietung die besten Waren zu kaufen, vor allem das Fleisch ... sofern die *cives academici* die Wurst und den Schinken und das Rauchfleisch überhaupt brauchten. Schließlich hatten sie, dank Eberhards Güte, das Recht, Ochsen und Kühe lebend zu kaufen und sich – jedenfalls im sechzehnten und siebzehnten Jahrhundert – durch eine universitäre Hausschlachterei, die sogenannte «lateinische Metzge» (was, hier irrt der schwäbische Volksmund, nichts mit Anatomie zu tun hat), mit dem notwendigen Vorrat zu versorgen.

Und was für's Fleisch galt, galt erst recht für den Wein, den die Universitätsverwandten deshalb doppelt billig bezogen, weil Eberhard ihnen das Recht zuerkannt hatte, den Weißen und Roten nicht nur zollfrei, sondern auch ohne die Entrichtung der üblichen Umsatzsteuer beziehen zu dürfen. Und wenn man dann noch bedenkt, daß die akademischen Bürger, frei von der normalen Einfuhrbeschränkung, mit der Spätlese aus Untertürkheim oder Heilbronn gegen den Kretzer jener Weingärtner antraten, der Gogen, die vom Verkauf ihres Sauren das Leben bestritten (und für die deshalb eine restriktive Importpolitik existenzwichtig war) ... wenn man all das bedenkt, dann läßt sich verstehen, warum der Goldschlager Schwalb und seinesgleichen im fünfzehnten so gut wie im achtzehnten Jahrhundert Wert darauf legten, akademische Bürger zu werden: Denn wenn's auch hier und dort Beschränkungen gab, so gab es, auf der anderen Seite, doch Mittel genug, um solche Beschränkungen zu umgehen. Was schließlich hieß schon «Eigenbedarf», wenn der Universitätsverwandte erstens selber gern trank, zweitens über den entsprechenden Anhang verfügte, Frau, Kinder, Mägde und trunkfeste Knechte, und drittens – wie's den Professoren offiziell auferlegt war – eine Reihe von studentischen Kostgängern versorgte, deren Durst, wie die Abrechnungen über «gehabte Weinportionen» anzeigen, nicht gerade klein gewesen sein kann?

Es war also nicht der Glanz des Worts «akademisch», das die *homines illiterati* (wie, im Unterschied zu Studenten und Professoren, die Handwerker, Witwen und Bediensteten hießen) um die Gewährung des akademischen Bürgerrechts nachsuchen ließ – es waren handfeste Wirtschaftsinteressen. Ein Pedell schreibt ganz ungeniert: Ich bewerbe mich, weil ich weiß: Bei euch läßt sich's gut leben. Es waren ökonomische Vorteile und Privilegien juristischer Art. Und was für Privilegien! Anders als die dem Stadtregiment botmäßigen Bürger unterstanden die Universitätsverwandten, was immer sie taten, allein der Gerichtsgewalt Seiner Magnifizenz und durften weder von der städtischen Polizei festgenommen noch von jenen Beamten abgeführt werden, die über Exekutivrechte nur gegen Staatsbürger verfügten. Kurzum, wer sich in Tübingen (oder in einer anderen Universitätsstadt) um die akademischen Bürgerrechte bewarb, der wußte sehr wohl, was er tat – und überlegte sich seine Worte genau. Die Bewerbungsschreiben beweisen, daß die Petenten sehr exakt wußten, welche Argumente einer anführen mußte, um den Senat mit seiner Theologen-Majorität günstig zu stimmen. Wie hätte er wohl nein sagen können, dieser Senat, als der Buchhändler Wild, ein in vielen Künsten und Geschäften erfahrener Mann (wir werden ihm noch öfter begegnen), für seinen Sohn und künftigen Nachfolger mit dem Hinweis ums Bürgerrecht bat, Wild junior, mit einer Augsburger Bürgerstochter vermählt, sei unbedingt genötigt, sich «allhier häuslich zu setzen», weil sich die «persecutio religionis zu Augspurg leider in großem Furore» befände? (Ein treuer Diener der evangelischen Kirche unter der Zwingherrschaft der Papisten – nein, das war untragbar; hier *mußte* die Universität, ob's ihr gefiel oder nicht, ihr Placet erteilen.)

Not, zeigt sich, macht erfinderisch. Das beweist der Scharfsinn und die Schmeichelkunst der Bewerber («insinuieren», «in den Busen schlüpfen» nannte man das), das beweist aber auch das Kalkül jener zahlreichen Witwen, die, nach dem Tod ihres Mannes, des Herrn Professors, zwar aufs neue heiraten, sich jedoch *in casam casus* (sprich: eine zweite Witwenschaft) absichern wollten – *gelt, dann kann ich doch zurück?*... so wie es auch jene Schicksalsgefährtinnen taten, die sich verpflichtet sahen, ihrem nach auswärts versetzten ledigen Sohn den Haushalt zu führen, aber wegen dieser mütterlich-christlichen Tat die Exspectanz auf erneute akademische Bürgerschaft keinesfalls einbüßen wollten. Bittschriften, Revisions-Anträge (der Ausgewiesene gelobt, sich künftig zu bessern), Reue-Bekundungen (ein Vater verspricht, seine der «Buhlerey» bezichtigte Tochter strenger zu halten), Rückversicherungs-Verträge (die besondere Domäne der Witwen) – so geht das jahrhundertelang. Noch im Jahr 1822, kurze Zeit bevor das akademische Bürgerrecht durch einen königlich-württembergischen Federstrich abgeschafft wurde, wandte sich ein Polyhistor aus Calw an den Akademischen Senat mit der untertänigsten Bitte, das Kollegium möge geruhen, einem Gelehrten die Würde eines *civis academicus* zu verleihen, dessen Kenntnisse sich aus einer Annonce ergäben, die beizulegen, er, Friedrich Braun, sich erlaube: «Da mir», erklärte, im Tübinger Waldhorn logierend, der Schreiber, «durch die noch nicht erfolgte Vollziehung des Testaments meines seeligen Herrn Schwiegervaters die Mittel zu kaufmännischen Unternehmungen benommen sind und ich mit der Verfassung meiner geschriebenen Werke nunmehr zu Ende bin, so sehe ich mich veranlaßt, die mir von der Vorsehung verliehenen Kenntnisse zum Unterricht in der französischen, italiänischen, englischen, spanischen und neugriechischen Sprache anzuwenden; bei der englischen Sprache muß ich jedoch bemerken, daß ich für die ganz richtige Aussprache nicht bürgen kann, indem ich hierin seit 18 Jahren außer Sprech-Übungen bin. Auch bin ich erbötig, jeden in den benannten fremden Sprachen mir portofrei zukommenden Aufsatz ins Deutsche zu übersetzen. Ferner unterziehe ich mich der Einrichtung von doppelter und einfacher Buchführung und jedem dahin einschlagenden Geschäfte.»

Armer Friedrich Braun! Wäre er fünfzig oder gar dreihundertfünfzig Jahre früher gekommen mit seinem Gesuch – er hätte sich vielleicht in die Phalanx der Goldschlager, Buchdrucker und verwitweten Professoren-Frauen einreihen können ... in die Reihe all jener, deren Zahl am Ende derartig anwuchs, daß die düpierte Stadt Tübingen sich mehr als einmal zu einem energischen «Jetzt ist's aber wirklich genug» veranlaßt sah und – wo schon das professorale Gesinde samt haushaltslosen Eltern und ledigen Kindern zum Troß der akademischen Bürger gehörte – sich zumindest dann halsstarrig zeigte, als Gefahr drohte, daß am Ende auch noch die Frauen der Handwerksgesellen und deren mögliche Nachkommenschaft ums Sonderrecht einkommen könnten. Hier freilich machte man – Ausnahmen bestätigen die Regel – denn doch einen Punkt, in Übereinkunft mit der Universität übrigens, die wenig Lust verspürte, neben den vielen Vormundschaften, Sorgerechten und Kuratel-Pflichten, denen sie ohnehin nachkommen mußte, zu guter Letzt auch noch die Verantwortung für die Witwen und Waisen jener Gesellen zu übernehmen, deren Aufsässigkeit ihr schon Verdruß genug bereitete – die Buchdrucker als die rebellische Avantgarde immer voran!

Herrschte hier einmal Eintracht, so fehlte es ansonsten – bei zweierlei Recht nicht verwunderlich – in keinem Jahrhundert an Spannungen zwischen Bürgern und Universitätsverwandten, Gewöhnlichen und Privilegierten. Nur allzu verständlich war also, daß die Stadt den Eid auf Eberhards Brief, den sie alljährlich vor dem Senat ablegen mußte, nicht gerade enthusiastisch ausführte und daß die Bürger, wenn der Stadtschreiber am Sonntag nach St. Georg die den *civibus academicis* verliehenen Rechte von der Kanzel verlas, sich erst zum eigentlichen Gottesdienst einfanden, nachdem der Schreiber mit seiner Lesung vor leeren Bänken fertig war.

Von *Feindschaft* konnte man nicht sprechen (dazu waren die Bürger auf ihre Alma Mater, die zudem der größte Wirtschaftsfaktor in Tübingen war, viel zu stolz und kämpften, wenn die Hochschule bedroht war, weil Karl Eugen Studenten abwarb oder sich gar eine Verlegung nach Stuttgart abzeichnete, für die Existenz der Eberhardinischen «Gemainen Schul» bis aufs Messer). Nicht einmal von dauerhaftem *Streit* ist zu reden – dafür war man untereinander zu sehr versippt und verschwägert. Zahlreich aber waren die Mißtrauens-Kundgebungen, Beschwerden und Vorhaltungen auf seiten der Stadt ... Gravamina übrigens, die die Universität, auch das muß gesagt werden, in vielen (vielleicht den meisten) Fällen als berechtigt ansah. Das galt in erster Linie für die mangelnde Beachtung der Hygiene-Vorschriften in den Haushalten der Professoren, das Herausschütten von Urin auf die Straße, den großzügigen Umgang mit Jauche und Mist (jeder Professor durfte ursprünglich zwei Kühe halten und der städtischen Allmende zuführen) und, vor allem, die säumige Kloaken-Aushebung. Die akademischen Bürger, befiehlt ein Senatsdekret in düsterer Zeit – Mai 1648 –, möchten ihr Gesinde anweisen, den Unrat, «so auf den gassen zusammen gekheret würdt», unverzüglich zum «Negger» (gemeint ist der Neckar) zu tragen und ihn keineswegs «anderen Leut» vor die Häuser zu schütten.

Kein Zweifel, die Professoren aus der Zeit des Dreißigjährigen Krieges hatten andere Sorgen als die Tübinger Gelehrten von heute, und ihren Vorgängern und Nachfahren, die im alten Herzogtum Württemberg Dienst taten, ging es nicht anders: Die hatten sich um konkretere Dinge zu kümmern als Forschung, Studienpläne und neue Didaktik – ihnen ging es zunächst ums tägliche Brot, um Leib und Leben. Ihre Probleme waren die Sauberkeit in der Stadt (Geld und Gülle fängt mit dem gleichen Buchstaben an), die Hygiene, die Krankenversorgung (Notiz von 1623 über einen Studenten, der «in ventriculo dolores empfunden»: Ob er im Lazaretthaus nicht der Pflege ermangle? Ob er genug «Bettgewandts» habe?), die Not der Körperbehinderten –

der «pressthaften, unsinnigen oder sinnlosen, stummen und ungehörenden» –, schließlich, und vor allem! – die Versorgung jener universitätseigenen Liegenschaften, von deren Gedeihen es abhing, ob die Hochschule, zumal in kriegerischer Zeit, überlebte. Jede Mißernte konnte die pünktliche Auszahlung der Gehälter gefährden, jedes gute Jahr dagegen den Professoren Extra-Rationen an Wein, Getreide und «Süßspeiß» einbringen.

Risiken, wohin man blickt. Zwar waren die Einkünfte aus Naturalien und dem Zehnten beträchtlich, zwar gab es Wiesen und Höfe, Weinberge und Äcker in Hülle und Fülle (vom Süden der Alb bis weit über Stuttgart hinaus, fast bis nach Heidenheim hin), aber es fehlte die Streitmacht, die der Syndikus und das zur Verwaltung bestimmte Vier-Männer-Kollegium – mit dem Supremus Deputatus als Leiter – in die Pflegen aussenden konnten, wenn die Bauern in Notzeiten streikten und die Verwalter vor Ort den Dienst aufkündigten. Da mußten die Professoren schon einmal selber nach dem Rechten sehen und zeigen, wer hier Herr im Hause war: Auf dem Höhepunkt des Dreißigjährigen Krieges wurde im Senat sogar erwogen, die Wissenschaften fürs erste ruhen zu lassen und die *ordinarii universitatis* als Gutsverwalter abzukommandieren: «Weilen es gar so schlecht mit unseren Einkünften steht, draußen auf dem Land», heißt es anno 1640, ein paar Jahre nach der Schlacht bei Nördlingen, «darum müssen wir fragen, ob nicht die besten Pflegen den Professoribus übergeben sein möchten.»

Dreieinhalb Saecula die gleichen Probleme, vom Ende des fünfzehnten bis zum Beginn des neunzehnten Jahrhunderts ein Riesenkatalog unterschiedlichster Fragen: Wie verwalten wir unsere Güter? Wo kaufen wir am billigsten ein? Wie werden wir der Schwarzschlächter habhaft, die ständig behaupten, man hätte ihnen die Ochsen gestohlen? Wie kommen wir mit der Raupenplage zurecht?

Professoren als Gutsherren, Notare, Zeremonienmeister, Poenitentiare, Ingenieure und Almosenverwalter: Wie viel Geld kann, vom Gesamtvermögen, alljährlich für die durchreisenden Scholaren abgezwackt werden, die um ein Zehrgeld einkommen, ums akademische Bürgerrecht oder um die Erlaubnis, Privatvorlesungen halten zu dürfen – für jenen im Protokoll als «Italus quidam» bezeichneten Südländer zum Beispiel, der sich später als Giordano Bruno herausstellte, oder für die vielen Vaganten (einer gibt als letzten Aufenthalt Ostindien an), oder für jenen Türkensklaven, der von *Amplissimo Senatui* einen Zuschuß erbittet, weil er im Bad die zerschossenen Glieder wiederherstellen möchte? (Anmerkung des Rektors: «Ich wäre nicht abgeneigt, einem, der wider den Erbfeind gekämpft, mit einem Carolin zu beschenken.»)

Und so immer weiter! Da hat ein stud. theol., wiewohl relegiert, die Frechheit, ein Viaticum (Zehrgeld) zu erbitten, und handelt sich dafür die im Protokoll festgehaltene Notiz ein, ein Kerl wie er täte besser daran, den Pflug zu führen oder die Muskete zu laden, «so würde sein Charakter weniger denn als Geistlicher schaden»; da durchsaust ein Studiosus von Adel auf einem Schlitten die Stadt, in den Händen zwei brennende Fackeln, und wird dafür relegiert («Gott sei Dank, den sind wir los»); da geht es – wieder ein neues Problem – um Hochzeitsgeschenke für Kinder von Universitätsangehörigen, um Fragen des Zeremoniells – wie ist ein Graf im Kolleg anzureden –, um juristische Spitzfindigkeiten (fällt ein Küchenjunge, der sich auf universitärem Gelände erhängt hat, des Tatorts wegen unter die akademische Gerichtsbarkeit?), um Alltagsprobleme, die erhöhte Schuhzulage für die Pedelle zum Beispiel (der Lederpreis ist wieder gestiegen) oder die Ersetzung eines «wider alle pyrotechnischen Regeln konstruierten Ofens im auditorio medico» (so der Dekan der Fakultät).

Und so fort und so fort: Mal verstopft der Herr Vizekanzler die Schelle, sodaß ihn der Pedell während eines nächtlichen Aufruhrs nicht wachklingeln kann, mal verschläft die Feuerwache der Druckergesellen ein schweres Gewitter, mal geht's um die Transportkosten für eine Leiche, mal auch nur um eine schlichte Bettelei. (Bemerkung des Rektors: «Kümmert uns nicht. Wir haben hier Arme genug.»)

Genug der Zitate: Die Universität Tübingen, so viel ist deutlich geworden, war sehr viel mehr als eine gelehrte Bildungsanstalt. Sie war ein Wirtschaftsbetrieb von beachtlichem Ausmaß, eine geschlossene Körperschaft mit eigener Ökonomie, eigener Verwaltung und eigenem

Recht: eine Gilde von Magistern, Scholaren und Illiteraten (vom Professoren-Enkel bis zur Wäscherin), die aus vier Untergliedern, den Fakultäten, bestand und streng hierarchisch durchstrukturiert war – eine Professoren-Universität nach dem Modell von Paris und nicht eine Scholaren-Gemeinschaft wie Bologna.

Während an der wenige Jahre vor Tübingen gegründeten Hochschule zu Basel die Studenten, bei der Kür eines neuen Rektors, zumindest das passive Wahlrecht besaßen (die Juristen, damals Bannerträger des Fortschritts, bestanden darauf, daß ein Student auch Magnifizenz werden konnte), hatten in Tübingen die Lehrstuhlinhaber und *doctores regentes* nicht nur das letzte, sondern auch das einzige Wort im Senat – wobei noch hinzukam, daß zwischen den Doktoren und Lizentiaten der oberen Fakultäten und den Magistern aus dem Kreis der Artisten ein wesentlicher Unterschied bestand. Während Theologen, Juristen und Mediziner ihre Vertreter *in corona* ins Konzil schicken durften, mußten sich die Philosophen mit einem Ausschuß begnügen – vier von fünfzehn, dazu der Dekan –, mehr gestanden ihnen die drei Großen nicht zu. Die Artisten waren für sie Instrukteure, die zu Recht wenig verdienten und im besten Fall durch ihre große Zahl imponierten – darum die Angst der drei Ersten vor dem Stimmengewicht des Vierten und Letzten. Nimmt es da wunder, daß die Artisten bei der Besetzung von Lehrstühlen in den oberen Rängen kein Votum abgeben durften, ja, daß sie, sofern sie im Senat als Konsiliarien auftreten mußten, noch nicht einmal einen Sitzplatz beanspruchen konnten, sondern gezwungen waren, ihre Gutachten stehend zu verlesen?

Und trotzdem kam es vor, nicht einmal selten, daß auch ein Artist als Rector Magnificus die höchste Position innerhalb jener akademischen Gilde erreichte, die sich in Tübingen jahrhundertelang aus sich selbst rekrutierte, ja, in manchen Fakultäten mit all ihren Harpprechts und Gmelins, Camerers und Tafingers, und wie immer sie hießen, fast wie ein Familienbetrieb regiert worden ist. Der Nepotismus, Robert Mohl konnte ein Lied davon singen, feierte in Tübingen wahre Triumphe. (Auch im Fall der Mohlschen Sippe übrigens … und wie sollte man auch am Neckar eine Ausnahme machen, da doch sogar im puritanischen Basel die Cliquenwirtschaft ein derartiges Ausmaß annahm, daß man die Lehrstühle am Ende nach dem Losverfahren besetzte.)

Die Universität Tübingen war eine Genossenschaft, die vom Meister bis zum Lehrling und vom Rektor bis zum Pedell zunftmäßig und familiär gegliedert war, eine Sozietät, die in der Form des *studium generale* alles feilbot an standardisiertem Wissen, was nicht gegen die Regel verstieß und von kirchlichen und weltlichen Autoritäten approbiert worden war. So hat diese Gemeinschaft die Jahrhunderte überdauert. Bei aller meistersingerlichen Spießigkeit (wie hat ein Leibniz darüber gelacht!) besaß sie eine Macht ohnegleichen. Sie trieb Handelsgeschäfte und konnte Todesurteile fällen (zweimal hat sie's getan: ein Mädchen wurde hingerichtet, ein Student wurde begnadigt); sie konnte Bücher zensieren und das Gepäck der Scholaren nach verbotenen Schriften durchsuchen; sie konnte gegen Zauberer und Hexen, gegen Unschuldige also, auf Folter erkennen, konnte Apothekern den Laden zuschließen und Chirurgen durch akademische Examinierung brotlos machen, sie konnte denunzierte Landeskinder auf «Franzosen», Krätze und sonstigen Aussatz hin untersuchen und sie aus der Gemeinschaft ausweisen ... was eigentlich konnte sie nicht, die Universität, mit den Doktoren der drei Fakultäten und den Magistern der vierten? Die Antwort heißt: Sie konnte alles ... sofern es zeitgemäß war. Für die Unzeitgemäßen, Bacon, Kopernikus und Descartes, war an Universitäten bekanntlich kein Platz. Die Avantgarde arbeitete am Hof oder in Akademien, las Korrekturen in Druckerstuben – aber stand nicht auf dem Katheder.

Und doch hätte es wahrscheinlich weder einen Galilei noch einen Leibniz gegeben, wenn nicht eine Institution dagewesen wäre, die Universität, deren Reglement jenes Maß an Kontinuität und Sicherheit gewährte, das die Neuerer als Lernende brauchten, um später, nunmehr Meister sui generis, dagegen opponieren zu können: Ohne Dogma keine Aufklärung, ohne Scholastik kein Humanismus, ohne den Kanon keine Reformation. Wenn also die Alma Mater Tubingensis jahrhundertelang in erster Linie Gegen-Instanz war, Hort der Orthodoxie in Württemberg, dem protestantischen Spanien, und Bollwerk der Tradition, so wurde sie, die Lehrstätte Keplers und Hegels, Strauß' und Hölderlins, gerade durch ihre Aufsässigkeit und Revolution befördernde Starrheit am Ende zur Keimzelle der Revolution und zum Zentrum jener Ketzerei, die, in Tübingen entwickelt, auf dem Umweg über Linz und Berlin, irgendwann denn doch nach Tübingen zurückkehrte: die Oberkirchenräte in Stuttgart und die Stiftsinspektoren vor Ort konnten ein Lied davon singen. («Judas Ischarioth» wurde David Friedrich Strauß, der Verfasser des *Leben Jesu*, genannt.)

Die Starrheit als Hebamme des Zweifels – unter dieser Devise läßt sich die Geschichte der Universität Tübingen lesen: Strenge, die zum Widerspruch reizt, Rechtgläubigkeit, die Häresie, von den «pietistischen Umtrieben» bis zur Hegelschen Spekulation, geradezu provoziert.

Wo, wenn nicht im Tübinger Stift, dem Mittelpunkt der reinen Lehre, hätte die Ketzer-Gesinnung groß werden können? Die Hohe Schule am Neckar wurde im neunzehnten Jahrhundert zum Zentrum der Insubordination, weil die protestantischen Herzöge, anders als Eberhard, dieser erste Scholar seiner «Gemainen Schul», zu wenig Weisheit und zuviel Rechtgläubigkeit von ihrer Universität erwarteten – im Einvernehmen mit Professoren, die nicht mehr, wie die Gründergeneration, in Krakau und Poitiers, in Paris und Basel, sondern in Tübingen studiert hatten. Welche Weltweite zu Eberhards Zeit, in der zwar auch ein Hauch von Provinzialität nicht zu verleugnen war (drei der wichtigsten Männer, der Jurist Vergenhans, der Poet Bebel und der Mathematiker Stöffler stammten aus einem und demselben Dorf Justingen von der Schwäbischen Alb); aber das Schwäbische wurde relativiert durch die Doktoren aus Padua und Wien, durch Scholaren und Magister, die sich in ganz Europa umgesehen hatten. Nach der Reformation hingegen gab es, vor allem im achtzehnten Jahrhundert, zwar gelegentlich auch noch Gelehrte, die ins Neckardorf eine Spur von Weltläufigkeit brachten – ein Gmelin reiste neun Jahre lang durch den russischen Osten, ein zweiter Gmelin kam bei einer Forschungs-Expedition in Sibirien ums Leben, Petersburg war jahrzehntelang so etwas wie eine Dependance von Tübingen. (Und dann erst die Reisen im Dienste der Kirche bis nach Konstantinopel!) Aber im allgemeinen regierten doch Enge und, geistig so gut wie geographisch, Kurzsichtigkeit in jenem «Land der Prälaten und Schreiber», über dessen Rückständigkeit sich noch Hegel mokierte: Man kam aus einer württembergischen Klosterschule, studierte an der Landesuniversität und beschloß, ein Schwabe unter Schwaben, sein Leben als Pfarrer. (Nachzulesen bei Vischer und Strauß.)

Inzucht und Mißtrauen gegenüber den «Ausländern», wie man die Nicht-Württemberger, die Preußen, Hamburger und Sachsen, noch zur Zeit des Ersten Weltkriegs genannt hat: Das war das eine, was dem Aufstieg der Hochschule zur «Universität» (auch im räumlichen Sinne) hinderlich war. Das zweite: Der Entfaltung waren – stärker als in Erfurt, Wittenberg, Leipzig oder wo immer – durch ein landesfürstliches Regiment Grenzen gesetzt, das auf der Doppel-Macht von weltlicher und geistlicher Oberherrschaft beruhte – ein Regiment, das Abweichler in Glaubensfragen zum Staatsfeind und den politischen Opponenten zum Häretiker machte. Der Machtanspruch war total, es gab keinen Fluchtweg (selbst der Himmel war besetzt), und total war auch das System der Überwachung: in welchem Ausmaß – die Universität hat's erfahren!

Vom sechzehnten bis achtzehnten Jahrhundert reisten – hier öfter und dort seltener, das hing von den Umständen ab – Fürstliche Commissäre von Stuttgart nach Tübingen, bezogen für ein paar Tage (es konnten auch Wochen werden) Quartier – und begannen, nachdem sie den Senat im Namen des Herzogs gnädig gegrüßt hatten, mit ihrer Visitation. Ein Professor nach dem andern hatte, in einem *examen privatum*, Rede und Antwort zu stehen. Das Kollegium der Stuttgarter Vier, Landhofmeister und Propst, Kirchenratsdirektor und Hofprediger ... das Visitatoren-Quartett kannte sich aus: eine eingespielte Kontrollkommission, der man nichts vormachen konnte. Da wurden Rechnungen überprüft, da stellte man fest, ob die bei der letzten Visitation erteilten Anweisungen Punkt für Punkt erfüllt worden waren, da ging man daran, das Verzeichnis jener Lektionen, die der Professor seit der vergangenen Überprüfung gehalten hatte, auf das genaueste zu kontrollieren. Und dann ging es los, dann wurden den Ordinarien zweierlei Fragen gestellt: allgemeine, die jeder zu beantworten hatte, und spezielle, die fakultätsgerecht aufgesetzt waren. Schlag auf Schlag und Mann für Mann: Was ist mit den versäumten Lektionen? Warum hat man vergessen, zum *examen neglectuum* (der Generalüberprüfung der versäumten Lektionen, die in Tübingen vierteljährlich durchzuführen war) einen der Kommissare zu bitten? Wie, weiter, steht es mit der Bibliothek und der Bücheranschaffung? Hat man die Läden nach sektiererischen Schriften durchsucht? Wie sieht es mit der Disziplin aus: man habe gehört, im Karzer werde Wein ausgeschenkt – ob das stimme? Und die Burse: Wird dort gut gekocht oder gibt es Klagen? Die Kontrolle? Geht der *rector bursarum*, wie's seine Pflicht ist, abends von Zimmer zu Zimmer und visitiert jedes Gemach? Und nun zum einzelnen: Wird Predigt-Lehre getrieben und nicht nur blasse Theorie? Denken die Juristen daran, ihre Hörer, die schließlich künftige Staatsdiener seien, in ihren Lektionen ad praxim zu führen? Und wie ist es mit der Praxisnähe in *facultate medica* bestellt? Werden die Studiosi nicht nur im Hörsaal, sondern auch am Krankenbett unterrichtet? Schließlich dann die Artisten: Ist die verlangte Kolleg-Inspektion durchgeführt worden? Wird fleißig gelehrt? Weniger weitläufig und nicht immer noch über Jahre hinweg?

Fragen anläßlich einer Visitation, gehalten im Juni 1593 – sechsundzwanzig gemeine und einundvierzig *speciale Interrogatoria*, die jeder Professor der Reihe nach zu beantworten hatte: «Die Bibliothek ist schlecht.» «Einen Ketzer (sectarius) unter meinen Kollegen kenne ich nicht.» «Ein Studiosus allhier war Calvinist, ist aber weitergezogen.» «Ein Konviktor aus Hamburg hält sich etwas suspekt, wurde katechisiert, tut jedoch keinen Schaden.» «Die Studienanfänger im Pädagogium sind ein liederlich junges Gesindel.» «Der Pedell soll am Feiertag fleißiger wachen.» «Ein jüdischer Arzt hat in der Stadt praktiziert. Es gab Ärger mit der Fakultät. Der Mann ist nicht mehr hier.» «Ein Oculist (Augenarzt) hat dem Rektor des Kontuberniums den Star gestochen.» «Von einem Aufstand in der Burse ist mir nichts bekannt; doch weiß ich, daß die Bursanten während des Essens die Röcke und Mäntel ausziehen: Als ihnen der Kanzler solche anzubehalten befahl, haben sie's, sobald er hinausgegangen, wieder abgelegt.» Die Kontrolle, nochmals, war total – und nicht nur die Visitatoren, die schließlich nur selten nach Tübingen kamen, sorgten dafür, daß nichts wider Regel und Ordnung geschah; es gab am Ort einen Mann, der tagtäglich den Lehrbetrieb, das Verhalten der Studenten und Professoren, die Prüfungen und das Verhältnis zwischen Universität und Stadt überwachte – das war der Kanzler, der mächtigste Mann in der Zunft. Jawohl, der mächtigste! Während die Rektoren nur ein halbes Jahr lang regierten, blieb der Kanzler oft über Jahrzehnte im Amt – er, der Stiftspropst und, nach der Reformation, Erster Theologe der gelehrten Gemeinschaft, zu gleicher Zeit Professor und Visitator perpetuus, Wissenschaftler und Inspekteur, Kollege unter Kollegen und Vertreter des Landesherrn war: das «Auge» des Fürsten. Er, der Kanzler, verlieh – in katholischer Zeit *ex auctoritate apostolica*, später, nach der Reformation, *ex auctoritate publica et ordinaria* – die Grade der Alma Mater; er war die Appellations-Instanz der Sozietät; er sorgte dafür, daß niemand die der Universität gewährten Freiheiten und Privilegien antastete; er war der Aufsichtsbeamte, der darüber wachte, daß die Statuten, Rezesse und Visitations-Befehle befolgt wurden und jedermann das württembergische Allerheiligste, die Konkordienformel, unterzeichnete – das Dokument evangelischer Rechtgläubigkeit.

Der Kanzler: Das war der Revisor und Kommissar in Permanenz, ein Kirchenmann, der für die verbrieften Rechte seines Stuttgarter *summus episcopus* eintreten mußte und, als stellvertretender Prinzipal, zu garantieren hatte, daß die Superiorität des Landesherrn über die Universität – Privilegien hin, Freiheiten her – nicht in Frage gestellt wurde. Dem Rektor der Glanz und dem Kanzler die Macht: So hat man regiert in Tübingen.

Nicht, daß der Eine, mit seinen Szeptern und seiner Gerichtsvollmacht, ohnmächtig war; nicht, daß der Rektor, dem jeder akademische Bürger vorgeführt werden mußte, den die städtische Polizei bei einem Vergehen ertappte, nur eine Repräsentations-Figur war, ein

Monarch, der mit seinem Konsistorium bei peinlichen Prozessen einen Beklagten zum Tod verurteilen konnte – das sicherlich nicht. Aber am Kanzler gemessen, dem Propst, der mit der Autorität des Landesherrn auftreten konnte und in katholischen Territorien zu seinen Kollegen immerhin Bischöfe zählte: am Kanzler gemessen, war, wie die Geschichte zeigt, der Rektor in Wahrheit nur ein Vize-Regent.

Und trotzdem: Nicht alles, was in dieser Universität geschah, konnte der Kanzler wissen, nicht einmal die Dekane und Professoren konnten das, die darauf zu achten hatten, daß fahrlässige Gesellen unverzüglich angezeigt wurden, um sodann «als faule und nichtswerdte glieder von dem Corpore Universitatis abgeschnitten und ausgeschlossen zu werden» ... nicht einmal die Spektabilitäten und Magister wußten genau, was hinter den Kulissen geschah. Das nämlich wußte nur einer: der Pedell. Er allein hatte den Überblick über das Ganze – aus der Froschperspektive, gewiss, aber einen Überblick immerhin; denn er, als einziger, war überall. Er hatte Tag und Nacht präsent zu sein und sich aus Tübingen nicht zu entfernen. Er mußte Rektor und Dekane täglich besuchen, mußte bei Examina, Senatssitzungen und Disputationen aufwarten, mußte das Universitäts-Inventar hüten, das ihm bei Amtsantritt im Beisein des Syndicus überantwortet wurde: «Leinwath und Geschürr», «Schreinerwerk» und «Gemeiner Hausrath». Er mußte die Hörsäle heizen und dabei sehen, ob der Professor auch lese und die Studenten keinen Schabernack trieben; er mußte gegen säumige Dozenten Anzeige erstatten (und bekam dafür von der Neglecten-Buße die Hälfte), er hatte Strafzettel zu verteilen (und erhielt auch hier die Hälfte von der «Poen»), er mußte bei Immatrikulationen und Doktoralien Hilfsdienst tun. (Das gab wiederum Geld, ein paar Pfennige fielen jedesmal ab.) Während der Nacht mußte er alternierend mit seinem Kollegen Wachtdienst tun, er mußte zur Jahrmarktszeit Sonderschichten einlegen, sich zwei- oder dreimal in jeder Woche auf Auseinandersetzungen mit den Studenten einlassen, die ihn mit Branntwein traktierten (mehr als einer ist daran gestorben; nachzulesen im Tübinger Tagebuch Albrecht von Hallers!). Der Pedell mußte die Namen von Missetätern aufschreiben, deren Gesicht er nicht kannte: darum die Bitte an den Rektor, Magnifizenz möge erlauben, daß der *bidellus* jeden Studenten zur Immatrikulation führen dürfe – nicht nur der «Akzidentien» wegen, sondern vor allem um der Tatsache willen, daß durch eine Bekanntschaft von Anfang an ein sachgemäßes Rekognoszieren gewährleistet sei: «Andernfalls», schreibt ein Pedell, «ich Bedenken hätte, nachts unter die Leute zu gehen, indem ich sie nicht gekannt … und nicht gewusst, ob es Studenten seyen oder nicht.»

In der Tat: mußte ein Professor schon viel tun – so tat ein Pedell noch viel mehr, und das für einen Hungerlohn. «Gebt mir wenigstens Brot, Licht und Wein», schreibt einer von ihnen, «wenn ich bei Hochzeiten und Gastmählern aufwarten muß – einen halben Scheffel Hafer nur, und ich werde mit Freuden aus diesem Brunnen, den die Fürsten und Edlen dem Volk gegraben, Wasser schöpfen und allezeit, so viel ich kann, Schaden abwenden und den Nutzen befördern.»

So sprach im siebzehnten Jahrhundert ein Pedell zu Tübingen – ein Mann, der, im Gegensatz zu den Studierten, auf sich allein gestellt war. Kein Konvent, kein Senat, kein Konzil, noch nicht einmal verläßliche Freunde waren vorhanden, die ihm nachts auf seinen Streifgängen beistehen und ihn gegen den Übermut der Studenten verteidigen konnten: «Die Buchdrucker wollen sich gar nicht dazu verstehen», schreibt im Jahre 1665 der Pedell David Reuchlin, «sie sagen, es sei ihrer Kunst zuwider, und wenn's hoch kommt, schicken sie mir einen Jungen an die Seite, und was ich mit dem ausrichten kann, stelle ich Ihro Magnifizenzen und Excellenzen Gutdünken anheim.»

Und dennoch war das Pedellen-Amt eine Position, die im Kreise der universitären Handwerksgeschäfte zu den begehrtesten zählte. Kein Wunder also, daß man sich – nicht anders als um die Würde eines civis academicus – auch um den Pedellen-Posten (der im Gegensatz zum unsicheren Gesellendasein als stabil und krisenfest galt) mit den unterschiedlichsten Argumenten bewarb: Führte der eine seine «syben lebendige kleine Kinder und ein schwache Hausfrau» ins Feld («auch hab ich weder Hauß noch Hof»), so bewarb sich sein Konkurrent mit dem Hinweis, er habe «keinen sondren großen Anhang» und kein Gesinde, sondern lebe allein mit seiner Frau, von der er «keiner Kinder mehr gewertig» sei.

Die Visitatoren in Stuttgart, der Kanzler und die Pedelle. Das waren, wenn man's überspitzt sagen will, die drei Instanzen, neben dem Senat, denen die Kontrolle jenes akademischen Reglements anvertraut war, von dessen Präzision und Unveränderbarkeit das Funktionieren des Gesamtbetriebs abhing. Ein Reglement bis aufs i-Tüpfelchen.

Jawohl, man hatte an alles gedacht: Auch der penibelste Beobachter wird keine Lücke in der akademischen Gesetzgebung finden, wie sie in Tübingen praktiziert worden ist.

Reglementiert war der Hochschulzugang: Nur eheliche Kinder durften studieren; noch anno 1790 gab es im Senat eine leidenschaftliche Debatte über die Frage, ob ein illegitimer Sohn inskribiert werden könne. (Daß es an Ausnahmebestimmungen nicht fehlte und so mancher Bastard, auch aus dem Lehrkörper übrigens, auf dem Verwaltungsweg rechtbürtig wurde, versteht sich von selbst.)

Reglementiert war auch das Ausleseverfahren unter sozialen Aspekten: Arme Leute, lautet das Fazit, hatten es schwer. Während der Graf, auch wenn er ein Tunichtgut war, als Studiosus Rektor sein konnte (Tübingen stand lange Zeit als Adelsuniversität in Verruf), wurde, im achtzehnten Jahrhundert, der Sohn eines Hauswarts, der, freilich gegen den Wunsch seines Vaters, statt der Baderkunst Medizin studieren wollte, mit dem Bemerken zur Ordnung gerufen, daß es, wie auch der Hauswart zugeben müsse, «praejudizierlich werden könne, wenn es an die Herren Studiosos käme, daß nunmehr auch Barbiersjungen inscribiren und Studiosi seyn wollten».

Reglementiert, weiterhin, war auch die Vorbildung. Auf der einen Seite die Klosterschüler, die, kaum daß sie immatrikuliert waren, auch schon den Rang von Baccalaren gewannen, auf der anderen Seite die «Schützen» aus den Lateinschulen, die, wenn sie mit dreizehn Jahren nach Tübingen kamen, sich erst einmal auf dem Pädagogium, einer Art von universitärem *college*, jenes Wissen zulegen mußten, das einer brauchte, um dem Unterricht im Kreis der Artisten folgen zu können.

Reglementiert war, zum vierten, der Studiengang: Morgens, unentgeltlich, jene Lektionen, die «ordentlich» hießen, weil die Professoren hier die ordentlichen, zum Examen nötigen Bücher traktierten; am Nachmittag, kostenpflichtig, die Kollegs, Wiederholungen und Privat-Gespräche zwischen Lehrer und Schülern, und am Wochenende schließlich die Disputationen, bei denen die Scholaren unter Beweis stellen mußten, daß sie in der Lage waren – begründend, antwortend und widerlegend – Rezeption in Reproduktion zu verwandeln.

Reglement en gros und en detail! Selbst der Sonntag, der geheiligte Sabbat, war fest verplant. Besser, hieß es, die Baccalare föchten in Kirche und Aula mit den Waffen des Geistes als in der Kneipe mit Degen und Knüppel ... wenn schon den Sabbat geschändet, dann lieber im Bemühen um die Lösung von *sophismata* und *quaestiones* als auf dem Lotterbett jener «Schlupfbiegel» (sprich: übelbeleumdete Häuser), an denen, will man den Zeugnissen glauben, in Tübingen kein Mangel war.

Was aber geschah, wenn einer sich dem Reglement widersetzte – ein Student, der während einer Disputation gegen die Weisungen des Präsidenten verstieß, oder ein Professor, der ein Kolleg in ein Seminar verwandelte? Nun, wenn er Dozent war, dann erging es ihm wie jenem Magister der artistischen Fakultät, Grafft hieß der Mann, der sich im Jahre 1757 aufgefordert sah, unverzüglich Rechenschaft über seine von der Norm abweichende Unterrichtsmethode abzulegen und den Brauch zu begründen, sich während des Kollegs mit seinen Hörern zu unterhalten. Kolleg und Seminar durcheinandergeworfen: Nein, das war nicht im Sinne eines Reglements, dessen Statuten allenfalls in Arabeskenform variiert werden könnten: «Wenn es auch im Studienplan vorgesehen ist», läßt sich anno 1655 die Universität den Visitatoren aus Stuttgart gegenüber vernehmen, «daß der Professor des praktischen Rechts zweimal wöchentlich zwei Stunden hintereinander Kolleg halten solle, dies jedoch den Auditoribus beschwerlich fällt, so stellen wir den Hohen Kommissaren anheim, ob selbiger Professor, wie er sich erbietet, nicht besser täglich einmal Vorlesungen halte.»

Reglementiert – wir kommen zum fünften – war selbstverständlich auch das Examen: die Prüfung, zu der sich die Kandidaten, sofern die

Voten der drei Fachprüfer einstimmig günstig ausfielen, unter Überreichung von Konfekt und Süßwein beim Kanzler anmelden mußten, um, von ihren Prüfern begleitet, ein Viertelstündchen lang mit ihm zu plaudern – von Mediziner zu Theologe, von Jurist zu Gottesmann – und Konversation zu treiben … Konversation, die nun freilich, wie die Zeugnisse zeigen, gelegentlich recht kurios ausgefallen sein muss: «Am zweiten Januar», notiert 1763 der Dekan der medizinischen Fakultät, «wurde der Candidat Reverendissime Cancellario vorgestellt; ich hielt dabei eine Rede von den schädlichen und guten Wirkungen des Bleis auf den menschlichen Körper; Herr Canzler hingegen erzählte in einer schönen Rede die vorzüglichen Wohltaten Gottes, welche Er unserer Hohen Schule bei Antritt des Neuen Jahres auch unter gegenwärtigen Kriegsunruhen habe zukommen lassen.»

Wenn aber schon die Prüfung, das sogenannte Tentamen, reglementiert war: wie viel mehr dann erst die festliche Promotion in der Aula … Jene große Schau und Parade, bei der die Universität zeigte, was sie auch in protestantischer Zeit an Pomp und hochamtsgleicher Festivität aufbieten konnte: an Sinnenpracht und strengem Zeremoniell … das gewaltige Schlußmahl nicht zu vergessen. Das war ein Gala-Akt, der mit der Einladung der Herrschaften im Rathaus, im Adelsquartier und der Hohen Schule begann – der Pedell mit dem Zepter voran, dann der Professor, zum Schluß die Kandidaten – und am Festtag selbst mit Musik und Reden, der Überreichung von Ring, Hut und Buch, den Insignien des Doktorats, und dem anschließenden Kirchgang seinen Höhepunkt fand. Die Professoren, samt Rektor und Kanzler, erhielten zum Dank ein Barett und ein Paar Handschuhe aus Leder – der Kanzler zusätzlich Zucker und Süßwein –, und dann gingen alle zum Mahl. Zehn Gänge mußten's schon sein – Kapaune und Kalbsbrust, Nüsse und Kirschen, Käse, Kuchen und Obst … und das im Dreißigjährigen Krieg!

Die Fresserei, anders kann man's nicht nennen, muß beispiellos gewesen sein: Ganz einerlei, ob man nun in der Aula oder, was die Stadt aus verständlichen Gründen lieber sah, im Wirtshaus dinierte, der «Corona» (Krone), dem «St. Angelus» (Engel) oder – Tübingens renommiertem Haus! – der «ovis aurata» (Goldenes Schaf) ... unter einem halben Tag ging's kaum ab: «Um neun Uhr früh», schreibt, anno 1596, Nikodemus Frischlins großer Widersacher, der berühmte Gräzist Martin Krauss alias Crusius, «hielt ich meine Vorlesung über Ciceros zweite Rede gegen Rullus. Um 1/2 11 Uhr ging ich ins ‹Schaf›. Dort haben wir bis um 1/2 6 Uhr am Abend fröhlich zu Mittag gegessen. Es war, beim Wein und bei den Speisen, ein prachtvolles Essen. Dreimal fünf Gänge, außer dem Nachtisch. Um 6 ging ich, mit einem Dank an alle, nüchtern nach Hause. Gott sei Ehre und Preis! Fast sieben Stunden bin ich beim Essen gewesen, habe gut gegessen und mich kein einziges Mal von der Tafel entfernt. Ich fühle keine Beschwerden.»

Dreimal fünf Gänge: das hat nun freilich mit Reglement nichts mehr zu tun, im Gegenteil, da protestieren die breitgesäßigen, rotbackigen Herren vom Senat, die Wirtshaushocker, Völler und Viertelesschlotzer gegen ein frugales Zeremoniell, auf das gestützt der Stuttgarter Hof den Tübinger Hochzeitern nicht mehr als drei Gänge zubilligen wollte (weniger seien noch besser); da lassen sich Crusius und seine Genossen den Spaß am Essen nicht nehmen («meine Fakultät aß in der ‹Krone› zu Mittag: ein Gang nach dem andern! Um elf Uhr nachts ging ich nach Haus»), da preisen die Professoren, die im «Schaf» und im «Engel» gegen Tod und Seuche antrinken, jene gräfliche Huld, die, wenn dem Landesfürsten das Jagdglück freundlich war, die Universität mit einer Sau oder einer Hirschkuh bedachte: «Also», schrieb in solchen Fällen der Herzog, «lassen wir Euch gegenwerttigen Hirsch gnedig zukommen, gnediglich begerendt, Ihr wollet denselbigen von unsertwegen miteinander in freuden verzeren und unsern gnedigen Willen darbey underthänig vermerckhen.»

Zuviel der Völlerei in Tübingen! Sparsamkeit hieß die Devise des Hofs, Schluß mit den Gelagen, die sich über eine halbe Woche erstrecken (und oft auch noch länger): Damit ist es endgültig vorbei! Von nun an – so ein Dekret vom März 1557 – wird pünktlich um acht (im Winter um neun) in die Kirche gegangen: wenn das Ehepaar sich verspätet, gibt's keine Trauung. («Im Fall aber die Hochzeitsleut nicht zu rechter Zeit in die Kirche kämen, würde man ihnen keine Ehe machen, sondern sie, wie sie gekommen, wieder heimziehen lassen.») Mittagessen um zehn (winters um elf): das Mahl auf drei Stunden beschränkt, am Abend und nächsten Morgen noch einmal dasselbe: drei Gänge, drei Stunden ... in der Tat, wenn eine Verordnung wie diese als restriktiv galt, dann kann man sich vorstellen, wie in Tübingen getafelt worden ist ... im fünfzehnten Jahrhundert so gut wie im achtzehnten. Sofern es denn unbedingt sein müsse und Sparsamkeit angezeigt sei, einigten sich die Professoren mit Karl Eugens Kommissaren, werde man sich in Zukunft bei Doktoralien-Mählern auf sechs bis sieben Gänge beschränken.

Die Dokumente sprechen für sich. Da ist von Runden-Schmeißen und allabendlichen Zechereien – an häuslicher Tafel so gut wie im Wirtshaus – die Rede, vom Extrawein, mit dessen Hilfe die professoralen Tischherren ihr Salaire aufbesserten, da werden, im Zeichen der *debita frugalitas*, die Apotheker wieder und wieder ermahnt, den Studenten kein Marzipan und kein Schleckwerk, kein Konfekt und kein «Schlaftrünklein» zu bereiten: tun sie es dennoch und der Student macht Bankrott, dann haben die Pharmazeuten im Konditorkittel kein Recht auf Schadenersatz.

Die Hochzeitsmähler, Gastereien und «aristotelischen Frühstücke»: die Feiern nach dem Examen müssen wahre Schlachten gewesen sein, einerlei, ob sie im Universitätshaus (wo die Professorenfrauen sich um Speis und Trank kümmerten), im Kontubernium oder in einer jener Buden stattfanden, die ursprünglich, als es noch Bursen-Zwang gab, nur die Reichen, die Herren von Adel vor allem, mit ihrem Präzeptor bewohnten. Später waren lediglich die Stipendiaten, die Stiftler voran, kaserniert: die Oppidani (Stadtstudenten) hingegen lebten frei und ledig in Wohnungen, die ein städtischer Beamter und ein Universitätsangehöriger in regelmäßigem Abstand taxierten: Wohnungen zum Neckar hinaus waren teurer als Kammern zur Gasse; Massenquartiere in der Form von Wohngemeinschaften, aus denen der Hauseigentümer Profit zog, wurden verboten. Das Reglement, auch hier, war streng; Wucherer hatten in Tübingen keine Chance; die Rechnungen, die der Student abzeichnen mußte, waren vom Kostherrn dem Senat vorzulegen, die Buden-Preise in der Aula auf einem «pappenen Zettel» zu annoncieren.

Man wohnte bescheiden (und tut's auch heute noch), man aß kräftig und kleidete sich vornehm: Die schlichte Scholarentracht mit dem langen Mantel und der Kapuze (der Magister trug ein Barett) war offensichtlich verpönt. Die Studenten gaben sich, wie die Kleider-Gebote beweisen, lieber ritterlich (oder gar nach Landsknechtsmanier): Breitschwert und Bratspieß wurden getragen (und zwar «mit Gefuchtel»), Federn, Kordeln und Binden sorgten für Putz, knappe Mäntel – «die nicht die Waden erlangen» – galten als schick; die Mode war bunt und verwegen … und die Professoren, so scheint es, machten von jenem Recht nur in Ausnahmefällen Gebrauch, das ihnen erlaubte, einen provokant gekleideten Studenten aus dem Hörsaal zu weisen (beziehungsweise ihn «mit guter Bescheidenheit zu reprehendieren») … und daß sie's nicht taten, geschah aus gutem Grund: Schließlich saßen die Herren Ordinarien im Glashaus; denn ihre Frauen standen den Studenten an Putz und modischem Aufwand nicht nach. Kein Wunder, bei alledem, daß der Hof sich empört gab, von «ungottselig wesen und leben der universitetverwandten» sprach, von schlechtem Vorbild und einem Ärgernis für jene «vil gottselige und erliche leutt», die wegen der Leichtigkeit der Tübinger Sitten nicht zu Unrecht fürchteten, ihre Söhne möchten in ein «Hur- und Buben-Leben» geraten und jenen Vaganten nachschlagen, die «ihr costliche jugent und unwiderbringliche zeitt, auch Ihrer Eltern bluttigen schwaiß also uppiglich und übel anlegen».

Wie viele Väter, läßt man in Stuttgart verlauten, hätten bereits davon Abstand genommen, ihre Söhne auf die Eberhardina zu schicken, weil man sich in Tübingen, wie selbst ein Akademischer Senat besorgt zugeben muss, der «köstlichen Kleydungen, sonderlich von Seyden und Sammet» – unbekümmert um Gottes Zorn! – nicht enthielte, sondern am Ende noch stolz darauf war, «Leib, Halß und Kopf» mit «Goldt und Silber» zu behängen.

Was dem Adel, der in der Gemeinschul am Neckar bis ins neunzehnte Jahrhundert Sonderrechte genoß (ein Extrapult im Auditorium für einen Grafen von Geblüt!), recht und billig sein mochte, war dem Bürger strikt untersagt: Als ein Junker Wolwardt den Rektor – geschehen im siebzehnten Jahrhundert – ernstlich ermahnte, dafür Sorge zu tragen, daß eine Universitätsverwandte «die haarlocken und den adligen habit» ablegen möge, «wiedrigen fallß, und da man zu Stuttgardt würde die Handt darein legen, man sich solches bey der Universität nicht wundern lassen sollte» … als Junker Wolwardt vorstellig wurde, da bedeutete der Senat unverzüglich der Inkriminierten, des «Professor Gerhardten Frau», sie möge künftig von «Hoffart und übermütigen Kleydungen abstehen und sich andern, ihreß gleichen Weibern glaich halten». (So geschehen anno 1613; zwei Jahre später wurde ein zweiter Fall ruchbar: Der Senat befahl der Gerlachin, sich «ihres standes und dieses ohrtes» entsprechend zu kleiden und auf «frembde drachten» zu verzichten.)

Langer Rede kurzer Sinn: Es war alles geregelt, aber nur wenig wurde befolgt. So streng das Zeremoniell, so mannigfaltig die Aufsässigkeit; je detaillierter das Reglement, desto dramatischer auch der Affront. Theologen hielten sich nicht an die Ferien-Ordnung (Begründung: Während die Kollegen sich am Sonn- und Feiertag ausruhen könnten, müssten die Diener des Herrn Gottesdienst halten); Knechte und Mägde widersetzten sich der Verpflichtung, mit ihrer Herrschaft zur Predigt zu gehen und schepperten mit ihren Eimern vor dem Kirchenportal; Professoren desavouierten die Gebote der Stadt, indem sie, weil es gerade schönes Wetter war, vor der Zeit mit der Weinlese anfingen; Kinder lärmten während der feierlichen Disputation an der Tür oder drängten sich gar in den Hörsaal … da gibt es kein Gesetz, das nicht – sei's aus Unkenntnis, sei's, wie man in Schwaben sagt, «mit Fleiß» – außer Kraft gesetzt worden wäre, und so kam es dann, daß schließlich selbst das Allerheiligste, die universitäre Rangordnung, von Fall zu Fall ins Wanken geriet: Wenn auch die Fakultäten-Reihenfolge, Theologen vor Juristen, Juristen vor Medizinern, Mediziner vor Philosophen, unantastbar war (und unantastbar auch das Reskript: Die Extraordinarien einer höheren Fakultät marschieren nach den Ordinarien der jeweils rangniedrigeren!), so gab es doch Streitfälle in Hülle und Fülle. Wo zum Beispiel soll man die Hofgerichts-Advokaten lozieren? Oder: Wer hat den Vortritt – der Rektor oder der Oberhofmeister des Adels-Kollegs? (Bemerkung des Senats: Wenn der Landesfürst auf der Präzedenz des Adels vor dem Rektor bestünde, so würden nicht nur «ehrliche Leuthe ohnverschuldeter Dinge degradirt und betrübt», sondern dann werde man sich in «gantz Teutschland zu allerhand raisonnements über hiesige Hohe Schuhl veranlaßt» sehen.)

Probleme über Probleme! Was, zum Beispiel, sollte die Universität tun, wenn es dem Herzog einfiel (und es fiel ihm häufig ein), einen Günstling durch willkürliche Änderung des Protokolls auszuzeichnen und den Leibmedicus bis in jene Höhe zu heben, die seit altersher den Theologen vorbehalten war? Und wie verhielt sich der Senat, wenn ihm der Prälat Osiander, dem man immerhin die Rettung der Stadt vor den Franzosen verdankte, mit dem Ansinnen kam, er erhebe den Anspruch, als *pater patriae* sozusagen, künftig unmittelbar hinter dem Propst zu rangieren – vor dem Dekan der Ersten Fakultät? (Zwar lehnte der Herzog ab, aber da Osiander offensichtlich nicht aufgab, sondern auf eine seiner Heldentat angemessene Sonderregelung pochte, begann der Senat deutlich zu werden: «Nach dem wir aber besorgen, es möchte Praelat Osiander nicht acquiesciren, sondern hin und wider de novo machiniren», um den «ihme ganz und gar nicht zukommenden Rang» zu erzwingen, «hiedurch aber nichts anders alß große Collisiones und Inconvenientien entstehen», so gelangt an Eure Hochfürstliche Durchlaucht die untertänigste Bitte, dafür zu sorgen, daß Prälat Osiander sich mit «deme einem jeden anderen Praelaten in dero hochlöblichen Herzogthumb zukommenden Rang begnüge».)

Wo aber die Großen sich zankten (so daß, zur Betrübnis des Professors der Poesie und Rhetorik, eine allgemeine «Confusion» entstand und der Universitäts-Dichter beim besten Willen nicht mehr durchschaute, wen er in seinen Orationen, Leichenreden und festlichen Akten zuerst nennen sollte: wer also zur classis prima – und an welcher Stelle dort? –, wer zur classis secunda und wer zur classis tertia gehörte) … wo aber die Großen, die Advokaten und Hofmeister, Magnifizenzen und Spectabilitäten, sich zankten, da wollten die weniger

Großen, die Studenten also, nicht hintanstehen: Wer, lautet die Frage, marschiert beim Begräbnis des Kanzlers voran – die Bewohner des theologischen Stifts, die adligen Herren vom Collegium Illustre oder die Studenten aus der Stadt? Wer hat den Vorrang – wer das beste Argument? Die Adligen, die nur auf ihren Rang hinweisen müssen, um jeden Zweifel an ihrer Präzedenz im Keim zu ersticken? Die Stiftler, die als Baccalare und Magistri *in artibus* unstreitig die Ranghöchsten sind: Angehörige der Ersten Fakultät außerdem und, als Stipendiaten des Herzogs, des Vorzugs teilhaftig, am Tisch Seiner Durchlaucht speisen zu dürfen? Oder die Stadtstudenten, die, als Kostgänger der Professoren, gleichsam die Lehrenden repräsentieren? Wer von den dreien geht voran, wer in der Mitte, wer macht den Schluß?

Ein Streit über Jahre hinweg! Stadtstudenten, klagen die Stiftler, hätten sich unterstanden, «vor dem ganzen corpore deß Hochfürstlichen Theologischen Stipendii» einzudringen und die Repetenten mit Gewalt auf die Seite zu treiben, ja, ein Student («nahmens Lux») habe, statt, wie es sich gebühre, vor dem Kollegium den Hut abzunehmen, die Stiftler durch den Ausdruck «Ihr Fozgesichter» beleidigt! Und auch damit noch nicht genug! Artisten hätten die Frechheit gehabt, ihren Lehrern, den Stifts-Magistern, den Vorrang streitig zu machen, ja, am Ende sei es so weit gekommen, daß ein Student, Mühlberg mit Namen, unmittelbar vor der Leichenrede die Stiftler aus den für sie reservierten Stühlen «heraus und zurücktreiben» wollte ... und dies mit «höchster Violenz»: «Also bitten wir einen Amplissimum Senatum Academicum, man wolte dise vielfältige injurien mit ernster straf ansehen und uns alß gehorsamst untergebene membra universitatis bey unseren Privilegien und Freiheiten belassen.»

Aber die Stiftler baten vergebens. Zwar konnte der Senat Violenz und Aufruhr nicht dulden, in Sachen der Reihenfolge jedoch entschied er gegen die Stipendiaten und für den Adel (das verstand sich von selbst) – aber auch für die Städter. Beide, wurde verfügt, sollten bei Prozessionen, vor allem den Leichenbegängnissen der Professoren, künftig die erste Stelle einnehmen und, den Stiftlern und sonstigen Stipendiaten voraus, an der Spitze marschieren: die einen, weil sie *nobi-*

lis seien, die andern, die «Statt-Purschen», weil sie – jetzt kommt die Pointe – ihr Studium aus eigener Tasche bezahlten («umb ihr eigen Geld leben») und derart, im Gegensatz zu den Ausgehaltenen und Kasernierten, den Tübinger Handel und Wandel belebten. Man sieht, im Streit zwischen der Pietät und dem Mammon bleibt die Ideologie auf der Strecke ... und dies, obwohl die Stiftler darauf verwiesen, daß sie die einzigen seien, die man im Hörsaal antreffen könne: die Oppidani dagegen seien notorische Schwänzer und Kneipiers. Aber der Senat stellte sich taub. Was schließlich nützte der Glanz des Herzoglichen Tischs, was der Studienfleiß der einheimischen Gastronomie? (Nichts nützte er ihr.)

Universitas locuta, causa finita? Der Zwist durch ein Machtwort – Geld geht vor Gnade – geschlichtet? Keineswegs. Der Streit zwischen Städtern und Stiftlern, Adligen und Bürgern, Stipendiaten und Selbstzahlern, Korporierten und Freien, nahm seinen Fortgang – ein homerischer Kampf, der sich vor allein bei Solennitäten, Begräbnissen und Demonstrationen zu wahren Feldschlachten ausweitete, bei der jede Gruppe – teils mit Argumenten und teils mit Gewalt – ihre Konkurrenten auszustechen versuchte, so daß die Obrigkeit, in diesem Fall das akademische Konsilium unter Leitung des Rektors, wieder und wieder gegen Missetäter vorgehen mußte.

Doch darüber, unter dem Stichwort «Universitätsjustiz», mehr im nächsten Kapitel.

3. Kapitel

Die Universität spricht Recht

Kindsmörderinnen und Totschläger, Malefiz-Affären und peinliche Prozesse – Grenzen einer akademischen Gerichtsbarkeit – Die Hinrichtung der Felicitas Heppler – Gnade für einen Mörder? – Wirt contra Pfarrer: Ein Satyrspiel um Spesen und Schadenersatz – Das Totschläger-Asyl in Reutlingen – Ein Duellant foppt den Senat – Von armen Mädchen und stolzen Herren, vom Hurengeld und vom Übermut der Studenten

«Vergib, liebe Luise, wenn ich dich in deiner dem Tode so nah angrenzenden Schwachheit, die ich an deiner zitternden Hand bemerkte, noch beunruhige, aber ich habe niemand, dem ich meinen Kummer mitteilen könnte; du du bists noch allein, die meine Leiden fühlt, die mir Trost geben könnte, wenn wir nicht voneinander getrennt wären. Aber auch schriftliche Unterhaltung gibt mir einige Beruhigung, und ich danke es der Güte meiner Richter, die mir noch dieß erlauben. Tausend Dank dir, liebe mir ewig theure Luise, für dein Billet, das gab mir so viel Trost, daß ich diese Nacht ein wenig schlafen konnte … denn offt kam mir der fürchterliche Gedancke, du könntest gestorben sein, ohne noch einmal deinen Carl geküsst, ohne ihm verziehn, ohne Abschied von ihm genommen zu haben, ach und dann stürzt ein Strom von Thränen aus meinen Augen, der sogar meine für mein zartes Gefühl todte Wächter rührt, daß sie mich mit ihrer kalten Bauren-Philosophie trösten wollten, es werde schon beßer werden. Gestern war ich fünf Stunden im Verhör, sagte alles was man mich fragte, von unserer Bekanntschaft an, biß auf den Tag der Geburt deines Kindes, wo ich zugegen gewesen, bekannte alles treulich, wie es damit vorgegangen; Gott vergelte es ihnen, sie haben mir geglaubt, sie haben mich edel behandelt. Ich redete mit solcher Unerschrokenheit, wie einer der nur aus Leichtsinn und in der fürchterlichsten Bestürzung fehlte, seinen Fehler bereut, sich aber von jedem groben Verbrechen so rein weiß, als ein Kind in der Wiege, daß ich selbst überzeugt bin, sie glauben meinen Aussagen. Es war Gottes Wille, daß wir solange in der sichersten Ruhe zufrieden und glüklich lebten, solange unbewußt deiner Schwangerschaft, die du sogar selbst nicht wußtest, die Meinungen der Leute belachten, daß wir endlich aufgeschrökt aus unseren Träumen in einen solchen Abgrund stürzen, so tief sinken mußten; Seine Wege sind dunkel, aber gut.»

Das ist, obwohl Pathos und Plastizität des Schreibens – die ergriffene Sprache des Herzens – eine solche Vermutung nahelegen könnten, kein Brief von Schiller. Dies ist kein Konzept zur «Louise Millerin«. Hier schreibt, zu Schillers Zeit, ein schwäbischer Student namens Hagmaier an seine Geliebte – ein Mädchen, das im Sterben liegt und ein paar Tage später tot sein wird. Ein alltäglicher Fall – Tübingen 1795 –, ans Licht gebracht durch die Zeugenaussagen des Delinquenten und seiner Freunde: protokolliert durch den Universitätssekretär.

Wie er hieße und wie alt er sei?

Carl Christian Hagmaier, 21 Jahre, Student der Jurisprudenz, wohnhaft in der Neckarhalde zu Tübingen.

Ob er die Frommännin kenne?

Ja, sie sei ein braves Frauenzimmer.

Und woher die Bekanntschaft?

Ihr Umgang habe ihm gefallen: Das Klavierspiel und wie sie zu singen verstand. Was aber das Delikt betreffe, so bekenne er sich als Vater des Kindes.

Wann und wo er derselben das erste Mal beigewohnt?

Zu End des August, den Tag wisse er nicht mehr; es wäre in ihrem Zimmer auf dem Bett, wo sie noch in des Buchbinder Payer Haus logiert, geschehen.

Wann Jungfer Frommännin die Schwangerschaft zuerst gespürt?

Überhaupt nicht. Erst im November habe sie ihr Monatliches verloren, welches jedoch auch vorher, da sie öfters krank gewesen, geschehen. Zwar habe sie über Schmerzen geklagt, im Leib, diese jedoch, wie auch den dicken Bauch, einer Sammlung von Blut oder gar einem Gewächs zugeschrieben. Das hätte ihn überzeugt. Auch habe ihn die

Frommännin, als das Gerede in der Stadt begann, mit der Bemerkung beruhigt, der Arzt, Dr. Uhland, habe ihr auf die Frage, ob sie schwanger sei, geantwortet, wenn sie ein Kind erwarte, würde er sie um ihrer Familie willen fortschicken. Außerdem habe sie sich von der Adlerwirtin Kunz und der Apothekersfrau Offterdinger den Leib befühlen lassen: Nein, hätten die gesagt, schwanger sei die Frommännin nicht.

Ob er denn kein Hindernis im Beischlaf gespürt?

Nein, er habe nichts gespürt.

Dann möge er zur Sache kommen und bekennen, was er von der Niederkunft der Frommännin wisse. Sei er dabei gewesen?

Ja, das gebe er zu: Seine Magnifizenz möge verzeihen, daß er beim ersten Verhör auf dem Rektoramt falsch ausgesagt habe. Es sei der Frommännin wegen geschehen, die, um ihn, Hagmaier, zu schonen, bei der Vernehmung gesagt hätte (so wisse er's von ihr selbst), sie sei allein gewesen, in der Stunde der Geburt. Doch das sei nicht wahr: In Wirklichkeit habe er alles mit eigenen Augen gesehen; mitten unter den Schmerzen wäre die Frommännin auf einmal vom Bett aufgefahren – «wie eine Wahnsinnige sprang sie in der Stube herum» – und hätte voller Verzweiflung geschrien: «Ich bekomme ein Kind.» Er solle nur fühlen, und wie er's getan, hätte er etwas ganz Hartes gespürt. Eine Viertelstunde, nachdem sie dieses gesagt, wäre das Kind in seiner Gegenwart von ihr gekommen – im Bett, wo sie gelegen –, und sie habe gestöhnt, daß es tot und monströs sei: der Kopf wie eine Faust, die Schenkel wie Fäden, das Ganze wie ein Gewächs oder ein Brandstück. Er aber, Hagmaier, sei wie von Sinnen gewesen, doch wisse er noch, daß er der Frommännin auf ihre Bitten hin Schere und Faden gereicht habe, damit sie die Nabelschnur abbinden könne. (Hingeschaut aber habe er nicht, sondern sei, vom Bett entfernt, am Fenster gestanden.)

Und dann?

Dann habe ihm die Frommännin gesagt: «Bring es fort.» Und daraufhin habe er – betäubt, wie er gewesen sei – das Kind, in Schnupftücher und Lumpen gehüllt, zum Neckar getragen. Gliedmaßen habe er nicht unterschieden, doch erinnere er sich, daß die Schenkel, als er sie aus den blutigen Tüchern befreite, sich kalt angefühlt hätten: Eiskalt, das wisse er genau, seien sie ihm vorgekommen, sobald er den Leib, unten am Neckar auf der Höhe des Gänsewasens, berührte. Danach sei er zur Frommännin zurückgekehrt und habe später – am Freitag – die Nachgeburt und die Lumpen aus einer Stube, der «schwarzen Gerätekammer», geholt und sie zum Schloß hingetragen, in den Turm, auf das untere Gitter, doch sei er den ganzen Tag unruhig gewesen: aus Furcht, er habe das Gepäck zu schlecht versteckt. Darum wäre er am Samstag früh noch einmal gekommen, hätte die Wachtmeisterin um den Schlüssel gebeten und die Pakete ins Verlies hinuntergeworfen; als dies die Wachtmeisterin gesehen, hätte sie ihn eilig befragt, was er da habe. Da hätte er ihr kalt geantwortet: «Das sind nur Lumpen.»

Diese Aussagen, die Hagmaier vor der Senatskommission machte (der Pedell hatte ihn ins Universitätshaus geführt), wurden im Verhör der Frommännin bestätigt: in einer Befragung, die am Sterbebett stattfand. (Sie sei so schwach, hieß es im Protokoll, daß sie – von einem «fürchterlichen Fieber und einer trockenen heftigen Hitze befallen» – nicht einmal fähig sei, «ein Caffee-Löffelchen voll zu sich zu nehmen», ohne daß man ihr den Kopf aufrichte.)

Ja, sagte sie, sie habe in der Tat nichts von ihrem Umstand gewußt. Zwar wäre ihr Leib «etwas mehr gegen sonst aufgeloffen», doch habe sie das einer Beschwerlichkeit, die vom Magen herrühre und von der sie öfters incommodiert, zugeschrieben – auch an den Brüsten habe sie «nicht das mindeste Auflaufen» bemerkt, anderer «Zudringlichkeiten, die sonst eintreten, nicht zu gedenken». Kein Wunder also, bei alledem, daß das, was dann gekommen wäre, gar kein Kind gewesen sei, mit seinem daumendünnen Hals und dem «hin und her gehangenen Kopf». (Welchen Geschlechts es gewesen? Ob es Nägel gehabt? Das hätte sie vor lauter «Morast» nicht bemerkt: «Wüst und schmutzig» sei es gewesen, und die Glieder hätten «geklunkert».) Tot sei es gewesen – kein Herzschlag, kein Geschrei: Hagmaier habe es forttragen müssen – zuerst das Kind und später die Nachgeburt mit den blutigen Fetzen, die sie sich mit den Händen vom Leib geholt und in eine Schachtel hineingetan habe; die aber sei Hagmaier zu sperrig gewesen; darum habe sie alles in zwei Pakete getan – «Päck», wie sie sagte –, die ihr Freund im Mantelsack tragen konnte.

Ja, so sei es gewesen.

Ob sie das Elend, in dem sie sich jetzo befinde, auch fühle?

Das könne niemand besser empfinden als sie, deren einziger Wunsch nur darin bestehe, daß Gott sie zu sich nehme: Er allein wisse, was sie gedacht habe, am Ende der Wehen: «O lieber Herr! Wenn du nur lebtest, Kind, so soll's mir eine wahre Freude seyn, wie gern wollt' ich dich haben.»

Zwei Wochen nach diesem Verhör – einer mit Akribie, aber nicht ohne Humanität durchgeführten Befragung, bei der nicht nur die Beschuldigten, sondern auch eine Reihe von Zeugen zur Sache aussagten («In der Kammer», sagte die Vermieterin, «lagen mit Blut bemakelte Tücher. Doch weiß ich nicht, ob es die Nachgeburt war – ich selbst hab' niemals geboren») … zwei Wochen nach dem Verhör war die Frommännin tot und wurde, nach einer Anfrage der Universität, auf herzoglichen Befehl, morgens um drei beigesetzt: «Auf eure gemachte untertänigste Anzeige», schrieb Friedrich Eugen an den Senat, «daß die bisher wegen heimlicher Geburt in Verhaft gewesene Luise Charlotte Frommännin in der Nacht vom 4. auf den 5. September mit Tod abgegangen sei, wollen wir euch bewandten Umständen nach dahin gnädigst beschieden haben, daß erwähnte Frommännin bei nächtlicher Weile, in möglichster Stille und ohne alle Ceremonie in locum separatum auf dem Kirchhof beerdigt werden solle.»

Während Luise Frommann einen Arme-Sünder-Tod starb, kam Christian Hagmaier noch einmal glimpflich davon. Der Senat war milde gesonnen und tat alles, was in seinen Kräften stand, um einen Prozeß zu vermeiden. Deshalb begnügte er sich mit einem informativen Verfahren, ließ den Beschuldigten auf freiem Fuß und erkannte am Schluß des Verhörs lediglich auf eine außerordentliche Strafe von sechs Monaten Festungshaft, eine Strafe, die der Herzog grundsätzlich billigte, über deren Begründung er jedoch eingehend informiert werden wollte: Warum, vor allem, habe man sich in Tübingen mit einem inquisitorischen Verfahren begnügt und davon Abstand genommen, einen akkusatorischen Prozeß zu eröffnen? Einen Prozeß also, bei dem ein Advokat (ursprünglich der Pedell) als Kläger fungierte und der Beschuldigte sich, unterstützt von seinen Rechtskonsulenten, in einer Art von kontradiktorischem Turnier zu verteidigen hatte ... einen Prozeß, der entweder *super facto* (über den Tatbestand) geführt werden konnte: Dann blieb der Beschuldigte auf freiem Fuß, dann gab es keine schimpflichen Begleitumstände, dann konnte das Gericht nach freiem Ermessen befinden, oder – und dies war die Regel – als sogenannter *peinlicher Prozeß* abrollen mußte: Dann ging es um Leib und Leben des Delinquenten, dann wurde im allgemeinen über Taten gerichtet, die nach der Peinlichen Halsgerichtsordnung Karls V. ein genau definiertes Urteil verlangten, dann läutete am Rechtstag das Malefizglöcklein, die Gerichtstüren waren geöffnet, und das Volk strömte herein. Ein solches hochnotpeinliches Verfahren aber stand in Sachen Hagmaier-Frommann von vornherein nicht zur Debatte; hier ging es, auf jeden Fall, um eine Ermessens-Entscheidung jener Art, wie sie die Carolina (so wird die Peinliche Gerichtsordnung des Kaisers genannt: Constitutio Criminalis Carolina von 1532) für fahrlässige Tötung oder die Abtreibung eines nicht lebenden Fötus vorsah. Ein «Proceß über den Delinquenten» also, wie ihn die Württembergische Criminalprozeßordnung vom 4. April 1732 im Sinn der Carolina beschrieb, kam nicht in Betracht: Wohl aber hätte man – § 9 der für das Herzogtum gültigen Malefiz-Ordnung – einen nicht-peinlichen Prozeß s*uper facto* «Schwängerung, verheimlichte Niederkunft und Entfernung eines Kindes» durchführen können.

Aus welchen Gründen also, fragte der Herzog, habe der Senat sich veranlaßt gesehen, den akkusatorischen Prozeß zu umgehen; wo lägen die Motive, die ihn bewegt hätten, auf die Benennung eines Staatsanwalts, des Fiscals und Procurators, zu verzichten und das Verfahren im Geheimen zu führen?

Der Senat, der die Animosität der herzoglichen Kanzlei gegen die universitäre Jurisdiktion sehr genau kannte, antwortete ruhig und nicht ohne Würde. Ein öffentlicher Prozeß, hieß es in Tübingen, habe schon deshalb nicht stattfinden dürfen, weil die zu seiner Eröffnung erforderlichen Beweise nicht einmal zur Hälfte hätten erbracht werden können: über das corpus delicti, nämlich das Leben des Kindes, seine «Vitalität» und seinen möglichen Tod, sei in Ermangelung einer Leiche wenig zu sagen; man dürfe aber vermuten, daß sich alles so abgespielt habe, wie die Frommännin und Hagmaier ausgesagt hätten; beide Delinquenten, ein unbescholtener Studiosus der Rechte und eine Jungfer, die noch auf dem Totenbett bei ihrer Aussage geblieben sei, verdienten Glaubwürdigkeit; die Bekundungen der getrennt Venommenen – am Krankenbett und in der Gerichtsstube des Universitätshauses – stimmten genau überein: Das Kind, dies sei die Überzeugung des Senats, habe mit einer an Sicherheit grenzenden Wahrscheinlichkeit niemals gelebt. Kurzum, wenn man all dies bedenke und dazu noch Hagmaiers Jugend, Aufrichtigkeit, Unbesonnenheit und Reue berücksichtige, dann werde man zugeben müssen, daß der Verzicht auf einen akkusatorischen Prozeß in diesem Fall das einzig Sinnvolle gewesen sei.

Mit diesem Plädoyer war der Fall Hagmaier-Frommann beendet; der Fall Universität contra Herzog aber ging weiter, solange es noch eine akademische Gerichtsbarkeit gab … eine Jurisdiktion, deren Grenzen in einem jahrhundertelangen Kampf immer neu festgesetzt wurden – einmal zu Gunsten der Hochschule, ein anderes Mal zu Gunsten des Hofs: je nachdem, wie man folgende Formulierung in Eberhards Freiheitsbrief auslegte: «Wir befehlen allen unseren Vögten, Bürgermeistern, Amtsleuten, Stadtknechten und Bütteln, keinen Magister und Studenten festnehmen zu lassen. Wir befehlen ihnen, niemandem zu gestatten, Hand an einen Universitätsangehörigen zu legen: was immer derselbe auch getan haben möge.»

Mit diesen Sätzen, so viel ist sicher, wollte Eberhard sagen, daß es ausschließlich Sache der Universität sei, einen der ihren zu verhaften und in Gewahrsam zu nehmen – und dies, wie einige Jahrzehnte später Herzog Ulrich in einer Interpretation der strittigen Passage verdeutlichte, auch bei sogenannten Malefiz-Delikten – sogar bei Mord: Wenn ein Universitätsverwandter «ain Malefizisch Sach und Handlung begeht», heißt es in Ulrichs zweiter Universitätsordnung vom 3. November 1536, «dann soll derselbe vom Rektor in Sicherheit und Verwahrung genommen werden» – inhaftiert bis zum Gerichtstag, an dem der Delinquent die ihm zustehende Strafe erhält. («Und soll auch derselbe solcher venknus [Gefangenschaft] nicht erledigt werden, bis die Sachen Oberkait oder Interesse halben rechtlich geörtert und der Übeltäter oder Übertreter sein gebührend und wolverdient strafe empfangen hat.»)

Kein Zweifel, das ist eine Interpretation, die nur in einem einzigen Punkt Sicherheit bringt (jeder akademische Bürger, auch der Mörder, darf vom Rektor verhaftet und eingesperrt werden), aber im übrigen das alte Rätsel nur noch weiter verrätselt. Was soll der Satz heißen: «Bis die Sache rechtlich erörtert und der Übeltäter bestraft worden ist»? *Wer* erörtert? *Wer* bestraft? Der Rektor oder die staatliche Gewalt, wer immer ihr Vertreter sein möge? *Wer* fällt das Urteil? *Wer* führt es durch? Probleme überall! (Festnahme: durch den Rektor. Inkarzerierung: ebenfalls durch den Rektor. Untersuchung des Falls: Ein Fragezeichen. Exekution: Ein zweites Fragezeichen.)

Nahezu sechzig Jahre lang blieb die Frage der universitären Kriminal-Jurisdiktion in der Schwebe; sechzig Jahre herrschte Rechtsunsicherheit: dann, plötzlich, sah die Universität eine Chance, das Problem durch einen Gewaltakt in ihrem Sinne zu lösen.

Am 29. Mai 1592 gab der Rektor im Senat bekannt, die Tochter des Universitätsangehörigen Hutzel, eine Jungfer mit Namen Felicitas Heppler, habe ihr neugeborenes Kind getötet und in einer Truhe versteckt. (Dort hätten es die an den Tatort entsandten Hebammen gefunden.) Auf diese Nachricht hin trat eine Kommission zusammen, die aus je einem Vertreter der vier Fakultäten bestand und beauftragt war, nicht nur die Delinquentin selbst, sondern auch deren der Komplizenschaft verdächtige Mutter und die Zeugen und Zeuginnen zu vernehmen. Sechs Monate lang wurde verhandelt; der Fall Heppler gewann, wie die Senatsprotokolle beweisen, den Charakter einer Haupt- und Staatsaktion; ein achtzehnjähriges, offensichtlich halbtörichtes Mädchen, das der Chronist, der Philologe Martin Crusius, in seinem

Tagebuch als «jungs, langs, weiß mensch» etikettiert ... ein unerfahrenes Kind wurde zum Handelsobjekt im Streit zwischen einer auf ihre Autonomie pochenden Hochschule und einer Regierung, die auf ihren Aufsichtspflichten bestand. Hier lag der wahre Streit; der Fall selbst war unstrittig: Die Angeklagte zeigte sich in jeder Phase geständig – ja, sagte sie und wiederholte im Kerker ihre vor den Hebammen abgelegte Aussage, sie habe den Säugling, ein Mädchen, «beim Hälslin erwischt» und den Leichnam in die Truhe gesperrt; auch die Mutter gab, nachdem ihr die Foltergeräte gezeigt worden waren, ihre Mitwisserschaft zu. Der Tatbestand war klar (die Delinquentin hatte keinerlei Kindszeug genäht – also den Mord ganz offenkundig von langer Hand vorbereitet), die Professoren der juristischen Fakultät hatten's folglich nicht schwer, die Prozeß-Modalitäten zu definieren: Als Ankläger habe der Pedell zu fungieren, der Beschuldigten seien zwei Konsulenten zur Seite zu geben, das Gericht bestünde aus dem gesamten Senat unter dem Vorsitz des Rektors.

Und so geschah es denn: Am 15. Juli wurde Rechtstag gehalten. Der Saal war überfüllt – man hatte hölzerne Schranken gezogen, um zu verhindern, daß die Zuschauer bis zum Gericht vordringen konnten. Der Pedell trug durch seinen Rechtsvertreter die Anklage vor: «Die Hepplerin hat ein Kind getötet und in ihrer Truhe versteckt. Aber die Sache ist ruchbar geworden: Das Leugnen half der Delinquentin nichts – aus ihren Brüsten kam Milch, als die Hebammen ans Wochenbett traten. Daraufhin hat sie gestanden und den Weibern das Kind in der Truhe gezeigt»; danach bat der Verteidiger um ein paar Tage Aufschub (das Gericht stimmte zu, in einer Woche werde man weiterverhandeln), und die Angeklagte wurde durch das Spalier der Studenten, die sich vor der Universität versammelt hatten, von den Buchdruckergesellen zurück in den Karzer geführt.

Alles Weitere, so schien es, das Plädoyer des Verteidigers, der Urteilsspruch und die Vollstreckung, war nur noch eine Formalität. Aber es kam anders. Kurz vor der Exekution schaltete sich plötzlich der Hof ein und verlangte einen detaillierten Akten-Auszug mit dem Hinweis, daß die Privilegien-Briefe der Herzöge Eberhard und Ulrich zwar Aussagen hinsichtlich der *captura* (Ergreifung) und *custodia* (Gefangensetzung) machten, nichts jedoch zur *cognitio* (Untersuchung) und *executio* (Vollstreckung) bemerkten: Das jedenfalls sei die Meinung des Hofes, wenn die Universität eine andere Ansicht vertrete, möge sie's sagen.

Dies war die Stunde der Wahrheit. Jetzt konnte die Universität zeigen, wer in Tübingen Herr im Hause war und wer nicht. Der Fall Heppler kam für sie wie gerufen, um, am Beispiel eines konkreten Falls, die Überzeugung zu äußern, Herzog Ulrichs Interpretation des Eberhardinischen Freibriefs sei *ex silentio* derart zu verstehen, daß die Universität auch das Recht zur Untersuchung und Vollstreckung besitze. Wäre dem nicht so, dann hätte der Fürst, der nach Ansicht der Universität Ergreifung und Gefangensetzung nur beispielhaft nenne, dies mit Sicherheit gesagt. Aus diesem Grunde bitte man höflich, die Affäre Heppler von seiten der Regierung nicht zu behindern: Täten's die Stuttgarter dennoch, dann sei dies gleichbedeutend mit einer Beschimpfung der Universität. Ob dies der Hof tatsächlich wünsche?

Nein, antwortete Stuttgart, das wünsche man nicht, der Rechtstag möge stattfinden, die Exekution jedoch vertagt werden, bis ein genauerer Bescheid formuliert worden sei.

Damit hatte die Universität erreicht, was sie wollte: Keinerlei Aufschub – der Rechtsanwalt der Hepplerin konnte sein Plädoyer termingerecht halten. Doktor Besold plädierte, falls das Leben seiner Mandantin nicht geschont werden könne, auf Hinrichtung durch das Schwert (die Carolina sah für Kindsmord «Pfählen», «lebendig Begraben» oder «Ertränken» vor): Die Hepplerin, so der Verteidiger, sei ein unbescholtenes argloses Mädchen – der «Blödigkeit des Weibes», und nicht dessen List, habe Satan seinen Triumph zu verdanken.

Zwei Tage nach dem Plädoyer traf, in Tübingen mit Spannung erwartet, der herzogliche Kompromiß-Vorschlag ein: Die *cognitio* wurde der Universität zugebilligt – der Hof hatte sich in diesem Punkt also die Senats-Interpretation zu eigen gemacht, die *executio* hingegen behielt sich der Regent ausdrücklich vor. Damit war, in einer höchst universitätsfreundlichen Deutung der Ulrichschen Ordination, der Prozeß abgesegnet – und die Tübinger brauchten nur noch um Richtstatt, Henker und ordentliches Geleit nachzusuchen.

Beide Seiten hatten das Gesicht gewahrt – der Hof, der seinen Bescheid mit dem Zusatz *cum expressa protestatione et reservatione* versah (was bedeuten sollte: Wir haben nicht präjudiziert), und die Universität, die in ihrer Antwort an den Herzog auf dem Anspruch beharrte, auch in Malefizsachen die uneingeschränkte Jurisdiktion zu besitzen.

Mit diesem Kompromiß war der Fall Heppler entschieden. In einer Senatssitzung, abgehalten am 3. August 1592, wurde das Todesurteil beschlossen und der *modus exequendi*, das Verfahren bei der Hinrichtung, bis ins Detail hinein fixiert. («Decretum: Soll sie mit dem Schwert gerichtet werden, obgleich man Ursache hat, eine härtere, in Kaiserlicher Halsgerichtsordnung exprimierte Strafe vorzunehmen.») Zwei Tage später ließ man den Richtspruch in öffentlicher Versammlung verkünden (das Universitätshaus war wiederum überfüllt); die Verurteilte wurde aus der Hand des Rektors in die Hand des Henkers gegeben («Seid nur recht keck, liebe Felicitas», sagte, dies war sein Name im Volk, der «Angstmann», «es wird bald geschehen sein»); dann bereitete man in der Pedellenstube die letzte Mahlzeit (aber die Hepplerin konnte nichts essen) und rüstete sich zum Marsch durch die Stadt, an der Kirche vorbei bis zum Neckartor, wo die Richtstätte war. («Sprecht ein Vaterunser für sie», rief der Henker dem Volk zu, als die Prozession die Kirche passierte.)

Der Senat verfolgte den Akt von fern aus der Loge des Universitätshauses, der Beletage der Aula. Zwar war nichts zu erkennen, aber zu hören war um so mehr: In der Sekunde, wo das Richtschwert fiel, schrieb Martin Crusius in sein Diarium, habe es geklungen, «als wann man in ein krautkopf hawet». (Als ob man einen Kohlkopf zerschlüge.)

Neun Jahre nach der Hinrichtung wurde, in einer Art von «lex Heppler», das Verfahren kraft herzoglicher Ordination sanktioniert und die Universität bevollmächtigt, Kriminalprozesse künftig in eigener Regie durchzuführen – nur bei der Exekution selbst wollte, wie im Fall der Kindsmörderin, der Hof um Amtshilfe gebeten sein. Im Kampf zwischen Stuttgart und Tübingen, einem Juristen-Streit um die Auslegung einer zweideutigen Interpretation, die ihrerseits eine dunkle Stelle auslegen wollte, hatte, so schien es, der Senat über die Regierung gesiegt. Aber es war ein kläglicher Sieg: Um in einem Machtkampf ein Prinzip durchzusetzen, hatte der Senat keine Bedenken, sich mit einem Bluturteil zu belasten, das ihm am Ende denn doch nichts nützte.

Je weiter die Zeit fortschritt, desto entschiedener bestanden die Regenten in Stuttgart und in Ludwigsburg auf jenem landesherrlichen Bestätigungs- und Begnadigungs-Recht, das die scheinbar autonome Jurisdiktion der Universität mehr und mehr entwertete und dafür sorgte, daß sich ein Fall Heppler nicht wiederholte.

Ein Federstrich – und der in Tübingen Verurteilte war in Stuttgart begnadigt. Als der Senat, anno 1670, einen adligen Totschläger aus Frankfurt mit dem Bemerken zu zwei Jahren Kampf gegen die Türken verurteilte, eigentlich verdiene er die Auspeitschung durch den Henker, da bedeutete der herzogliche Oberrat den Professoren, der Fürst denke nicht daran, sich durch die Härte der Tübinger Urteile im ganzen deutschen Land in Verruf bringen zu lassen; Rigorosität sei gut und schön, aber man könne den Bogen auch überspannen – und was das Urteil betreffe, so möge der Senat freundlich bedenken, daß gegenwärtig Frieden zwischen Christen und Moslems bestünde, weshalb man nicht recht begreife, was das *consistorium universitatis* mit seinem Richtspruch eigentlich bezwecke. Auch frage man sich, mit Verlaub, ob die Tübinger Juristen, die dem Delinquenten zwei Jahre Dienst in einem Grenzhaus auferlegt hätten, denn tatsächlich wüssten, wie es auf einer Grenzstation aussähe? Ob ihnen klar sei, daß die zum Grenzdienst «Condemnierten, in Sonderheit die studirende Jugend, sowohl wegen des Landes Art und Luft als auch um anderer Inkommoditäten willen zum großen Teil wo nicht gar das Leben eingebüßt hätten, so doch um ihres Leibes Gesundheit gebracht worden seien» … ganz abgesehen von der Tatsache, «daß die Evangelischen, denen dort nicht wenig zugesetzt werde, in *pericul* ihrer ewigen Wohlfahrt gerieten».

Man sieht, im siebzehnten Jahrhundert wurde in Stuttgart den Tübinger Richtern gegenüber ein anderer Ton angeschlagen als zur Zeit der Felicitas Heppler. Jetzt zeigte sich, wie wenig der im Fall der Kindsmörderin errungene Sieg wert war: Das Konsistorium mochte zuerst auf der Tortur und dann auf der Verurteilung zum Kampf gegen die Türken so lange beharren, wie's ihm gefiel – am Ende wandelte der Herzog die martialischen Strafen, nachdem er sie stufenweise ermäßigt hatte, doch in eine Geldstrafe um. Die Exekution der Felicitas Heppler blieb die einzige in der Geschichte der Eberhardina; das zweite Todesurteil wurde nicht mehr vollstreckt: Studiosus Fackler durfte sich beglückwünschen, hundertvierzig Jahre später als die Hepplerin geboren zu sein.

Georg Fackler – der Fall, ein alltäglicher Vorgang: Winter 1736, ist schnell erzählt – hatte im Herzoglichen Stipendium mit einem anderen Theologiestudenten, einem als Trunkenbold verschrienen Wirtssohn namens Rau, Händel bekommen: «Wo kommst Du her, Rau, daß Du so feurig aussiehst? Denkst Du an die Maß Wein, um die wir gewettet haben? Die hast Du verspielt!»

«Dann sind wir quitt», hatte Rau gerufen, «wenn ich Deine Spielschuld nicht eingelöst hätte, beim Rautzen und Schrammen, wärst Du als Lump dagestanden.»

Nun wieder Fackler: «Rau, Du hast einen Rausch.»

Darauf Rau: «Das wirst Du gleich sehen» – und von da an ging es Zug um Zug: Fackler nahm ein Ofenrohr, Rau packte seinen Kontrahenten am Schopf, Fackler ergriff ein Holzscheit, Rau drohte Ohrfeigen an, und plötzlich war da ein Messer, das vorher auf dem Pult gelegen hatte, in Facklers Hand; Rau, mit «vieler Vehemenz», schrie: «Du Lump», Fackler, «vor Zorn und Alteration» ganz blaß im Gesicht, stach plötzlich zu, Rau, der, weil er betrunken war, dem Hieb nicht mehr ausweichen konnte, brach auf der Stelle zusammen, Fackler – von Haus aus eher friedfertig, ein Pfarrerssohn vom Land – kam zur Besinnung, rief nach Wasser und bat, um Gottes willen den Bader zu holen. Aber bis der kam – «ich kann nicht davor», hatte Fackler geschrien, «der hat mich infamiert» –, verging viel Zeit … und noch einmal Zeit, ehe man Rau endlich ins Krankenhaus brachte, wo er ein paar Tage später, so der Arztbericht, «infolge eines tödlichen Stichs linkerseits durch Milz und Niere» verstarb.

Unmittelbar darauf trat der Senat in Aktion, Fackler wurde im Karzer verhört (das Inquisitions-Gefängnis hieß nach Felicitas Heppler die «Litzen»), der Akkusations-Prozeß, bei Glockenläuten und geöffneten Türen, in aller Form durch die Gerichtsverbannung – eine Art von Sakrosankt-Erklärung für das Konsistorium – mit den Worten eröffnet: «Nachdem gemeine Universität allhier zu Tübingen mit solchem Privilegio und Freyheit begnadiget worden, daß sie macht und gewalt haben solle über alle und jede ihr zugehörige Persohnen, wes Stands oder Wesens dieselben seyn möchten» ... Macht und Gewalt, «wie in bürgerlichen, so auch in Peinlichen Malefizischen sachen rechtlich zu verfahren, zu erkennen, zu exequieren und zu vollziehen, also verbannen Rector, Cancellarius, Doctores und Regenten gemeiner Universität, das allhier gegenwärtig angestellte Peinliche- und Malefiz-Gericht hiemit ernstlich, und verbieten männiglich bey Vermeidung ohnnachlässiger Strafe an Leib, Ehr oder Gut», nichts zu tun, «in worten und wercken», was das Gericht behindern mag.

Verfahren, erkennen, vollziehen und exequieren: Die Wortwahl zeigt an, mit welcher Konsequenz der Senat noch in der Mitte des achtzehnten Jahrhunderts auf seinen vermeintlichen Rechten beharrte und wie wichtig ihm vor allem die (durch die Tautologie «exequieren» und «vollziehen» herausgehobene) Urteils-Vollstreckung war. Bestätigung hin, Begnadigung her: Formal, das zeigt der Tenor der Gerichtsverbannung an, beanspruchte die Universität noch zu Lebzeiten Klopstocks und Lessings die uneingeschränkte Kriminal-Jurisdiktion: von der Verhaftung des Delinquenten bis hin zum Strafvollzug. Aber die großen Worte täuschen nicht darüber hinweg, daß der Anspruch eben doch nur ein Anspruch war – und nicht mehr. Wie weit er erfüllt wurde, lag allein im Belieben des Herzogs und seiner Räte ... und die sagten nein, als das akademische Gericht im Prozeß gegen Johann Georg Fackler auf Tod durchs Schwert befand. Fünf Jahre Festungshaft auf dem Hohentwiel, die Hälfte davon in Ketten («in Springen») – diese Poen sei Strafe genug.

Wenn der Delinquent Urfehde schwöre und feierlich darauf verzichte, sich, wann und wo immer es sei, an den Richtern zu rächen, dann möge man in Tübingen den Fall als beendet betrachten – und das tat man dann auch um so bereitwilliger, als der Beschuldigte in seinem «Urphed»-Brief über die verlangte Unterwerfung unter den Richtspruch hinaus aufrichtig und zerknirscht gelobte, nach seiner Entlassung aus dem «herzoglichen Geschäft» – ein Euphemismus für Zwangsarbeit! – fern von der Stadt Tübingen, die nie wieder zu betreten er hiermit verspreche, ein christliches Leben zu führen: insonderheit «vor dem Jäh-Zorn, vor Händel und Zanck mich sorgfältig zu hüten, und durch wahre Gottesforcht, Reue und Buße, eyfriges Gebett und Fleiß in meiner Arbeit, Gottes Gnade wieder zu gewinnen, hingegen denen Versuchungen des bösen Feinds entgehen zu suchen».

Gegeben zu Tübingen anno 1736 – niedergeschrieben im Karzer zwischen Untersuchungshaft und Festungsaufenthalt. Fünf Jahre standen Georg Fackler bevor, deren eine Hälfte er, in monatlichem Wechsel, angekettet, deren andere er im Frondienst zubringen würde – fünf Jahre, in denen sein Prozeß auf einer zweiten Ebene fortgeführt wurde. Nach den Anwälten und Richtern betraten jetzt die Väter die Bühne; nach dem Kampf um Leib und Leben begann, nicht minder fintenreich und dramatisch, das Feilschen ums Geld – um die Gerichtskosten, die der Senat eintreiben mußte, um Spesen und um Schadenersatz. Zwistigkeiten über Jahre hinweg: Klagen und Gegenklagen, Schriftsatz auf Schriftsatz! Der Streit auf der Königsebene – jener verbissene Kampf zwischen Hof und Senat, in dessen Verlauf die Tübinger die Stuttgarter und die Stuttgarter die Tübinger an Spitzfindigkeit, stichelnder Argumentation und gereizter Rechthaberei zu überbieten versuchten, wobei die unterschiedlichen Interessen, hier die Verteidigung der Autonomie und dort die Rücksichtnahme auf außenpolitische Verwicklungen, für zusätzliche Spannungen sorgten ... der Streit auf der Königsebene fand seinen Fortgang auf der Ebene der Pfarrer und Wirte, Väter und Mütter, Rosstäuscher und Knechte.

Bataillone von Shakespeare-Figuren betreten die Szene, polternde Greise und keifende Weiber, redliche Offiziere und in ihrer Ehre tief gekränkte Beamte, Leichenbestatter und Ärzte, die sich um ihr Honorar geprellt sehen, Sargschreiner und Läutebuben ... und die Professoren mischen kräftig mit! Bittschreiben, Drohbriefe, Zahlungsbefehle und herzerweichende epistolographische Bemühungen, oft von ungelenker Hand formuliert, gehen im Lande hin und her … Poesie wird in den Dienst der Raffgier gestellt, und das fromme Seelengeständnis dient der Beförderung eines Handelsgeschäfts.

«Wie schmertzlich und in das inwendigste eintringend mir zumuthe müßte gewesen seyn», beginnt der Vater des Ermordeten, Gastwirt Rau, seinen Brief an einen Hohen Senat, «als ich vor 4 1/2 Monathen eine so betrübteste Post erhielt, daß mein wohlgerathener Sohn Philosophiae Candidatus Rau, der mich, biß ich ihn so weit gebracht, viel Mühe, Sorge, Angst und Gelt gekostet, durch einen schädlichen Brodmesser-Stich höchstgefährlich verwundet worden» … wie schmerzlich mir zumute müsste gewesen sein, das «ist von jeder vernünftigen und Christlichen Seele mit bluthweinendem Herzen gewißlich nicht genügsam zu exprimiren. Nun ist das edelste meines Lebens dahin, und dißer Tod beugte auch das Hertze meiner seeligen Ehefrau, des Entleibten Mutter, so daß sie, wie sie nach der Beerdigung zu Tübingen wegfuhr, noch auf dem Wege erkranckete und nach kurtzen Tagen auch hier ihren Geist aufgab.»

Doch damit nun genug der Pietät, genug mit Leid und Gram und Ewigkeit: Auf Seite 2 kommt Bierwirt Rau zum Geschäft. Ein Kind aufzuziehen und dann keinen Nutzen von ihm zu haben, nur weil einer zum Brotmesser griff … das dürfe nicht sein. Da sei, auf Heller und Pfennig, Schadenersatz zu entrichten: Ersatz für die Beerdigungskosten, das Geläut und die Predigt, für die Träger und die Singeknaben, die Turmbläser und die Leichsägerin (Leichen-Ansagerin), den Totengräber und den Drucker der Traueranzeige; die zehn Maß Wein, Brot und Konfekt beim Leichenschmaus nicht zu vergessen; und dann die Arztrechnungen und die Krankenhauskosten, die Fahrt nach Tübingen mit der Kutsche – Hafer und Stroh für drei Gäule –, dann der Leichentransport und die Blumen: macht 162 Gulden 7 Kreuzer, dazu die Kosten für sechs Studentenjahre, hundert Gulden pro anno, ergibt in toto nahezu achthundert Gulden: Mögen also «Eure Magnifizentien, Hochwürden und Excellenzien das wehmutigste Bitten eines armen Ermordeten (*ohnglücklichen Occisi*) leiblichen Vaters» erhören und Herrn Pfarrer Fackler, den «guth gestrafeten Vatter» des Mörders, dahin vermögen, seine Schuld «christgebührend» abzutragen und zu vergüten.

Soweit der Monolog des Wirts. Die Szenerie wechselt; der Kneipier tritt ab – an seiner Statt kommt der Pfarrer aus der Kulisse und beginnt Gegenrede zu halten: Wie – fragt er –, ein Bierwirt vom «Weißen Kreuz» habe die Stirn, ihn, einen ganz und gar «unschuldig und bis an den Tod betrübten Vatter», kränklich dazu und mit Berufsgeschäften in einer «zahlreichen Commun à 1000 Seelen» überhäuft ... Johannes Rau habe die Stirn, für die allzu kostbar angestellten Exequien seines Herrn Sohns, für allzu magnifique Studien-Ausgaben und allzu hohe Reise-Unkosten mit «Gutschen und Pferdten» eine Entschädigung zu verlangen? Ja, wisse er denn nicht, an wen er sich wende? An einen gramgebeugten alten Mann, einen Seelsorger, der sich in seinem «schwehren Officio» «ohne Stab und Stecken» aufs Grab zu bewege! Und wozu die Inkommodation? Um eines Studiosus willen, der – man rede von Rau junior! – wegen seiner «großen Unruhigkeit» und «heftigen Händelsüchtigkeit» bekannt gewesen sei: ein Unglückstropf und dreister Gesell, der noch in der Krankenstube Wein verlangt und es – berauscht vielleicht? – abgelehnt habe, sich «mittelst Beicht und Theuersten Leibes-Mahl Jesu, mit Gott und Seinem Nächsten, absonderlich mit meinem armen höchst verunglückten Sohne» zu versöhnen! Was, nochmals, erlaube sich dieser Bierwirt, der, mitsamt seiner Frau, hoch zu Roß nach Tübingen gekommen sei, während «wir Armen, biß in den Tod gekränkten Eltern solch weit und beschwehrlichen Weg damalen in Frost und Hitze offt und vihl, mit seufzen per pedes in tiefster Demuth ausgemessen haben»?

Kurzum, so gewiß der hinterbliebene Rau seines, des Pfarrers, christlichen Mitleids gewiß sein dürfe – schließlich seien sie Brüder im Elend: Jenes Sohn ist «physice, der meine aber moraliter und civiliter todt» –, so entschieden refüsiere er, dem Wirt auch nur einen Batzen zu zahlen. Wenn schon das eigene Kind, der unselige Häftling, «in totum et tantum» enterbt worden sei – so daß er «weiter nichts alß dem

Namen nach unser Kind ist», dann dürfe der dreiste Kläger mit seiner unbefugten Prätention gewiß nicht erwarten, jemals einen roten Heller von ihm, dem allerunschuldigsten Mann, zu bekommen. Das sei «constantissime hiemit» erklärt.

Wirt contra Pfarrer, Vater gegen Vater: So streitet man, während Fackler auf dem Hohentwiel Frondienste tut, drei volle Jahre lang ... drei Jahre, in denen die beiden *pères nobles* aus Schwaben an frommer Bekundung und Halsstarrigkeit, an Bigotterie und dreistem Zur-Sache-Reden einander nichts schenken – und doch, in ihrem Shakespeare-Gezänk, ihren Finten, christlichen Volten und Geschäftsmanns-Repliken, von einem Gremium weit übertrumpft werden, das als drittes die Bühne betritt: dem Universitäts-Senat unter Führung des Rektors. Während Rau und Fackler die Rolle der Zankgreise spielen, führt sich das universitäre Konsil, vertreten durch seinen Sprecher, wie ein Chor von elisabethanischen Erpressern auf. «Nachdem Seine Hochfürstliche Durchlaucht, unser Gnädigster Fürst und Herr», schreibt der Senats-Kommissar an Pfarrer Fackler, «dero hier peinlich beklagtem Sohn das ihm bereits von einem Hochlöblichen Consistorio Criminali Academico abgesprochene Leben [auf dem Wege der Begnadigung], nicht ohne Vorschub des Senats, wieder geschenckt: so ist's nun an dem, daß ihm hienächstens eine außerordentliche Strafe andiktiert werden soll.» Weil aber bei der Bestimmung besagter, im Ermessen des Gerichts liegender Strafe *(poena arbitraria)* «es viel darauf ankombt, daß sich der Fiscus wegen restitution aller auf den Proceß aufgeloffenen Unkosten gesichert wiße», so ist der Beschluß des Akademischen Senats, «daß Sie sich schleunigst doch mit einer guten Barschaft à 500 Gulden hieher verfügen und erwähntes Geld hier bey dem Rektoramt *(Officio Rectorali)* deponiren sollen. Ich zweifle keineswegs, Euer Wohl Erwürden werden nicht säumen, diesem ansinnen, so bald Ihnen immer möglich, willig zu folgen *(parition zu thun)* – umb so mehr, als andernfalls Sie Gefahr laufen, daß dero Herr Sohn dennoch dem Scharfrichter zu erstehung einer harten Leibesstraff» übergeben werden wird: einer Poen, die der Todesstrafe nahe kommt ... und diese Gefahr ist um so größer, «weilen in Dero Untertänigstem Bittgesuch nicht wenige falsche umbstände angeführt worden» sind, die eine triftige Gegendarstellung verlangen.

In der Tat, das ist nackte Erpressung. Da wird unverhohlen mit harten Strafen gedroht, falls der Vater des Delinquenten nicht zahle. Da gibt sich ein Senat als Wohltäter aus – keine herzogliche Begnadigung ohne unsere Fürsprache –, der im gleichen Augenblick mit ungewissem Prozeßausgang, mit Folter und – unmittelbar an den Pfarrer gewandt – mit der Denunziation einer falschen Aussage droht.

Wie immer der Fall auch ausgegangen sein mag – das (übrigens nur als Konzept erhaltene) Schreiben zeigt deutlich, mit welchen Mitteln in Kriminalprozessen – und nicht nur dort! – jahrhundertelang von den Parteien gearbeitet wurde, vom Hof so gut wie vom Senat, von den Klägern nicht anders als vom Clan des Beklagten. Wer, wie Felicitas Heppler, ganz und gar unbedarft war, stand auf verlorenem Posten; wer dagegen die Bestechlichen bestechen konnte, setzte sich durch. An Möglichkeiten, sich der Verurteilung zu entziehen, wenn man einen Menschen getötet hatte, fehlte es nicht: Der Herr von Stand durfte darauf vertrauen, daß der Herzog seinen Fall als einen *casus* etikettierte, der nicht *ad forum iustitiae* (also an die Universität), sondern *ad forum aggratiandi* (also an die Begnadigungsinstanz des Hofes) gehöre; aber auch der weniger Begüterte brauchte nur den Weg unter die Füße zu nehmen und – eine Sache von zweieinhalb Stunden! – im benachbarten Reutlingen um Unterkunft und Schutz einzukommen ... und schon war er in Sicherheit. Jedermann, so hatte Kaiser Maximilian anno 1495 in Mecheln verkündet, der nicht aus Vorsatz, sondern in Affekt und Notwehr («auß Hitz des Zorns») einen Menschen getötet habe, könne in der Reichsstadt Reutlingen Asyl und Herberge finden: dazu sei nichts weiter nötig als eine Schilderung der Tat und die Approbation des Berichts von seiten der Stadt.

Kein Wunder also, daß Reutlingen volle drei Jahrhunderte lang – vom Beginn des sechzehnten bis zum Beginn des neunzehnten – so etwas wie das Eldorado der Totschläger war; ganze Strafkolonnen haben zu Füßen der Achalm Zuflucht gefunden: und darunter waren nicht nur «ehrliche Totschläger» («ehrlich» im Sinne von «nicht vorsätzlich»), sondern auch Mörder ... Mörder, die jener Praktik vertrauten, die darauf abzielte, auch den Vorsatz-Tätern so lange Asyl zu gewähren, bis, von außen her, eine gerichtliche Klage in Reutlingen eingebracht wurde: Erst dann ließ der Rat über die Auslieferung des Delinquenten befinden. («... daß auch diejenigen», heißt es in einer Deklaration der Stadt vom August 1780, «welche *proposito et insidiis* [vorsätzlich und heimtückisch] jemand töten, des *beneficium asyli* zu genießen haben, so lange die gerichtliche Anklage vor hiesigem *Foro Privilegiato* unterbleibt.»)

Wo kein Kläger ist, da ist keine Schuld: Unter dieser Devise konnten selbst hartgesottene Kapital-Täter in Reutlingen ihr Gnadenbrot essen ... jämmerlich genug zwar, als kasernierte Tagelöhner und wenig geachtete Knechte, doch immerhin lebend.

Je freizügiger aber die Reutlinger ihr kaiserliches Privileg interpretierten, desto rigider legten es, unter Federführung der Juristen, die Tübinger aus: Wieder und wieder beschwor man den Rat der Reichsstadt, bei der Aufnahme ein wenig penibler zu sein – immerhin fanden zwischen 1515 und 1785 in Reutlingen an die zweitausendfünfhundert Totschläger und Mörder Asyl! –, sich also nicht allein auf die Aussagen der Asylanten zu verlassen, sondern Nachprüfungen anzustellen und die Gruppe der Täter rigoros zu beschränken. Nicht, daß die Reutlinger sich, im Prozeß-Fall, von vornherein gegen jede Auslieferung gesperrt hätten – sie haben Totschläger abgeschoben, auch nach Tübingen, wenn der Fall eindeutig war; aber das Wort «eindeutig» eben wurde am Neckar ganz anders interpretiert als, dreizehn Kilometer weiter östlich, unter der Achalm!

Während die Tübinger – wie ein Konsilium der Juristischen Fakultät, anno 1673 von Herzog Eberhard III. erbeten, unzweifelhaft zeigt – Duellanten unter die Vorsatz-Täter rechneten, konnten sich die Reutlinger, die in diesem Punkt eine entgegengesetzte Rechtsauffassung vertraten, auf die Worte «auß Hitz des Zorns» und «zur Rettung des Lebens» im Asyl-Privilegium des Kaisers berufen: Tötung im Duell ist kein Mord!

Auch hier also ein Streit über Jahre und Jahrzehnte hinweg; ein

Zwist, der sich aus dem Vorwurf ergab, daß die Stadt Reutlingen «ihr *Privilegium Asyli* allzu weit und ganz ohnbefugt zu extendieren begehre» (so Herzog Eberhard III.) und nur in Ausnahmefällen bereit sei, den Delinquenten der akademischen Gerichtsbarkeit zu überantworten. Zwar habe man, ließ die Stadt Reutlingen den Senat in Tübingen wissen, mit dem Kaiserlichen Privileg dank der ständigen Querelen *intra et extra muros* «mehr Schaden und Verdruß denn Nutzen», aber solche Beschwernis dürfe kein Hinderungsgrund sein, den kaiserlichen Auftrag buchstabengetreu zu erfüllen, «daß alle anhero flüchtigen Asylanten, sobald sie unser Territorium betretten, Freyung haben und um ihres Totschlags willen nicht angefallen, gestellt und beklagt werden sollten».

Senatus Universitatis Tubingensis contra Rat der Stadt Reutlingen: Das war so wenig wie der Kampf mit dem Hof ein akademischer Streit: ein Prinzipien-Zwist im luftleeren Raum; hier ging's um gesellschaftliches Gewicht und Prestige ... anders ist die Gekränktheit nicht zu verstehen, die aus jenen Tübinger Sendschreiben spricht, mit denen sich der Reutlinger Magistrat immer dann konfrontiert sah, wenn – wieder einmal! – ein akademischer Bürger in der Nachbarstadt untergetaucht war. «Wir können Eurer freundnachbarlichen Meinung nicht vorenthalten», schreibt im Jahre 1600 der Senat nach Reutlingen, «daß sich gestrigen Tags abermals ein gantz beschwerlich Handel zugetragen: nämlich daß Sixt Kuehnlins – Burgers und Kannengißers allhier – Dochter Anna Maria einen Studiosum Johannes Feinaug gestern morgens, als er noch zu Bette gelegen, mit einem Brodtmeßer ganz mörderischer Weiß in den Halß gestochen und tödlich verletzt, auch das Messer in ihm stecken lassen, danach als bald flüchtigen fuß gesezt und sich, wie wir berichtet, zu Euch gegen Reutlingen verfügt haben soll. Dieweil dan solches ein ganz mörderische hochsträffliche that ist, und unsere privilegia hiedurch violiert, so ist unser freundtlich und nachparlich bitt ...» Und so weiter, und so fort – und selbstverständlich abgelehnt! (Studiosus Feinaug kam übrigens davon; ganz so tödlich war der Messerstich offenbar doch nicht gewesen. Doch davon erfuhr man erst später.)

«Daß der Täter sich Asyls halber habe nach Reutlingen begeben» ... dieser Satz wurde am Ende des siebzehnten Jahrhunderts zu einer stehenden Formel, als, infolge des überhandnehmenden studentischen Duell-Wesens, der Weg von Tübingen nach Reutlingen zu einer normalen Fluchtstrecke wurde – einer Strecke, die auch jener Französischlehrer durcheilte, der es, dank eines monatelangen Notenwechsels zwischen den Schwesterstädten, in den Annalen der Universität Tübingen zu einigem Ansehen brachte. «... so hat am gestrigen Abend», schrieb anno 1670 der Senat an den Rat, «ein traurig und leidiger Fall sich bey uns zugetragen, in dem ein Sprachmeister allhier, Lequin, einen anderen Sprachmeister nahmens d'Artois vor die Stadt hinaus auf das Feld gelockt und, vorgebend mit ihm einen Spaziergang zu thun, demselbigen allda einen tödtlichen Stich, woran er» – gemeint ist offenbar d'Artois – «dießen Nachmittag gestorben, versetzt.» Darum «gelangt an euch unser freundnachbarliches suchen und bitten, die förderlichste Verordnung zu thun, daß der Thäter als ein vorsetzlicher, und allso der Freyheit nicht fähiger Todtschläger auf das Verwahrlichste handfest gemacht und uns gegen Auslieferung eines reverses verabfolget werde».

Nun, die Reutlinger dachten nicht daran, dieser Bitte zu folgen: Eine Quittung, daß man den Brief erhalten habe – das war alles, was der Pedell mitnehmen konnte. Lequin hingegen blieb in Reutlingen; da half kein Drohen und Protestieren. Der Herr Sprachmeister stelle den Fall erheblich anders dar als die Tübinger Untersuchungs-Kommission, ließ der Rat wissen – er gäbe nämlich an, d'Artois habe ihn, seinen alten Kameraden und Freund, plötzlich einen «Hund» und «Bärenhäuter» genannt und solche Infamien mehrfach wiederholt. Dabei sei es zu Handgreiflichkeiten gekommen, d'Artois habe plötzlich zum Degen gegriffen, denselben entblößt und ihn durch seinen, des Delinquenten, «Rock, Handtschuch und durch die Hosen gestoßen», so daß er, Lequin, sich um seines Lebens willen hätte veranlaßt gesehen, auch seinerseits den Degen zu ziehen, mit welchem er seinem Kollegen – «leider!» – einen tödlichen Stich versetzt habe ... und diese Lequinsche Interpretation, schlossen die Reutlinger ihren Bericht, sei um so glaubwürdiger, als der Asylant sich in Gegenwart von Bürgermeister und Ratsschreiber bis «uff den Leib entblößt», wobei man dann gesehen habe, daß er «von seinem Gegentheil (dem Kontrahenten also) under dem rechten Arm» gestoßen worden sei, da «daß hemmet ganz schweißig von Blut außgesehen».

Aber die Tübinger ließen nicht locker: Lequin sei ein verschlagener Kopf; sein Versuch, sich zu salvieren, überzeuge den Senat herzlich wenig – jeder erfahrene Richter kenne die Kniffe, derer sich Leute wie der Sprachmeister nicht erst seit heute bedienten –, die Sache werde langsam fatal. Darum habe man sich entschlossen, gegen Lequin gerichtlich zu klagen – welche Kautionssumme die Reutlinger wünschten?

Nun, das werde man sehen, replizierte der Rat: einstweilen sei «unser Freiheitsgenoß kranckh und bettlegerig».

Malade? Nicht prozeßfähig also? Die Tübinger fingen an hellhörig zu werden: Stellte sich da jemand krank, dem der Boden zu heiß zu werden begann – einer «von langer Statur, und nicht gar langen braunen Haaren», der «in einen schlechten bräunlichen Rock» gekleidet sei, auch «zimblich gut teutsch» sprechen könne und – so der unverzüglich erlassene Steckbrief – von den herzoglichen Beamten, für den Fall, daß er Reutlingen tatsächlich verließe, sofort zu verhaften und «dem Rectori auszuliefern» sei.

Zu spät! Lequin hatte Wind von den bevorstehenden Polizeiaktionen bekommen und sich aus dem Staube gemacht ... und dies, was die Professoren besonders empörte, «bei hellem Tage nebst ettlichen begleitern», so daß man «nunmehro ihn widereinzuhohlen aller Hoffnung abgeschnitten» sei.

Finis tragicomoediae, Schlußstrich unter einen Akten-Vorgang. Rektor, Kanzler und Senat konnten sich dem nächsten Fall zuwenden: an Übeltätern fehlte es nie. Mochten die Kriminalprozesse à la Heppler und Baur von Eyseneck (dies war der Name des zum Kampf gegen die Türken verurteilten adligen Studiosus), Frommann-Hagmaier, Fackler und Lequin nur alle Jubeljahre einmal abrollen – polizeiliche Delikte und Disziplinar-Vergehen (und manchmal auch Schlimmeres, die Grenze zum Malefiz-Verbrechen war fließend): nächtliche Ruhestörungen, Straßen-Aufläufe, Zechprellerei, Kuppelei, Hurerei, Diebstahl und grober Unfug ... davon ist in den Senatsprotokollen Monat für Monat die Rede. Mal schreit, zu nächtlicher Stunde, eine ganze Kompanie von Studenten «wie das liebe Vieh», mal rollt man, nach dem Vorbild der Schusterjungen, Weinfässer vom Kirchplatz herab durch die Gassen, mal flößen die Studiosi einem Hilfspedellen so viel Branntwein ein, daß er stirbt, mal treibt man im Rausch die Bürger am hellichten Tag von der Straße, mal schießt man mit der «Feuerbüchse» am Stadtrand auf Enten und Gänse, mal wird im Karzer gelärmt und gezecht – zu Zeiten Eberhards nicht anders als im Königreich. (Noch im Senatshauptbericht von 1860 werden unter der Rubrik «Bestrafte Delikte» folgende Vergehen genannt: Körperverletzung, Abbrennen von Feuerwerk, Beschädigung fremden Eigentums, Auflauf, Urinieren aus dem Fenster heraus, Freilaufenlassen eines Hundes bei Nacht, Raufhändel, Trunkenheit, Unzucht, Waffentragen, nächtliche Ruhestörung – zweihundertundzweimal angezeigt! –, Schießexzesse und so weiter und so fort.)

Denkt man, neben alledem, noch an den mangelnden Fleiß der Studenten, der den Senat in schier endlose Briefwechsel mit Eltern und Vormündern verwickelte – dazu die liebe Not, die der akademische Magistrat mit dem Eintreiben von Unterhaltsgeldern und versprochenen Stipendien hatte –, dann nimmt es in der Tat nicht wunder, daß den Professoren auf ihrem eigentlichen Feld, der gelehrten Forschung, Geniestreiche schon aus zeitlichen Gründen bestenfalls ausnahmsweise gelangen. Schließlich hatten sie, dies wird gern vergessen, keine Erwachsenen, sondern halbe Kinder vor sich – Pubertierende, die vor Exzessen aller Art geschützt werden wollten. War schon der wilden Zecherei, dem martialischen Gehabe in Kleidung und Auftritt sowie dem Schuldenmachen nicht zu begegnen, dann wollte der Senat zumindest *in sexualibus* das Schlimmste verhüten – und entsprechend waren dann auch seine Gebote. Wer ein Mädchen schwängerte, wurde entweder mit einer Kerkerstrafe belegt oder hatte ein sogenanntes Scortationsgeld, eine Art von Unzuchtgebühr, zu entrichten ... eine Buße, die der

Senat anfangs, «wegen gehabter Mühen», unter seine Mitglieder verteilte und erst vom siebzehnten Jahrhundert an für soziale Zwecke verwandte. Offenbar war ihm beim Verzehr des Hurengelds doch nicht ganz wohl, so daß er es seit dem Dreißigjährigen Krieg vorzog, vom Scortationsgeld Bettzeug und Nachtkleider für das Universitätslazarett zu erstehen.

Die Einnahmen waren beträchtlich. Der Senat kannte keinen Pardon, wenn es darum ging, einen Schwängerer dingfest zu machen – einmal schickte man sogar einen Boten nach Schweden! –, und was für den Vater galt, galt für die Mutter erst recht: Jede Geburt eines unehelichen Kindes wurde rücksichtslos bestraft, ja, selbst die Niederkunft «vor der Zeit» stand unter Kontrolle.

Die Stadt übergab dem Senat ein Verzeichnis der Frauen, «wölche zu früh Kindts niederkommen», und dann hatten die Professoren zu prüfen, ob sich unter den Vätern ein Universitätsverwandter befand. («Decretum: Der genannte Buchbinder und seine Frau sollten *carcere* gestraft und wie andere die gewöhnlich Zeit darin gehalten werden.»)

Aber auch damit war's noch nicht genug: Nicht erst bei der Geburt eines vor- oder unehelichen Kindes, sondern schon bei dem Verdacht einer illegitimen Schwangerschaft (der Gravidität einer Unverheirateten) griff der Senat ein, ordnete die Visitation der Beschuldigten an und ermahnte, falls sich der Verdacht bestätigte, die Angehörigen der werdenden Mutter, dafür zu sorgen, daß «Arges verhütet» werde. Lieber vier Wochen *in* der Litzen, weil «ein Kindt zu Unehren geborn» sei, als – *wie* die Litzen – in ewiger Verdammnis. («Der Rektor trug vor: Es sei ein Geschrei, der Gerlachin Tochter gehe mit einem Kind. Ob nicht die Mutter zu monieren sei, damit nichts übel begangen werde?»)

Jeder Schritt wurde bewacht, jedem Gerücht nachgegangen. Als der Rektor im Jahre 1605 dem Senat Mitteilung machte, man habe gehört, daß «der Langhärin Tochter», wiewohl geschwängert, mit einem Kränzlein zur Kirche gehen wolle, da wurde beschlossen – Professoren-Sorgen vom fünfzehnten bis zum achtzehnten Jahrhundert! –, man möge den Stiefvater der Braut unverzüglich verhören, um, falls es mit dem Gerücht seine Richtigkeit habe, die Kindsmutter in Strafe zu nehmen.

An Druckmitteln fehlte es der Hochschule nicht. Von der Ermahnung des Missetäters über den Brief an die Eltern und die Inkarzerierung bis hin zur Relegation und den Landesverweis, der gleichbedeutend mit Söldnerdienst war (wo sollte der Verbannte sonst hin?), gab es eine Fülle von wohl abgestuften Disziplinierungsmaßnahmen, und jede einzelne war wiederum, je nach der Lage des Falls, vielfältig dosierbar. Wenn's dem Senat gefiel, konnte er bei einem Malefiz-Prozeß die Türen für jedermann öffnen; aber er konnte genauso gut nur Studenten zulassen. Er konnte den Delinquenten in der Litzen einsperren (die, so ein besorgter Vater, «ziemlich hart und zumalen wegen ereignender Gespenster gar furchtsam sein sollte»), er konnte ihn seine Strafe aber auch in jenem bequemen Gefängnis absitzen lassen, dessen Bau die Herzogliche Visitations-Kommission anno 1618 mit der Begründung vorschlug: Da man die wenigen fremden Studenten keineswegs verlieren dürfe, sei der Senat künftig gehalten, nicht mehr pauschal, sondern diskret und individuell, dem Rang und der Qualität der beschuldigten Studiosi entsprechend, zu strafen; das aber bedeute vor allem, neben dem schmutzigen und harten Karzer noch einen zweiten zu bauen, der bequemer und luftiger sei.

So scharf der Senat gegen die ungebildeten Universitätsverwandten, den *clerus minor* der *cives academici,* vorging und so energisch er im Fall der Stipendiaten auf Sittenstrenge und Rechtgläubigkeit sah, so langmütig konnte er sein, wenn es um die üblichen Vergehen einer *jeunesse dorée* ging, deren Übermut Bürger und Professoren nur noch in den krassesten Fällen entsetzte: um nächtliches Trommeln, Säbelschwenken und Musizieren, um Hochzeits-Tumulte im Wirtshaus, um das Anschlagen von Schmähbriefen (einer bescheidenen Vorform moderner Wandzeitungen), um die Hetzjagd quer durch die Stadt, mit Schäferhunden und Doggen und – hier wurde es nun freilich ernst – um das Niederreiten von Handwerksburschen und Kindern. («... sind die Studenten», heißt es 1654 in einer Beschwerde aus Reutlingen, «mit den Pferden also starckh gesprengt, daß manniglichs zu schaffen gehabt, die kleine Kinder auß dem weg zu raffen, damit selbe nicht zu Boden und Tod geritten werden möchten.»)

Sanft also wird es nicht zugegangen sein in Tübingen – wenngleich immer noch gesitteter als, beispielsweise, in Jena und Freiburg. Der Komment der «Herren» war laut und exzentrisch. Jeden Augenblick konnte etwas passieren, ein Tumult, ein Überfall oder ein Scharmützel zwischen feindlichen Gruppen. Wenn es zum Schlimmsten kam, wurden die Tore geschlossen und die Häuser in einer gemeinsamen Aktion von Vogtei und Senat, Wohnung für Wohnung, durchkämmt. Aber auch der Alltag war nicht gerade an Überraschungen arm, wie ein Protokoll aus dem Jahr 1773 beweist, das von Wachen berichtet, denen, auf Beschwerden der Stadt hin, die Beobachtung und Identifizierung derjenigen Studenten oblag, die mit Hilfe von Brenngläsern Brände auf den Neckar-Auen verursachten. War ein solches Spiel schon makaber genug, so wurde es durch die zynischen Scherze weit überboten, die sich die protestantischen Studiosi aus dem Herzogtum Württemberg alljährlich im vorderösterreichisch-katholischen Rottenburg leisteten: Da wurde hoch zu Roß in die Kirche geritten («so trägt es sich öftermals zu», klagten anno 1561 die Amtleute der Stadt, «daß die Studenten allhie zu denen Zeiten, wo die götlichen Ämpter in den Kirchen und Clöstern begangen werden, dieselben nit von Andacht wegen, sondern zu verachtung der alten Religion besuchen»), da schossen die Alumnen der Eberhardina auf alles, was vor ihre Flinte kam: auf Pferde und auf Bildstöcke, die sie als Zielscheibe benutzten.

Nach Rottenburg zog man aus, wenn man's einmal recht toll treiben wollte: am Karfreitag zum Beispiel, den die in Scharen nach Rottenburg ausschwärmenden Studenten am Ende derart profanierten, daß der Senat, des «bittern Leidens unsers Heilands» gedenkend, sich genötigt sah, die Stadttore bis nach der Abendpredigt zu schließen und keinen, «welcher der evangelischen Religion zugethan», passieren zu lassen. Aber die Bildstock- und Pferdeschützen ließen sich durch solche Verbote nicht schrecken: Die Kugel saß locker, wobei manchmal auch ein Mensch – zumal wenn *der* ein *das* Mensch war – zu Schaden kam. Wie leicht es dann dem Schützen fiel, sich der Strafverfolgung durch rasche Flucht zu entziehen, beweist eine Tagebucheintragung Albrecht von Hallers, in der – Tübingen 1724 – von einem Studenten die Rede ist, dem die Hausmagd sein Bett machen wollte: «Der junge Mensch scherzte mit ihr und drohte ihr mit der Pistole, die er ungeladen meinte. Die Kugel traf das Mensch hinten, und riet ich gleich meinem Freund, er sollte sich weitermachen ... Der Arzt, der dem Mädchen nicht gewogen war, ließ sie sondieren. Es kam Blut ex genitalibus, das er für menstrua hielt. Die Kugel konnte man nicht finden ... Die Magd wurde aus dem Haus getragen und starb zwei Tage darauf ohne besondere Schmerzen. Die Kugel war durch die Blase, durch die Mutter, von dem linken Kissen bis an den rechten großen Beinknoten gegangen und lag auf demselben. Über diesem Unglück kam ich in Verhaft, doch ohne Verdacht wegen der Tat. Des Entwichenen Beutel mußte alles abtragen. Wie dann insgemein über das vergoßne Blut eben keine besondere Rache weder auf dieser noch auf anderen Hochschulen genommen wird.»

Eine Magd wird aus Mutwillen erschossen, der Täter, ein Student, kommt unbehelligt davon, ein Arzt steht auf der richtigen Seite: Wie oft mag sich eine Alltagsgeschichte wie diese in Tübingen ereignet haben, ohne daß ein Akademischer Senat besondere Notiz davon nahm. (Und wozu auch? Wegen einer Allerwelts-Begebenheit?)

So ging es eben zu, damals – in Tübingen und anderswo.

4. Kapitel

Die Herrschaft der Theologen

Der Zerfall von Eberhards großer Koalition – Württemberg: Das protestantische Spanien – Klosterschulen und Stift: Rekrutierung einer Elite im eigenen Land – Das Glaubensbekenntnis der Orthodoxie – Große Kirchenordnung und Konkordienformel – Vom Häretiker Apian und vom großen Ketzer Johannes Kepler

«Es ist uns wohlbekannt, daß wir dem Allmächtigen Gott Rechenschaft über unsere Amtsführung geben müssen; aber die Einfältigkeit der menschlichen Natur macht uns gebrechlich, und wir versäumen seine Gebote»: Geschrieben im Oktober 1477, diktiert von einem Mann, Eberhard im Barte, der als Regent, Autodidakt und frommer Humanist zu gleicher Zeit Scholar und Rektor der von ihm geschaffenen Gemeinschule war, Gründer und Schüler in einer Person, ein Territorialfürst, der, unleugbaren autokratischen Tendenzen zum Trotz, das Ideal des mittleren Wegs vorgelebt hatte. Spannungs-Milderung (zwischen *vita activa* und *vita contemplativa*, zwischen Politik und Philosophie, zwischen Frömmigkeit und Wissenschaft) mit dem Mittel des Ausgleichs, der Dialektik und der Bezugs-Stiftung: Dies war Eberhards Devise gewesen – das Testament, das er seinen Nachfolgern hinterließ.

Aber das Erbe wurde schnell verspielt. Eberhard II. war geisteskrank; Herzog Ulrich hatte mit seinem Oheim, dem Universitäts-Gründer, nicht das geringste gemein: Er wollte alles anders machen – und machte es falsch. Der Kaiser wurde verprellt, die Bauernschaft heute gedemütigt und morgen umworben, die Ehrbarkeit des Landes abwechselnd hofiert und verspottet. Kam es im Tübinger Vertrag – 8. Juli 1514 – zu einem Ausgleich zwischen dem Herrscher und jenen regierenden Familien, die, als Vertreter der «Landschaft», in Fragen der Finanz-Praxis, der Steuergesetzgebung und der Entscheidung über

Krieg und Frieden zu Mitbestimmenden wurden, so zerriß Ulrich ein paar Jahre später das Abkommen wieder – leichtfertig beim Abschluss, fahrlässig beim Widerruf. (Die Revokation war übrigens vergeblich: Das Kondominium von Ehrbarkeit und Regent, eine Doppelherrschaft auf dem Rücken des Volks, hatte bis ins neunzehnte Jahrhundert hinein Bestand: Bauern und Handwerker konnten ein Lied davon singen!)

Das Land war in Aufruhr; der «Arme Konrad» rebellierte; die Revolution wurde niedergeschlagen (die Stadt Tübingen, an der Spitze der Konter-Revolution, erhielt zum Lohn ein herzogliches Wappen und avancierte zur Stätte des Hofgerichts); der Herzog, einmal Anführer der regierenden Fronde und dann wieder, als Bruder Utz, Interessen-Genosse der Bauern, wechselte ständig die Fronten, wurde schließlich aus seiner Heimat vertrieben, lebte als Exilierter in der Schweiz und in Hessen, kehrte dann 1534, nach vierzehn Emigrations-Jahren, zurück (das Land stand derweilen unter österreichischem Gouvernement), hielt, vom Volk umjubelt, seinen Einzug in Stuttgart, führte, als Paladin seines Vetters und Asyl-Gebers Philipp von Hessen, die Reformation in Württemberg durch, teilte mit den anderen protestantischen Fürsten das Debakel des Schmalkaldischen Bundes und mußte – ein vom Kaiser geduldeter Statthalter mit eingeschränkter Souveränität – jenes sogenannte «Interim» tolerieren, das, von kleinen Zugeständnissen abgesehen, de facto den Katholizismus restituierte … eine Zwischenherrschaft, die nach dem politischen Umschwung zugunsten des Protestantismus (Moritz von Sachsen hatte die Fronten gewechselt) im Herbst des Jahres 1555 durch den Augsburger Religionsfrieden ihr Ende fand.

Das bedeutete für Württemberg: Herzog Christoph, der Nachfolger des während des Interims gestorbenen Ulrich, hatte dank des landesherrlichen *ius reformandi* die Freiheit, seinem Land auf der Grundlage der protestantischen Charta, der *Confessio Augustana*, eine Verfassung zu geben, die in der Großen Kirchenordnung von 1559 ihren Ausdruck fand: Staatsverfassung und Kirchenverfassung sind eins; geistliches und weltliches Leben gehören, im Zeichen der Einen Obrigkeit, untrennbar zusammen.

Ein halbes Jahrhundert nach Eberhards Tod, am Ende einer von Revolutionen und Verfassungskämpfen, von Aufständen und Kriegen, von Konfessions-Zwisten und Herrschafts-Wechseln bestimmten Epoche, kehrte in Schwaben endlich wieder Frieden ein. Der Streit zwischen Katholiken und Protestanten wurde unter der Devise *cuius regio eius religio* beendet; die binnenreformatorische Auseinandersetzung, in deren Zeichen Ulrichs zweite Herrschaft anfangs stand (im Norden die Lutheraner, im Süden die Zwingli-Freunde), sah sich unter Christoph durch einen kaiserlichen Machtspruch entschieden: In den Verträgen von Kaaden und Wien mußte sich der Herzog verpflichten, «Sakramentiererei» (sprich: Zwinglianismus) nicht länger zu dulden.

Württemberg gewann die Bedeutung eines lutheranischen Kernlandes im katholisch-calvinistischen Süden. Anders als sein Vorfahr, der die Reformation, in einem Verwaltungs-Akt von oben, mehr aus außenpolitischem Räsonnement (Ulrich brauchte die Unterstützung Hessens und Sachsens) denn aus Überzeugung durchgeführt hatte, fühlte sich Christoph als berufener Reformator: von Gott beauftragt, aus dem Staat eine Kirche und aus der Gemeinde ein Staatsvolk zu machen. («So haben wir», heißt es in der Präambel der Ordination von 1559, «nicht die göttliche Stimme verachtet, sondern unsere ganze Kraft darauf gerichtet, der rechten und wahren Kirche Jesu Christi zu helfen.»)

Die Große Kirchenordnung: das ist Katechismus und Verwaltungsvorschrift, Glaubensbekenntnis und bürokratischer Erlaß, christliche Handreichung und Amtsblatt zugleich; da geht es um Ehe und Beichte, um die Trinität und ums Fasten, um Predigt und Rüge, um Sektierer und Ärzte, um Kanzlisten und Rechenmeister, um Zauberer und Prälaten, um die Visitation und um die Zensur ... das gesamte Leben bis ins Detail hinein unter dem Aspekt «Gott ist allgegenwärtig» reglementiert!

Das gesamte Leben – mit einer einzigen Ausnahme: dem Bereich der Universität. Während Partikular- und Klosterschulen, das Herzogliche Stipendium und das Adels-Kolleg unter die General-Ordnung fielen, wurde die Hochschule einer eigenen Ordination für würdig befunden – und dies in einer Art von Vorwegnahme, die den Charakter einer besonderen Auszeichnung hatte, bereits im Jahre 1557. Nicht, daß der Universität damit so etwas wie Exterritorialität oder gar Autonomie attestiert worden wäre (das Gegenteil ist richtig: Die Zentral-Fakultät, die theologische, wurde in die Kirche reintegriert), nicht, daß Herzog Christoph sein geschlossenes System zumindest an einer einzigen Stelle transparent machen wollte: Darum ging es nicht. Wohl aber um die Nobilitierung einer Körperschaft, die innerhalb der weltlich-kirchlichen Ordnung die besondere Aufgabe hatte, die Orthodoxie abzusichern und für die Unantastbarkeit der reinen Lehre zu sorgen.

In diesem Punkt war Christoph einer Meinung mit Ulrich. Schon der vertriebene Fürst hatte gewusst: die Universität ist zu wichtig, als daß man ihre Umstrukturierung wie ein Geschäft zweiten Rangs durchführen könnte. Kein Wunder also, daß er, kaum heimgekehrt, den für den Süden seines Landes zuständigen Reformatoren, den Zwinglianern Grynäus und Blarer, in erster Linie die Neuordnung der Landesuniversität anvertraute: daß er, als sie sich nicht durchsetzen konnten, weil sie den Professoren nicht klug genug waren, die höchste Autorität nach Tübingen rief, die damals an einer protestantischen Hochschule lehrte – Philipp Melanchthon.

Und Melanchthon kam. So entschieden sich der Reformator den – bis in die vierziger Jahre hinein wiederholten – Bitten des Hofs widersetzte, er möge Wittenberg verlassen und für immer nach Tübingen heimkehren, so entgegenkommend zeigte er sich, als Herzog Ulrich ihn aufforderte, seine alte Alma Mater wenigstens ein paar Wochen lang zu visitieren, um, im vertrauten Gespräch mit dem Freunde Camerarius, die Konzeption einer württembergischen Reformuniversität zu entwickeln: zu prüfen, wie die von Blarer und Grynäus entworfene Ordination redigiert werden könnte (die Fassung der ersten Kommissare war alles andere als ein stilistisches Kunstwerk) und was zu tun sei, um die Statuten der Fakultäten neu zu formulieren.

Leider wissen wir nicht, welcher Art die Pläne waren, die man im

Herbst 1536 in Camerarius' Haus diskutierte; aber wir kennen die Namen der Gesprächspartner vor Ort und im Land. Es war eine illustre Runde, die sich damals, unter der Ägide Melanchthons, Gedanken um den Neuaufbau der Tübinger Hochschule machte: Camerarius, der später die Reformation der Universität Leipzig durchführen sollte, war, neben Melanchthon, der erste Gräzist der Nation; Johannes Sichard, der Humanist, Rechtsgelehrte und Konsiliarius des Hofes, hatte, weit über Deutschland hinaus, ein Renommee, wie es außer ihm nur Ulrich Zasius in Freiburg besaß: die Reichsstadt Nürnberg wollte Sichard als Syndicus haben, das Reichskammergericht in Speyer ihn in die Schar seiner Assessoren einreihen; aber der überall Umworbene blieb Tübingen treu. Und dann war da noch Leonhart Fuchs, ein Arzt und Botaniker, der zur Avantgarde jener Renaissance-Forscher gehörte, deren Ziel es war, die griechische Heilkunde wieder in ihre Rechte zu setzen und die arabisch geprägte Medizin als eine abgeleitete, eine Wissenschaft zweiter Ordnung, zu etikettieren. Melanchthon und – ihm von der Universität beigegeben – Johannes Sichard, Fuchs, Camerarius und, auf Melanchthons dringende Bitten vom Rat der Stadt Hall für die Dauer eines Jahres nach Tübingen beurlaubt, Johannes Brenz: Da waren fünf Männer zusammen, drei ordentliche Professoren, ein Gastdozent und ein Wittenberger Visitator (und Tübinger Magister), die, wären sie zusammengeblieben, aus Eberhards Hochschule vielleicht die führende Universität des Reichs gemacht hätten.

Zwei Theologen, ein Jurist, ein Mediziner, ein Vertreter der Artisten-Fakultät, jeder eine Koryphäe auf seinem Gebiet, jeder mit den Großen seiner Zeit gleichsam auf Du und Du: Brenz mit Luther, Fuchs mit Vesat. Jeder ein Mann vom Schlage des Gründers ihrer Universität – bei aller wissenschaftlichen Rigorosität versöhnungsbereit und entschlossen, so lange wie möglich zwischen den Parteien schiedsrichterlich zu vermitteln. Camerarius und Melanchthon sangen das Loblied des katholischen Eberhard, Sichard bekannte sich zu seinem zwinglianisch gesonnenen Kollegen, dem geschmähten Grynäus, Fuchs verteidigte im Streit um die Rechtfertigungslehre die Gegenposition zur württembergischen Dogmatik, Brenz, wegen seiner Unentschiedenheit von Luther mehrfach getadelt, kämpfte zeitlebens zwischen den Fronten. Kein Wunder also, daß die fünf, ungeachtet der gemeinsamen Arbeit, keineswegs als Phalanx auftraten. Melanchthon belächelte Brenzens Abendmahl-Interpretation, Fuchs hielt Sichard für einen unsicheren Kantonisten und halben Altgläubigen, auch Melanchthon zeigte sich, was den Juristen anging, eher skeptisch: Auf jeden Fall sei es nützlich, schrieb er dem Herzog, Johannes Sichard einen zweiten Mann beizugeben.

Und dennoch – jenseits von Feindschaft und Freundschaft (nur das Dreigestirn Fuchs-Camerarius-Melanchthon schien unzertrennlich zu sein) war damals ein Kollegium beisammen, wie es sich ranggleich in der Geschichte der Universität Tübingen allenfalls in der Mitte des neunzehnten Jahrhunderts, zur Zeit von Baur und Vischer, noch einmal versammelt hat ... ein Kollegium europäischen Ranges, vereint in einer Stube oder einem Vorlesungsraum. In Tübingen wurde antizipiert, was dreihundert Jahre später in Berlin eine Selbstverständlichkeit war: Savigny, Fichte, Hufeland und Niebuhr in ein und demselben Senat, Schelling, der Dozent, Kierkegaard und Engels, die Zuhörer im Hörsaal 6 der Friedrich-Wilhelms-Universität!

Was wäre geworden, wenn die fünf ihre Arbeit fortgesetzt hätten? Wenn Melanchthon heimgekehrt, Camerarius geblieben und Brenz gekommen wäre? *Wenn*, *wäre* und *hätte*: Eine Universitätsgeschichte, darin liegt ihr Reiz, besteht aus einer Summe von Möglichkeiten; sie strotzt von unzähligen «fast» und «vielleicht» und «beinahe» und provoziert die verwegensten Fragen. Ja, was wäre gewesen, wenn der Senat Giordano Bruno die von ihm erbetene *licentia docendi* zuerkannt hätte? Wenn er geblieben wäre, anno 1579? Dann hätte Kepler ihn gehört! Kepler im Gespräch mit Giordano Bruno: Wäre die Welt anders geworden, danach? Anders als jetzt? Und was wäre geschehen, wenn Schiller *ja* gesagt hätte, als ihn der Herzog berief, um aus Tübingen ein süddeutsches Jena zu machen? Was, wenn die Fortschrittlichen im Senat sich durchgesetzt und die Beamten in Stuttgart Jacob Burckhardt, wie sie's tatsächlich planten, nach Tübingen berufen hätten? Das Alterswerk des Schweizers, geschrieben in Deutschland? Und dann

Troeltsch! (Den man zweimal nicht wollte.) Der abgewiesene Dilthey! Sauerbruch – ein junger Chirurg, *secundo loco* plaziert: Hätte er in Württemberg eine Schule gebildet? David Hilbert, der Mathematiker – auch er an zweiter Stelle eingestuft: Hätte die Berufungskommission ihn einen Rang höher gesetzt – wäre dann Tübingen das geworden, was, wie die Dinge liefen, Göttingen wurde?

Nun, es ist anders gekommen: Giordano Bruno erhielt seinen Laufpaß, Schiller hütete sich, dem Stuttgarter Versprechen zu glauben (er kannte den Geiz seiner Schwaben), Camerarius blieb nur ein paar Jahre am Neckar (sein Freund Fuchs mußte ihn aus der Ferne beraten: Ob die Gujak-Kur, fragte man von Tübingen nach Leipzig, die damals als Syphilis-Therapeuticum galt, dem Gräzisten geholfen habe?), Melanchthon dachte nicht daran, Wittenberg zu verlassen (er könne nicht predigen, schrieb er, und sei darum ungeeignet für die schwäbische Personalunion von Professor und Pfarrer), Brenz schließlich beschränkte sich auf Visitations-Berichte grundsätzlicher Art, sogenannte «Bedenken» – im übrigen hielt er seinen Hallern die Treue. Und so waren dann am Ende von den großen fünf nur noch Fuchs und Sichard in Tübingen – und von diesen beiden blieb der eine, der Mediziner, auch nur widerwillig, weil er sich, wiewohl als Professor fürstlich besoldet, dazu im Besitz erheblicher Nebeneinnahmen, ständig für unterbezahlt hielt und überdies, ein Hypochonder *kat'exochen*, das Neckar-Klima für pestfördernd ansah: «Du weißt ja», schrieb er an Camerarius, «wie langsam hier die Seuche umgeht – vor eineinhalb Jahren hört sie nicht auf.»

Eberhards große Koalition, die im Herbst 1536 noch einmal in der Form eines binnen-protestantischen Bündnisses von unorthodoxen Gelehrten als realisierbar erschien, war zerfallen; die Universität wurde zu einem Provinz-Institut. Denn woher sollten im Zeichen einer immer rigoroseren Konfessionalisierung die Männer auch kommen, die in der Lage waren, an die Stelle eines Biel und Bebel, Camerarius und Reuchlin zu treten? Im Gegensatz zu Eberhard, der seine Gelehrten aus aller Welt holen konnte, aus Basel so gut wie aus Krakau oder Portiers, mußten Ulrich und Christoph ihre Dozenten aus dem Kreis jener protestantischen Hinterbänkler berufen, die an anderen lutherischen Universitäten nicht zum Zug gekommen waren. Katholiken und – die Allerschlimmsten! – Calvinisten schieden ohnehin aus; die mochten in Freiburg und Heidelberg ihr Unwesen treiben; Reformierte waren nach dem Ende der Ära Blarer-Grynäus ebenfalls nicht mehr berufbar; blieben also die Lutheraner; aber woher die nehmen? Wie einer Misere beikommen, die der herzogliche Visitator Johannes Brenz in seinem Bedenken von 1551 mit dem lapidaren Satz umschrieb: «Zu allererst ist die Theologische Fakultät bis jetzt – und auch im Augenblick noch – miserabel *(gantz übell)* besetzt»?

Es gab nur eine einzige Chance: Das gesamte Bildungswesen des Landes von Grund auf zu verändern, um auf diese Weise, durch die Neuorganisation des Unterbaus, jene Elite im eigenen Land heranzubilden, ohne deren Mitarbeit das Dogma von der Segen bringenden Allgegenwart Christi – Hier! Bei uns! In diesem Augenblick! – zu einer Leerformel werden mußte.

Unter diesem Aspekt erscheint die schwäbische Vetterleswirtschaft, diese gelehrte Inzucht, die dazu führte, daß im achtzehnten Jahrhundert ganze Fakultäten nur aus Verwandten bestanden ... unter diesem Aspekt erscheint der Tübinger Nepotismus als eine *quantité négligeable.* Wenn die Grenzen dank der Konfessions-Barrieren geschlossen sind und die Katholizität der Wissenschaft – «Katholizität» im Sinne der universitas litterarum – längst vorbei ist, dann muß man Hauspolitik treiben und aus den Reihen der Landeskinder eine autochthone Elite züchten. Jawohl, *züchten*! Jahr für Jahr, von Herzog Christophs Zeit bis in die Epoche des deutschen Kaiserreichs, das gleiche Ritual: Jedes Frühjahr versammeln sich nach vielfacher Vorsiebung die vierzehnjährigen Burschen zum Landexamen; wer den *concours* besteht, erhält einen Platz in der niederen Klosterschule; wer sich dort behauptet und die zweite Prüfung besteht, avanciert zum Scholaren in einer der höheren Anstalten; wer auch hier erfolgreich unter der Fahne bleibt, erhält das Recht, sich, bei Gelegenheit der Inskription in Tübingen, jenem grausamen, Deposition genannten Ritual zu unterziehen, in dessen Verlauf der als Bestie verkleidete Novize (der «Bean») durch eine martialische Prozedur vom Tier zum Menschen, vom Barbaren zum Studiosus promoviert wird. Eine riesige Säge schneidet dem Unhold die Hörner ab, eine Zange reißt ihm die aus den Mundwinkeln hervorragenden Zähne aus, eine Schere rupft den Bart, Salben, die aus Kot und Mist bestehen (vermischt mit Urin), bedecken die Haut des Geplagten, Kloaken-Sedimente, kondensiert zu Pasten und Pillen, tun das ihrige, um den stinkenden Unhold schließlich so weit zu bringen, daß er sich in Gegenwart seiner Exekutoren (und in Präsenz von Arzt, Bursen-Rektor und Vertrauens-Dozenten) zur Beichte entschließt: Wie viele Gänse er den Bauern gestohlen habe und wie groß die Zahl der Jungfern sei, die durch seine Schuld ihre Virginität eingebüßt hätten.

Kann man sich vorstellen, daß ein Johannes Kepler so wenig wie jeder andere Student inskribiert worden wäre, wenn er sich geweigert hätte, diese entwürdigende Prozedur im Großen Saal der Burse mitzumachen – eine Prozedur, die noch bei der Hundertjahrfeier der Alma Mater, anno 1577, den illustren Gästen vom Stuttgarter Hof zur allgemeinen Belustigung vorgeführt wurde: ein Fäkal- und Sexual-Exerzitium, das in Tübingen, wo die bei der Deposition anwesenden Magister immerhin die schlimmsten Exzesse verhinderten (das Aufhängen des Beans in der Kloake zum Beispiel), im Verhältnis zu anderen Universitäten zumindest geordnet verlief?

Immerhin, nach bestandener Mannes-Probe war der Scholar endlich zum Studiosus gereift – aber Klosterschüler blieb er trotzdem noch: *post depositionem et inscriptionem* kehrten Württembergs gelehrte Rekruten in ihre Anstalt zurück, paukten weiter ihre *lectiones bonarum artium et theologiae* und wurden erst entlassen, anfangs einzeln, dann in Kolonnen: den sogenannten «Promotionen», wenn sie, nach einer dritten Prüfung, als Bakkalare im Besitz ihres Gesellen-Briefs waren. Sie wurden entlassen, sofern in jenem dritten Kloster ein Platz für sie war, das in Tübingen die weitere Ausbildung der geistlichen Elite des Landes besorgte – Schwabens Allerheiligstes, die Erziehungsstätte der Kepler und Hölderlin, Schelling und Hegel – das Herzogliche Stipendium alias «Stift».

Die Vierzehnjährigen im niederen Kloster, die Sechzehnjährigen im höheren, die Achtzehnjährigen im Stift: Bakkalare zunächst und dann, nach der Absolvierung des artistischen Grundstudiums, Magister der schönen Künste, die Mittzwanziger, am Ende ihrer theologischen Ausbildung, Vikare und Repetenten – neun Jahre lang sah sich die schwäbische Avantgarde gedrillt: die Phalanx jener künftigen Pfarrer und geistlichen Lehrer, deren Weg bereits bei ihrer Konfirmation festgelegt wurde. Wer intelligent war und nicht rebellierte, hatte in Württemberg keine Sorgen. Sein Vater brauchte nur den ersten kleinen Schritt zu tun und den Sohn zum Landexamen zu melden – alles Weitere ergab sich, dank der Bildungskonzeption der ersten reformatorisch gesonnenen Herzöge, beinahe von selbst. Pannen gab es allenfalls dann, wenn die Kultus-Bürokratie mehr jungen Burschen Zugang zu den Klosterschulen verschaffte, als später das Stipendium in Tübingen aufnehmen konnte. (Dann mußte der Bakkalar, auch wenn er Kepler hieß, halt ein Jahr länger die Schulbänke drücken.)

Glückliche, vielfach privilegierte Theologen! Während Mediziner und Juristen, vor der Gründung des Stuttgarter Gymnasium Illustre am Ende des siebzehnten Jahrhunderts, kaum über mehr als eine Winkelschulbildung verfügten, waren die künftigen Pfarrer schon als Sechzehnjährige fähig, über die diffizilsten Probleme zu diskutieren (auf lateinisch natürlich). Während die Hörer der anderen Fakultäten nur das eine Ziel hatten, so rasch wie möglich fertig zu werden, und, Brotstudenten, die sie waren, sich einen Teufel um das ihnen nahegelegte (aber nicht anbefohlene) philosophische Grundstudium scherten, konnte – noch im neunzehnten Jahrhundert – ein Stiftler nur dann mit der theologischen Spezialausbildung beginnen, wenn er Magister artium war.

In einem Augenblick, wo ihre Kommilitonen, Juristen und Mediziner, bereits zu praktizieren begannen, fing die *jeunesse dorée* der Stipendiaten erst mit dem eigentlichen Studium an. Kein Wunder also, daß die herzoglichen Alumnen nicht nur auf die frisch gebackenen Anwälte und Ärzte, sondern auch auf jene Vikare herabsahen, die als Lateinschüler und Stadtstudenten gleichsam eine theologische Ausbildung zweiter Ordnung hinter sich hatten: arme Teufel, die in aller Regel vor ihren Namen kein M. setzen konnten und damit dokumentierten, daß sie nicht im Besitz der höheren Weihen des Magisteriums waren ... *oppidani*, Stadtstudenten, die mit Geld und Schweiß ausgleichen mußten, was ihnen an Geist fehlte. Der nämlich war den kasernierten Auserwählten, den hundertfünfzig vom Stift, vorbehalten, die seit der Mitte des sechzehnten Jahrhunderts, unter der Leitung eines Magister Domus aus dem Kreis der Artisten und zweier Superattendenten der theologischen Fakultät, im alten Augustinerkloster ihre Freitische hatten. (Und sie auch heute noch haben.)

Da war – und ist! – eine Elite beisammen, die sich auf ihren Corpsgeist viel zugute hielt. Man kannte sich von Kindheit an, promovierte gemeinsam und ging zusammen ins Amt: Eine theologische Avantgarde, die ihren Nachwuchs sehr bald aus den eigenen Reihen bezog. Mehr als vierzig Prozent der Stipendiaten waren im achtzehnten Jahrhundert Söhne von Pfarrern, die übrigen rekrutierten sich zum großen Teil aus den Kreisen der akademischen Intelligenz zweiter Ordnung. Kinder der ärmeren Schichten hingegen, Bauern-, Schulmeister- und Handwerkersöhne, traten nur als einzelne auf. Ein herzogliches Reskript vom 30. März 1780 schärfte dem einfachen Volk (das heißt: allen Personen, die, wie die Förster, Dorfschulzen und Krämer, «nicht zur eigentlichen Klasse der Honoratioren gehören») ausdrücklich ein, daß die für die Prüfungen der Klosterschüler Zuständigen künftig «keine gemeiner Leute Kinder, wenn sie nicht besondere und vorzügliche Gaben und Fähigkeiten besitzen, noch solche Subjekte zu den jährlichen Landexamina zulassen werden, welche von ihren Eltern mit den zu ihren Studiis benötigten Mitteln und Kosten nicht unterstützt werden können».

Doch damit noch nicht genug: Die Elite will nicht nur *intra*, sondern auch *extra muros* geschützt sein, geschützt vor der Konkurrenz jener Absolventen von theologischen Kurz-Studiengängen, die, infolge der Armut ihrer Eltern zu raschem Abschluß gedrängt, auf diese Weise, als geistliches Proletariat, dem Kloster- und Stifts-Adel die Pfründen wegschnappte: «Ehe bei ihnen ein reifes Alter da ist», läßt, im gleichen

Schreiben, Serenissimus wissen, «müssen sie öfters gleich schon von den Trivialschulen aus auf die Universität, und, um nur bald fertig zu werden, treten selbige sodann, ohne hinlängliche Vorbereitung durch die philosophischen Wissenschaften, gleichbalden das Studium Theologicum an. Wann sie dann höchstens drei Jahre damit zugebracht haben, so gehen sie von der Universität ab, bitten um das Examen Theologicum und setzen dadurch unser Herzogliches Consistorium, da sie meistens aus Mangel der Mittel nicht mehr auf die Universität zurückgehen können und sonsten nichts anzufangen wüßten, fast in die Notwendigkeit, selbige nicht nur zum Examen zuzulassen, sondern sie auch, wann sie darinnen nur einigermaßen bestehen, als examiniert zu erklären. Damit aber werden unsere Lande mit mindertüchtigen Kandidaten überschwemmt, welche unsere Herzoglichen Stipendiarios von den Vikariaten verdrängen und schuld daran sind, daß etliche dieser Stipendiaten dreißig Jahre alt werden müssen, ehe sie einmal zu einer Stellung gelangen, wodurch sie mutlos werden und vor der Zeit diejenige Lebhaftigkeit und Munterkeit des Geistes verlieren, welche doch zu ersprießlicher Führung ihrer künftigen Ämter so unumgänglich notwendig erfordert wird.» (Rührt meine Elite nicht an, hieß die Devise des Hofs, laßt die Kader vorangehen, ihr Stadt-Theologen – die Kader, auf deren Rechtgläubigkeit jene geistliche Ordnung beruht, die mit der weltlichen identisch ist.)

Ein Vierteljahrtausend lang hat die Konzeption der Großen Kirchenordnung von 1559 das Leben in Württemberg bestimmt, hat die Gedanken von Generationen geprägt und ihre Daseinserfahrung – wie zu leben und zu sterben sei – in rigorosem Vorgriff bestimmt. Daß dies gelingen konnte und sich die Sonderstellung Württembergs – Virtenberg, das Abbild des Gottesreichs – über Jahrhunderte hinweg bewahren ließ, verdanken die reformatorischen Herzöge, Christoph voran, in erster Linie der von ihnen gezüchteten und privilegierten geistlichen Avantgarde: jenen Klosterschülern, Stipendiaten und Repetenten, auf deren Reservoir die Fürsten zurückgreifen konnten, wenn es galt, einen theologischen Lehrstuhl neu zu besetzen.

Der katastrophale Zustand, in dem sich die theologische Fakultät in den ersten Jahrzehnten nach der Reformation befand, hatte Herzog Christoph, dem Spiritus Rector der Großen Kirchenordnung, gezeigt, wie dringlich es war, den reformatorischen Glauben in der Zentralinstanz der Universität und ihrer Ersten Fakultät wissenschaftlich zu begründen: wie energisch die Aufgabe angepackt werden mußte, die *praxis pietatis* durch eine lutherische Theologie abzusichern und die Frömmigkeit, die unten im Volk herrschte, von oben her, durch eine konsolidierend wirkende Scholastik, zu verfestigen. Das Debakel der ersten Stunde, als Blarer und Grynäus, die Prediger und Katecheten, von der gelehrten Tübinger Zunft ausgelacht worden waren, durfte sich nicht wiederholen: Martin Frecht, ein evangelisch gesonnener Gelehrter, hatte nur allzu recht gehabt, als er, in einem Brief an Blarer, die Universität mit einem Augiasstall verglich, der nur mit vereinter Kraft von all dem Mist und Schmutz befreit werden könne, «welchen die elenden Sophisten bisher feilgeboten».

Die Reformation, dies zeigte sich schnell, war eine Bewegung, die sich, solange Positionen erst bestimmt und Glaubenssätze erst formuliert werden wollten, an den Universitäten nur schwer durchsetzen ließ: Es bedurfte der Einigungsformeln, um aus der kontroversen Überzeugung einzelner ein verbindliches System werden zu lassen. Erst am Ende des sechzehnten Jahrhunderts, mit dem Triumph der protestantischen Orthodoxie, kann von einer eigenständigen Hochschul-Theologie die Rede sein; erst als die Reformation in der lutherischen Scholastik erstarrte, wurde der evangelische Glaube wissenschaftlich fixierbar, in seiner Unverwechselbarkeit festgeschrieben und – statt im Wechselspiel von frommer Praxis und gelehrter Absicherung weiterentwickelt zu werden – durch eine Fülle von defensiven Verneinungen petrifiziert: «Daher bezeuge ich sowohl in der Stille als öffentlich im Lichte der christlichen Kirche», schreibt Johann Valentin Andreä im Widmungsbrief seiner Autobiographie (und dieser Andrea war kein Orthodoxer, sondern ganz im Gegenteil, eher ein Mystiker, Schwärmer und Kabbalist, als Rosenkreuzler ein Vertreter der evangelischen «Subkultur»), «daß ich mit den papistischen Pfützen, dem calvinischen hochtrabenden Stolz, der Heuchelei der Schwenkfeldianer, der Raserei der Weigelianer, dem Unflat der Wiedertäufer, den Träumereien der Schwärmer, der Schlüpfrigkeit des Synkretismus, den Greueln des Libertinismus und den Täuschungen irgendeines Betrügers keine Gemeinschaft weder habe noch gehabt habe noch haben werde.»

Einhundertfünfzig Jahre lang haben die Tübinger Theologen, in starrer Frontstellung gegen Sakramentierer (sprich: Zwinglianer) und Calvinisten, gegen Philippisten und Flacianer, gegen Täufer und Katholiken das reine unverfälschte Luthertum in einer Fülle von Kontroversen – über die Rechtfertigung, über die für den Glauben wesentlichen und unwesentlichen Dinge, über das Abendmahl und die Doppelgestalt Christi – zwischen Königsberg und Trient, zwischen Leipzig und Gießen verteidigt. Die Sendboten der württembergischen Orthodoxie reisten durch ganz Europa: Selbst mit dem Patriarchen von Konstantinopel wurde unter der Fahne der Lutherischen Konkordie Kontakt aufgenommen. Innerhalb von vierzig Jahren hatte sich die Tübinger Phalanx formiert: 1534 standen die oberdeutschen Reformatoren auf verlorenem Posten; 1577, zur Zeit des Jahrhundertjubiläums der Alma Mater Tubingensis, war der Kanzler der Eberhardina, Jakob Andrea, längst zum Protagonisten der Lutherischen Einheitsbewegung geworden.

Und wie jämmerlich hatte man, zwei Menschenalter vorher, begonnen! Die Professoren waren renitent, der Kanzler, ein Mann namens Ambrosius Widmann, hatte es vorgezogen, sich ins «Ausland» (ins katholische Rottenburg) zu begeben – ein Vierteljahrhundert lang mußten die Herzöge um die Gunst des Entflohenen buhlen (wenn er hartnäckig blieb, konnte die Universität keine akademischen Grade verleihen; das stand allein dem Kanzler zu), mußten Gutachten einholen (auch Luther ließ aus Wittenberg wissen, wie man den Mißliebigen am Ende doch loswerden könne), mußten mit ansehen, wie der Geschmähte während des Interims als Triumphator zurückkam, mußten schließlich warten, bis der obstinate Kanzler endlich starb und ein Fall zum Abschluß kam, dessen Wiederholung Herzog Christoph ausschließen wollte, als er ein Dekret erließ, das besagte: Von nun an wird die Stelle des Propstkanzlers und Ersten Theologen der Universität vom obersten Kirchenherrn, dem Fürsten, besetzt.

Trotzdem, die Misere dauerte an. Der ständige Situationswechsel – mal war man österreichisch, dann wieder württembergisch, mal schwor man auf den katholischen Kaiser, mal auf den protestantischen Herzog – verhinderte die Kontinuität. Um 1550 war nur ein einziger Theologe im Amt, und der hatte, obrigkeitstreu, wie er war, die Konfession bereits zweimal gewechselt. Die Visitationen unter der Ägide von Johannes Brenz, der damals die Funktion eines evangelischen General-Kommissars hatte, zeigen ein düsteres Bild: Faule Professoren, zuchtlose Studenten.

Eine makabre Konstellation: Der Erste Theologe, der «schon oft und so auch jetzt Leibsblödigkeit und Alters halber» nicht lesen konnte, ist noch immer im Amt, Emeritierungen gab es damals nicht: der Neunzigjährige durfte so gut wie der Neunzehnjährige lesen. Ein Ersatzmann steht noch aus, die Studenten vergnügen sich unterdes auf ihre eigene Weise, sie treiben Mummenschanz in «ungeschickten» (das heißt: ungehörigen) Hüten und «scheußlich zerlumpeten» Hosen.

Dann aber griff der Herzog durch; die vakanten Stellen wurden besetzt, ein dritter und vierter Theologe berufen – Maßnahmen, die Christophs höchstem Ziel dienten: die Confessio Augustana gegen aufweichende Interpretationen zu schützen und, in einem Akt entschlossener Verteidigung und Absicherung, «Einhelligkeit in der Lehr zu erhalten und einen *certum modum docendi*» zu praktizieren.

Das Wort *concordia* wird zum Schlüsselbegriff. *Concordia* als Gegen-Formel zum binnenlutherischen Zwist, *concordia* als Leitmotiv einer geschlossen operierenden, von Häretikern befreiten Fakultät. «Dank Gottes Gnad», schreibt Herzog Christoph 1565 an den Senat, «herrscht unter unsern Professoribus keine Feindseligkeit, sondern concordia und rechte Einhelligkeit.» *Concordia* um jeden Preis, Abwehr aller Häresien, Grenzüberschreitungen und Aufweichungstendenzen. Das Zeitalter der Orthodoxie beginnt – eine Phase der reformatorischen Scholastik, die in Württemberg eingeläutet wird ... eingeläutet vom *summus episcopus* Christoph, dessen Brief vom Dezember 1559, geschrieben an den Pfalzgrafen Wolfgang, den Ton angibt, der bis zum achtzehnten Jahrhundert nicht verstummen wird: den anti-melanchthonischen Grundton der Orthodoxie. Es gelte wachsam zu sein, läßt Christoph den Pfalzgrafen wissen, da ernsthaft zu besorgen sei, «daß Philippus seinen Auditoribus also stillschweigend die personalem locationem corporis Christi in caelo will persuadieren, daraus dann anderes nicht zu erwarten ist als der Abfall vom rechten Begreifen des Abendmahls (‹von dem rechten verstand des hern nachtmals›) und damit Zwinglianismus und Calvinismus».

Christus zur Rechten des Vaters, lokalisiert im Himmel; erst Mensch und dann Gott; Jesus gespalten in den von Maria geborenen, am Kreuz verendeten Bruder und den zum Himmel gefahrenen Triumphator. Einhundertfünfzig Jahre lang ziehen die Württemberger gegen diese eine These zu Feld – und es kann nicht der geringste Zweifel bestehen, daß ihre Gegen-Formel, aller dogmatischen Verhärtung zum Trotz, ebenso konsequent wie überzeugend ist: Christus ist Jesus und Jesus ist Christus; der Himmlische und der Irdische gehören, in der *unio personalis* vereint, untrennbar zusammen; das Zeichen des Herrn ist die Ubiquität – «an jedem Ort der gantz Christus» ... eine Allgegenwart, die es ihm erlaubt, zugleich (*simul* als Zentral-Begriff!) im Himmel *und* im Brot zu sein – der Menschheit zugewandt, ohne die Verbindung mit Gott zu verlieren. *Si alius mortuus est et alius omnipotens*, definieren die Tübinger, *soluta est unio*: Wenn der eine tot ist und der andere allmächtig, dann ist die Einheit von Jesus und Christus, dem Gottessohn und dem Nazarener, zerbrochen; dann ist das geheimnisvolle Wunder zerstört, daß Er in der Herrlichkeit des Vaters allen Dingen gegenwärtig ist und daß Ihm, dem Menschensohn, alle Dinge gegenwärtig sind.

Zieht Gott ins Fleisch hinein, heißt die Maxime der württembergischen Lutheraner, *hütet euch vor der Vergeistigung und Spiritualisierung der Realität*: Der Leib des Herrn *ist* im Brot: wirklich, leibhaftig und unmittelbar – *totus et totum!* Das Blut *ist* im Kelch: Der Trinkende nimmt es auf eine wunderbare, unerklärliche Weise zu sich ... einerlei, ob er gläubig oder ungläubig ist.

«Wir glauben, lehren und bekennen», heißt es in der Konkordienformel, «daß der Leib und Blut Christi nicht allein geistlich, sondern auch mündlich mit dem Brot und Wein empfangen wird, wie solches die Worte Christi klärlich ausweisen. Wir glauben, lehren und bekennen, daß nicht allein die Rechtgläubigen und Würdigen, sondern auch die Unwürdigen und Ungläubigen den wahrhaftigen Leib und Blut Christi empfangen, doch nicht zum Leben und Trost, sondern zu Gericht und Verdammnis, wenn sie sich nicht bekehren und Buße tun.»

Eine grandiose Konzeption – der Allgegenwärtige ist zur Rechten Gottes *und* im Brot, am Kreuz *und* im Himmel: eine Zwienatur, die Einheit repräsentiert («nicht so, wann einer zwei Bretter zusammenleimet, da keines dem anderen etwas gibt oder von dem anderen nimmt») – eine Konzeption, die in jener Brenzschen Abendmahllehre, auf die sich 1559 die gesamte württembergische Geistlichkeit verpflichtet sah, ihre Quintessenz findet: «Deshalb, so halten und glauben wir nicht, daß Christus an einem bestimmten Ort im oberen Himmel sei, aber wir glauben auch nicht, daß die menschliche Natur in Christo durch diese Himmelfahrt ausgedehnt oder seine Glieder auf eine grob fleischliche Weise ausgesponnen sind, sondern wir erklären die Majestät und Herrlichkeit des Menschen Christi, welcher zur Rechten Gottes nicht allein mit seiner Gottheit alles erfüllt, sondern auch als Mensch alles auf eine himmlische Weise erfüllt: unerforschlich für die menschliche Vernunft.»

Eine grandiose Konzeption, nochmals – eine Konzeption freilich auch, die mit einem Fanatismus, einer Verachtung der Andersdenkenden und einer Selbstgewissheit zum allein selig machenden Dogma erklärt worden ist, die verständlich macht, warum Württemberg einmal das «protestantische Spanien» hieß. Die rabiate Intoleranz jener Tübinger Theologen, denen nach August Tholucks bitterem Wort der Heilige Geist nicht in der Gestalt der Taube, sondern in der Form eines Raben erschien – der inquisitorische Pharisäismus der Orthodoxen war ohne Beispiel ... und ist dennoch nicht ohne Größe, wenn man ihn mit jenen Vermittlungs-Konzeptionen vergleicht, die die Tübinger Theologie des achtzehnten Jahrhunderts bestimmen: Der akademische Pietismus oder die supranaturalistische Theologie, die – ein halbes Jahrhundert lang! – eine Synthese von Offenbarungsglauben und Rationalismus zu entwickeln versuchte, bei der am Ende beide zu kurz kamen – die Offenbarung und die Vernunft.

Mit diesem Konservatismus verglichen – um aufklärende Neuerungen zu unterbinden, war man zu jeder Synthese bereit: und wenn sie noch so kurios und von der Geschichte längst überholt war ... mit der Tübinger Theologie des achtzehnten Jahrhunderts verglichen nimmt sich die grobianische Verteidigung der reformatorischen Wahrheit, wie sie die Orthodoxen vortrugen, nahezu gewaltig aus. An den halbherzigen Pietisten und frömmelnden Prä-Kantianern gemessen, erscheinen Gestalten wie Osiander, Andreä und Thumm als eine Garde von lutherschen Recken; Osiander (Lukas II.), der sich auf der Kanzel eines Mordanschlags zu erwehren hatte; Jakob Andreä mit seinen Türkenpredigten – die Moslems als Gottesgeißel! – und Theodor Thumm, der seinen Landesherrn in größte Schwierigkeiten brachte, weil er – als orthodoxer Eiferer, der sich einen Teufel um diplomatische Verwicklungen kümmerte – in einer antipapistischen Streitschrift die These aufgestellt hatte, sämtliche Päpste von Sylvester II. bis hin zu Gregor VII. seien Schwarzkünstler gewesen, und die Zehn Gebote gebrochen hätten sie ohnehin – schon deshalb, weil «der Allerheiligste Vatter etliche Ehen, die mit Blutschande befleckt gewesen, gut geheißen und sich mit gleichen Vermischungen mehr als einmal besudelt» habe. Gutgeheißen und besudelt, jawohl: Mit ausdrücklicher päpstlicher Erlaubnis, wetterte in Tübingen der Gottesmann, habe Erzherzog Karl seine Nichte Maria heiraten können ... Karl und Maria, die Eltern des regierenden Kaisers!

Diese Beschimpfung freilich ging denn doch zu weit. Der Wiener Hof kannte kein Pardon, Thumm mußte bei Ferdinand II. um Entschuldigung bitten, der Herzog gab nolens volens klein bei – und der streitbare Theologe verschwand im Gefängnis. Volle sechs Monate wurde er im Tübinger Schloßverlies in Gewahrsam gehalten, dann ließ man ihn frei. Thummius, der bereits vier Jahre lang ein Kolleg über den Römerbrief gehalten hatte, las darüber noch ein fünftes, und die

Universität, die Glaubensstrenge höher schätzte als diplomatische Kunstfertigkeit, ernannte den entlassenen Sträfling zum Rektor.

Thummius, der Kronanwalt der Rechtgläubigen, war noch einmal davongekommen: Er stand auf der richtigen Seite – das unterschied ihn von jenen Unorthodoxen (wenngleich gläubigen Christen), denen die Weigerung, die Konkordienformel zu unterzeichnen, in Württemberg ein handfestes Berufsverbot eintrug. Während ein Thumm, kaum war er frei, unverzüglich an die Spitze der Alma Mater gelangte, hatten Freisinnige und Andersgläubige, Kryptocalvinisten und Sakramentierer, wie sie genannt wurden, keinerlei Chance, in Tübingen lehren zu können. Der landesherrliche Befehl war eindeutig: «So ist unser gnädiger Befehl», gibt Herzog Ludwig am 19. Juli 1577 in seinem Reskript ‹Zur Einführung und Unterschrift der Formula Concordiae› bekannt, «daß Ihr die hiermit übersandten Schriften lest und jeweils am Ende des summarischen Extrakts und der folgenden weitläufigen Ausführung, die beiden Exemplare mit eigener Hand unterzeichnet» – und zwar ohne Zusätze und die Anfügung irgendeiner Bedingung. Ein jeder schreibe lediglich seinen Tauf- und Zunamen, sein Amt und den Ort, an dem er der Kirche oder der Schule dient – und er tue dies, damit die Irrtümer ausgeschlossen, das brüderliche Vertrauen zwischen den reinen Kirchendienern Christi erhalten und Ärgernis und Verwirrung bei den Laien und Schwachgläubigen abgestellt werden möge.

Geschrieben im sechzehnten, erweitert und verschärft im siebzehnten Jahrhundert. Hatten ursprünglich nur die Gelehrten die Konkordienformel zu unterzeichnen (ein Buch, das aus einer Epitome und einer detaillierten Exegese bestand), so mußten später auch die Universitätsverwandten, von den Verlegern bis zu den Druckern, ihre Unterschrift leisten. Wer sich weigerte, hatte die Konsequenzen zu tragen; auf Verdienste wurde keinerlei Rücksicht genommen – wie wenig, das zeigen zwei exemplarische Fälle.

Fall Nummer eins: Philipp Apian, Professor der Mathematik – ein bayerischer Wissenschaftler, dessen Stunde schlug, als am 23. März 1568 in einer festlichen Plenarsitzung der Universität Ingolstadt jene päpstliche Bulle verlesen wurde, die, vier Jahre zuvor in Rom formuliert, von allen Lehrern der Hochschule den Eid aufs tridentinische Bekenntnis verlangte. Wer sich weigerte, so wurde in Anwesenheit der bischöflichen Gesandten verkündet, sollte auf herzoglichen Befehl seine Ämter verlieren und, sofern er sich hartnäckig zeigte und auf seinem Widerspruch bestand, aus dem Land gejagt werden. Während die überwältigende Mehrheit der Professoren die Bulle unterzeichnete, gab es eine kleine Schar von Dissidenten, die dem gegenreformatorischen Dekret Widerstand leistete und sich weder durch Drohungen noch durch die Bespitzelung von seiten der Jesuiten einschüchtern ließ. Zu dieser, vom Superintendenten der Universität, dem Konvertiten Staphylus (Lucas Cranach hat ihn in einem Abendmahlgemälde als Judas dargestellt), mit besonderem Argwohn verfolgten Gruppe gehörte auch Apian – ein Protestant, der sich freimütig zur Confessio Augustana bekannte und seine Oberen bat, ihn vor einem Gewissenskonflikt («Conscientshandel») zu bewahren: Er liebe seine Heimat und seinen fürstlichen Herrn, aber er liebe auch seine Religion.

Aber die Bitte war umsonst. Apian wurde entlassen und mußte froh sein, daß er im protestantischen Tübingen eine neue Lehrstätte fand: als Professor der Astronomie und Geometrie in der Artisten-Fakultät blieb er zehn Jahre lang unbehelligt. Jakob Andreä, der Tübinger Kanzler, hatte Wichtigeres zu tun, als seine Amtskollegen auf die Konkordienformel zu verpflichten; zuerst mußten die Fürsten und Städte das Einigungs-Dokument unterzeichnen – 96 Reichsstädte hatten anno 1580 die Formel bereits paraphiert –, danach mochte das Tagesgeschäft folgen.

Die Professoren ließen sich Zeit: solange der Kanzler in diplomatischer Mission unterwegs war, dachte niemand daran, die Angelegenheit zu forcieren – schließlich gab es das Augsburger Bekenntnis, gab es Melanchthons Apologie mit ihrer liberalen Interpretation: wozu also jene vom Streben nach Verteidigung, Abgrenzung und dogmatischer Pointierung bestimmte Formel, die geeignet war, Gräben zu vertiefen, die ein Melanchthon – nicht zuletzt durch die Entschärfung der lutherischen Abendmahl-Formel – zuschütten wollte?

Aber die Professoren hatten ihre Rechnung nicht nur ohne den

Kanzler, sondern auch ohne den Herzog gemacht. Die Zeit der melanchthonischen Großen Koalition, die Epoche der Vermittler und Versöhner, war vorbei: Wer bis Pfingsten 1582 die Formel nicht unterzeichnet hätte, ließ Herzog Ludwig den Senat in Tübingen wissen, werde seine Stellung verlieren. Aber Apian blieb hartnäckig – und dies, obwohl der Kanzler, dem der Fall peinlich zu werden begann (immerhin ging es um einen Märtyrer der evangelischen Kirche), den Dissidenten mehr als einmal vor den Senat lud, um mit ihm über das Augsburger Bekenntnis und die Konkordienformel zu disputieren – ohne Erfolg, wie die Protokolle beweisen. Apian hielt stand – und seine Argumente waren gut: Hatte er nicht um seines Glaubens willen die Heimat verlassen? War sein Ingolstädter Bekenntnis nicht gewichtiger als die Unterzeichnung einer Formel, deren Spitzfindigkeiten selbst Theologen nicht mehr verstanden und wie viel weniger ein schlichter Christenmensch, der dazu noch gezwungen war, einem Mann wie Jakob Andreä Paroli bieten zu müssen?

In der Tat, der Fall begann dramatisch zu werden: Die Professoren waren in zwei Gruppen gespalten, pro und contra Apian, der Hof zögerte – die brieflichen Vorstellungen des Mathematikers waren offensichtlich nicht ohne Eindruck geblieben (ob denn wirklich zwischen Tübingen und Ingolstadt, den Pressionen der Jesuiten und dem Verlangen der evangelischen Orthodoxie, kein Unterschied sei, hatte Professor Apian seinen Herzog gefragt), kurz, die Verlegenheit war allgemein. Grund genug für den Landesherrn, einen letzten Vermittlungsversuch zu unternehmen: Wenn Apian sich kategorisch weigere, die Konkordienformel zu unterzeichnen, dann werde der Hof in seinem besonderen Fall eine Ausnahme machen. Bedingung sei freilich, daß der Mathematiker folgende drei Fragen mit einem schlichten Ja beantworte. Erstens: Ob er glaube, daß der wahre und wesentliche Leib und das wahre und wesentliche Blut Christi im Nachtmahl mit Brot und Wein empfangen, gegessen und getrunken würden? Zweitens: Ob er glaube, daß auch die Unbußfertigen diesen Leib und dieses Blut im Nachtmahl essen und trinken – allerdings nicht zu ihrem Heil, sondern zu ihrem Gericht? Drittens: Ob er das Dogma der

Zwinglianer als eine falsche Lehre verwerfe und verdamme – den Irrtum, der da behaupte, Leib und Blut Christi seien vom Mahl so weit entfernt, wie der höchste Himmel von der Erde entfernt sei? Nun, Apians Antwort war eindeutig – eine Antwort im Geiste Melanchthons: Die beiden ersten Fragen könne er ohne Rückhalt bejahen – die Formulierungen entsprachen den Thesen der Augustana –, die dritte Frage hingegen müsse er entschieden verneinen. Er sei schließlich kein Richter, verstünde auch zu wenig von den Lehren der Zwinglianer, wisse lediglich, daß die evangelischen Theologen, was die Verdammung der oberdeutschen Abendmahl-Auslegung betreffe, keineswegs einstimmig sprächen: kurzum, er könne nicht unterzeichnen – nicht den dritten Artikel und nicht die Konkordienformel. Damit war die Entscheidung gefallen: Apian wurde entlassen, durfte jedoch in Tübingen bleiben. Hof und Senat hüteten sich, ein Exempel zu statuieren: Die Gloriole des Märtyrers bewahrte Philipp Apian vor der Landesverweisung.

Und nun der zweite Fall: Wieder geht es um einen Mathematiker, wieder um die Interpretation der lutherischen, von Brenz pointiert verschärften Abendmahl-Interpretation, wieder um die Konkordienformel, wieder um die Debatte zwischen einem Laien und einem Vertreter der württembergischen Orthodoxie – einem Naturwissenschaftler und einem Professor der Theologie. Sechsundzwanzig Jahre nach der Entlassung Apians bittet Johannes Kepler den Stuttgarter Hof, ihm, da die Verhältnisse in Prag unerträglich zu werden begännen, die Exspektanz auf eine Tübinger Professur zu gewähren; er müsse jedoch darauf hinweisen, daß er die Konkordienformel nur *conditionaliter* zu unterschreiben gewillt sei. Er stehe zum Bekenntnis von Augsburg, eine Verurteilung der Calvinisten aber sei ihm unmöglich; christliche Bruderschaft und Brückenbau bedeute ihm zuviel, als daß er sich zu einem Verdammungsurteil im Stil der Formel wolle hinreißen lassen.

Hier spricht ein Mann, der mit einem Scharfblick ohnegleichen die Konsequenz des Glaubensstreits vorausgesehen hat: Krieg und Verwüstung, und der deshalb nicht müde wurde, für die «Abstellung aller Confusion und die Wiederbringung der Ordnung» und gegen «Unruhe, Streit, Zank, Aufruhr, Frevel und Schwierigkeit» zu plädieren – *gegen* das «Übermaß» und *für* «guten Rat, Diskretion, Behutsamkeit, gebührlichen Ernst und Bescheidenheit».

Hier spricht, weit über Apian hinausgehend, aber auch ein Theologe von Rang: Ein Klosterschüler, Stiftler und Tübinger Magister Artium, der, im Briefwechsel mit seinem alten Lehrer Matthias Hafenreffer, dem Verfasser eines vom Geist der Orthodoxie geprägten Katechismus, seine eigene Abendmahl-Interpretation gegenüber der orthodoxen Exegese verteidigt. Die Vorstellung einer Allgegenwart des Fleisches Christi, so Kepler, sei inakzeptabel – und unannehmbar damit auch die Lehre von der lokalen Präsenz Jesu im Abendmahl. Zwar sei der Herr allgegenwärtig – aber diese Omnipräsenz ergebe sich aus seinem Handeln und nicht aus einer Essenz, die sich beliebig lokalisieren lasse. Wenn Christus überhaupt an einen Ort gebunden sei, dann nicht ans Brot, den Schoß Mariens oder das Kreuz, sondern an die ihm gebührende Stelle im Himmel: abwesend im Sinn der Geometrie und doch, dank seiner Doppelnatur – *vere homo, vere deus* – alles mit seiner Anwesenheit füllend, alles in allem bewirkend! Aufgabe des Glaubens sei also, postuliert Kepler, das Unendliche und das Endliche, die Vorstellung «Wort» und den Begriff «Fleisch» zusammenzudenken: das Ewige und das Punktuelle – und dieses Zusammendenken-Können, dieses Begreifen des «Zugleich» werde durch das Zeichen des Abendmahls ermöglicht – durch das Zeichen wohlgemerkt, durch geistlich-frommes Genießen des Sakraments, durch gläubige Erinnerung und die Versicherung des Einssein mit Christus in der Gemeinschaft des Mahls.

Kein Zweifel, daß hier einer dabei war, eher im Sinne Calvins und Zwinglis als im Sinne von Brenz und Luther zu argumentieren; kein Zweifel auch, daß bei so viel Spekulation und spiritualisierender Kombinatorik von der Realpräsenz des Leibes und Blutes Christi nicht viel übrigblieb, kein Zweifel schließlich, daß Hafenreffer – «würdigster Herr Kanzler, hochwürdiger und hochberühmter Herr Doktor, verehrter Präzeptor», redete Kepler seinen Lehrmeister an – sich durch die Thesen des in Linz und Tübingen vom Abendmahl ausgeschlossenen

Mathematikers provoziert fühlen mußte: «Wenn es sich um das Obere, das im geistlichen Sinn Himmlische, mit einem Wort das Theologische handelt, dann Hände weg!», rief der Gottesmann dem Astronomen zu: die Saturnsphäre sei eins, der christliche Himmel ein anderes! Die Meditationen über Fleisch und Schoß, Leib und Kreuz wären absurd («Mathematiker, du fängst an dumm zu werden», schrieb Hafenreffer kommentierend an den Rand eines Briefes); die Ausschließung vom Abendmahl geschehe rechtens: solange Kepler sich weigere, die Konkordienformel ohne einschränkenden Zusatz zu unterschreiben, sei das Urteil der Tübinger theologischen Fakultät – Verweigerung der Kommunion für den Dissidenten – auf keinen Fall revidierbar.

Facultas locuta causa finita. Keplers Kampf um eine Versöhnung war vergebliche Müh: Sein Verständnis für die Calvinisten und Zwinglianer, von denen keiner seiner «ungleichen Meinung willen nit sollte unser Bruder in Christo genennet oder gehalten werden», sein Pochen auf die Gewissensfreiheit, die es ihm unmöglich mache, in den Haßgesang der Theologen miteinzustimmen (*ira theologorum communicare nolo,* schreibt er an seinen alten Mathematiklehrer Mästlin) und sich dann, entgegen dem christlichen Liebesgebot, zum Ankläger der Häretiker in den eigenen Reihen – zum Glaubensanwalt – aufzuschwingen, seine Weigerung, den Konfessions-Zwist zu schüren («ob's schon nicht von allen Seiten engelrein zugeht, so bin ich doch beflissen, daß die Ursache der Zwietracht nicht etwa bei mir sei»), schließlich seine Beurteilung der Konkordienformel als eines Instruments zur Verhinderung des Friedens. «Achtet auf euch selber», ruft Kepler Hafenreffer zu, «damit Ihr nicht einen Unschuldigen mit Ausschließung bestraft! Nur aus brüderlicher Liebe geschieht es, wenn ich Menschen, die sich an die alte Lehre halten, nicht verurteilen mag, sondern lieber ihnen als der Konkordienformel nachspreche» ... dies alles hatte die Fronde der Kepler-Gegner mehr und mehr in Rage gebracht. Hafenreffer sah – zu Unrecht übrigens – in seinem Schüler am Ende nur noch den Komplizen jener Gießener Theologen, die zwischen Jesus, dem Sohn Mariens, und dem Allgegenwärtigen Christus unterschieden, der sich im Zustand der Erniedrigung seiner Omnipräsenz und Majestät entledigt habe. «Daher können weder ich noch meine Kollegen Eure absurden und blasphemischen Hirngespinste billigen», schrieb der Kanzler an Kepler … und durfte die Genugtuung haben, nach langem und vergeblichem Hin und Her in ein Verdammungs-Urteil einstimmen zu können, das vom Herzoglichen Konsistorium schon acht Jahre vorher, im April 1612, gefällt worden war: «Da Kepler die Formula Concordiae nur einschränkungsweise zu unterzeichnen gewillt ist und, was das Abendmahl angeht, von Jugend auf immer behauptet hat, daß einer, der Calvinscher Meinung zugetan ist, dennoch unser Bruder sein könne … da also nach diesen Erklärungen angenommen werden muß, daß Kepler ein verschlagener Calvinist ist, und da weiter zu bedenken bleibt, daß dieser Mann als Tübinger Professor nicht nur der Jugend nach und nach Calvinisches Gift eingießen, sondern auch andere Lehrer nach sich ziehen und bei der Universität viele Unruhe erwecken wird – darum erachten wir es für ratsam, ihm keine Expectanz auf eine Professur zu gewähren, sondern ihn abzuweisen.»

Soweit das Gutachten des Konsistoriums – ein Votum, das, vom Herzog durch ein «placet» *(ich stimme zu)* ratifiziert, der Orthodoxie einen strahlenden Sieg und der Universität Tübingen die größte Niederlage bereitet, die sie in ihrer fünfhundertjährigen Geschichte erlitten hat.

5. Kapitel

Die Glaubensanwälte und ihre Praxis

Die Blasphemie: ein todeswürdiges Verbrechen – Gott hat gerülpst: Der Fall eines Tübinger Stipendiaten – Nur keine Neuerungen: Humanisten, Herrnhuter und Wolffianer auf der Anklagebank – Spielregeln der Zensur – Eine Offizin wird durchsucht – Von Teufelsanbetern und Proselyten

Die Amtsentlassung Philipp Apians, die Abweisung Keplers und – mehr noch – sein Ausschluß aus der evangelischen Gemeinschaft: das Resultat der von den Tübinger Theologen bestätigten Exkommunikation, markieren den Wechsel zweier Epochen: Melanchthon hatte ausgespielt (niemand hätte ihn, wäre er noch am Leben gewesen, am Ende des Jahrhunderts an die Eberhardina berufen, ihn so wenig wie Kepler!), die Fakultät der Rechtgläubigen führte das Wort – ein Komitee von Orthodoxen, dessen Überwachungs-Technik nicht minder wirkungsvoll war als in Ingolstadt die Bespitzelungs-Praktiken der Jesuiten.

Aufsicht, Zensur und Unterdrückung, wohin immer man blickt: ein Kontrollsystem, das perfekt funktionierte und sich, wie die erhaltenen Dokumente anzeigen, auf alle Bereiche erstreckte – auf Lehre und Forschung, auf Publizistik und Unterrichtswesen, auf Lebensführung, Glauben und Moral. Was immer man den Tübinger Theologen vorwerfen mag, Intoleranz und Pharisäismus, Starrheit und unbrüderliches Verhalten – eins ist ihnen nicht anzukreiden: Faulheit und Nonchalance im Dienst. Die Arbeitsleistung der vier, so viele waren es seit dem Ende des 16. Jahrhunderts: drei Senatsvertreter und ein Extraordinarius, grenzt ans Unfaßbare. Man stelle sich vor: Der erste Theologe war in einer Person Professor, Kanzler, Stiftspropst und Herzoglicher Rat; der zweite: Hochschullehrer, Vizekanzler, Stifts-Dekan und Superattendent des Stipendiums, der dritte: Gelehrter, Stadtpfarrer und Visitator im Amt Tübingen, der vierte endlich, der Extraordinarius: Dozent, zweiter Superattendent des Stifts und ständiger Vertreter jener drei ranghöheren Kollegen, von denen zumindest einer (oft aber auch mehrere) auf Reisen war – und das nicht selten monatelang. Schließlich waren die vier in erster Linie geistliche Gesandte des Herzogs, Diplomaten in Kirchenfragen und Evangelische Räte, Männer, die der Fürst – oft auf eine Bewerbung hin – nach eigenem Ermessen ernannte und, als Kirchenbeamte, auch versetzen konnte, wenn sie die Erwartungen nicht erfüllten. (Wäre der Herzog nicht plötzlich gestorben, dann hätte selbst der große Lukas Osiander – immerhin Kanzler der Universität – sein Leben als Provinz-Prälat beschließen müssen.)

Das Schicksal der vier Professoren, die sich meist langsam hochgedient hatten – vom Pfarramt zur Dozentur bei den Artisten, vom philosophischen Ordinariat zum Lehrstuhl in der Ersten Fakultät –, hing ganz und gar vom Wohlwollen des Herzogs ab. Während der Fürst im Fall der Philologen, Mediziner und Juristen im allgemeinen den Senats-Wünschen folgte, kam er, was die Theologen betraf, der Universität mit festen Vorstellungen: Im achtzehnten Jahrhundert wurde die Hochschule nicht einmal mehr um ihr Votum gefragt – die Kommissäre erschienen, bei Gelegenheit der Jahres-Visitation, mit einem Vorschlag, der in Wirklichkeit ein Befehl war.

Dem Hof und der Universität, dem Konsistorium, ihrer obersten Aufsichtsbehörde, und der *societas academica* in gleicher Weise verpflichtet, hatten die Theologen ein Arbeitspensum ohnegleichen zu leisten. Sie mußten morgens ihre öffentlichen und nachmittags ihre privaten Kollegien halten; sie mußten, da ihr Lehrstuhl häufig ohne Fach-Auftrag war, das Alte so gut wie das Neue Testament, die Exegese in gleicher Weise wie die Dogmatik beherrschen. (Nur der Kanzler hatte seit dem siebzehnten Jahrhundert sein Spezial-Gebiet – die Kontrovers-Theologie: das Abgrenzen der allein-seligmachenden lutherischen Lehre gegen papistische, sektiererische und calvinistische Häresien.)

Sie mußten disputieren, mußten Prüfungen halten, Verwaltungsarbeit tun und sich, wie ihre Kollegen, um tausend Quisquilien kümmern: Mal war, in kriegerischer Zeit, bei einem Raubüberfall die Kasse abhanden gekommen, mal gingen die Stadtuhren falsch und der gesamte Kollegbetrieb geriet durcheinander. Sie mußten die Pfarreien im Land visitieren, mußten, als Superattendenten, jeden Tag ein paar Stunden im Stipendium sein, mußten Briefe schreiben – nach zeitgenössischer Berechnung brauchte ein Professor dafür im siebzehnten Jahrhundert mehr als ein Viertel seiner Lebenszeit! –, mußten Expertisen abfassen, Leumundszeugnisse formulieren, Streitfragen schlichten … und mußten zu alledem noch, wortwörtlich, sattelfest sein: Die Gewaltritte quer durch Europa waren wahre sportliche Bravourleistungen – in elf Tagen preschte Camerarius von Tübingen nach Wittenberg und zurück!

Heute im Sattel und morgen am Schreibtisch, heute mit der Extrapost in geistlicher Mission und morgen, bei gemeinsamer Beratung mit den Juristen, so haben die drei Großen und der nicht ganz so große Vierte gearbeitet, haben gelehrt und gepredigt, Ratsuchenden einen christlichen Lebenswandel bescheinigt (oder auch nicht) und ihren Kollegen die Leichenrede gehalten. Vor allem aber haben sie Hunderte von Fragen beantworten müssen – Woche für Woche! Dürfen Vetter und Cousine die Ehe eingehen: Ist also die Trauung von leiblichen Geschwister-Kindern nach protestantischem Kirchenrecht möglich? (Antwort: ja – es sei denn, die landesherrlichen Matrimoniums-Ordnungen enthielten besondere Klauseln.) Darf ein Witwer ein Mädchen heiraten, mit dem er, als seine Frau noch lebte, Ehebruch getrieben hat? (Am 31. März 1740 fragt der Magistrat von Wimpfen in Tübingen an, ob die Fakultät auf ihrem «Nein» beharre und der anfragenden Behörde verbiete, die Ehe zwischen dem Zeugmacher Elias Leublin und der Euphrosyna Laubengeyerin zu schließen, «seines verstorbenen Weibs Schwester Tochter, mit welcher Er vorher adulteriret hat»? Leublin sei über der Denegation ganz verwirrt; «das Mensch zwar zu seinem Handwerk recht geschickt, aber üblen Rufs auch mit andern». Antwort der Theologen: Der Negativ-Bescheid wird einstimmig bestätigt.)

Hier befindet eine Fakultät über die Ehe, über die Taufe (Frage: Dürfen Kinder aus illegitimen Verbindungen die Taufe empfangen?), über den Leumund (Frage: Wie sind Menschen auszuzeichnen, die sich um ihre Kirche besondere Verdienste erwarben?), über Tod und Leben: «Am Ende dieses 1739. Jahres», heißt es im Fakultäts-Protokoll vom März 1740, «sind die Acta, so über die unmittelbare Gotteslästerung der Anna Sophia Strobelin, Posthalterin zu Rotenburg an der Tauber, handeln, von der Obrigkeit daselbst uns wieder zugesandt worden. Darauf wir dann *in utraque facultate* [in gemeinsamer Sitzung von theologischer und juristischer Fakultät] gesprochen, daß sie nicht nur des Todes würdig seye, sondern ihr auch die Enthauptung – *decollatio* – wirklich angekündigt werden solle, sie hernach aber, wegen ihres Zorns und ihrer Trunckenheit, begnadigt werden könne; doch so, daß sie nicht under 12 Jahr in ein Zuchthaus oder Festung oder Gefängniß gethan, zur bequemen Arbeit angehalten, gering gespeiset, auch von den Christlichen zu ihrer Seelen Gewinnung je und je besucht werden solle.»

Ein Alltagsfall aus der Aufklärungs-Zeit: Was geschieht mit einem Menschen, der sich eines Verbrechens, der *blasphemia immediata*, schuldig gemacht hat, das, nach der Vorschrift der Peinlichen Halsgerichtsordnung Karls V., an Leben oder Gliedern bestraft werden mußte – eines Verbrechens, das die Tübinger Juristen-Fakultät noch im achtzehnten Jahrhundert für todeswürdig erklärte? Nur im Fall der indirekten Beleidigung sowie beim Vorliegen von Milderungsgründen wie Trunkenheit, kindlichem Unverstand und Alters-Blödigkeit könne man «auf Staupbesen und Landesverweisung» (sprich: Auspeitschung und Verurteilung zu einem Betteldasein) erkennen. Im übrigen aber sei für jeden, der «ohn Mittel» (also in unverhüllter Blasphemie: «Das Abendmahl ist des Teufels» und nicht nur «Das Abendmahl soll dir wie eine Kröte im Hals stecken bleiben») Gott, die Sakramente und die Menschheit Christi schmähe ... im übrigen sei für einen Lästerer dieses Schlags die Begnadigung so wenig angezeigt wie für den Mörder. Erst in der Mitte des achtzehnten Jahrhunderts finden sich Theologen und Juristen bereit, das *ius aggratiandi* auch im Fall von Tötung und Blasphemie uneingeschränkt und nicht nur in jenen besonderen Fällen gelten zu lassen, die unter den Oberbegriff «verminderte Zurechnungsfähigkeit» fallen.

Gern freilich sahen sie es nicht, die Orthodoxen *in utraque facultate*, wenn die Herzöge – Karl Eugen voran – die Delinquenten allzu generös begnadigten und durch den Huld-Erweis gegenüber Mördern und Frevlern die Grenzen zwischen dem *ius humanum* und jenem *ius divinum* verwischten, in dessen Zeichen, nach Ansicht der Tübinger Konservativen (andernorts dachte man schon liberaler), Kindstöter und Gottesfrevler abgeurteilt werden müßten. Lebenslängliches Zuchthaus für einen Mörder, so ein juristisches Gutachten von 1785, zeuge sicherlich von der Großmut des Herrschers; auch wolle man nicht bezweifeln, daß öffentliche Auspeitschung durch den Henker – an jedem Jahrestag der Tat wiederholt – gewiß das ihrige täte, um dem Gesetz Achtung zu schaffen; trotzdem lege man dem Herzog die Frage ans Herz, ob es nicht für sein Gewissen dienlicher sei, wenn er die Peinliche Gerichtsbarkeit in ihrer Strenge erhielte. Fiele die Strafe an Leib und Gliedern, dann werde die allgemeine Abschreckung geringer, verliere das zu statuierende Exemplum an Kraft, seien der Willkür die Türen geöffnet. Zwar wolle man dem Herzog – wie es bis vor kurzem noch bewährter Brauch gewesen sei – das *ius aggratiandi* nicht grundsätzlich bestreiten; aber die «Bedenklichkeit» sei groß, daß Serenissimus sein Begnadigungsrecht am Ende zu weitherzig auslegen könne.

So das Gutachten der juristischen Fakultät – eine Überlegung, der, wie es im Protokoll heißt, die Theologische Fakultät «ohne Bedenken» beipflichtete.

Der Artikel 106 der Carolina, in dem gesagt wird: «Wer Gott zuschreibt, was nicht für Gott paßt, wer Gott nimmt, was Gott zusteht, wer Gottes Allmacht schändet, der ist an Leib, Leben und Gliedern zu strafen» ... der Artikel 106 des katholischen Strafgesetzbuches hatte für die evangelischen Wissenschaftler den Charakter eines Glaubensgebots, das konsequent – und nicht, im Sinne Keplers, allenfalls *conditionaliter* – befolgt werden wollte. Kein Wunder also, daß Theologen und Juristen in jedem Fall von Blasphemie zunächst einmal – nach dem «Was» fragend – für rigorose Strenge plädierten (Lästerung, hieß es, sei ein «Kopf-ab-Verbrechen») und erst im zweiten Durchgang – bei der Analyse des «Wie» und «Warum» – *für diesmal* auf ein milderes Urteil als das dem Täter eigentlich gebührende erkannten. Im Streit zwischen seelsorgerlicher Kasuistik und orthodoxer Gesetzes-Auslegung siegte, dies sei zu Ehren der Tübinger Kollegen gesagt, im allgemeinen die Rücksichtnahme auf den besonderen Fall: Die «Verzweiflung» (*desperatio* als terminus technicus), in die man den Angeklagten durch ein allzu strenges Vorgehen womöglich stürzte, wurde für wichtiger als rigide Rücksicht auf die Gesetzes-Formeln gehalten. Darum, immer wieder, die Milderung der Todesurteile (Schwert statt Feuer; Köpfen statt Vierteilen); darum das entschiedene Herausstellen von Entschuldigungs-Gründen wie «Jugend», «Unbesonnenheit», «Hitze» und «Zorn» – Gründen, die es den professoralen Richtern erlaubten, im Urteil besonnen und im Grundsatz entschieden zu sein.

Unerbittlichkeit in der Theorie und Mäßigung in der Praxis: Beauftragt, über Vergehen von Minderjährigen zu befinden, hatten die Tübinger Konsistorialen oft genug Gelegenheit, verbalen Radikalismen einen gelinden Richtspruch folgen zu lassen. Wie groß war zunächst das Entsetzen, wie erschrocken die Reaktion, als im Juni 1708 der Fall des vierzehnjährigen Stipendiaten Wilhelm Eyrich vor den Senat kam: der Fall eines Jungen, der – so die Zeugenaussagen – während eines Gewitters «unter hönischem Gelächter entsetzliche Gotteslästerungen» ausgestoßen und in Gegenwart dreier Personen mehrmals geschrien habe: Gott hat «Sauerkraut und Milch gegessen, darum rumpelt sein Bauch also», und er muß «abermahlen einen gehen lassen». Und das zwei- und dreimal – «paßt auf, der nächste kommt!« –, sodaß die Umstehenden ihn anflehen mußten, sich nicht länger zu versündigen, sondern innezuhalten mit seinem lästerlichcn Gerede. Er aber habe sie nur ausgelacht: «Wann sie sich fürchten, sollen sie nur von ihm weggehen, damit, wan der Donner ihn erschlage, sie nicht auch mit getroffen würden.» Und dieses alles sei von ihm am nächsten Tag im Stift und dann «noch einmahl in hiesiger Kellerey von freyen stuckhen, abermahlen mit frechen Geberden, wiederhohlet» worden.

Soweit der Vorgang, das Weitere ergab sich zwangsläufig: Eyrich wurde angezeigt, eingesperrt und verhört. Zwei Tage später, am 19. Juni 1708, saß der Senat zu Gericht … und nun ging es los: «Das

Delictum seye horrendum und exemplariter zu strafen», meinte der erste Votant, die juristische Fakultät möge entscheiden, ob nicht ein ordentliches Verfahren angestrengt werden müsse; «wan Inquisit achtzehn Jahre alt wäre», sagte der zweite, «gehörte ihm der Kopf vor die Füße»; «In vera iuridica wär in terrorem der proceß kurtz auszumachen»: Kurzer Prozeß um der Abschreckung willen, gab der dritte zu Protokoll; er sehe die Sünde «vor entsetzlich» an, sagte der vierte, fünfjährige Kinder würden «sich ja entsetzen, wan sie solche Reden» vernähmen: Er schlüge vor, Eyrich «noch ein Zeit lang in carcere zu halten und ihn durch gute studiosos besser informieren» zu lassen; der Inquisit sei zu jung, faßte der Kanzler zusammen, als daß man ihm den Prozeß machen könne: Wäre er älter, dann käme er keineswegs um eine exemplarische Strafe herum.

Wäre und *müsste*, *hätte* und *sollte*: Im Fall eines Vierzehnjährigen fiel es nicht schwer, Entschiedenheit zu bekunden. Das martialische Gehabe trügt; von einem Ketzergericht à la Torquemada ist nicht die Rede. Die Professoren wußten sehr gut, daß sie aus vielfachen Gründen nicht zum Prozeß schreiten konnten. Zum ersten war Eyrich ein Kind, zum zweiten hatte er in der Herzogin-Mutter eine mächtige Fürsprecherin (sein Vater war Kammerdiener und Leibbarbier in Oetingen), zum dritten stellte sich sehr schnell heraus, daß der Beklagte seine Rede lediglich einem Edelmann nachgesagt hatte (damit entfiel das Delikt der *blasphemia immediata*), zum vierten fürchteten die Richter die Öffentlichkeit (mache man einen Prozeß, erklärte ein Professor im Senat, «so gebe es ärgernuß und werden die blaspheme wort noch vielen bekandt» – und dieses Skandalum gelte es auf jeden Fall zu vermeiden), zum fünften zeigte sich Eyrich als reuiger Sünder – er «depreciere», ließ er den Senat wissen, «mit vielen Thränen», gebe zwar zu, «an die Fenster des Auditorii gespihen zu haben», leugne hingegen entschieden, «daß er in carcere tumultierte», und sei im übrigen bereit, vor versammelter Kirchengemeinde folgendes Schuldbekenntnis verlesen zu lassen:

«Ah, ich elender Wurm! Ich darf gegen Dich, o allmächtiger Schöpfer, meine Augen nicht aufheben und schäme mich vor Dir, den heiligen Engeln und allen Menschen, weil ich Deinen hochheiligen Nahmen gelästert habe. Vergebt mir gefallenem Sohn, ihr Väter dieser Universität! Ihr hättet billich allen Euren Eifer an mir beweisen können, aber ihr habt noch meiner thörichten Kindheit, so vihl möglich gewesen, geschonet, und suchet mich zurecht zubringen. Wie soll ich aber redlich das ärgernuß abbitten, so ich bey meinen Herren Commilitonibus, ja der ganzen Stadt angerichtet habe? Ah, der Mühlstein, der Christus gedroht hat, sollte der mich nicht zu boden truckhen? Verzeiht mir, liebste Commilitones, und bittet für mich, daß der barmherzige Gott mich wider zu gnaden annehme und, an meiner statt, meine Sünden in die Tiefe des Meers werfe. Ich verspreche vor dem gerechten Gott und dem ganzen Amplissimo Senatui, mein wandel mit furcht und zittern zu führen, vor den Zorn Gottes, den ich wohl verschuldet habe, mich zu schämen, seine züchtigung geduldig zu ertragen und mein gantzes leben mit allem Ernst zu bessern.»

Einerlei, ob es nun Eyrichs Jugend, seine Reue, die Furcht, man werde sich lächerlich machen, oder die Protektion der Herzogin-Mutter war, die den Delinquenten vor der Gefährdung an Leib und Leben bewahrte … auf jeden Fall ging es noch einmal glimpflich ab: wenn man es «glimpflich» nennen kann, daß Eyrich, aus dem Stift relegiert, einige Jahre später als Bader-Lehrling arbeiten durfte. (Die Innung begrüßte ihn übrigens kühl, es bedurfte einer herzoglichen Intervention, ehe die Barbier-Zunft den jungen Chirurgus in ihre Gilde aufnahm.)

Die Tübinger Theologen, dies zeigt der Fall Eyrich, waren nicht nur gesetzestreu, sondern auch weise und diplomatisch. Nur kein Spektakel, hieß ihre Devise, nur kein Aufsehen im Land und keine allgemeine Empörung – «da, schaut her, wie sie's treiben, die Studenten der Eberhardina: lassen den lieben Gott rülpsen und fürzen!»

Die vier Gelehrten, Kanzler und Dekan, Pfarrer und Extraordinarius, wußten sehr gut, daß dem Landesherrn nichts so sehr verhaßt war wie das Gezänk in den eigenen Reihen: einerlei, ob es nun um Studenten-Händel ging oder um Auseinandersetzungen zwischen den Professoren … jene nicht zuletzt von der berüchtigten *rabies theologorum* entfachten Kontroversen, die schon Herzog Christoph ein ständiges

Ärgernis gewesen waren: Wir «sollen noch wollen es keineswegs gestatten», heißt es in einem Reskript von 1554, «daß unsere Theologen selbst wider einander, noch gegen anderer herrschafften Theologen oder sonst hohes oder niederes Standes personen Pasquillos oder andere schand-, schmach- oder sonst dergleichen schrifften, so unruhe anrichten möchten, schreiben, publiciren oder fail haben sollen».

Das war keine Aufforderung, das war ein strikter Befehl: Der Schild der Landesuniversität hatte sauber zu sein; die einzige lutherische Hochschule in Süddeutschland – beim protestantischen Adel Österreichs so angesehen wie bei den evangelischen Scholaren aus Polen, Skandinavien und Ungarn – konnte sich keine spektakulären Auftritte leisten. *Concordia fidei, concordia ordinum:* Einheit im Glauben und Einheit innerhalb der gelehrten Gemeinschaft war höchstes Gebot. Wer dagegen verstieß, verlor mit der Gnade des Hofs auch die Gunst der Kollegen: dem ging es wie jenem Magister, der unter allen Tübinger Scholaren vielleicht der genialste, aber auch der dreisteste war – der Poet und Humanist Nikodemus Frischlin, ein schlecht besoldeter Privatdozent in der Artisten-Fakultät, der es gewagt hatte, den großen Martin Crusius zu provozieren.

Crusius, den Doyen der Tübinger Gelehrsamkeit, der stolz darauf war, die Predigten Sonntag für Sonntag auf griechisch nachschreiben zu können: stolz darauf, ein tausendseitiges Werk in einem einzigen Durchlauf, mit einer einzigen Feder, geschrieben zu haben ... Und ausgerechnet diesen Crusius hatte Frischlin verdächtigt, er, Martin Krauss, sei schuld, daß während eines Gewitters Pulvervorräte, die in der Nähe des Schlosses gelagert waren, vom Blitz getroffen wurden. Häuser flogen durch die Luft, eine gewaltige Wolke stand über der Stadt, das Ende Tübingens schien gekommen – und warum das alles? Allein wegen Crusius' Bigotterie!

Drei Tage nach dem Mirakel – der Blitz schlug um die Mittagszeit ein – schilderte Frischlin in einer Elegie, die er vor versammelter Hörerschaft las, die eigentliche Ursache des Unheils: den Pharisäismus jenes Martin Crusius, der gemeinsam mit seinen Kollegen die Stirn gehabt hatte, ihn, Nikodemus Frischlin, Gottes Zorn preiszugeben.

Dieser ruchlose Frevel allein sei der Grund des Gewitter-Wunders gewesen:

«Einer ist hier, er kräht von himmlischem Wandel in zweien Sprachen uns vor, und verwünscht gräulich mit Flüchen den Feind. / Und statt christlich für ihn um des Himmels Erbarmen zu flehn, / ruft er wütend: ihn soll strafen der göttliche Zorn. / Andere stimmten ihm bei, von gleicher Erinnys gestachelt: / und Ihr fragt noch, woher komme der göttliche Zorn?»

Ein volles Jahr lang hatten sich Senat und Fakultäten mit der Affäre zu beschäftigen – am Ende triumphierte Crusius, und Frischlin hatte sich aus dem Staube zu machen. Der Kampf des Privatdozenten gegen den Großordinarius endete für den Herausforderer tödlich: Nach unstetem Leben wurde Frischlin wegen seiner Adels-Feindschaft auf Befehl des Herzogs verhaftet und im Gefängnis Hohen-Urach eingesperrt. Dort ist er bei einem nächtlichen Fluchtversuch ums Leben gekommen. Die Leinwand riss, an der er sich abseilen wollte, der Körper stürzte in die Tiefe, und der Homeride Crusius hatte Gelegenheit, seinem Kontrahenten, im Stil der Ilias, einen griechischen Nachruf zu widmen: «Häuptlings stürzt' er hinab von der unzugänglichen Mauer,/ schmetternd stürzt' er hinab auf den unzugänglichen Felsen.»

Frischlin contra Crusius: das war ein Kampf zwischen jung und alt, zwischen Humanismus und gelehrter Pedanterie, zwischen Avantgarde und Scholastik … ein Kampf, der bis zur Revolution der Tübinger theologischen Schule, bis zu den Tagen von Baur und Zeller, Vischer und Strauß, identisch mit dem Triumph des Althergebrachten, dem totalen Sieg der Orthodoxie, war.

Nur keine Neuerungen! Wir können uns «nicht genugsam verwundern», schreibt die theologische Fakultät am Ende des sechzehnten Jahrhunderts in einem Votum, das den Eingang von vier Disputationen bestätigt, daß unter «allen Vieren nur ein einzig Schrift-Zeugnis sich findet», dagegen aber «etlich viel theses, so der Heiligen Schrift und der Formula Concordiae diametral entgegen».

Nur keine Neuerungen! Er sei davon unterrichtet worden, moniert Herzog Friedrich Carl anno 1682 die Thesen der Artisten Jäger und

Grafft, daß die beiden Professoren in einer philosophischen Disputation «quaestiones theologicas immisciert» (theologische Fragestellungen eingemischt) und «darbey sehr gefährliche terminos und modos loquendi» gebraucht hätten, «welche der Doctrinae Orthodoxae nostrorum Theologorum entgegenstehen».

Nur keine Neuerungen! «Wir haben seit einiger Zeit mit vielem Mißfallen wahrnehmen müssen» – ein herzoglicher Rezeß von 1771 –, «daß die abentheuerlichen Schriften des bekannten Fanatici Swedenborgs, womit die protestantische Kirche sich seit etlichen Jahren immerzu belästiget gesehen hat, bey manchen Gemüthern ex studio novitatis ziemliche Ingzess (Eingang) gefunden und die darinnen vorgetragenen Irrthümer bereits hin und wieder zerschiedene schädliche Folgen verursachet haben. Damit nun dieses Gift nicht noch weiters um sich greifen möge, so will allerdings nöthig seyn, daß die weitere Ausbreitung solcher gefährlichen Schrifften auff alle nur mögliche weiße verhindert und vornehmlich die auf unserer treugehorsamsten Universität studierende Jugend von denen darin propagierten fanatischen Sätzen und Irrthümern bewahrt werde.»

Um Neuerungen zu verhindern, verweigerte die theologische Fakultät im achtzehnten Jahrhundert den ihr zur Zensur eingereichten *Christlichen Unterhaltungen* des Pfarrers, Pietisten, Uhren- und Astrolabienbauers Philipp Matthäus Hahn das erbetene Placet: Die Redensarten seien ungewöhnlich, die der Herr Amtsbruder führe, heißt es 1783 im Votum der Vier, er verwende Begriffe, die nicht erkennen ließen, daß «in denselben nur die alte theure Wahrheit gemeint» sei, und die aus diesem Grunde geeignet seien, unwissende Leute zu Großsprecherei und Verwirrung anzustiften.

Um Neuerungen zu verhindern, kündigte die Fakultät um 1740 einem Mann, dem Grafen Zinzendorf, das Vertrauen, dessen Bestrebungen sie wenige Jahre zuvor in einem ausführlichen Gutachten noch als orthodox etikettiert hatte: Ja, hieß es 1733, die Frage, «ob die Mährische Brüder-Gemeine bei ihren Einrichtungen verbleiben und dennoch ihre Konnexion mit der Evangelischen Kirche wahren könne und solle», diese Zinzendorfsche Frage sei rückhaltlos zu bejahen. *Einmal* war die Fakultät, geblendet vom Auftreten, der Weltläufigkeit und der Grazie des Grafen, über ihren Schatten gesprungen – und schon gab's einen Aufstand unter jenen Rechtgläubigen, denen Zinzendorf (der später, in einen Rittermantel gehüllt, unter ungeheurem Zulauf in der Tübinger Stiftskirche predigte) als ein gefährlicher Rattenfänger erschien. Schickte er nicht Pfarrer durchs Land, die, mit den einheimischen Theologen verglichen, überhaupt keine Ausbildung hatten? Suchte er nicht durch eine allzu moderne Sprache den Sinn der Schlichten zu blenden? Kein Zweifel, hier wurde deutlich, daß sich die Fakultät zu weit vorgewagt hatte, als sie Herrnhut unter ihre Fittiche nahm (sie habe, schrieb ihr Dekan an den Grafen, «wegen ihres ehemaligen Bedenkens starken Widerspruch und beträchtlichen Verdruß erdulden» müssen) ... und darum zögerte sie nicht, die Fakultät, ihrem ersten positiven ein zweites schroff ablehnendes Votum in Sachen Brüder-Gemeine folgen zu lassen. Diesmal hatte der gräfliche Petent die Rechnung ohne jene Tübinger Konsiliare gemacht, denen er mittlerweile, als Sprach-Erneuerer und gar zu umtriebiger Geist, suspekt geworden war: Zwar zweifle man nicht an Zinzendorfs Aufrichtigkeit, heißt es in einer Expertise von 1741, das Gesangbuch und die biblischen Übersetzungen der Herrnhuter betreffend, trage viel mehr «gegen seine großen gaben, erkenntnuß und eiffer in der beförderung des guten alle Veneration», aber dieser Respekt hindere die Fakultät keineswegs, jene «weitläufigen Absichten» entschieden in Frage zu stellen, die sich zumal in der Aussendung von Personen manifestiere, denen es offenbar darum zu tun sei, den ordinierten Pfarrern ohne Wissen der Obrigkeit Konkurrenz zu machen. Was aber die in Frage stehenden Bücher betreffe, so sei hier eine gewisse Exklusivität und Extravaganz zu bemängeln: Der – im Hinblick auf die Geistesgaben der Leser *(in regard der meisten Leser)* – «allzu poetische syllabus» und die neue Sprache und Metaphorik, die «höchst unnöthig die schöne und expressive Redart Lutheri» verändere; das sei kein klares *ja ja* und *nein nein* mehr, sondern ein «Cavalier-Stylus», der sich noch brüste, weit über die «platte Rede unseres Heilands», die biblische «baurenphrase» und den «idiotismus der Handwercksburschen zu Nazareth» erhaben zu sein. Unter diesen Aspekten hoffe die Fakultät, die Regierung werde die entsprechenden Maßnahmen treffen, um die wahre Religion vor den sich häufenden «Singularitäten» zu schützen.

Kampf gegen die Neuerer an allen Ecken und Enden – gegen Humanisten und Philosophen, gegen Swedenborgianer, Pietisten und Herrnhuter Brüder ... ein Grabenkampf vom sechzehnten bis zum neunzehnten Jahrhundert: So stellt sich, aus dem Abstand betrachtet, die Geschichte der Ersten Tübinger Fakultät dar. Ein Verteidigungskrieg über Generationen hinweg: Die Gegner wechseln; die Frontstellung, vom Pathos der Defensive bestimmt, bleibt immer die gleiche. Nur keine zweite Reformation! Nur keine Veränderung, die angesichts der württembergischen Unität von kirchlichem und geistlichem Regiment mit dem religiösen auch den politischen Umsturz einläuten würde.

Darum die Invektiven gegen all jene, denen die Gleichsetzung der «beden Reiche», die einst ein Brenz in einem Atemzug genannt hatte: «Glauben» und «Politia», fragwürdig geworden war – gegen die Pietisten, die über der Erweckung des Einzelnen das evangelische Staatsvolk, und gegen die Wolffianer, die über der besten aller Welten das Reich Gottes vergäßen. Darum – um der Verteidigung der Christophschen Konzeption vom gesegneten Gemeinwesen willen – jener Vielfronten-Kampf, dessen Ausmaße nicht zuletzt die großen Fakultäts-Gutachten des achtzehnten Jahrhunderts verdeutlichen: die drei Voten pro und contra Herrnhut und die Expertise gegen die nationalistische Metaphysik und ihre Vertreter – ein «collegialiter weißlich und in der Furcht Gottes» formuliertes Bedenken über die Frage, ob die Wolffsche Philosophie hinsichtlich der Dogmen «einigen Einfluß habe und derselben Fortschritt nützlich oder schädlich seyn könnte».

Die Antwort der Theologen lautete: *Im höchsten Maße schädlich*, gefährlich und verdammenswert ... verdammenswert, obwohl es doch ein Tübinger war – der Theologe und Mathematiker, Staatsmann und Festungsbaumeister, Fürsten-Erzieher und Consistorial-Präsident Georg Bernhard Bilfinger –, der seinen Kollegen gezeigt hatte, daß man zu gleicher Zeit ein überzeugter Paladin Wolffs und ein bibeltreuer Lutheraner sein konnte. Aber das kümmerte die Orthodoxen nicht; sie sagten *verdammenswert*, trotz des einen Gerechten, verdammenswert aus vierfachem Grund.

Verdammenswert, zum ersten, weil die Hallenser Philosophie mit einer Fülle von neuen und ungewohnten Termini arbeite, mit Begriffen, die sich von der vertrauten Nomenklatur so sehr unterschieden, daß eine allgemeine Verwirrung der Studenten und Professoren zu befürchten sei. Verdammenswert, zum zweiten, weil gewisse aufgeregte Geister unter der lernenden Jugend, nachdem sie die «neuerlichen Prinzipia eingesogen» hätten, an allem Ekel empfinden könnten, was «sich damit nicht reime», so daß sie, ihren Professoren untreu, zu Judassen würden, die sich nicht scheuten, die Schriften ihrer Lehrer verächtlich zu machen. Verdammenswert, zum dritten, weil die durch die Wolffsche Metaphysik gegangenen Magister als Theologen in Gefahr gerieten, dem schlimmsten Skeptizismus zu verfallen, und sämtliche Glaubens-Sätze für suspekt halten müssten, die mit dem System der Leibniz-Wolffschen Philosophie nicht kongruierten. Verdammenswert, schließlich zum vierten, weil die zentralen Dogmen der Hallenser Metaphysik von keinem unparteiischen Christen akzeptiert werden könnten – die Widersprüche innerhalb des Systems seien zu gravierend, die Paradoxien und Anstöße zu eklatant, als daß man der Einführung einer Philosophie zustimmen könne, deren Hauptgefahr in ihrer Ausschließlichkeit läge – einem Absolutheits-Anspruch, der sich, gewollt oder nicht, allein aus dem simplen Faktum ergebe, daß ein Student schon aus zeitlichen Gründen neben der Wolffschen Metaphysik keine zweite Philosophie lernen könnte, obwohl gerade diese zweite die einzig richtige sei.

Man sieht, hier wird ein Verdammungs-Urteil gesprochen, das, wie die Beweisführung mit schöner Offenheit zeigt, das *eine* Ziel verfolgt, den eigenen Besitzstand zu wahren und die Philosophie wie bisher im Dienst der Theologie zu belassen. Es war der – vermeintliche – Eigen-Anspruch der Wolffschen Metaphysik, war die Tendenz zur Emanzipation von ihrem Magd-Dienst, die das Mißtrauen der Tübinger Atheismus-Schnüffler erweckte. Blieb Bilfinger, der Briefpartner von

Wolff und Zinzendorf, nicht ein unsicherer Kantonist? Hatte man – wenn's noch eines Beweises bedurft hätte! – in der jahrelangen Auseinandersetzung mit dem Philosophie-Professor und Magister Domus des Stifts, Israel Gottlieb Canz, nicht am eigenen Leibe erfahren, daß der Name «Wolffianer» gleichbedeutend mit dem Begriff «Neurer» sei und daß Hallenser Rationalismus und württembergischer Offenbarungsglaube sich wie Feuer und Wasser vertrügen? Nicht zufällig, erklärte die Theologische Fakultät im Streit mit ihrem unbotmäßigen Kontrahenten, vertrete Canz den «abentheuerlichen und auf einem notorisch falschen philosophischen Concept beruhenden Irrthum, daß Gott, was er thue und thun werde, alles zugleich gewirket habe und daß die Welt nicht in sechs Tagen, sondern zugleich erschaffen, und diese Schöpfung nur in 6 Tagen offenbahr worden, – wider den ausdrücklichen Buchstaben der Heyligen Schrift».

Was sollte Canz tun? Da Tübingen im achtzehnten Jahrhundert nicht Halle oder Göttingen war, blieb ihm nichts anderes übrig, als feierlich zu geloben, sich künftig, in Rede und Schrift, auf die Humaniora zu beschränken und die zwischen Philosophie und Theologie gesetzte Grenze peinlich zu respektieren: Im übrigen, so Canz am 1. Juli 1737, bin ich «vest entschloßen, alles, was ich heraußgebe, der Censur zu unterwerffen».

Wird hier, in feierlicher Form, widerrufen? Und der Widerruf, wie die weitere Entwicklung zeigt, in praxi wiederum widerrufen? (Der Philosoph wurde rückfällig.) Geht es, im achtzehnten Jahrhundert, um einen Fall Galilei – auf schwäbische Maße verkleinert? Steht da ein Häretiker am Pranger, ein Verführer der Jugend und Wolf im Schafspelz, der, als Vorsteher des Evangelischen Stifts, jene unerfahrenen Zöglinge auf die schiefe Bahn gebracht hatte, die, so die Fakultät an den Herzog, alles «was neu ist (!) und unter dem praetext einer alleinigen weißheit vorgetragen wird, ganz leicht auffaßen» und – angeleitet zur Verachtung des Bibelstudiums – noch mehreres «de proprio» hinzutun möchten? Die Examina, in denen die Studenten nicht mehr katechetisch antworten könnten, und die Predigten, in denen sie die abgeschmacktesten philosophischen Deduktionen einführten, sprächen für sich. *Alles was neu ist, alleinige Weisheit, abgeschmackteste Philosophie:* Wird hier ein Ketzergericht abgehalten? Geht es um Kopf und Kragen eines Aufklärers in einem aufklärungsfeindlichen Land? Keineswegs. Canz, ein wackerer, von seinen Zeitgenossen unterschätzter Mann, war alles andere als ein Märtyrer. Sein Fall verdeutlicht lediglich exemplarisch, was die Tübinger Theologen noch im achtzehnten Jahrhundert mit dem Begriff «neu» («Neuerer», «Neuerung») aufstellen könnten – mit einem jahrhundertelang erprobten Terminus, der geeignet war, den Grenzüberschreiter von vornherein als Unorthodoxen zu qualifizieren – einerlei, ob der nun Wolff oder Bilfinger, Swedenborg oder Zinzendorf hieß, oder ob es sich nur um ein kleines Magisterchen aus der Artisten-Fakultät handelte. Groß war die Phalanx der Neuerer nicht, es sei denn, man machte sich die Nomenklatur des Patriarchen von Konstantinopel zu eigen, der, in seiner Korrespondenz mit der Tübinger Fakultät, ausgerechnet die Württembergischen Orthodoxen – zu deren Entsetzen – als «Neuerer» etikettierte. Nein, zahlreich war sie nicht, die Schar der Unbotmäßigen – und wie sollte sie auch groß gewesen sein, wo doch die Universität ein Mittel besaß, das, sofern keine Panne eintrat, die öffentliche Rebellion von vornherein verhinderte – die Zensur?

Jedes Skriptum von einigem Gewicht – jede Disputation, jeder Traktat, jedes Gedicht, jeder Kommentar, jede Leichenrede – war vor der Veröffentlichung der Zensurkommission vorzulegen, dem Rat der Fünf, der aus dem Rektor und den vier Dekanen bestand und ohne dessen Placet keine Schrift, welcher Sprache oder welchen Inhalts immer sie war, publiziert werden durfte: «Wer dies nicht befolgt», heißt es in der Universitäts-Ordnung von 1537, «gegen den sind, nach dem Ermessen des Rektors, Maßnahmen zu ergreifen.»

Dreihundert Jahre lang, von Herzog Ulrichs bis zu Fürst Metternichs Zeit, sind in Tübingen meterweise hebräische, griechische, lateinische und deutsche Schriften vorzensiert worden; jeder Dekan war für die Orthodoxie der in seinen Bereich fallenden Schriften verantwortlich; ganze Stäbe von Lektoren hatten die kuriosesten Publikationen auf versteckte Häresien hin zu überprüfen; kein Wunder, daß die

Prozedur am Ende zur Farce geriet. Ob es denn wirklich nötig sei, fragte zu Beginn des neunzehnten Jahrhunderts ein verzweifelter Dekan, daß die Professoren der Philosophie auch die ihnen vorgelegten belletristischen Werke, Romane und erbaulichen Verse durchlesen müßten? Die Arbeit sei kaum noch zu leisten – und das um so weniger, als die Manuskripte nicht etwa in toto, sondern fortsetzungsweise eingereicht würden, so daß der Zensor jeden Überblick verlöre und sein Geschäft nicht mehr verantworten könne; auch möge man freundlich bedenken, daß ein großer Teil der Papiere nahezu unlesbar sei; die Handschrift zumal von weiblichen Autoren lasse zu wünschen übrig. Kurzum, die Philosophen bäten den Senat, dafür Sorge zu tragen, daß der vierten Fakultät zumindest «die Censur aller nicht scientifischen posttäglich eingehenden Blätter» – darunter viele für Zeitschriften bestimmte Artikel – abgenommen werden möge.

Eine paradoxe Situation. Anders als die zweite Zensurkommission, das gleichfalls für Tübinger Publikationen zuständige Stuttgarter Konsistorium, bestand der Rat der Fünf aus Männern, die Zensoren und Zensurierte in Personalunion waren: Der schreibende Professor schaute dem lesenden Dekan, der lesende Dekan dem schreibenden Professor über die Schulter – kein Wunder, daß die Theologen die Technik beherrschten, der Zensur von morgen durch die Selbstzensur von heute zuvorzukommen. Jedermann wußte, wie weit er gehen konnte, wenn er eine gefährdete Schrift herausbringen wollte; jeder beherrschte die Kunst jener Sklavensprache, mit deren Hilfe es möglich war, selbst den rebellischsten Thesen noch einen orthodoxen Sinn zu unterlegen und die neuen Termini durch eine gegenläufige, im Sinne des Althergebrachten vorgetragene Interpretation abzusichern. Von Weltfremdheit und gelehrter Ignoranz keine Spur! Die Kenntnis der vier Grundgebote, die einer im Kampf mit der Zensur zu verinnerlichen hatte (Internalisierung als Mittel der Notwehr!), verstand sich zwischen dem sechzehnten und neunzehnten Jahrhundert für einen Tübinger Professor von selbst.

Erstes – und oberstes – Gebot: Vermeide es, deinen Gegner beim Namen zu nennen. Verunglimpfe niemanden in einer «schmähenden», «kränkenden» oder «giftigen» Schrift. Erinnere dich daran, daß das Haupt-Augenmerk der Zensoren jenen *libelli famosi* alias «Schmachschriften» gilt, deren Publikation bereits die Universitätsstatuten von 1500, bei Strafe ewiger Relegation, in kategorischer Form untersagten: «Kein Universitätsangehöriger darf irgendwelche Büchlein, Traktate oder Schriften verfassen und veröffentlichen, durch die in irgendeiner Form eine Gemeinschaft oder eine Persönlichkeit angegriffen, ungerecht behandelt oder sonstwie verletzt werden mag.» Erinnere dich, weiterhin, an den Artikel 110 der Peinlichen Halsgerichtsordnung Karls V., der die «schriftliche, unrechtliche peinliche Schmähung» an Leib, Leben und Ehre gestraft wissen möchte – einen Paragraphen, der es erlaubt, den Pasquillanten zuerst öffentlich an den Pranger zu stellen und ihn danach ins Gefängnis zu sperren. (Daß dies keine leere Drohung war, mußte, wie wir sahen, der Tübinger Theologe Thumm am eigenen Leibe erfahren: «Theodor Thumm», lautete die Anzeige gegen den streitbaren Tübinger Provokateur, «hat vermessener, freventlicher weiß aufrührerische, schmähliche, lasterhafte und in summa solche Bücher geschrieben und im Truckh außgehen lassen, darinnen er geist- und weltliche Herren hohen und niederen Stands, besonderbar auch die Päpstliche Heyligkheit und kayserliche Majestät selbst atrocissime [aufs schlimmste] geschändt, geschmäht und beleidigt [*calumnyrt*]», wie aus «bey geschlossenen Schmachschriften» ersichtlich, die zu Tübingen in der Offizin von Wild und Weckerlin mit dem Ziel gedruckt worden seien, durch ehrenrührige und hochsträfliche Thesen die «Ausrottung christlicher lieb und einigkheit» und die Einführung allgemeiner Unruhe, mitsamt den damit verbundenen Weiterungen, befördern zu helfen.)

Vorsicht vor Injurien; peinliche Behutsamkeit im Umgang mit Personen – vor allem solchen, die dank ihres gesellschaftlichen Renommees über Repressions-Mittel verfügen: Das ist das erste Gebot. Und nun, mit dem höchsten Gesetz eng zusammenhängend, das zweite: Vermeide alles, was zu politischen Konflikten führen kann. Bedenke immer, Tübinger Theologe, Jurist, Mediziner und Philosoph, daß dein Landesherr nicht nur ein Herzog, sondern auch ein Reichsfürst ist –

ein Regent also, der sich an die Vorschriften des Augsburger Religionsfriedens zu halten hat. Das bedeutet konkret: keine Attacken gegen Glaubensbrüder aus den Reihen der evangelischen Union, vorsichtige Auseinandersetzungen mit den Katholiken, entschiedene Angriffe gegen jene Calvinisten, Zwinglianer, Sektierer und Täufer, die nicht unter dem Schutz des Religionsfriedens stehen, sondern, dem Kaiser so verhaßt wie dem Fürsten, als Bürger und als Gläubige in gleicher Weise vogelfrei sind.

Konkordie im evangelischen Bereich, diplomatischer Notenaustausch mit den Katholiken, rigorose Bekämpfung der Schwärmer mit ihren «sektischen» und «irrigen» Büchern: das sind die drei Paragraphen jenes zweiten Gebots, an das sich ein – niemals kodifiziertes, aber gleichwohl verbindliches – drittes anschließt: Hüte dich, deine Kollegen zu reizen. Bedenke, sie sind nicht nur Fakultätsgenossen, sondern auch potentielle Zensoren. Je friedfertiger du dich ihnen gegenüber verhältst, desto größer ist deine Chance als Publizist. Vergiß nie, wenn du heute, mit Zustimmung der Fakultäts-Majorität, einen Kollegen zensierst, wird er dich morgen, mit einer anderen Mehrheit, seinerseits zensurieren.

Die Akten des Tübinger Universitäts-Archivs machen deutlich, was es bedeutete – und welch ein Risiko auf dem Spiel stand –, wenn ein Fakultäts-Genosse die Thesen seines Amtsbruders für irrig erklärte. Der Fall des Propstkanzlers (und notorischen Querulanten) Tobias Wagner steht für hundert andere.

Anno 1660 hatte der Kanzler Wagner, in Übereinkunft mit der Fakultät, die Disputations-These des Kollegen Johann Osiander verworfen, die darauf hinauslief, daß die Menschen von der Existenz der guten und bösen Engel («das ist: der Teuffel») nur durch die Offenbarung der Heiligen Schrift wissen könnten. Osiander, dem auferlegt worden war, lediglich die Hälfte seiner Schrift zu drucken und die Sache mit den Teufeln beiseite zu lassen, hatte sich zwar im Moment gefügt, aber seine Argumente bei Hof und in der Fakultät während der nächsten zwei Jahrzehnte (!) mit einer Verve verteidigt, daß der Wind sich allmählich zu drehen begann.

Und wie er sich drehte, dem Kanzler geradewegs ins Gesicht! Als Wagner, im Jahre 1677, seine siebzehn Jahre zuvor von der Fakultät gebilligte These vertrat, die Menschen kennten den Teufel nicht aus der Bibel, sondern aufgrund des Bösen, das in der Welt sei – durch die «schrecklichen Effectis, die Gott über uns Menschen verhängt» ... als Wagner diese Theorie wiederholte, da hatte er nicht mit der Veränderung der theologischen Wetterlage gerechnet. Zwischen 1660 und 1677 war es Osiander durch geheime Berichte nach Stuttgart gelungen, dem Konsistorium seine Beelzebub-Deutung schmackhaft zu machen, und die Folge war nun, daß der düpierte Kanzler nicht nur die eigene Theorie, bei Gefahr der Konfiskation des Traktats, preisgeben mußte, sondern, da er schon einmal auf der Verlierer-Straße war, von der Herzoglichen Zensur-Behörde als *persona ingrata* eingestuft wurde. Gestern noch Zensor, heute ein geschlagener Mann! «Es wäre mir lieber», schrieb Wagner an den Fürsten nach Stuttgart, «ich stürbe, dann daß mir jemand meinen Ruhm sollte zunicht machen» – und fügte, um das Ausmaß der ihm durch seinen Widersacher zuteil gewordenen Demütigungen zu charakterisieren, in einem Postscriptum hinzu, daß Osianders Machenschaften nicht nur ihm, dem Kanzler, sondern bereits den Studenten Ärger eintrügen: so sei seinem Stipendiaten, der sich gefreut hätte, die Wagnersche Teufels-These in einer Disputation zu defendieren, «ein Floh ins Ohr gesetzt worden, es werde nicht jedermann lieb sein», wenn er, der Studiosus, diese Position verteidige.

Heute pro und morgen contra, heute der biblische und morgen der Existential-Teufel, heute «vivat Wagner, pereat Osiander», morgen umgekehrt – so geht das von Semester zu Semester, wobei die Namen, Themen und Zeiten austauschbar sind. Streiten sich die Theologen im siebzehnten Jahrhundert über Beelzebub und die Art seiner Erkennbarkeit, so steht, eineinhalb Jahrhunderte später, der Spinozismus-Streit zur Debatte. Der eine Lehrstuhlinhaber ist *für* die Genehmigung einer jüngst erschienenen Übersetzung – Spinozas Traktat, läßt er wissen, enthalte zwar «keineswegs zu billigende, aber doch auch nicht im lästernden Ton vorgetragene» Thesen: der Ton sei «würdig» und «gesetzt» – der zweite Ordinarius erklärt sich *dagegen* (der dritte und vierte sind nicht verfügbar) … also beschließt das theologische Zweimänner-Kollegium, daß, solange die Fakultät nur aus zwei Professoren bestünde, das *votum decisivum* (das entscheidende Urteil) dort, «wo wegen der Censur einer Schrift unsere Meynungen verschieden wären», abwechseln möge: heute A und morgen B!

In der Tat, ein salomonischer Spruch – aber wohl kaum eine Lösung, die sich unter dem Gesichtspunkt der Gleichbehandlung jedes einzelnen Falls verantworten ließ. So betrachtet war es kein Wunder, daß die Regierung, der Animositäten, Parteiungen und kuriosen Kompromißlösungen leid, seit dem achtzehnten Jahrhundert mehr und mehr darauf drang, Zensur-Fragen von grundsätzlicher Bedeutung nicht in Tübingen, sondern in Stuttgart entscheiden und Quisquilien überdies künftig beiseite zu lassen. Nur wenn die «Theologi der Facultät selbsten in Censura dissentierten» und nicht wüßten, ob ihnen eine im Namen der württembergischen Kirche zu verantwortende Äußerung vorläge oder nur eine gelehrte Arabeske, heißt es in einem Rezeß von 1740, möge man auch «solche Schriften, sie seien gleich ganze Tractäte oder kleine Schriften oder auch nur einzelne Disputationes zu unserem Fürstlichen Consistorio geben».

Die Geschichte der Tübinger Universitäts-Zensur: Das ist eine Summe von Widersprüchen und Willkürlichkeiten, von sprunghaften Argumentationen und parteiischen Auslegungen … und wie könnte sie sich auch anders darstellen, diese Geschichte, da es ja keine festen Normen gab, sondern nur eine Fülle von Anweisungen, deren Gültigkeit von der jeweiligen Macht-Konstellation abhängig war. Wurden die Katholiken bis zum Ende des sechzehnten Jahrhunderts aus außenpolitischen Gründen geschont, so sahen sie sich nach dem Beginn der jesuitischen Großoffensive in einem Atemzug mit Sektierern und Ketzern genannt. Ein Edikt Herzog Ludwigs von 1593 zählt die «schmach- und lesterschrifften der Jesuiten und Ihresgleichen» unter die verbotenen Bücher.

Heute *hü* und morgen *hott*: was gestern erlaubt war, wurde heute verboten und war morgen wieder erwünscht; wie sollte sich da, ohne genaueste Kenntnis der politischen und konfessionellen Situation, ein

Zensur-Kollegium aus der Affäre ziehen, das, wie anno 1571 das Tübingische, von einem Regenten, dem Herzog zu Sachsen-Weimar, aufgefordert wurde, einen in Jena umstrittenen Traktat über die Erbsünde entweder zu verwerfen oder zu approbieren? Wo waren die Maßstäbe, wenn jeder Bündnis-Wechsel und jede Machtverschiebung innerhalb eines Territoriums, die Inthronisation einer neuen Linie oder der Konfessionswechsel des regierenden Hauses, den Zensoren Entscheidungen abzwang, die sie – Provinz-Professoren und nicht Diplomaten! – weit überforderten: «Bei vielen, namentlich politischen Entscheidungen», so ein Stoßseufzer von 1820, «ist die Zensur äußerst schwierig: bedenklich, teils wegen des Inhalts, teils weil wir nicht in der Lage sind, von dem, auf was bald aus objektiven, bald aus subjektiven Gründen Rücksicht genommen werden soll, auch nur die nötigste Kenntnis zu erhalten. Aus diesen Gründen verliert nicht nur der Dekan sehr vieles von seiner Zeit, sondern ist auch Unannehmlichkeiten von seiten der Regierung sowohl als des Publicums ausgesetzt.»

Unter diesen Aspekten war es nur allzu verständlich, daß die Tübinger Professoren, des ständigen Taktierens überdrüssig (wer konnte denn sagen, ob bei Beendigung eines Konvoluts noch das gleiche Zensur-Reglement wie zu Beginn der Niederschrift galt?), ihren Jahrhundert-Kampf gegen Überwachung und Bevormundung auf die einfachste Weise zu lösen versuchten – durch ein Umgehen der Zensur.

So viele Gebote, so viele Verstöße: Die Zahl der ständig wiederholten, ständig präzisierten Stuttgarter Erlasse zeigt an, wie mangelhaft die Praxis der Vorzensur war – wie groß die Erfindungsgabe von Hochschullehrern, die, unter Führung der Theologen, nicht müde wurden, immer neue Kniffe und Tricks zu erproben – Kunstmittel, deren Effizienz sie als Dekane konstatieren und als Schreiber ausprobieren konnten. Sei es, daß sie ihre Schriften im Ausland (Frankfurt oder Leipzig zum Beispiel) verlegten, sei es, daß sie, in bewährter Komplizenschaft mit Druckern und Bindern, den publizierten Werken ein herzogliches Konterfei voranstellten (um auf diese Weise ein Placet des Landesherrn vorzutäuschen), sei es, daß sie einer harmlosen, durch die Zensur gegangenen ersten Auflage eine erweiterte zweite Edition nachfolgen ließen: angereichert mit Thesen, denen die Zensoren nie und nimmer zugestimmt hätten. Und die Metteure machten es den Professoren nach. Im siebzehnten Jahrhundert kursierte, publiziert beim berühmt-berüchtigten Tübinger Buchdrucker Wild, ein württembergisches Gesangbuch, dessen Neuauflage sich kurzerhand durch fünfzig(!) österreichische Lieder angereichert sah.

Waren die im Dschungelkampf mit der Zensur gereiften Ausweich-Praktiken der Gelehrten schon bewundernswert, so grenzten die Listen und Schliche der Drucker, Binder und Setzer ans Geniale – wahre Meisterstücke, deren Schwejkscher Witz noch die Amtssprache eines herzoglichen Erlasses, Stuttgart 1593, verdeutlicht: «Nachdem wir nun in Erfahrung bringen, daß die Buchhändler zu Rottenburg wie auch bißweilen die Juden den Buchbindern bey euch in Tübingen allerhand pfäffische und jüdische Bücher zu binden geben, so ist unser gnediger Befehl, ihr wellet ihnen den Buchbindern allen anzeigen und auferlegen, dergleichen Bücher (es were denn eine hebreische Bibel) zu binden nit mehr annehmen», sondern die erwähnten Buchhändler und Juden «außerhalb meines Fürstentums Buchbinder suchen zu lassen».

Was war hier geschehen? Nun, sehr einfach: eine Handvoll kühner Gesellen – junge Männer aus dem Buchgewerbe, aber auch ein Pedell – hatten, für einen Lohn von 26 Batzen pro Stück, nachts die Bücher aus dem katholischen Rottenburg herbeigeschafft, sie in Windeseile in einer renommierten Tübinger Anstalt gebunden und die *opera* dann, nach getaner Arbeit, wiederum bei Nacht, nach Rottenburg zurückgeschafft.

Und was den Bindern recht war, war den Druckern und Verlegern nur billig: Die Wildsche Offizin, dies kam bei Gelegenheit einer Hausdurchsuchung heraus, war offenbar ein bis zum Dach mit Konterbande – sprich: sektiererischen und schwärmerischen Büchern – angefülltes Arsenal, ein Arsenal, aus dem, wie die vom Senat eingesetzte Untersuchungskommission bei einer Prüfung der Wildschen Rechnungsbücher zu ihrem Entsetzen feststellen mußte, nicht nur Universitätsverwandte, sondern auch Pfarrer geschöpft hatten – und das bereits seit Jahr und Tag!

Straßburger Geheimschriften, Schwenckfeldianische Ketzer-Traktate, Drucke und Nachdrucke von Büchern und Bildern, «welche sowol bey der studirenden jugent alß auch bey dem gemeinen einfälltigen Mann allerhandt zweiffel und unheil verursachen thun», dazu – der Gipfel der Provokation! – ein Katechismus des Schwärmers und Sozialrevolutionärs Johann Valentin Andreä ... alles seit eh und je in den Händen von Pfarrern, die, wenn «gegen sie nicht beyzeiten gebührend eingeschritten» werde, ihre «Errores nach und nach weiter propagieren und einschieben möchten». (So, in einer Art von Flucht nach vorn, der Untersuchungs-Ausschuß: Wild war Universitätsangehöriger; es hing mithin alles davon ab, ob es in Stuttgart gelang, den Zorn des Hofs von der Hochschule weg auf die Kirche zu lenken.)

Und siehe, das Ablenkungsmanöver gelang. Die Universität kam noch einmal davon, und der Drucker, Verleger und Sortimenter Eberhard Wild, der, offenbar gewarnt, seine Offizin wenige Stunden vor Beginn der Aktion am 12. März 1622 verlassen hatte, konnte, nach Hinterlegung einer handfesten Summe, Preisgabe der inkriminierten Vorräte und kurzer Inhaftierung, seine Firma aufs neue eröffnen – und dies, obwohl er in einer zweijährigen Untersuchung wahrhaft abenteuerlicher Geschäftspraktiken überführt worden war. Mal hatte er, in geheimem Zusammenspiel mit der Stadt- und Universitäts-Hierarchie, aufrührerische Schriften in Tübingen unter die Leute gebracht, mal hatte er Sekten-Traktate in geballten Ladungen über die Grenze geschafft – bis hin nach Österreich –, mal hatte er verbotene Bücher mit falschen Vorsatzblättern versehen – und alles mit Duldung und Wissen jener Schar von Sympathisanten, deren Prestige er es am Ende verdankte, daß die Hintergründe der Affäre eher vertuscht als aufgedeckt wurden. Wild, so zeigte sich jetzt, hatte mächtige Freunde: anders wäre es nicht möglich gewesen, daß ausgerechnet er, der schon seit langem auf der Schwarzen Liste stand, unbehelligt davonkam, während die Läden der anderen Sortimenter zu jeder Frankfurter Herbst- und Fasten-Messe von den Professoren der Theologie auf sektiererische Bücher durchsucht wurden – Calvins Schriften voran! –, und jeder abreisende Student gehalten war, den Visitatoren seinen Rucksack zu öffnen.

Das Reglement war streng und penibel, die Ausführung lax. Während die Vorschrift verlangte, daß die Sortimenter ihre Bücher-Tonnen, die sogenannten «Stippicher», unmittelbar nach dem Eintreffen zur Inspektion im Theologischen Hörsaal vorweisen mußten, zeigt die Eingabe einer Buchhändlerin – aus der Wildschen Familie übrigens –, daß bürokratische Vorschrift eins und verständige Handhabung der Erlasse ein anderes war: «Uns ist gestrigen Tags angezeigt worden», schreibt, zur Zeit des Dreißigjährigen Krieges, die Sortimenterin Ursula Negelin an den Senat, «unsere Bücher unmittelbar *(immediate)* von dem Waaghaus in das Auditorium Theologicum führen und allda besichtigen zu lassen. Nun tragen wir an sich gar kein Scheu, unsere [von der Messe] mitgebrachte Bücher zuforderst gewonlicher inspektion und censur zu übergeben», bevor irgendein anderer Mensch sie angeschaut hat *(zue schauen oder zue Hand bekommen möchte).* Da wir jedoch befürchten, daß, «wan die Bücher in dem auditorio eröffnet und besichtigt werden sollen, sie alldort sehr durcheinander vermischt und zerstreuet werden möchten», und da wir außerdem zum Heimtragen der Werke fremde Leute anmieten müssten, wodurch uns Gefahr und Kosten entstehen, so «langt an Euch unser demüthig bitten, es dis mahl bei dem alten herkommen verbleiben und uns unser bücher vor unsern läden öffnen zu lassen». Der Pedell mag auf der Gasse «über den Stippichern sein aufsicht haben» und darüber wachen, daß niemand, außer den Zensoren, Einblick in die Bücher gewinnt.

Vermutlich hat der Senat Frau Negelins Bitte entsprochen. Die Begründung war schließlich vernünftig und die Hauptsorge der Professoren, die studierende Jugend könne durch die «in Schwang gehenden neuen und gefährlichen Sententien inficiert werden» – so Herzog Eberhard Ludwig anno 1702 an den Senat –, wurde durch den von der Buchhändlerin vorgeschlagenen *modus procedendi* eher beschwichtigt: Lieber eine Visitation im geheimen als ein Durchkämmen *coram publica* im theologischen Hörsaal, eine Generalinspektion, bei der am Ende doch das eine oder andere Buch in falsche Hände geriete. Wozu so etwas führte, das hatte die Universität zu Beginn des achtzehnten Jahrhunderts im Verlauf einer Affäre erfahren, deren Protokoll sich wie ein Zaubermärchen liest – wie eine Geschichte aus der Zeit des Dr. Faust.

Ein verschuldeter Student namens Amend (alias Amende, alias Am Ende) hatte sich, da ihn die Gläubiger drängten und ihm die Eltern nicht halfen, dem Teufel verschrieben – in einer Stadt wie Tübingen, wo, will man Wilhelm Hauffs *Memoiren des Satans* glauben, der Leibhaftige Theologie studiert hat, keineswegs etwas Besonderes. Schon anno 1596 hatte sich ein gewisser Leipziger gegen Zahlung von drei Goldgulden dem «Auerhahn in der Höllen» auf Gedeih und Verderb anvertraut, und hundert Jahre später, 1698, war noch ein Dritter im Bunde erschienen, ein sechzehnjähriger Stipendiat mit Namen Georg Friedrich Haim, der Beelzebub folgenden Pakt-Vorschlag machte: «Ich Endsunterzogener ergebe mich hiemit krafft dieser Handschrifft und meines Blutes gegen 100 bare Gülden und ein geldmännlein, das mir alle nacht so viel geld zuwegen bringe als ich Ihm befehle, dem Großmächtigen Beherrscher der Luft, auf dreißig Jahr, also daß ihm hiemit krafft diser Handschrifft und meines eigenen Bluths erlaubt seyn solle, mich nach diesen Jahren mit leib und seel lebendig darvon zu führen. Ich verfluche Gott und Christum und ergebe mich dir, Satan, auf dreißig Jahre, doch in aller Stille. Gegeben den 25. Aprilis 1698. Georg Friedrich Haim, ehemalen ein Christ, nunmehro gegen das geld dein Leibeigener.»

War also der Pakt zwischen dem Studenten Heinrich Jacob Amend und dem Teufel weder in der Sache noch in der Diktion der Verschreibung für die Tübinger Theologen etwas ganz und gar Exorbitantes (Amend bat Diabolus um Geld, um Glück bei Weibspersonen, «die er aestimiere», und um eine gute Promotion im Krieg), so schienen die Umstände des Falls um so mehr geeignet zu sein, die Aufmerksamkeit des Senats zu erregen. Amend hatte den Pakt (den er nur «Zettel» nennt) in eine alte Hose gesteckt, die er, «weilen sie gar sehr zerrissen», einem sogenannten «Studenten-Jungen» – das heißt: einem Burschen, der bei den «Herren» (sprich: Studenten) Ordonnanz-Dienste tat – habe zukommen lassen, und dann, so Amend vor der Senats-Kommission, sei's wie verhext zugegangen: Der Zettel in der Hand eines anderen Stipendiaten! Von ihm, Amend, in Stücke zerrissen! Und hinaus damit aufs Dach! Und dann auf und davon: Flüchtigen Fußes über Dettenhausen, Stuttgart und Cannstart, über Winnenden und Marbach – immer den ihm nachgesandten Postillons um eine Nasenlänge voraus! Und schließlich nach Jahresfrist doch noch ertappt: am 7. April 1707 platzt in eine Senats-Sitzung die Nachricht: Amend ist wieder da! Und nun folgt Verhör auf Verhör: Die Gläubiger, gab der Delinquent zu Protokoll, hätten «so hart an ihn gesetzt» – er wisse nicht, «sey es der Buchbinder oder Knopfmacher gewesen, der ihn mit Schimpf und Clage» bedrohte. Auf jeden Fall sei er «gantz betrübt in das Feld hinausgegangen» und habe «im Julius Caesare gelesen, anbey nachgedacht, wie er seine sache anstellen solle, daß er aus dem schimpf komme». Nach Hause heimgekehrt, habe er sich vor sein Pult hingesetzt, «gantz desparat und in Sinnen» – da plötzlich sei ihm gekommen, einen «Zettel zu schreyben; in der Schuhl habe er den Faustum im neunten Jahr seines alters gelesen» – den Faustum, welcher dem Barbier Römer in Marbach gehörte, «daher ihm solche Formel eingefallen».

Der Faustus – jetzt war es heraus! Das Teufelsbuch, das, am Ende des sechzehnten Jahrhunderts, auch in Tübingen gedruckt worden war – von einem Magister Feinaug innerhalb weniger Wochen in Verse gesetzt (in schwäbische, wie sich versteht: Faust spricht die Sprache des Landes) und vom Verleger Hock als Bestseller in spe ediert! (Das Unternehmen endete freilich mit einem Debakel: Statt zu Ehre und Ruhm gelangten Feinaug und Hock wegen Umgehung der Vorzensur in den Karzer.)

Faust in Schwaben; der Teufel wieder einmal am Neckar: jetzt begann das Verhör dramatisch zu werden.

Warum, wollte die Kommission wissen, auf der Rückseite des Zettels die Namen etlicher Weibspersonen stünden? (Amend: Er sei einmal beim Trunk im Haus eines Bekannten gewesen. Dort habe er einige Frauenzimmer getroffen, die er nicht kannte. Weil er aber antworten wollte, falls jemand ihn fragte: «Wen hast du getroffen?», hätte er sich die Namen notiert, hernach «das Papyr» in seinen Schreibtisch gelegt und es im Zustand der Desperation dem Pult wieder entnommen.)

Dann habe er den Zettel, worauf die Namen gestanden, also nur aus Zufall ertappt? (Amend: Ja, das sei richtig.)

Und die Worte oben auf dem Pakt – *D. F. D. W.* – was bedeuteten die? (Amend: Die bedeuteten: «Du Fürst dieser Welt.»)

Nun aber zum Faust! Ob er die Formel auswendig kenne?

(Amend: Nein, die sei ihm nur so gekommen.)

Zu welchem Ende und wie oft er den Faustus gelesen? (Amend: Zweimal in der Gänze; die Söhne des Baders Römer hätten ihm viel von den Stücken, so Faustus angestellt, erzählt.)

Ob ihn jemand verführt habe? Das Mittel sei böse! (Amend: Nein, kein Verführer. Und das Mittel habe er gewählt, weil ihn die Creditores verschimpften.)

Ob das auch wahr sei? (Amend, nunmehr flehentlich: Man möge ihm glauben. Er könne nichts anderes sagen.)

Aber die Professoren gaben sich noch nicht zufrieden: Zuerst wurde, auf dem Weg der Amtshilfe, vom Marbacher Vogt der Barbier Römer befragt. «Bewußter Römer» zeigte an, «daß er die Lebensgeschichte Dr. Fausti in seinem hauß habe» und erbötig sei, das Buch auf Verlangen nach Tübingen zu befördern, damit jedermann sehe, «was vorchristlich und gottselige anmerkungen darinnen begriffen». Dann nahm man den Delinquenten ein zweites Mal in die Zange: «Ob er denn wirklich kein Exempel außer dem Faust dafür wisse, daß jemand so einen Zettel geschrieben?» An dieser Stelle gerät Amend ins Stocken, stammelt etwas von einem Buch ohne Titelblatt, das von Hexen handle, und verwickelt sich in Widersprüche: eingeschüchtert offenbar durch Zeugenaussagen, in denen er als «unfleißig» und «provokant» bezeichnet wird. «Wenn der böse Mensch» – so sein ehemaliger Lehrer, der Abt der Klosterschule zu Bebenhausen – «nicht eingeschlossen und eine zeitlang scharff disciplinirt werden sollte», so werde derselbe am Ende nicht nur sich selbst, sondern noch viele andere «mit sich ins zeitliche und ewige Verderben stürzen».

Drei Monate später, am 30. Juni 1707, wurde Heinrich Jacob Amend, unter Verzicht auf einen akkusatorischen Prozeß, für ein halbes Jahr ins Elternhaus verbannt und danach – diesmal auf Lebenszeit

– aus dem Lande verwiesen. Der Bettelvogt verbrannte den Zettel, der Pfarrer stellte von der Kanzel herab die «Abscheulichkeit dieser Missethat» dar, Amend bezichtigte sich, im Angesicht der Gemeinde, des «entsetzlichen *pacti cum diabolo*», und der Senat lobte, in einem Brief an den Herzog, die von ihm verhängten drei Strafen – die Kirchenbuße, die Inkarzerierung im Elternhaus und die Landesverweisung – und das, obwohl die erste gleichbedeutend mit dem seelischen und die dritte Strafe identisch mit dem physischen Tod des Delinquenten war. Wer im achtzehnten Jahrhundert gewaltsam außer Lands gehen mußte, wurde eine Beute der Werber, und das hieß: ein Kreuz auf dem Schlachtfeld. Doch was besagte das schon in einer Zeit, in der die Rechtssprechung zunächst unter dem Aspekt der Seelenrettung stand.

Seelenrettung: Das ist das Leitmotiv, das ideologische Muster, in dessen Zeichen die Tübinger Theologen drei Jahrhunderte lang als Richter und Zensoren über Menschen so gut wie über Bücher befanden.

Seelenrettung: Das heißt Kampf gegen Häresie und Neuerungssucht an allen Fronten – im Senat so gut wie im Laden der Ursula Negelin.

Jurisdiktion im Zeichen der Seelenrettung – manchmal, wie im Fall Amend, rigid (wobei nicht vergessen sein soll, daß zehn Jahre vorher, 1698, der öffentliche Ankläger gegen den Teufelspaktler noch für Tod plädiert hatte), ein andermal wieder besonnen und milde gehandhabt: gelegentlich am Rande der Durchstecherei.

Jurisdiktion im Zeichen der Seelenrettung bedeutet: Bewahrung der reinen und rechten, wahren und allein-seligmachenden Evangelischen Lehre – ein Bewertungs-Akt, der sich, defensiv, in Verurteilung und Zensur und, offensiv, im Aufnahme-Zeremoniell jener Proselyten manifestiert, die, einerlei, ob sie nun ehemalige Calvinisten, gläubige Juden oder katholische Mönche waren, nach einer Zeit der Bewährung und Prüfung, der evangelischen Unterweisung und gelehrten Examinierung, ihre Widerrufsschrift publizierten – ein Dokument der Konversion, das, während des Gottesdienstes verlesen, den Charakter eines stellvertretenden Bekenntnisses hatte: So wie hier ein einzelner seinem

Irrtum abschwor, würden bald ganze Völker ihre Fesseln abschütteln. («Fesseln» oder «Bande» als Metaphern für die Bindung der Menschen durch die römische Kirche.)

Kein Wunder also, daß die Prüfung und seelsorgerliche Vorbereitung der Konvertiten im siebzehnten Jahrhundert zu den wichtigsten Aufgaben der Tübinger Theologen gehörte. Während man sich im Stift der Studenten annahm, die damals in der protestantischen Hochburg für ein paar Tage, Wochen oder Monate um Unterbringung und kostenfreie Versorgung nachsuchten, hatten die Professoren die Aufgabe, die Spreu der vielen Nassauer, Abenteurer und Spitzel vom Weizen der wenigen Gerechten zu sondern. (Senatsprotokoll von 1757: «Es ist hier ein jüdischer Proselytus und Studiosus Theologicae, der in Halle vier Jahre als Missionarius der Juden mit Nutzen gebraucht worden ist und, wie es scheinet, ein rechtschaffenes Christenthum hat – stehet im Begriff nach Straßburg zu gehen, ist aber sehr arm.»)

Routinearbeit von Theologie-Professoren: ein Alltagsgeschäft, das, selten genug, von einer jener großen Demonstrationen abgelöst wurde, in deren Verlauf, bei Anwesenheit hochgestellter Vertreter von Kirche und Staat – gelegentlich war selbst der Herzog dabei –, ein Konvertit von Rang sein öffentliches Bekenntnis ablegte. Da wurden Widerruf und Aufnahme in der Form eines festlichen Rituals zelebriert, da gewann der Konfessions-Wechsel einer Standesperson die Bedeutung eines Ereignisses, das, durch die Präsenz der Ehrengäste zu einem Akt von geschichtlicher Größe erhoben, weit über das Land hinauswies ... einem Akt, wie ihn sich die württembergische Regierung im Fall jenes Augsburger Jesuiten und Hofpredigers Jacob Reyhing versprach, den an der Universität Tübingen in Schutz und Schirm zu nehmen Herzog Johann Friedrich dem Senat im Januar 1621 befahl: «Ihr möget mit ihm zu gegebenen Gelegenheiten frenntliches conferiren und ihn nach gebühr respectircn – auch nit gestatten, daß ihm um seines endtlichen vorhabens willen, bei unserer reinen Religion Augspurgischer Confession bestendig zu verharren, von irgend jemandem schimpf und despect zugefügt werde.»

Gesagt, getan. Die Universität nahm Reyhing auf, der Magister

Domus des Herzoglichen Stipendiums bot dem prominenten Konvertiten Unterkunft an – und dann überschlugen sich die Ereignisse. Von einem Tag zum andern steht eine jesuitische Gesandtschaft vor den Toren des Stifts, dringt – unter dem Vorwand, mit Reyhing unter vier Augen sprechen zu müssen – in die Wohnung des Ephorus ein und verlangt, als sie vertrieben wird, vom Rektor die Zusicherung, er werde den Konvertiten «so lang arrestiren», bis die Gesandtschaft dem Herzog die wahren Umstände der Reyhingschen Bekehrung klargemacht hätte: Der Mann sei nämlich gar nicht aus Gewissensgründen, sondern aus Angst vor Strafe geflohen – geflohen, weil er, mit einer Weibsperson Wohnung an Wohnung («Losament hart an Losament») lebend, dieselbe bewegt habe, sich «durch das Loch» zu ihm zu verfügen, um – jawohl! – «Ohnkeuschheit» zu treiben.

Auf diese Beschuldigung hin reicht Reyhing dem Senat seine vom Herzog verlangte Rechtfertigung ein – es stimme nicht, daß er neben einer Frauensperson gewohnt habe: sein Nachbar sei vielmehr «ein Jesuiter» gewesen ... und was das Loch angehe, so wäre da ein Durchstieg unmöglich. Auch habe er sich keineswegs, wie seine Widersacher behaupteten, mit einer Ehefrau *abends* um sieben in der Kirche getroffen: *morgens* um sieben sei es gewesen, und bei der «Ehefrau» habe es sich um eine hilfsbedürftige Witwe gehandelt. Kurzum, er bleibe dabei, daß er *propter religionem* und nicht etwa *propter incarcerationem* fortgegangen sei. Wenn es noch eines Beweises bedürfe, daß er recht getan hätte, so bezeuge dies das Ausmaß von Haß und Verleumdung, mit dem ihn seine Gegner verfolgten.

Ein Mann, ein Wort: Der Herzog glaubt dem Asylanten und gibt dem Senat zu bedenken, es sei an der Zeit, daß Reyhing «den im Papsttum gehabten Irrtum» auf der Kanzel bekenne und in seiner, des Herzogs, Gegenwart dem alten Glauben feierlich widerspreche.

Schon wird die Publikation des Widerrufs vorbereitet, schon machen sich die Stuttgarter Zensoren bereit, schon stellt man sich in Tübingen auf einen General-Angriff der Jesuiten ein, eine Attacke aus der Defensive heraus, die Reyhing, der künftige Extraordinarius, gemeinsam mit seinen neuen Kollegen zu beantworten hätte, schon werden alle Vorkehrungen zum Festakt getroffen – da platzt zum zweiten Mal eine Bombe: Das Manuskript des Widerrufs ist verschwunden. Ein Drucker namens Poppenlauer hat die Schrift mit nach Ulm oder Kempten genommen; die Sorgfalt des Offizin-Besitzers Cellius, der das Reisebündel des Gesellen «in gegenwart eines anderen truckhers urkhundtlich eröffnet und mit vleiß durchsuchet», aber von Reyhings Revokationsschrift weder «das Concept noch einig getruckhtes Exemplar» darin gefunden, war vergebens gewesen; vergebens der Befehl an alle Druckergesellen und -jungen, jedermann möge sich eidlich verpflichten, keinem Menschen, wer immer er sei, das Original-Konzept der Revokation vorzuzeigen.

Die Schrift blieb verschwunden, der Senat war blamiert, der Herzog tobte, die festliche Demonstration fiel ins Wasser, Reyhing verstand die Welt nicht mehr, und die Jesuiten, ja, was taten die Jesuiten? Die planten offenbar – dies jedenfalls hatte ein Student namens Textor im Hohenlohischen von Soldaten gehört –, die Professoren Reyhing und Thumm in Tübingen «abzuholen»: «Thumm», hätten die Söldner zu Textor gesagt, «habe wider den Kayser geschriben, darum sollten sie denselben zu Tübingen holen. Item den Reyhing: der Jesuit sey der rechte schelm, welcher wider sein eigen kirch geschriben – darum sollten sie den ebenfalls holen.»

Ob etwas Wahres war an dem Gerücht? Auf jeden Fall bat die Universität den Herzog, er möge besorgen, daß die beiden Männer, Reyhing und Thumm, eine Leibwache erhielten, damit sie «bei ihren Officiis gnädig geschützt und vorschwebender Gefahr enthoben und gesichert sein möchten».

Man sieht, trotz Apian und Kepler, trotz Konkordienformel, Teufelspakt und Zensur, gab es im Zeitalter der orthodoxen Theologie nicht nur Tragödien in Tübingen. Bisweilen wurde auch ein Satyrspiel inszeniert.

Das Fußvolk der Philosophen und die Juristen-Aristokratie

Verfall der Sitten und Verfall der Wissenschaft – Die Artisten-Fakultät als Präparanden-Anstalt – Das Ritual der Magister-Feiern – Glanz und Elend der Disputationen – Vom Studienbetrieb der Juristen – Die zweite Fakultät: Ein Spruch-Kollegium – Tortur und Todesurteil: Professoren entscheiden – Zwei Fälle von Hexerei – Ein Freigeist namens Lauterbach – Mittelalter im achtzehnten Jahrhundert

«Wie wenig findet man jetzo Leute, die alsdenn erst auf die hohe Schulen ziehen, wenn sie dasjenige, was in niedrigen Schulen gelehret wird, gründlich begriffen! Man findet wahrhaftig auf Universitäten nicht wenig Leute, auch unter denen, die da Lehrer abgeben, die von dem, was zur Grammatik gehört, nicht das Geringste verstehen. Also ist es auch mit denen bewandt, welche sich an die Disziplinen der höheren Fakultäten machen wollen und doch nicht die geringste Wissenschaft von der Philosophie besitzen, ja nicht einmahl den Teil unseres Gemüthes, der da raisonniert, recht haben brauchen lernen, sondern einen unausgearbeiteten und schlechten Verstand zu den Schwierigkeiten der höheren Wissenschaften bringen. Da in der Theologie die Kenntniß der heiligen Sprachen so nöthig ist und da auch die Erfahrenheit in einer gesunden Philosophie das Gemüthe gründlich hierzu vorbereitet, so ist allerdings zu beklagen, daß es Leute gibt, die ein so großes Werck mit ungewaschnen Händen anfangen»: So ließ sich am 13. August 1720 einer der mächtigsten Männer in der Geschichte der Alma Mater Tubingensis vernehmen, so hat bei der Übernahme der Kanzlerwürde «vor denen Vätern der Universität und denen sämtlichen Studiosis» jener Christoph Matthäus Pfaff gesprochen, der als Theologe, Hochschulpolitiker und Charakter gleich bemerkenswert ist. (Als Theologe ein Mann der Versöhnung: um Konnexionen zwischen Pietismus und Orthodoxie, Luthertum und Zwinglianismus bemüht. Als

Hochschulpolitiker von der ersten Universität Deutschlands – das war damals Göttingen – und ihrem Kurator, dem Freiherrn von Münchhausen, umworben. Als Charakter eine schillernde Figur: Pedant und Spieler, Diplomat und Moralist in einer Person, ein Würdenträger und ein armer Schelm – wegen eines Sittendelikts mußte der Kanzler Tübingen bei Nacht und Nebel verlassen und in der Provinz untertauchen, in Gießen.)

Pfaffens Rede «Von der Verbesserung der hohen Schulen und Ausrottung der Pedanterey auf derselben», eine Proklamation, die schlaglichtartig erhellt, wie jämmerlich es um die Lehrfähigkeit der Professoren und den Lerneifer der Studierenden, um die Pädagogen-Kunst der Dozenten und die Moral der Scholaren anno 1720 bestellt war, in Tübingen so gut wie anderswo ... Pfaffens Rede ist ein Plädoyer für eine Hochschulreform an Haupt und Gliedern, eine Kampfansage an das Zweck-Studium mitsamt seiner Maxime: «Was bringt Brot?» «Was füllt die Säcke?» und eine Verteidigung der Grundlagenforschung. Eine Verteidigung des *studium generale* und eine Attacke gegen die Scholastik der Fachwissenschaften.

Wie immer das Echo auf diese – zuerst lateinisch gehaltene und dann ins Deutsche übertragene – Rede gewesen sein mag, eins ist gewiß: Die vierte Fakultät wird geklatscht haben, als Kanzler Pfaff die ungewaschenen Hände der Theologen erwähnte. Das war Wasser auf ihre Mühle, das stärkte das Selbstbewußtsein jener Artisten, die, schlecht bezahlt und wenig angesehen, noch zu Beginn des neunzehnten Jahrhunderts innerhalb der Universität als Plebejer inmitten der Feudalherren (der Theologen), der Aristokraten (der Juristen) und der Großbürger (der Mediziner) erschienen. Während die drei oberen Fakultäten Pfarrer, Räte und Ärzte ausbildeten, hatten die Artisten, eine Stufe tiefer, dafür zu sorgen, daß Schüler den Rang von Studenten gewannen, Schüler, die seit dem siebzehnten Jahrhundert – zu dieser Zeit wurde die Burse eine Herberge für arme Scholaren – nur eine einzige Chance hatten, die Wissenslücken in den alten Sprachen, in Dialektik und Rhetorik, Philosophie und Mathematik zu schließen: durch die Unterweisung im Rahmen der Artisten-Fakultät. Nachhilfeunterricht für die Zukurzgekommenen, das war die *eine* Aufgabe jener vierten und letzten, die in einem jahrhundertelangen Kampf gegen die großen drei einen Sieg nach dem andern errangen und dennoch an ihrem Hansentisch blieben. Sie gewannen sehr früh schon die Ehe-Erlaubnis (zu Eberhards Zeiten durften die Dozenten der Artisten-Fakultät nicht heiraten); sie verbesserten im Konzil die Abstimmungs-Modalitäten zu ihren Gunsten; sie machten der Bevormundung durch die Visitations-Fakultäten, der Theologen und Mediziner, ein Ende; aber sie behielten ihre abgetrennten Sitze im Senat, das Zeichen eines minderen Ranges. Während die Theologen den Kanzler stellten, die Juristen sich Herzogliche Räte nannten, die Mediziner als oberste Gesundheits-Beamte fungierten, waren die Philologen Knaben-Erzieher im Dienst der drei Großen, gelehrte Pedelle, wenn man so will, die den vom Land hereinströmenden Nachwuchs vor den Toren der Alma Mater abfingen: *Erst einmal zu uns! Zunächst kommen wir! Stehenbleiben, gefälligst.*

Aber die Studenten, dies war die Crux der Philosophen, blieben nicht stehen: Da half kein herzoglicher Rezeß, kein «ernstlicher Befehl, daß die neu ankommenden *studiosi ad facultates superiores* nicht admittiert werden sollten, bis sie den nötigen Grund *in lectionibus philosophicis* geleget»; da nützte weder der Hinweis auf Zeugnisse, die einer vorlegen müsse, der als Jurist oder Mediziner inskribiert werden wolle, noch die Anweisung an die Professoren der oberen drei, niemanden ohne Prüfung ins Kolleg einzulassen; da war selbst die beschwörende Bitte an die Eltern vergeblich, man möge auf keinen Fall die Kinder die erforderlichen «vorgängig und präparatorischen Teile der Philologie, der Mathesis und Historie» versäumen lassen, sondern solle vielmehr bedenken, daß die zur «hochnöthigen Kenntnis-Anreicherung verwendete Zeit gar wohl wieder hereinkommen» würde.

Alles für die Katz! Umsonst der hundertfach wiederholte Satz, wie schädlich es sei, wenn die Leute gar zu jung auf die Universität kämen und «wohl nicht einmal die nöthigen Fundamenta Latinitatis» mitbrächten; umsonst die Bitten, Drohungen, Reskripte und Zirkulare. Die Studenten lachten darüber – und dies nicht ohne Grund. Die Epoche des schrittweisen Aufstiegs, vom Bakkalar zum Magister in der Artisten-Fakultät und dann, bei den Oberen, dasselbe noch einmal – die Zeit des «Schleusen-Studiums» endete schon im sechzehnten Jahrhundert. Bei den drei Großen wurde kein Bakkalaureat mehr verliehen; man machte gleich seinen Doktor (oder, wenn man die Kosten sparen wollte, sein Lizentiat: als ein sogenannter «nüchterner Doktor»); und was das artistische Magisterium anging, so *konnte* und *sollte* man's haben, bevor man mit dem eigentlichen Studium begann, aber man *mußte* nicht. Anders als in Freiburg, wo die auf ihre Privilegien erpichten Philologen die Rechts- und Heilkunst-Kandidaten noch unmittelbar vor der Doktorprüfung abfingen (und ihnen dadurch nicht selten den Festschmaus versalzten) … anders als in Freiburg, wo selbst Herren von Stand zum versäumten Examen antreten mußten (und auch zur Kasse natürlich), drückte man in Tübingen die Augen zu. Von der Rigorosität der Jesuiten war, jenseits des Schwarzwalds, wenig zu spüren: «Das förmliche Examen eines Subjecti», hieß es im achtzehnten Jahrhundert, «wäre allzu odiös, wenn man ein solches, da es nichts könne, von den superioribus facultatibus zurückhalten würde»; anhalten sei besser als anordnen, raten vernünftiger als befehlen. Werde die liberale «Soll»-Vorschrift durch ein rigides «Muß»-Reskript ersetzt, dann sei zu befürchten, daß Eltern, denen die nötigen Mittel fehlten, ihre Kinder überhaupt nicht zum Studium schickten; und die Ausländer, deren Gelder man schließlich brauche, würden sich, wie das Negativ-Beispiel Freiburg beweise, bequemere Hochschulen aussuchen.

Und so kam es dann, daß die Tübinger Artisten jenen zumindest passabel vorgebildeten Medizinern, Juristen und Stadt-Theologen Grüß Gott und Valet zugleich sagen mußten; so kam es, daß die Philologen, um jedenfalls noch den einen oder anderen an ihre Krippe zu locken (denn jeder Hörer und Examenskandidat brachte Geld), ihre Anforderungen mehr und mehr senkten. Warum, fragte die Visitationskommission, magistriert die Fakultät Studenten, die absolut unfähig sind? Antwort der Professoren: «Weilen die Herren versprochen, sich nach erlangtem gradu zu bessern.» So kam es, daß die Artisten neben den Klippschülern im Grunde nur eine einzige Gruppe – die mächtigste freilich! – ausbilden durften: die Stipendiaten des Stifts, die geistliche Elite, deren Mitglieder erst nach dem philosophischen Magisterium das Studium der Theologie aufnehmen konnten. Zwei Jahre Philosophie und drei Jahre Gottesgelehrtheit – so war es in Schwaben vom sechzehnten bis zum neunzehnten Jahrhundert Gesetz.

Kein Wunder also, daß die Kernmannschaft der artistischen Fakultät, der Lehrer der Logik und der Professor der Moralphilosophie, der Mathematiker, dem auch die venia legendi für Physik übertragen war, der Gräzist, der Hebraist und der Professor für Eloquenz, Poesie und Geschichte ... kein Wunder, daß die fünf oder sechs Lehrstuhlinhaber Jahr für Jahr nach den Klosterpromotionen Ausschau hielten – den gewöhnlichen und den Genie-Promotionen mit dem Strauß, dem Vischer und dem Hölderlin –, daß sie schier verzagten, wenn die Promotion einmal ausblieb, weil, wegen der Nöte der Zeit, vier Jahre zuvor kein Landeskind in ein niederes Kloster aufgenommen worden war, daß sie den Geldverlust berechneten, der ihnen durch den Ausfall der Bakkalaureats- und Magisteriums-Prüfungsgelder entstand: Keine Kleinigkeit für einen Professoren-Haushalt, wenn man bedenkt, daß es Jahr für Jahr zwanzig Kandidaten vom Schlage Hölderlins gab, die, bevor sie sich Magister nennen durften, erst einmal hundert Gulden an den Fiskus abführen mußten. («Der Viscus», schreibt Hölderlin anno 1790 an seine Mutter, «das ist die Kasse, die den Herren Professoren in die Fike fällt»: alleweil in den Beutel damit!)

Die Promotion *ad primam lauream*, das Bakkalaureat, und *ad secundam lauream*, das Magisterium: Das waren die Höhepunkte im akademischen Jahr der Artisten – Ereignisse, die sie über den Frondienst des Alltags hinwegtrösteten, über die Zumutung zum Beispiel, ungebildete Stadtstudenten in die Anfangsgründe des Hebräischen einführen zu müssen: Eine Aufgabe, die einem Hauslehrer und Informator wohl anstehen mochte, für einen Professor dagegen beleidigend war und ihm doch wieder und wieder abverlangt wurde. («... mußte ich mich im dociren zu den ersten anfangsgründen herunterlassen», heißt es dann im Protokoll.)

Gottlob also, daß es, im doppelten Sinne des Wortes, die Promotionen gab! Jedes Jahr ein neues Fest: schon Monate vor der Ankunft des gelehrten Kontingents wurden die Termine bestimmt (nach Möglichkeit in der Vakanz), wurde der Prüfungsbeginn festgesetzt (sieben Uhr morgens im Fakultätshaus) und die Reihenfolge besprochen, in der die Examinatoren auftreten sollten – ein Ritual, das, vom Durchgang am Globus bis zur Explikation des griechischen Texts, bis ins Detail hinein auskalkuliert werden wollte. Und dann, wenn das Examen vorbei war, ging es erst eigentlich los: Dann begann das berühmte Schwaben-Geschäft des Lozierens – wer gehört auf welchen Rang? –, dann wurde gefeilscht und getuschelt, der eine wollte anheben, der andere drücken. Man mußte Bündnisse schließen und Kompromisse eingehen; dann wurde umloziert und das Gesamtgebäude, kaum war es errichtet, wieder über den Haufen geworfen; dann schlugen Mehrheit und Minderheit trojanische Schlachten um jeden Platz: «In der am 17. Octobris 1753 nachmittags vor Amplissima Facultate Philosophica vorgenommenen Location», geben am Tag darauf zwei Professoren zu Protokoll, «ist der Candidatus Esenwein vom anfänglich vierzehnten auf den dritten und, nach vielen gemachten Vorstellungen, dennoch hernach auf den vierten Platz hinauf gesetzt worden; wider welches wir uns auf das Entschiedenste hiermit verwahren *(vi huius protocolli, protestando hiemit verwahren).*»

Vergebens der Versuch des Senats, die Umlozierung über mehr als fünf Plätze hinweg für sich selbst zu reklamieren: Der Kampf *intra muros* ging weiter – und die Diplomatie *extra muros* erst recht. Wenn die Partie in der Fakultät verloren war – sei es, weil es an der Intelligenz des Kandidaten oder an zuverlässigen Bundesgenossen gebrach –, dann gab es immer noch die Möglichkeit, das Blatt durch eine entschlossene, von außen her eingeleitete Attacke zu wenden: «Heute wurde von Ihrer Hochfürstlichen Durchlaucht, der verwitweten Herzogin, ein Empfehlungsschreiben für den Candidaten eingehändigt, ihn, da er zum ultimo destiniret war, in die Mitte zu locieren, auf welche gnädigste recommendation hin die reflexierung gemacht und der Candidat in den achtzehnten locum gesetzt worden ist.»

Gestern der letzte und heute ein braver Scholar in der Mitte des Feldes … keine Rangordnung war so fest, daß sie des Königs reitender Bote nicht umstürzen konnte. Wenn der Hof sein Wörtchen sprach, wenn Exzellenzen ein Ersuchen und Fürstliche Gnaden eine Bitte äußerten, dann war für Fakultät und Senat der Wunsch ein Befehl. Wie anders wurden ein Stiftler, wie anders ein adliger Knabe empfangen, wie anders die *misera plebs* der Stipendiaten, sosehr man ihr Kommen ersehnte, und das Kind von Geblüt: «Den 17. December vormittags um 11 Uhr», notierte anno 1783 der Orientalist Schnurrer ins Dekanats-Buch, «erschien der Herr Graf Anton Eusebius von Königseck-Aulendorf in Begleitung seines älteren Bruders und seines Hofmeisters, eines Weltgeistlichen, auf dem Fakultaet Hauß. Der Decanus ging denselben biß an die Treppe entgegen, die übrigen Mitglieder empfingen sie in dem vorderen großen Zimmer. Nach einigen Höflichkeits Bezeugungen wurde Plaz genommen und zwar so, daß an der rechten Seite herab oben neben dem Decanus der ältere Herr Graf, hierauf der jüngere und weiter herunter sein Herr Hofmeister zu sizen kam. Herr Professor Bök examinierte den Herrn Candidaten aus der Logik, lateinisch, welcher auch im Verhältniß zu seinem Alter, da er erst vierzehn Jahre alt ist, ziemlich artig antwortete. Nach geendigter Prüfung schrieb der Herr Graf seinen Nahmen in die philosophische Matrikel ein, und darauf ging man auseinander. Das Diplom, gedruckt, besiegelt und vom Dekan unterschrieben, wurde sodann durch den Pedell überschickt.»

Quod licet Iovi, non licet bovi: Während dem Herrn Grafen mitgeteilt wurde, man gedenke, ihm bei Gelegenheit seiner Reise nach Straßburg einige logische, historische und auf die Mathematik bezogene Fragen zu stellen (in der Form eines Gesprächs, wie sich verstünde, das Diplom sei schon in Arbeit, das *album baccalaureorum* läge bereit), während das Kind von Stand geruhte, einen Grad anzunehmen, sahen sich die Klosterschüler aus Maulbronn, Blaubeuren oder Behenhausen einem erbitterten *concours* ausgesetzt – einem Examen, das gelegentlich so miserabel ausfiel, daß die Professoren sich genötigt sahen, den Scholaren erst einmal Nachhilfeunterricht zu erteilen.

Und dann auf ein neues! Und dann die Feiern! Disputationen und festliche Reden, Nachtmahlzeiten und Bescheidessen, das große Zeremoniell des Promotions-Akts mit dem Aufsetzen des Huts, der Besteckung des Rings und der Übergabe des offenen und geschlossenen Buchs: ein Zeremoniell, das sich bis zum Ende des achtzehnten Jahrhunderts Jahr für Jahr wiederholte, bis es, zum Ritual erstarrt, ein Opfer des studentischen Übermuts wurde (halb *happening*, halb Selbstparodie), so daß der Hof, der in dem obsoleten Brauch eher eine Veranlassung zur Spötterei als zur nützlichen Ermunterung sah, auf rasche Abstellung drang: Der ursprüngliche Sinn der Handlung sei längst verlorengegangen, man möge sich künftig auf Reden beschränken und Hut, Ring und Buch archivieren.

Was sollten die Professoren tun? Da die Studenten lachten und der Hof Gelächter bei Solennitäten nicht schätzte, blieb ihnen nur eins: sich zu fügen. Ob aus List (weil nur die Zeremonie, nicht aber die Meister- und Gesellen-Krönung selbst gefährdet war, nicht die Einkünfte, die man collegialiter verteilte, wobei auch die Witwen kürzlich verstorbener Professoren ihren Anteil erhielten), ob aus Gleichgültigkeit oder aus Überzeugung – das mag dahingestellt sein. Die Zeugnisse sprechen dafür, daß die Schaudisputationen, bei denen sich die Kandidaten mehr und mehr auf die Technik ihrer Sekundanten, die Kunstfertigkeit der Repetenten verließen, den Fakultäts-Genossen am Ende selbst nicht mehr behagten: «Zum Zeremoniell des Magisterwerdens», schreibt einer, der es wissen mußte, der Tübinger Magister, Diplomat und homme de lettres Karl Friedrich Reinhard, «gehört außer der Disputation am Promotionstag die Ehre, drei Stunden lang einem neugierigen Volke zur Schau zu stehen und bei Überreichung der Insignien sich vom Dekan der Fakultät lateinische Sottisen machen zu lassen. Sobald man Magister ist, bekommt man im Stift täglich eine Kanne Wein und studiert – Theologie. Zwanzig bis dreißig Kandidaten stehen [während der Verteidigung der Thesen] vier Stunden lang in einer dreifachen Reihe auf dem Katheder aneinander gereiht, wie Ruderknechte, und fächeln sich aus Langeweile mit dem Bogen Papier, auf dem die Thesen gedruckt stehen, um den Schweiß abzutrocknen, der ihnen von den Einwürfen der Opponenten abgepreßt wird. Sie assumieren, wenn sie können, und der Präses antwortet.»

Ein läppisches Spiel, in der Tat. Eine Schar von neunzehnjährigen Magistranden defendiert die vom Philosophie-Professor verfaßte Dissertation (Hölderlin und Hegel hatten eine Studie *Über die Grenze menschlicher Pflichten bei Ausklammerung des Unsterblichkeitsproblems* zu verteidigen), zwanzig junge Gelehrte verbreiten sich, unter Assistenz der Repetenten, über die ihnen vorgelegten fünf Thesen, lassen sich examinieren und werden – zum wievielten Male? – loziert. (Hegel hat Jahre daran getragen, daß er einmal nur der vierte war – weit davon entfernt, jenem Primus den Rang streitig zu machen, nach dem die Promotion sich benannte, aber immer noch gut genug, um seinen Kompromotionalen Hölderlin, zu dessen Kummer, auf einen weiter unten gelegenen Platz zu verweisen: «Daß ich in der Lokation um die zwei Stutgarder, Hegel und Märklin, heruntergekommen bin», wurde nach Nürtingen mitgeteilt, «schmerzt mich eben auch ein wenig.»)

Disputation anno 1790: Das war Rollenspiel und Abfragerei, Mechanismus und Drill, ein lateinisches Zeremoniell, das seinen Sinn in einem Augenblick eingebüßt hatte, als die Muttersprache jene Genauigkeit und Differenzierungs-Kraft gewann, die nötig war, um Gedanken-Operationen mit gleicher Exaktheit wie im vertrauten Latein durchzuführen – nicht minder präzise, aber weit individueller, subjektiver und nuancierter. Seltsam zu denken: Wären Hölderlin, Schelling und Hegel ein halbes Jahrhundert vorher geboren, dann hätten sie im Tübinger Stift nicht nur im zeremoniellen Disput, sondern auch in privaten Diskussionen über Gedanken-Probleme lateinisch gesprochen. «Obwohl man einen deutlichen Vortrag in unserer Muttersprache in Collegiis und Auditoribus je und je wohl verstanden hat», heißt es 1725 in der Expertise der Philosophischen Fakultät über die Wolffsche Philosophie (einem Parallel-Votum zum Gutachten der Theologen), «so fassen doch unsere an das latein gewohnte auditores in disciplinis philosophicis die schwehrsten Lehren ungleich beßer im Lateinischen als im Deutschen; wie denn die tägliche erfahrung lehret, daß diejenigen, denen die philosophischen lehren in teutscher sprache beygebracht worden, weder in disputationibus noch in erlernung ihrer lateinischen kunstwörter, definitiones und distinctiones so glücklich sind wie diejenigen, welche in der Mutter-Sprache derer Gelehrten [im Lateinischen also] von anfang an zur erkenntnis der wahrheit angeleitet» worden sind.

Nur keine Neuerungen – das Gebot der Theologen ist auch das Gesetz der Philosophen: Darum, den Attacken der Gottesgelehrten gegen die Neutönerei der Zinzendorfianer und Pietisten vergleichbar, der Kampf gegen das Deutsche als Gelehrten-Diktion («weilen der Vortrag dieses Mannes durchgehends teutsch ist»: 1725 ein vernichtendes Urteil!); darum die pädagogischen Bedenken, ganz im Sinn der Ersten Fakultät, gegen die «modischen Subtilitäten» der Wolffschen Philosophie (der Anfänger, so das Gutachten von 1725, könne leicht der Brillanz einzelner Sätze erliegen und aus provokanten Axiomen unzulässige Folgerungen ziehen); darum das Festhalten am lateinischen Arguieren, Respondieren, Defendieren – am Ritual der Scholastik, dessen Praktiken einer vom fünfzehnten bis zum achtzehnten Jahrhundert beherrschen mußte, wenn er, auf gemeinsamem Boden mit seinem Gegner, die Streitgespräche und kontrovers-theologischen Debatten durchstehen wollte. Ohne die Beherrschung der *ars disputandi* mitsamt ihren Finessen, den rhetorischen Schlüssen und dialektischen Tricks, wäre keine einzige wissenschaftliche Diskussion zustande gekommen. Die Parteien hätten sich mit dem Verlesen von Monologen begnügt.

Und wie elegant, wie leidenschaftlich und witzig werden diese Tübinger Dispute – ungeachtet aller Formalisierung und Pedanterie, der Vorgeprägtheit und dem Litaneihaft-Typischen zum Trotz – oftmals gewesen sein! Tausendmal langweilig und das tausendundeinste Mal plötzlich amüsant und verwegen! Poesie statt Drill, sobald ein Nikodemus Frischlin kam und seine Schüler über die sieben freien Künste (welche hat Vorrang?) oder die fünf Sinne (welcher ist der wichtigste?) diskutieren ließ! Wieviel Leidenschaft und Engagement war im Spiel, wenn die Scholaren ihre nüchternen lateinischen Debatten, bei Tag in der Aula geführt, abends im Wirtshaus weinselig und auf gut deutsch fortsetzten; wenn sie sich hinreißen ließen und, in hitziger Rede, mit gezücktem Messer und geballter Faust, den Gegner anpackten: *Fervore disputationis*, im Eifer des Streitgesprächs, wie es hernach in den universitären Gerichtsprotokollen hieß – in Protokollen, die selbst im deutsch-lateinischen Amtsstil die Verve jener Debatten durchschimmern lassen, in denen der Spaß an verwegenen Syllogismen am Ende zu purer Rauflust ausartete.

Der Blasphemie-Prozeß gegen den Studenten der Theologie Hartmann Causius, 1581 geführt, macht deutlich, wie ein Wort das andere gab in diesen Disputationen ohne Reglement, bei denen alle Beteiligten «des Weins viel gehabt»: A fragt B, ob Jesu Leib und Blut im Nachtmahl sei. (Die Ubiquitätslehre als Kneipen-Thema!) B bejaht und fragt zurück, ob Maria vor und nach der Geburt eine Jungfrau gewesen. A repliziert: «Ich glaub', daß Maria vor der Geburt eine Jungfrau gewesen, aber nach der Geburt, da scheiße ich auf ihre Jungfraunschaft.» An dieser Stelle schaltet sich C ein und bringt, von Theologe zu Theologe, eine These Luthers ins Spiel. Darauf A: «Luther? Auf den scheiße ich auch!« Dagegen B: «Dann gibst du zu, daß du mir im Disputieren nicht beikommen kannst.» A (als Hesse an den Tübinger Wein nicht gewöhnt): «Du neugebackener Magister! Du bist ja nicht einmal wert, den Namen eines Bakkalaren zu tragen! Was willst du schon wissen? Du weißt weniger als ein ABC-Schütz in der Lateinschul!» Und dann, mit einem bösartigen Ausfall auf die Professoren: «Man nimmt hier Geld und promoviert Esel zu Meistern – Esel wie dich!» Nun wieder B: «Selber Esel! Kannst ja nicht einmal einen Syllogismum formieren!» Darauf A in höchster Erregung: «Bist du ein ehrlicher Magister, so komm mit mir auf die Wiese zum Neckar. Da will ich dir einen Syllogismum formieren.» Und so geschah es dann. Zimmerleute, die in dieser Nacht einen Galgen aufrichteten, wurden Zeugen eines Kampfes, der, so das Protokoll, *disputandi gratia* begann und später, als alle «beweynt» waren, grausam zu Ende ging. Am Morgen nach dem Disput meldete sich B, der «nahezu leblos» wirkte – das Gesicht blutüberströmt und verquollen –, beim Rektor und bat darum, seine Magister-Ehre und die Ehre seiner Lehrer, die ihn mit Bedacht und nicht aus Geiz promoviert hätten, vor den Schmähungen seines Kontrahenten zu schützen.

«Der Satan ist unter die Kinder Gottes gekommen», rief im Senat ein entsetzter Professor, als der Rektor die Geschichte der Abendmahls-Debatte erzählte. Vom Wortstreit zum Faustkampf – eine Geschichte, die beweist, wie unscholastisch und mit wieviel Emphase in Tübingen, zu Zeiten der Orthodoxie, debattiert worden ist und wie mühelos sich der Übergang vom Syllogismus zum Duell, vom logischen zum physischen Griff, bewerkstelligen ließ, wenn es um Fragen wie Luthers Abendmahl-Exegese oder Mariens Jungfernschaft ging.

Wissenschaft und Leben, Theorie und Praxis gehörten zusammen: Man disputierte im Hörsaal und in der Kneipe – und dies, da in der Philosophischen Fakultät nicht nur über Logik und Metaphysik, sondern auch über Hydraulik und Chaldäisch, Architektur und Festungsbau, Türkisch und Mathematik, Kartographie, Landesgeschichte und Theologie doziert wurde, auf allen Gebieten. Der Poet Frischlin las über Astronomie, und der Mathematiker Schickard war eine Koryphäe auf dem Gebiet der orientalischen Sprachen – Erfinder einer Rechenmaschine, der den Koran verstehen konnte! Weltfremde Gelehrte, geduckte Scholastiker waren sie gewiß nicht, die Professoren der unteren Fakultät. Das Arrangement ihrer Festmähler und aristotelischen Frühstücke zeigt, daß sie nicht schlechter als ihre Kollegen aus den drei höheren Gremien zu leben verstanden. So bescheiden ihre Zubringerrolle auch war, und so gewiß es ist, daß sie sich erst dann emanzipierten, als sie, im neunzehnten Jahrhundert, nicht mehr Theologen vorschulen mußten, sondern Lehrer ausbilden durften, so augenfällig ist es auf der anderen Seite, daß gerade die Kleinen, aber nicht Feinen, die Plebejer im akademischen Gemeinwesen, eine Art von Witz entwickelten, wie er sich im Kreis der großen drei in dieser Form niemals herausgebildet hat. Da paart sich Ironie mit Realismus, Anschaulichkeit mit Distanz, da kristallisiert sich Humanität in scherzhafter Pointe («Es wurde beschlossen, dem Candidaten den halben Fiscum zu schenken; wo er aber sollte ultimus werden, ihme zur consolation das gantze nachzulassen»), da spricht sich die Weisheit der Gebeutelten aus («Am 12. September wurde beschlossen, ein Magister-Convivium zu halten, wann keine feindliche Invasion geschihet»), da verfremdet man pedantische Erlasse, indem man sie doppelt pedantisch beantwortet, und macht derart aus einem zwiefachen «Ja» ein schallendes «Nein»: Als der Herzog anno 1777 verlangt, daß die Professoren alle unfleißigen Studenten dem Inspektorat anzeigen möchten, da respondiert die Fakultät in einer Weise, die mit wahrhaft Brechtscher List das behördliche Verlangen lächerlich macht. Leider, so das Consortium der Plebejer, sei es nicht möglich, die «gar unfleißigen zu erkennen, eben deßwegen, weil sie so unfleißig kömmen; auch könne ein Professor, der ein kurzes Gesicht habe, die entfernten Auditores nimmermehr unterscheiden», und zum dritten sei es «sehr schwer, aus einem großen numero die etwa fehlenden zu bemerken». Das ist die Schalks-Sprache der Kleinen, der Witz der Geduckten – eine Diktion, die, Anpassung vortäuschend, den Befehl denunziert.

Die Großen haben anders gesprochen: *wie* anders, das zeigen die Voten, Protokolle und Konsilien jener Fakultät, der juristischen, deren Vertreter jahrhundertelang unter den Tübinger Professoren die weltläufigsten waren – Männer, die das Vertrauen des Landesherrn hatten und mit den fürstlichen Konsulenten korrespondierten: Berater der Reichsstädte und Vertraute jener Herren von Stand, die ihres Rates bedurften. Die Juristen – seit der Reformation fünf Kenner des *corpus iuris* und ein Spezialist auf dem Gebiet des kanonischen Rechts – waren die Diplomaten der Universität; sie führten den Schriftwechsel in schwierigen Fällen und berieten den Rektor, wenn es um Grundsatzfragen ging; sie repräsentierten die Hochschule nach außen und gaben ihren Forderungen dem Hof gegenüber Gewicht. Sie vertraten das Herzogtum auf den Reichstagen und hatten, von der Gelehrtenbank des Hofgerichts aus, Einfluß auf die Rechtssprechung des Landes. Ihr Senior war Erster Referent und bestimmte, da er das *primum votum* abgeben durfte, die Urteilsgebung einer Institution, die zweihundertfünfzig Jahre lang, von 1550 bis 1806, in Tübingen residiert hat.

Kein Wunder, bei alledem, daß die Juristen, mit den Philosophen verglichen, wie Könige auftreten konnten. Hatten sich die einen um die *principia grammatica* zu kümmern, die den Sechzehnjährigen nicht eingehen wollten, so verkehrten die anderen als Geheime Räte und Konsistorialdirektoren in den ersten Kreisen des Landes.

Die Juristen waren Praktiker. Sie wußten, daß der Lehrbetrieb der Universität, um den Anforderungen der Zeit zu entsprechen, radikal modernisiert werden mußte – sie sind die ersten gewesen, die neue Unterrichtsformen durchsetzten. Statt der altvorderlichen Stellen-Auslegung, Punkt für Punkt und Paragraph für Paragraph, wurden, seit dem sechzehnten Jahrhundert, Sachzusammenhänge erörtert; die systematische Darbietung, mit dem Ziel vorgetragen, eine Enzyklopädie der Jurisprudenz zu entwickeln, ersetzte die analytische Text-Exegese; die am römischen Recht orientierte Benennung der Lehrstühle hinderte nicht, daß die Pandekten- und Codex- und Institutionen-Professuren mehr und mehr von Spezialisten bekleidet wurden, die, statt über die ihnen zudiktierten Teile des *corpas iuris* zu lesen, sich auch mit dem Strafrecht und der Rechtsphilosophie, mit dem Prozeßrecht und, seit dem achtzehnten Jahrhundert, mit dem *ius patriae*, der württembergischen Jurisdiktion, beschäftigten.

Während sich der Unterricht in den drei anderen Fakultäten nur in Nuancen veränderte – Fuchs, Camerarius und Brenz wären kaum in Schwierigkeiten geraten, wenn sie im achtzehnten Jahrhundert für einen erkrankten Kollegen hätten einspringen müssen –, war es den Juristen gelungen, nicht zuletzt dank ihrer praxisbezogenen Privatvorlesungen, den Studienbetrieb methodisch so gut wie inhaltlich zu modernisieren. Der große Johannes Sichard hätte sich die Augen gerieben – *wohin hat's mich verschlagen?* –, wenn er im achtzehnten Jahrhundert Fakultätsdebatten hätte mitanhören müssen, in denen es um den Ausschluß weiter Fachgebiete aus der Behandlung des Römischen Rechts ging: um lokales Recht, Kameralistik und Polizeiwissenschaft.

Wenn – in bescheidenen Grenzen natürlich – eine Tübinger Fakultät zwischen dem sechzehnten und achtzehnten Jahrhundert das Attribut «originell» verdient, dann die juristische; wenn man Persönlichkeiten sucht, Männer, die ungewöhnlich waren, geprägte Individuen und keine Typen, dann muß man sich, trotz Crusius und Fuchs, Frischlin und Thumm, zuerst bei den Juristen umsehen.

Unzeitgemäße, Ketzer und Aufklärer, zwielichtige Figuren und barocke Repräsentanten; da gab's, im sechzehnten Jahrhundert, den großen Charles Dumoulin alias Carolus Molinaeus, der es mit Calvin hielt (auch mit ihm korrespondierte) und für kurze Zeit in Tübingen Herberge fand. Der prominenteste Jurist seines Jahrhunderts wollte am Neckar eine *cité universitaire* errichten, mit zweihundert heizbaren Zimmern und einem eigenen Fleischerbetrieb für seine Hörer, mit einer Spezialdruckerei und der Erlaubnis, seine antipapistischen und antilutherischen Pamphlete ungestört verbreiten zu dürfen (Molinaeus pflegte die Anhänger der Ubiquitätstheorie als Narren und Fanatiker zu bezeichnen). Kein Wunder, daß er nur ein paar Monate in Tübingen blieb; da gab es den paduanischen Juristen Matteo Gribaldi, auch er ein hochberühmter Mann, auch er ein Refugié, auch er nur ein flüchtiger Gast. Der Italiener glaubte nicht an die Trinität und gab sich halsstarrig, als man ihm Gelegenheit gab, im Senat seinen guten Willen zu zeigen. (Das Protokoll vom 27. Juli 1555 zeugt von allgemeiner Verwirrung: «Darauf die Herrn lang disputirt und letztlich concludirt, dieweil er die locos sacrae scripturae nit recht verstand und also drei unterschiedliche Götter gleichwohl in einer Substanz mache, daß zuvörderst die Herren Theologen ihm zu verstehen geben, wie und wo er fehle oder irre. Und auf künftigen Donnerstag soll man um 6 Uhr wieder zusammenkommen und mittlerweile die Theologen sich darauf gefaßt machen.»)

Mediziner, Artisten und Gottesgelehrte zeigten sich im allgemeinen rechtgläubig, so daß der Bannstrahl der herzoglichen Visitatoren nicht die Gelehrten selbst, sondern – und auch das nur in einem einzigen, freilich spektakulären Fall – ihre Ehefrauen traf. («Die Hausfrauen der Professoren Hamberger und Crusius», heißt es in einem Reskript von 1591, «fluchen und schwören, hängen der Trunkenheit nach, lassen ärgerliche Reden fahren, schwänzen die Predigt, handeln in der Haushaltung nach ihrem Belieben und machen sich verdächtig, indem sie häufig aus der Stadt gehen und nach Lustnau und Derendingen ziehen.») Unter den Juristen dagegen gab es – zumal im sechzehnten und siebzehnten Jahrhundert – im Gegensatz zu den anderen Fakultäten – immer wieder einen Mann, der seinen eigenen Weg ging. Und was das bedeutete, zeigt der Fall eines Gelehrten, dem noch Jahrhunderte nach seinem Tod der Ruf des Verräters nachhing: der Fall des Christoph Besold.

Hier ging es nicht um einen Refugié, einen Franzosen oder Italiener, für dessen Erziehung der Senat kaum verantwortlich war – hier hatte sich einer aus den eigenen Reihen vergangen: ein Mann, den man im Jahre 1610 mit dem Bemerken auf den Pandekten-Lehrstuhl berufen hatte, daß «Christophorus Besoldus Tubingensis», der sich «von jugent auf eines eingezogenen gottseligen und friedfertigen wandels befleißiget» habe, «in studio Juris trefflich wol fundiert» sei, über ein «sittsam kaltsinniges ingenium» verfüge, als «guter Historicus und Politicus» gelte, «allzeit nützliche Bücher geschriben» habe, wodurch er auch bei den Ausländern «in sondern guten ruff und ansehen» stünde ... und dies um so mehr, als es ihm gelungen sei, «bei löblichem Hofgericht und an anderen sowol in alß außer disem Herzogthumb gelegenen orthen advocando eine excellente gelehrsamkeit», rechtschaffenen Sinn und exquisites Urteilsvermögen zu demonstrieren. Und ausgerechnet dieser Besold hatte, in einem Votum von entscheidendem Gewicht, gegen die Interessen des Landes plädiert. Die Katholiken, so seine These, hätten Anspruch auf die im sechzehnten Jahrhundert reformierten württembergischen Klöster. Das war das Urteil eines Mannes, der wenige Jahre darauf konvertierte und, da man ihm vorwarf, seinen Entschluß über Jahre hinweg aus diplomatischen Gründen verborgen zu haben, von nun an – zweihundert Jahre vor David Friedrich Strauß! – in Tübingen als Judas redivivus galt. Während ein Jakob Reyhing, von den Jesuiten bedroht, in Württemberg Asyl erbat, ging Besold, nach Ingolstadt fliehend, den entgegengesetzten Weg, und das hat man ihm, wie noch Pamphlete aus dem neunzehnten Jahrhundert beweisen, auf protestantischer Seite niemals verziehen. Da zeige es sich, hieß es nach Besolds Übertritt, wie weise doch die Verordnung sei, daß nur ein Theologe Kanzler sein dürfe. Man möge bedenken, was aus der Universität geworden wäre, um 1630, wenn ein Konvertit das Kanzellariat besetzt hätte!

Nun, ein Fall Besold wiederholte sich nicht. Die genialischen Außenseiter des sechzehnten Jahrhunderts wurden durch Vertreter bodenständiger Familien abgelöst, die Harpprechts voran, deren Rechtgläubigkeit unbezweifelbar war. Der Schild der zweiten Fakultät blieb makellos. Nach Besold gab es keine schwarzen Schafe mehr, wohl aber eine kleine Schar von Juristen, die, als Lehrer und Diplomaten, Richter und herzogliche Räte, Kammerpräsidenten und Reichstagsabgeordnete, ein Leben führten, das, nicht zuletzt unter kulturhistorischen Aspekten, eine detaillierte Beschreibung verdiente: Angefangen bei einem Mann, Wolfgang Lauterbach, um dessen Kollegien willen im siebzehnten Jahrhundert die Studenten aus ganz Deutschland nach Württemberg kamen, und endend mit einem Gelehrten, Karl Georg Wächter, dem Kanzler der Tübinger Universität zwischen 1835 und 1848, von dem ein Zeitgenosse gesagt hat, er sei der einzige Jurist seines Jahrhunderts, dem man zutrauen könne, daß er eine Kommissions-Arbeit vom Rang des Bürgerlichen Gesetzbuchs im Alleingang bewältigen werde. (Wäre Wächter jünger gewesen: er *hätte* es wahrscheinlich gekonnt.)

Dreihundert Jahre lang waren die Professoren der juristischen Fakultät – in Tübingen und anderswo – Gelehrte und Richter in einer Person; dreihundert Jahre lang sandten die Gerichte ihre Akten vor der Urteilsverkündung an Schöffenstühle und Fakultäten: *taten* es, weil die Laienrichter, mit dem Gemeinen Recht und den Artikeln der Carolina wenig vertraut, einer Instanz bedurften, die sachkundig war, *konnten* es im Zivilprozeß, *mußten* es (nach württembergischer Gesetzgebung: kodifiziert im achtzehnten Jahrhundert) in Strafprozessen zumindest dann tun, wenn der Fall nicht eindeutig war, *mußten* es tun – seit dem Jahr 1644 –, wenn sie darauf verzichten wollten, ihr Urteil ohne Begründung an die herzogliche Kanzlei einzusenden, *mußten* es tun, wenn es um die Frage «Tortur oder nicht?» ging, *mußten* es tun, sobald die Anklage auf Zauberei lautete oder der Beklagte die Aktenversendung nach auswärts erbat.

Zwanzigtausend Urteilssprüche und Konzilien hat die Fakultät zwischen dem sechzehnten und dem neunzehnten Jahrhundert signiert – von Herzog Ulrichs Zeit (vor der Reformation durften die Professoren, als Kleriker, über Leib und Leben nicht richten) bis tief ins neunzehnte Jahrhundert hinein. Anno 1837 eingeschränkt, während der Revolution von 48 neu bestätigt, blieb die Spruchgerichtsbarkeit der Universitäten zumindest formal bis zum Jahr 1879 bestehen. Erst die Reichsjustizgesetze hoben das Recht der Fakultäten auf, in zivilen und peinlichen Prozessen Konsilien und Urteile zu formulieren.

Zwanzigtausend Aktenstücke, die meisten davon im siebzehnten und achtzehnten Jahrhundert! Da hatten sechs Ordinarien, unter Assistenz von einigen Hofgerichts-Assessoren, Schwerarbeit zu leisten; da mußten der Dekan als Vorsitzender und die Lehrstuhlinhaber als Beigeordnete nach einem genau kalkulierten Geschäftsplan vorgehen – von der Bestimmung des Referenten über den Abstimmungs-Modus und die Honorar-Festsetzung bis hin zur Frage der Endredaktion: In welchem Duktus? Und wie ausführlich? Da war ein Gremium am Werk, dessen Urteilsbegründungen das Ziel verfolgten, eine kontinuierliche Jurisdiktion zu garantieren; da hatte eine Fakultät, neben dem Hofgericht und der Kanzlei, die kriminalistische Rechtssprechung im gesamten Land in der Hand; da befand – immer unter der Maxime *das wichtigste vorweg* – ein Spruchkollegium über Alltagsprobleme (hat der Schwängerer eines unverheirateten Mädchens die Kaiserschnitt-Kosten zu zahlen?), über peinliche Affären (soll Keplers Mutter gefoltert werden?) und über Fälle, die den Rang von Haupt- und Staatsaktionen besaßen. Die Tübinger Juristen-Fakultät war es, die 1836 das Urteil gegen die am Sturm auf die Frankfurter Hauptwache beteiligten Studenten formulierte: *lebenslänglich* mit Rücksicht auf die Unreife der Delinquenten. Die gleiche Fakultät leistete ein Jahr später den Göttinger Sieben Schützenhilfe, als sie in einem Rechtsgutachten die vom Hannoverschen König verfügte Aufhebung des Staatsgrundgesetzes für verfassungswidrig erklärte. Beide Voten, das Urteil über den Frankfurter Handstreich und die liberale Hannoversche Expertise, machen deutlich, wie groß das Ansehen des Tübinger Spruch- und Konsulenten-Kollegiums auch – und gerade – dann noch war, als die Fakultät, nach dem Universitäts-Statut von 1811, nicht mehr für württembergische, sondern nur noch für auswärtige Gerichte urteilen durfte. Da zeigte sich der Respekt vor einer richterlichen Korporation, die – ehe im achtzehnten Jahrhundert die große Zeit von Halle, Jena und Leipzig begann – einmal, neben Wien, die geachtetste Instanz des Deutschen Reiches war – und dies trotz der Tatsache, daß die Tübinger Urteile, eins mit dem andern verglichen, von einer Widersprüchlichkeit sind, die sich mit dem erklärten Ziel, durch den Entwurf verbindlicher Kategorien Rechtssicherheit zu garantieren, beim besten Willen nicht vereinbaren läßt.

Zumal im Grenzbereich von Recht und Ideologie, von Glauben und Gesetz – dort, wo es um Teufelspakt, Aberglauben und Zauberei geht –, sind den willkürlichen Interpretationen Tür und Tor geöffnet. Da wird mit den gleichen Argumenten ein Todesurteil begründet, mit deren Hilfe man, in anderer Besetzung, fünfzig Jahre zuvor noch einen Freispruch absicherte. Zwei Sprüche aus den um die Mitte des achtzehnten Jahrhunderts gesammelten *Consilia Tubingensia* (zwölfhundert Voten in neun Folianten: publiziert zwischen 1731 und 1750) zeigen an, wie leicht es war, die Aufklärung – eine zu früh gekommene freilich! – rückgängig zu machen und das Mittelalter wieder in seine Rechte zu setzen.

Spruch Nummer eins: Das juristische Kollegium befaßt sich, unter Federführung Wolfgang Adam Lauterbachs, mit dem Fall einer Witwe, einer gewissen Anna E. aus dem Dorf B., die – beschuldigt, Gott abgeschworen, das Haus eines Nachbarn angesteckt und eine Kuh mit vergiftetem Pulver getötet zu haben – die ihr vorgehaltenen Verbrechen im Verlauf einer zwiefachen Tortur gestanden, während der nachfolgenden «Besiebnung» jedoch revoziert hatte: Widerrufen in jener feierlichen Befragung, die, wie die Vorschrift verlangte, vierundzwanzig Stunden nach der Folterung (keineswegs früher) in Gegenwart von sieben wohlbeleumdeten Männern (daher der Name Besiebnung) stattfinden mußte – und zwar nicht am Ort der Tortur und nicht im Beisein des Scharfrichters.

In dieser Situation (der fürstliche Anwalt hatte, als Ankläger, für die Todesstrafe plädiert, die Delinquentin um Freispruch gebeten) mußte die Fakultät, im Sommer 1660, folgende drei Fragen behandeln. Erstens: Ist die peinlich Beklagte *ad mortem zu condemnieren* und *secundum petitionem Domini Accusatoris* (entsprechend dem Plädoyer des Staatsanwalts) zu verurteilen? Zweitens: Wenn die Todesstrafe nicht verhängt werden soll, ist dann die Tortur zu wiederholen? Drittens: Wenn auch dies nicht geschieht – was wird dann aus der Inquisitin?

Auf den ersten Blick ein klarer Fall. Die Beschuldigte, soviel stand fest, hatte schon vor Prozeßbeginn in einer gütlichen Examination in Gegenwart von Vogt und Bürgermeister bekannt: «Ich bin mit dem Teufel zusammengewesen: Er und ich waren ein Fleisch. Ich habe Gott abgeschworen und der Heiligen Taufe. Ich bin auf Hexentänze gefahren und habe Hans Reussingers Haus angesteckt. Der Tochtermann des Bäckers hat seine Kuh schlachten müssen: sie wurde krank durch mein Gift. Ich habe ein Kind, ein Mädchen von sechseinhalb Jahren, zweimal mit auf den Hexentanzplatz genommen.»

Dieses Bekenntnis, mehrfach wiederholt und in der peinlichen Befragung auf der Folter ratifiziert, wurde dreifach bestätigt: durch den Augenschein (es hatte tatsächlich gebrannt, die Kuh war wirklich erkrankt), durch die Übereinstimmung des Geständnisses mit der Konfession anderer Hexen, durch die Aussagen des Mädchens: «so bekennet der peinlich Beklagtin 6 1/2 jähriges Töchterlein, daß es hinter und mit der Mutter bey der Nacht auf einer Gabel zum Fenster hinausgefahren sei», und es bekennt gleichfalls: «Der Mann, so zur Mutter kommen, war roth an Füßen und Bart.»

Ein klarer Fall, nochmals. Angesichts der Fülle von Geständnissen und Indizienbeweisen schien der Widerruf während der Besiebnung schon deshalb ohne Bedeutung zu sein, weil die Beschuldigte in ihrer letzten Einlassung zur Sache ausdrücklich erklärt hatte: «Ich habe mich dem Teufel gegenüber verpflichtet, Gott und die Heilige Taufe zu leugnen» – und diese Aussage allein hätte genügt, die Delinquentin brennen zu lassen. Es war Christoph Besold gewesen, der, im ersten Jahrhundertdrittel, in Übereinstimmung mit den Vorstellungen des sächsischen Rechtsgelehrten Benedikt Carpzov, wieder und wieder darauf hingewiesen hatte, daß der Teufelspakt als solcher schon ein todeswürdiges Verbrechen sei; des Tatbestands der Schadenszufügung bedürfe es nicht, um auf Hinrichtung zu erkennen: «Hexen sind zu verbrennen, auch wenn sie niemandem ein Leid angetan haben», schrieb der Fakultäts-Referent Besold im Jahr 1626, und der Fakultäts-Referent Grass fügte, nahezu ein Jahrhundert später, anno 1713, hinzu: Zwar werde die härteste Strafe in Fällen, wo kein Schaden vorläge, vom Tübinger Kollegium mittlerweile nicht mehr verhängt, doch halte die Fakultät daran fest, daß ein Pardon zumindest dort nicht angezeigt wäre, wo die Beschuldigte des Geschlechtsverkehrs mit dem Teufel überführt worden sei. Der *coitus cum Satana* sei grauenvoller und verabscheuenswerter als Sodomie – und auf Sodomie stünde bekanntlich Verbrennung!

Ein klarer Fall, zum letzten Mal: Anna E. hatte nach eigenem Geständnis durch Hexenkünste Schaden gestiftet, hatte mit dem Teufel einen Pakt abgeschlossen, hatte Satan den Geschlechtsverkehr – *actus carnalis* – gestattet.

Mochten in der Frage des *coitus cum Satana* zwischen den Tübinger Theologen und Juristen gelegentlich Kontroversen bestehen (ein Orthodoxer wie Thumm urteilte in Sachen Teufelskult weit liberaler als der Konvertit Christoph Besold, ja, es gab im sechzehnten Jahrhundert in Tübingen Gottesgelehrte, die das fleischliche Kohabitieren des Teufels für aberwitzig erklärten), mochte, zumal in der zweiten Jahrhunderthälfte, das Problem des «Pakts ohne Schaden» gelegentlich freisinnig angefaßt worden sein (anno 1679 wurde ein Zauberkünstler, der einen Menschen angeblich in einen Wolf verwandelt hatte, mit dem Bemerken vor dem Henker bewahrt, der Täter habe den Verwunschenen in einen Menschen zurückverwandelt, ihm also keinen Schaden getan); mochte es also in der Frage des folgenlosen Pakts mit förmlichem Versprechen und fleischlicher Besiegelung von Fakultät zu Fakultät Unterschiede in der Beurteilung geben – im Fall der Zauberei mit Konsequenzen war die Meinung einhellig: Die neben der Einsetzungs-Formel des Abendmahls im Tübingen des sechzehnten und siebzehnten Jahrhunderts meistzitierte Sentenz, der erste Satz des Artikels 109 in der Halsgerichtsordnung Karls V., sprach für sich selbst: «So jemand den Leuten durch Zauberei Schaden oder Nachteil zufügt, soll man strafen vom Leben zum Tode, und man soll solche Strafe mit dem Feuer tun.»

Und dennoch hat die Fakultät es gewagt, im Jahre 1660, Anna E. nicht zu verurteilen, sondern sie, mit einer in Anbetracht der Zeitumstände nahezu unverständlichen Liberalität, zu entlasten. Anders als, vor ihm, Christoph Besold und, nach ihm, Michael Grass – anders auch als der Generalinquisitor in Sachen Hexenprozesse, der Protestant Benedikt Carpzov – war Wolfgang Lauterbach offenbar darauf bedacht, den zweiten Satz des Artikels 109 der Carolina («Wo aber jemand Zauberei gebraucht und damit niemand Schaden getan hat, soll gestraft werden nach Gelegenheit») so human wie möglich zu interpretieren. Anders als seine Vor- und Nach-Konsulenten war er – und keineswegs nur er allein: sonst hätte er sich mit seinem Votum nicht durchsetzen können! – zur Hälfte schon ein Jurist der Aufklärungszeit, ein Rechtsgelehrter, der – woran nicht zu zweifeln ist – an Hexen geglaubt, den Teufel für existent gehalten, die Folter mit ihren schauerlichen drei Graden, zumindest in Grenzfällen, für unvermeidlich angesehen und dennoch mit einem Rationalismus, einer psychologischen Einfühlungskraft und einer Humanität judiziert hat, die ihn, wenn nicht an die Seite, so doch in die Nähe von Thomasius rückt.

Das hundertundzwanzigste Gutachten des vierten Konvoluts in der Reihe der Tübinger Voten, im Fakultäts-Plenum am 27. August 1660 beschlossen, ist ein Meisterstück liberaler Argumentation, ein Plädoyer, das beweist, daß es möglich war, im Tübingen des siebzehnten so hellsichtig wie im Leipzig des achtzehnten Jahrhunderts zu räsonieren. Kaum sind die belastenden Momente, eins nach dem anderen, aufgebaut, untermauert durch Thesen, die zum Teil aus eigenen Gutachten stammen, da beginnt auch schon der Destruktions-Prozeß. Kein einziger Zeuge, so der Fakultäts-Referent, habe die Beklagte der Hexenkünste bezichtigt, ihr Leumund sei untadelig, der Aussage eines «jungen unverständigen Kindes» käme keinerlei Bedeutung zu (formuliert zu einer Zeit, als den Gerichten nicht selten Behauptungen von Vierjährigen genügten, um «Hexen» als überführt anzusehen!), und was das Geständnis der Angeklagten beträfe, so sei es keineswegs eindeutig, da die Beschuldigte – verständlich in ihrer Lage! – je nach der Situation «variieret» («so deponiret auch der 20. Zeuge, daß er gesehen, wie die Verhaffte vielfältig variationes gebraucht, auf keiner Rede ständig verblieben, sondern was sie das eine mahl gestanden, gleich wieder negiret»); auch dürfe man ihre Angst nicht vergessen: wie sie eingeschüchtert und bedrängt worden sei. («Der Herr Vogt hab sie zu vielen Sachen genöthiget und gesaget: ‹Das hast du gethan, das hast du auch gethan›; darum sie gemeynet, es sey genug, wenn sie nur ja sage», doch habe sie vieles aus Furcht gelogen, denn «sie wäre geängstet und vom Vogt mit dem Hencker bedrohet worden, sie hab vermeynet, wann sie nur viel bekenne, so sey es recht, man werde sie gleich wieder heim lassen».) Kein Wunder also, daß die Aussagen der Inquisitin ungereimt seien, widersprüchlich und kaum verwertbar; wenn irgendwo, dann sei in diesem Fall der Grundsatz *in dubio pro reo* in seine Rechte zu setzen: «Dannenhero wir dahin schließen, daß die peinlich Beklagtin secundum petitionem accusatoris nicht könne ad mortem condemniret werden», da es in strittigen Fällen besser und gottgefälliger sei, einen Schuldigen nicht zu bestrafen als einen Unschuldigen zu verurteilen.

Unter solchen Aspekten sehe die Fakultät es als vernünftiger an, die entlastenden Aussagen der Delinquentin für gravierender als die belastenden zu halten, und das um so mehr, als die verwendeten Inquisitions-Methoden fragwürdig seien. Das gelte in gleicher Weise für das Verhör durch den Vogt wie für die Folter, die ein fragiles, trügerisches und gefährliches Heilmittel sei. Wie oft habe man schon erfahren, daß Angeklagte wegen der unerträglichen Folterung Taten gestanden hätten, die von ihnen in Wahrheit niemals verübt worden seien.

Erstaunliche Thesen, in der Tat – Sätze, deren aufklärerischer Duktus erkennbar wird, wenn man bedenkt, daß die Tübinger Juristen-Fakultät ein halbes Jahrhundert später, anno 1713 (also neun Jahre nach der Publikation von Thomasius' Schrift *Über die Verbannung der Folter aus den Gerichten der Christen*), ganz anders votiert hat: «Es erscheint uns keine Not zu sein, die längst abgedroschene Frage, ob die *tortura* ein solches *remedium* sei, welches man mit gutem Gewissen in

Republica Christiana tolerieren und adhibieren könne, hier wieder aufzuwärmen und Papier damit zu verderben und die Kosten damit nutzlos zu vergrößern.»

Wieviel weiter war man in Tübingen um 1660 als zu Beginn des nächsten Jahrhunderts, wie viel fortschrittlicher zu Lauterbachs Zeit als anno 1733 – dem Jahr, in dem jene Württembergische Kriminalprozeß-Ordnung Gesetzeskraft gewann, in deren zweitem Teil, § 3, es mit schöner Selbstverständlichkeit heißt: «So viel die Tortur selbsten belanget, so verordnen wir derselben dreyerlei Gradus, davon der erste in Zuschraubung der Daumenstöcke und Anlegung der spanischen Stiefel bestehet, der zweite Grad in der Elevation, wobei dem Scharfrichter gestattet werden soll, dem peinlich Beklagten die Hände auf den Rücken zu binden, sodann aufzuziehen und eine zeitlang hangen zu lassen. Der dritte Grad von der Tortur soll sein, wenn neben der Elevation auch die Quassation (das Herumschütteln) und die Anhängung der Gewichte erfolgt: Daß der Richter befugt sei, wann der Gefangene die Wahrheit nicht bekennen wollte, demselbigen Steine anzuhängen und seinen Körper schnellen zu lassen.»

Mit welchem Starrsinn hielten die Juristen im achtzehnten Jahrhundert eine Folter-Methode für üblich, unproblematisch und wirksam, die ein halbes Jahrhundert zuvor in Lauterbachs Votum über den Fall Anna E. – und nicht nur dort! – für suspekt erklärt worden war; wie unermüdlich setzten die Büttel die Suche nach dem Hexenmal am Leib der Delinquentin fort – das Schamhaar abrasiert, die Vulva genau untersucht –, obwohl die Tübinger Konsulenten bereits zur Zeit des Dreißigjährigen Krieges dafür plädiert hatten, die Inspektion zumindest durch eine Frau vornehmen zu lassen; wie leichtfertig operierten die Rechtsgelehrten noch zu Lessings Zeit mit dem Moment der Tränenlosigkeit als eines Hexen-Spezifikums, obwohl Lauterbach bereits 1661 – nicht ohne Sarkasmus! – die These aufgestellt hatte: «Wir können uns nicht bereden, daß solches allein der Hexen und Unholden Eigenschaft seyn sollte, daß nicht auch andere unschuldige Leute die Thränen behalten könnten, wie solches die Erfahrung anzeiget»; wie selbstverständlich wurde noch im achtzehnten Jahrhundert ein Vorgang als Indiz für die Hexenkunst der Beklagten gewertet, die Ohnmacht während der Folter, die – in Lauterbachs Gutachten mit dem Satz beschrieben: «als die peinlich Beklagtin in secunda tortura das dritte mahl aufgezogen worden und lang gehangen, da ist sie gar erstummet und allerdingen entschlafen, hat sich auch nicht beschwehret noch geschrien» – im Fakultäts-Votum von 1660 keineswegs als Beweis der Hexerei, sondern, mit Hilfe eines medizinischen Gutachtens, als natürlicher, physiologisch erklärbarer Prozeß interpretiert wird.

Darum, dies ist die Quintessenz des Fakultäts-Konsils in Sachen Anna E., keine neue Tortur, kein hartes Anfassen mehr, sondern ein väterliches Gespräch mit der Beklagten: Bliebe sie, ungeachtet der geistlichen Mahnung, daß es nicht gut sei, «einen stets bellenden Hund im Hertzen zu haben», bei ihrem Leugnen, dann sei sie aus der Haft zu entlassen und dürfe, unter verständiger Aufsicht und Beobachtung, Samariterdienste in einem Krankenhaus tun. Ein Freispruch also, mit Auflagen zwar und Kautelen, aber immerhin doch ein Freispruch ... und das in einem Fall, der für die Beschuldigte nahezu hoffnungslos gewesen war.

Ein halbes Jahrhundert später hat man anders gesprochen: Ein Votum aus dem Jahr 1712 – die Federführung hatte Professor Michael Grass – macht es verständlich, warum an der Universität Tübingen die Aufklärung nicht stattfand und ein Mann wie Christian Wolff als *persona ingratissima* galt.

Spruch Nummer zwei: Der Fall der alten S., «der Hauptperson in dieser so bösen Sache», wie es in dem weitschweifig-gelehrsamen Gutachten heißt, sieht eine Fakultät am Werk, die verurteilen wollte, weil sie verurteilen *mußte* – verurteilen aus Gründen der Staatsräson und der gesellschaftlichen Reputation.

Die alte S., alias Anna Catharina H., hatte von Anfang an keine Chance; dafür war ihre Stellung – Bettel-Mädle wurde sie genannt – zu niedrig und die Position ihres Gegenspielers, des vermeintlich von ihr verhexten jungen Barons Friedrich Wilhelm von N., zu exzellent.

Am 19. November 1712 wurde der dreizehnjährige Baron, ein

Kind des Generals von N., Zeuge eines Verhörs, in dessen Verlauf man den Sohn der Beklagten, einen gewissen Hansjörg H., eines im Schloß verübten Diebstahls zu überführen suchte. Am Abend darauf erkrankte der junge Baron an einer Krankheit, deren Symptome den Verdacht nahelegten, hier sei Zauberei im Spiel – ein Verdacht, der sich erhärtete, als man im Bett des Patienten allerhand verdächtige Sachen entdeckte: den Kiefer eines toten Wiesels, braune Wurzeln, Kastanienschalen, eine Stecknadel und ein paar Klumpen Erde. Damit, so schien es, war an der Tat – Hexerei, verübt von einer Zauberin – nicht mehr zu deuteln. Es fehlte nur die Täterin, aber auch die fand man schnell. Dem Schloßverwalter war aufgefallen, daß das Befinden des jungen Barons von den Nachrichten abhängig war, die der alten Schlosserin, ihren inhaftierten Sohn betreffend, zugespielt wurden. Ging es ihm schlecht, dann litt auch der Baron, durfte er auf seine Freilassung hoffen, dann hatte der Patient keine Beschwerden.

Also wurde die Mutter verhört, und sie leugnete nicht. Ja, sagte sie, sie habe bei Nacht ein Stück Eisen, eine Stricknadel und etliche Lumpen ins Kissen gezaubert, «man werde es ja gefunden haben». Worauf die Fakultät bemerkt: «Obwohl nun diese Aussage mit den Tatsachen nicht übereintrifft, teils weil die Sachen nicht in dem Kissen, sondern nur in dem Bett aufgespüret», teils auch, «weil andere species gefunden worden, als die Inquisitin jetzt angiebet, so mag doch dieses die Aussage nicht gantz vernichten», weil ja die Beschuldigte anzeigt, daß irgendetwas durch Hilfe des bösen Geists ins Bett hineingekommen sei.

Irgendetwas, irgendwann und *irgendwo:* Da die Beweise fehlen, wird, von seiten Grassens und der Fakultät, mit Mutmaßungen, Verdächtigungen, Gerüchten und dublosen Zeugen-Aussagen operiert. Da heißt es, die Delinquentin habe, wie sie selber bekunde, abends nach der Betglocke einen schwarzen Samen, den ihr der Teufel geschenkt habe, in der Erde versteckt. Aber als man dann nachgräbt und die Aussage der Schlossertochter überprüft («die Mutter hat des Nachts mit ihrem Popillen – dem Teufel – bei der Kelter gegenüber der Küche etwas eingegraben und zwar mit vielem Fluchen und Schwören, daß der junge Herr von N. keine Ruhe haben solle; so wenig wie ihr Sohn») ... als man nachforscht, da findet man nicht das geringste. Und dennoch hat die Fakultät die Stirn zu erklären, dem Zweifel sei bequem durch ein Argument zu begegnen, das die alte S. selbst dem Gericht an die Hand gegeben habe: Entweder sei der Samen verfault und vermodert oder «der böse Geist möchte ihn wieder hinweggetan haben».

Hier richten Teufelsgläubige – Männer, die Reisen auf der Gabel in einer Weise beschreiben, als wären's Fahrten mit der Extrapost – über eine vermeintliche Hexe; hier wird vom Katzengeheul auf die Anwesenheit des Satans geschlossen, hier würdigt – zur Zeit Thomasius' wohlgemerkt! – die Fakultät die Aussage eines sechzigjährigen Weingärtners als eine exakte Tatsachenbeschreibung: «Es seye einsmahls», gab Michael K. zu Protokoll, «seinem Meister ein Faß rinnend geworden, und wie er den Küfer Jörg W. geholet, da hätte er des Morgens früh um drei Uhr bey hellem Tage mitten im Sommer, als man Heu gemachet, das damals sogenannte Bettel-Mädle (jetzt die alte S.) auf einer Gabel» – oder war es ein Weingarten-Stock? – «gantz schnell die Wassergasse hinauf neben ihm vorbey fahren sehen, er sey nur drei Schritte von ihr gestanden, als sie (in ihrer gewöhnlichen Kleidung) gleichsam wie der Wind vorbey gefahren»: über den Keltern-Plan um das Eck! Und «bald darauf, acht Tage hernach, seye das Bettelmädle zu ihm fast alle Nacht vor das Bett gekommen und hätte ihn gequälet, und das sey nicht anders gewesen, als wenn ein Mehl-Sack auf ihn gefallen wäre, so daß er weder Hände noch Füße hätte rühren können und ihm der Schweiß ausgegangen».

Und ein solches Märchen wurde akzeptiert; ja, mehr als das, es wurde – da die Inquisitin hinsichtlich des Fahrzeugs (der Gabel) und der Lokalität (der Wassergasse) das gleiche wie der Zeuge ausgesagt habe –, für probabel befunden.

Pseudo-Wissenschaft in düsterer Zeit, Aberglauben in der Maske der Gelehrsamkeit. Mal nimmt der Referent den Auftritt des bösen Feinds mit dem Geißfuß für bare Münze – des Teufels, der sich der Delinquentin in Gestalt ihres Liebhabers nähert –, mal wird der

Schlosserin vorgeworfen, sie hätte im Schlaf «gleichsam wie ein Igel als eine Kugel» dagelegen; mal gilt die Aussage der einen Tochter als belastendes Indiz («der böse Feind in strobelichter Gestalt, gantz schwartz aussehend, sey in der Stuben gewesen, ihre Mutter hätte die Ofen-Gabel genommen, ihr Bruder habe sich auf den Teufel gesetzt, sie aber sey hinter der Mutter auf der Gabel gesessen und hätte sich hinten an den Zincken gehalten»), mal wird die Bemerkung der anderen Tochter als gravierend bewertet: Zwar hätte sie Lust mit dem Teufel genossen, aber dessen «Glied sey kalt und gantz hart gewesen, wie ein Holtz, hätte es aber nicht gemacht wie ein rechter Manns-Kerl, er hätte keinen Samen von sich gelassen».

Tut nichts, der Jude wird verbrannt: Wenn die Angeklagte gesteht, hält die Fakultät sie für glaubhaft; wenn sie leugnet, bewertet das Kollegium die Aussage als Ausflucht; wenn sie sich in Widersprüche verwickelt und «variiert» («bald daß sie keine Hexe sei, bald daß sie eine sei, bald daß sie nicht ausgefahren, bald das contrarium»), dann führt der Referent – im Gegensatz zu der Beweisführung des Lauterbach-Votums – die Variation als Haupt-Indiz an: vorzüglich geeignet, den Verdacht zu erhärten und das Urteil, Tod durchs Feuer, als unvermeidbar erscheinen zu lassen. («Sofern sie aber ernstliche Reu und Leid über ihre großen und abscheulichen Sünden bezeugen sollte, so hätte man dahin Anstalt zu machen, daß zur Vermeidung von Verzweiflung und damit nicht noch am Ende der höllische Mord-Geist sie wiederum in sein Garn bringe, sie durch den Henker am Pfahl erwürgt und so auf dem Scheiterhaufen zur Aschen verbrennet werde.»)

Nein, die Schlosserin, es sei wiederholt, hatte von Anfang an keine Chance – und das aus zwiefachem Grund. Zum ersten, weil es der juristischen Fakultät, anders als um die Jahrhundertmitte, an Männern fehlte, die, bei aller Zeitbefangenheit, der Ideologie durch Rationalität zu begegnen wußten. (Wie sehr sie fehlten, diese Männer, zeigte sich wieder 1737, beim Jud-Süß-Prozeß: Die Tübinger Juristen plädierten für Tod durch den Strang.) Zum zweiten – und das ist der entscheidende Punkt –, weil die Schlosserin im Ruf der Bettlerin stand, weil ihre *fama* miserabel war. («Die Inquisitin», so die Fakultät, sei «lange

Zeit hero fast durch den ganzen Flecken berufen und im Geschrey gewesen», man habe «die S. vor liederliche Leute gehalten, und wann sie etwas gebettelt, hätte man ihr nicht gern etwas abgeschlagen, damit sie nur bald wieder fortkommen möchte».)

Die S. – das unterschied sie von Anna E., und das ist der Grund, warum sie selbst ein Lauterbach kaum hätte retten können –, die S. war schon verurteilt, als sie angeklagt wurde. Sie galt als Zigeunerin, und Zigeuner und Gauner waren in Württemberg, zur Zeit der Schlosserin, nahezu vogelfrei. «Daß nämlich alle Zigeuner», heißt es in einem Gutachten der Juristischen Fakultät, «ohne weiteren Prozeß, bloß und allein um ihres verbotenen Lebenswandels und bezeugten Ungehorsams halber mit dem Schwert und, nach Befinden, mit höherer Leibes- und Lebensstrafe hingerichtet werden sollen.» Geschrieben im April 1714, siebenundfünfzig Jahre nachdem Wolfgang Adam Lauterbach in einem Gutachten über eine zu Unrecht der Kindstötung beschuldigte Frau die *fama* als die eigentliche Widersacherin von Recht und Wissenschaft etikettiert hatte: Das Gerücht, formulierte er am 7. Juli 1657, sei falsch, lügenhaft und trügerisch («... quod fama ut plurimum sit fallax, falsa et mendax»).

Die Hexenprozesse haben gezeigt, wie recht er hatte, Tübingens großer Jurist, und wie wichtig es gewesen wäre, diese Verdammung des Gerüchts auch auf jene Fälle anzuwenden, in denen es – wie bei Hexerei und Zauberwesen – neben dem Geständnis des Delinquenten kein anderes Beweismittel gab als die *fama*. Die Akten beweisen, in welchem Ausmaß sich zwischen dem Ende des sechzehnten und dem Beginn des achtzehnten Jahrhunderts in Verfahren, bei denen der Ankläger frei von Beweispflicht war (Glaubhaft machen genügte), die Taten nach der Täterin und das Urteil nach dem Leumund richteten.

Verdächtigung im Zeichen der Inquisition, üble Nachrede als Instrument zur Ausrottung geachteter Minoritäten: Monat für Monat hatten die Juristen, oft in Zusammenarbeit mit Theologen und Medizinern, über die Frage: «Folter, ja oder nein? Zeigen der Instrumente oder Elevation?» zu befinden ... und das im Angesicht von Scheiterhaufen rings um die Stadt. «Heute», schrieb Martin Crusius im Mai 1596 in sein Diarium, «wurden in Rottenburg zehn Hexen verbrannt – in Gruppen an eine Säule gebunden. Ich hatte deshalb in meiner Thukydides-Vorlesung nur wenige Hörer. Die meisten waren, um zuzuschauen, nach Rottenburg gezogen.»

7. Kapitel

Ärzte, Chirurgen und viele Tote

Fakultät und Collegium Medicum: Gelehrte als Prüfer von Hebammen und Badern – Standes-Rivalitäten und Nepotismus – Der Teufel in Maulwurfs-Gestalt: Vom Aberglauben der Ärzte – Der Jahrhundert-Streit um die Leichen – Apotheken-Visitation und Inspektion der Aussätzigen – «Damit wir noch in etwas lengers beysamben bleyben können»: Wissenschaft im Zeichen von Krieg, Brand und Pest

«Es ist ein Fehler bey der Medicin, daß zu viel arme Studiosi diese Fakultaet erwählen; Studiosi, die eher davon abgehalten werden sollten, weil in der That ein Medicus, wenn er außgemacht seyn soll, kostbare Reysen und Bücher mit Kupferstichen, Naturalien-Sammlungen etc. nöthig hat, bey den wenigsten aber das Vermögen hiezu ausreicht. Die meisten müssen elende Brod-Doctors werden, welche hernach auch diejenigen, die etwas gelernt und viel auf sich verwendet haben, mit sich verächtlich machen.» Keine Chance für den armen Mann bei den Medizinern – das Votum eines Professors der Heilkunde aus dem Jahr 1770 spricht für sich selbst. Unsere Kollegs sind zu wohlfeil, sagt die Fakultät, wir machen uns lächerlich gegenüber anderen Hochschulen mit unseren Preisen; wir sind zu billig (sechzig Gulden Kolleggelder für ein Semester: das sei absurd, da die Summe kaum hinreiche, um die Korrespondenz und die Bücher zu bezahlen – die bebilderten Folianten, die man nun einmal für die Vorlesungen brauche); wir werden zum Gespött der Leute, und unser Fürst wird's auch, wenn wir uns nicht endlich entschließen, «den Character eines dem Herzoglichen Hauße Ehren bringenden Professoris zu behaupten», und darauf hinweisen, was es für einen Gelehrten bedeutet, sich, um des Broterwerbs willen, mit der «gemeinen, den Professoribus keineswegs zustehenden *praxi plebeja* angeben zu müssen.

Keine Chance für den armen Mann in Tübingen – bis zu den Tagen der Französischen Revolution und darüber hinaus! Keine Chance für den angehenden Theologen – die «gemeinen Handwerker und Bauren» wurden ausdrücklich gewarnt, ihre Kinder in den geistlichen Stand treten zu lassen. Keine Chance für den studierten Schreiber aus den Schichten des «Burgers und Landmanns» – der Hof winkte ab: man habe Skribenten genug und brauche auch anderswo gute Köpfe. Keine Chance für die Juristen – «Junge Leute aus dem gemeinen Stand», so die Rentkammer des Landes anno 1784, «sollten nicht inscribieren». Keine Chance für künftige Lehrer ... oder doch nur eine winzige: «Wir haben uns gnädigst entschlossen», läßt der Herzog im März 1793 das Volk von Württemberg wissen, «künftig unter die gewöhnliche Promotion in ein niederes Kloster noch zwei dem Studium der Pädagogik sich widmende tüchtige Subjekte aufzunehmen, darunter auch Söhne, deren Eltern von einem Stande sind, welcher nach der Regel von der Rezeption ausschließt.»

Zwei arme Teufel, ein paar Genies, einige Glückskinder: Die Gruppe der Studenten aus der Unterschicht – man kann es nicht oft genug sagen – war erbärmlich klein. Keine Rede davon, daß, wie es das gelehrte Vorurteil will, der Bauernsohn in Kloster und Stift gleichberechtigt neben dem Prälatenkind saß! Die Professoren der Alma Mater Tubingensis, die Mediziner voran, hielten auf Abstand; arme Studiosi wurden scheel angesehen: Warum kamen sie auch nach Tübingen, wo es für den einfachen Mann doch so leicht war, sich als Chirurg und Bader, Wundarzt und Feldscher nützlich zu machen?

Bis ins neunzehnte Jahrhundert hinein war das württembergische Medizinalwesen – und natürlich nicht allein das württembergische – in der Weise eines Zwei-Kammer-Systems gegliedert: Im Oberhaus thronten, akademisch geschult, die Internisten, im Unterhaus saßen, handwerklich ausgebildet, die Praktiker. Hier die Hippokrates-, Galen- und Aristoteles-Leser und dort die Steinschneider und Knocheneinrenker; hier die illustre Schar der Ärzte und dort, sorgfältig von ihnen getrennt, jene Chirurgen, die nach ihrer Lehr-, Gesellen- und Wanderzeit («welche sich bis auf sechs Jahre wirklich erstrecken sollte») vor der Kongregation der Stuttgarter Leibmediziner oder dem durch einen *chirurgus iuratus* verstärkten Tübinger *collegium medicum* ihr Examen ablegten: vor zwei zunftunabhängigen Gremien also, in denen, wie die Fakultät anno 1765 mit Nachdruck betonte, «die Barbierer nur als von Serenissimo zugegebene Urkunds-Personen von der Meisterschaft dabey sitzen».

Ein Zwei-Kammer-, ein Zwei-Klassen-System: Auf der einen Seite zwei bis drei Ordinarien, zehn bis zwanzig Studenten (manchmal auch noch weniger) und eine illustre Gruppe von Stadtphysici und akademisch gebildeten Ärzten; auf der anderen Seite die Schar jener Lehrlinge, Gesellen und Meister, die sich untereinander wiederum strikt unterschieden: Da gab es *puri et impuri Chirurgi* – reine Wundärzte und Leute, die eine Badstube hatten und dazu die Erlaubnis besaßen, Operationen bescheidener Art durchzuführen; da wurden die Chirurgen in vier – später drei – Klassen unterteilt: oben die Meister mit dem Messer, in der Mitte die zur Heilung von unbedeutenden Wunden und Geschwüren berechtigten Operateure und unten – nicht befugt, einen Lehrling auszubilden! – die Plebs der Blutegelsetzer, Bartscherer und Bader. Jeder hatte seinen Bereich und seine Taxe. Bekamen – nach der Gebührenordnung von 1830 – die Wundärzte der ersten Abteilung für eine Leichenöffnung («wenn die Leiche in Verwesung übergegangen, desgleichen wenn der Wundarzt einer Gefahr durch Ansteckung ausgesetzt ist») ein Honorar von acht Gulden, für die «Ausrottung» eines Augapfels derer zwanzig und für den Blasenschnitt bei Männern bis zu dreißig (bei Frauen entsprechend weniger), so wurden die Wundärzte zweiter Abteilung für die Einrichtung eines verrenkten Schenkelkopfs mit sechzehn Gulden, die Chirurgen dritter Ordnung hingegen für eine Zahnextraktion nur mit fünfzehn bis zwanzig Kreuzern entlohnt.

Ein Zwei-Kammer-System, das jahrhundertelang unangetastet blieb. Zwar wurde das Fach Chirurgie auch an der Alma Mater gelehrt – aber eben nur in der Theorie. Das Messer führen konnte der Ordinarius nicht, das taten die Handwerksmeister im Lande – noch der große Albrecht von Haller, in Göttingen Ordinarius für Anatomie, Physiologie und Chirurgie, hat nach eigenem Geständnis niemals gewagt, einen lebenden Menschen zu operieren.

Der wissenschaftlich gebildete, an einer Universität fachgerecht in Theorie und Praxis unterwiesene Chirurg tritt erst im neunzehnten Jahrhundert auf; sehr langsam setzt er sich durch, auf mancherlei Umwegen (Chirurgie als Ergänzungsstudium für Internisten!) – und hat, noch anno 1830, als Wundarzt erster Klasse mit der Konkurrenz jener Handwerksmeister zu rechnen, die damals, zumindest in Ausnahmefällen, ihr Fakultätsexamen und ihre Staatsprüfung genausogut wie die Akademiker ablegen durften. Hatten die Ordinarien der medizinischen Fakultät im siebzehnten und achtzehnten Jahrhundert Ärzte zweiter Ordnung examiniert, so prüften ihre Nachfolger, hier und dort jedenfalls, einen Kollegen. Die Zeit war vorbei, in der die zwei oder drei Fakultäts-Genossen die Alleinregierenden waren – allein regierend zumindest im Süden des Landes, dem Gebiet «ob der Steig» (der Stuttgarter Weinsteige also). Im Norden dagegen herrschte der Erbfeind. Dort war jenes hauptstädtische *collegium archiatrale* zu Hause, die Gilde der Hofmedici, die ihr angestammtes Recht, Apotheker, Hebammen und Chirurgen nördlich von Stuttgart zu überprüfen, bisweilen recht großzügig interpretierte. Die Konvolute des Tübinger Universitätsarchivs sind reich an Schriftstücken, in denen sich die Mediziner der Eberhardina über die Expansionsgelüste ihrer feindlichen Brüder beschweren. Mal geht es um willkürliche Grenzverschiebungen, mal um das Recht der Aussätzigen-Inspektion, das die Stuttgarter, in ihrer Rolle als allein zuständige Seuchenbehörde des Landes, den Tübingern schlankweg bestreiten; mal kommt es gar zum großen Donnerschlag: Als der Hof nach Ludwigsburg übersiedelt und die Chirurgen daraufhin in der Residenz eine neue Zunft-Zentrale, ihre dritte Haupt-Lade, gründen, da droht Gefahr, die uralte, schon zu Zeiten von Brenz und Blarer bestehende Zweiteilung des Landes könne für die Mediziner nicht mehr richtungweisend sein und statt der Trennung in Nord und Süd eine Unterteilung in Zunftbezirke sich durchsetzen – jeder Prüfling zu seiner Lade. Und wirklich triumphierte der Norden! Die Leibmedici (als *collegium medico-chirurgicum* den Tübinger Internisten ohnehin überlegen, dazu ständig in der Nähe des Herrschers) genießen den Erfolg, und die Professoren verlieren einen gehörigen Teil ihrer sogenannten Emolumente (zusätzlichen Verdienste), und dies, wie man am Neckar in einem Briefwechsel versichert, der sich über Jahr und Tag erstreckt, obwohl die Laden-Einteilung «noch nie den geringsten rapport nicht auf die Examina gehabt».

Tübinger Empfindlichkeit gegenüber der Arroganz des Residenz-Kollegiums: Als die Professoren anno 1804 für eine Änderung der Meisterbriefe im Sinne höherer Examens-Anforderungen plädieren – wenige gute Chirurgen seien besser als zahlreiche schlechte –, und die Leibärzte den Vorschlag mit dem Bemerken verwerfen, dann würde das Land bald von Chirurgen entvölkert und ein Beinbruch käme, wegen der Reisekosten, auf sechzig Gulden zu stehen, da respondiert die Fakultät nicht ohne Süffisanz, ein gerades Bein für sechzig Gulden sei immer noch besser als ein krummes für fünfzehn; und, einmal in Fahrt gekommen, fügten die Herren hinzu: Wenn die Leibmedici sich gegen den Tübinger Vorschlag, in Zukunft solle nur noch der tüchtige Chirurg Lehrjungen haben, unter Hinweis auf die Tatsache erklärten, daß auch der Zögling eines schlechten Lehrherrn sich schließlich noch ausbilden könne – «in der Folge», wie die Stuttgarter sagten –, dann schlüge man, von Tübingen aus, den Hofmedici vor, in Zukunft Schweinehirten Schule halten zu lassen. Die jungen Leute könnten ihr Wissen ja in der Fremde oder auf der Universität noch vervollkommnen.

An Selbstbewußtsein fehlte es den Hochschul-Medizinern nicht – so bescheiden, innerhalb der Alma Mater, ihre Stellung auch war. Da lasen zwei oder drei Leute über sämtliche Fächer. Der eine (und das noch im achtzehnten Jahrhundert) über Anatomie, Chirurgie und – Botanik, der zweite über die Enzyklopädie des Arzneiwesens, der dritte über Pathologie und Chemie; da war von Spezialisierung – im Sinne einer Dreiteilung: Allgemeinmedizin, Anatomie und Chirurgie, naturwissenschaftliches Grundlagen-Studium – allenfalls ansatzweise die Rede; da teilten sich die drei, die am liebsten, wie eine Eingabe aus der Mitte des achtzehnten Jahrhunderts beweist, nur zu zweit gewesen wären, in Naturgeschichte und Pharmakologie, Rezeptkunde und Diätetik; da lehnte, 1748, die Fakultät das herzogliche Anerbieten einer Stellenerweiterung mit der Erklärung ab: Das ginge keinesfalls, dann hätte man ja «fast so viel Professores wie Studiosos». Kurzum, da war man ganz unter sich. Da vertritt der Vater den Sohn, übergibt der Senior dem Junior den Lehrstuhl; da schlägt, 1734, der Mediziner Alexander Camerer dem Fakultäts-Konvent vor, ihn an die Stelle seines vor einer Woche verstorbenen Onkels zu setzen: in der gleichen Weise, wie der Onkel dreizehn Jahre zuvor den Posten seines, des Petenten, Vaters übernommen habe. (Bemerkung der Fakultät: Jawohl, so sei es vernünftig; einer Eingabe im Senat bedürfe es nicht; man werde Serenissimo ein schon vor Jahren verfaßtes Memorial zukommen lassen. Und so geschah's dann auch.)

Eine kleine Gruppe von Versippten und Verschwägerten, unter denen hier und dort ein genialer Einzelner auftaucht (einer der vielen Camerers, Rudolf Jakob, hat die Sexualität der Pflanzen entdeckt, einer der zahlreichen Gmelins, Johann Georg, das Standardwerk über die sibirische Flora geschrieben); ein winziger Clan, der um seine verbrieften Rechte und Privilegien kämpft, aber das eigentliche Geschäft, die praktische Unterweisung, nur nebenbei betreibt: So stellt sich die medizinische Fakultät zwischen dem sechzehnten und dem Beginn des neunzehnten Jahrhunderts dar – zwischen Leonhart Fuchs und jenem Kanzler und Arzt, Professor und Klinikums-Gründer Johann Heinrich Ferdinand von Autenrieth, der, anno 1832, in einer akademischen Rede über den Geist, der zur Zeit des Dreißigjährigen Krieges auf der Universität Tübingen herrschte, seine Fakultäts-Vorgänger als Verräter an der Aufklärung, als Krypto-Theologen und Naturwissenschaftler etikettiert, die statt der Natur die Ideologie und statt der Wissenschaft den Aberwitz kultiviert hätten. Ein abgestorbener Fötus – geschehen im Juni 1624 – sei von ihnen als Teufel diagnostiziert, eine Mißgeburt als dämonisches Wesen gedeutet, ein von den Wehmüttern als «Maulwurf» beschriebener Säugling für den Leibhaftigen gehalten und das Bein eines toten Neugeborenen mit Satans Pferdefuß verwechselt worden. Es gäbe drei Sorten von Kindern, so Autenrieth mit zornbebender Stimme, hätten die Tübinger Mediziner behauptet: gute und ordentliche, böse und mißgestaltete, übernatürliche und dämonische;

die ersten seien die legitimen Föten, holdselig und gottgeliebt, die zweiten die illegitimen Früchte der Sünde, die dritten schließlich, die *Frösche* und *Ratzen, Schlangen* und *Schweinlein* in Menschengestalt, seien Erscheinungsformen des Teufels.

Mediziner als Dämonologen, Ärzte als Anwälte des Aberglaubens: Kein Zweifel, daß Autenrieths Gleichsetzung stimmt; kein Zweifel aber auch, daß er in seiner aus der Enttäuschung des Aufklärers resultierenden Attacke gegen die eigene, dem Theologisieren verfallene Zunft ins unhistorische Dramatisieren gerät. Wie sollten die Mediziner im Dreißigjährigen Krieg wohl anders geurteilt haben als ein Jahrhundert später, in aufgeklärterer Zeit, die Juristen? Anders als Theologen und Philosophen im Fall der Teufelspakte um das Jahr 1700? Ein Galilei hat in Tübingen nun einmal nicht doziert (und einen Giordano Bruno hat man fortgeschickt). Kein Wunder also, daß der im Gewand eines Maulwurfs erscheinende Satan, der *Popille* der alten Schlosserin und der *Fürst dieser Welt*, dem sich der Stipendiat Amend verschreibt, ein und dieselbe Figur sind: Eine höchst reale Person, für wahr genommen von Wissenschaftlern, deren jeweiliges Fachgebiet – das gilt es gegen Autenrieth zu betonen – weder vor Aberglauben geschützt noch zum Aberglauben prädestiniert hat. Wie wäre es sonst zu erklären, daß orthodoxe Theologen à la Thummius in der Frage des Teufelskults freisinniger urteilten als Generationen von Medizinern ... von Ärzten zumal, die zwar jedes Detail des aristotelischen Organons kannten, aber nicht in der Lage waren – und das noch im achtzehnten Jahrhundert! –, ihren Studenten auch nur eine einzige normale Entbindung zu zeigen. Wer sehen wollte, wie ein Kind zur Welt kam, mußte entweder ins Ausland reisen oder, was die Regel war, sich einem Wundarzt anschließen. Ansonsten konnte ein Tübinger Student im *hortus medicus* zwischen Burse und Aula ein wenig Arzneikunde treiben und sich die Namen der *simplicia* und *composita* merken, der einfachen und zusammengesetzten Heilmittel, deren Kenntnis zur Rezeptierkunst gehörte; er konnte, seit dem achtzehnten Jahrhundert, im chemischen Laboratorium experimentieren, zuerst in einem Anbau der Anatomiekapelle und dann in der alten Küche des Schlosses; er konnte mit seinem Professor «Herbatum gehen» (zum Botanisieren in die freie Natur); er konnte seinen Lehrmeister, der nicht nur Ordinarius, sondern auch Hausarzt war – insofern also doch ein Praktiker –, auf Patienten-Besuchen begleiten (er konnte zum Beispiel beobachten, wie Professor Gmelin dem Magister Hölderlin den «lauteren Wein» als «zu stark für ihn» untersagte) ... aber im Krankenhaus arbeiten, an klinischen Visiten teilnehmen und ausgewählte Fälle internistischer, chirurgischer, gynäkologischer und psychiatrischer Art studieren: das konnte er jahrhundertelang *nicht*. Erst nach 1800 wurde, dank Autenrieths Initiative, die alte Burse – einmal Melanchthons Domizil – in ein akademisches Krankenhaus umgewandelt: eine Klinik mit zwölf Zimmern und fünfzehn Betten.

Zwölf heizbare Räume, dazu Kammern für Infektionskranke, für gebärende Frauen, für Augenleidende und für die Wahnsinnigen: Wenn ein so bescheidenes Bauwerk das «schönste Gebäude der Stadt» genannt wurde (und das nicht allein wegen des Ausblicks), dann kann man sich vorstellen, wie es in den ersten drei Jahrhunderten der Eberhardina um die Patienten bestellt war, in welchen Löchern sie lebten und was für Verschläge das waren, in denen sie starben. Wäre Hölderlin zwei Jahre eher erkrankt, 1804 statt 1806, man hätte nicht gewusst, in Tübingen, wohin mit ihm. Nach der Eröffnung des Klinikums gab es wenigstens ein Zimmer für ihn – ein Bett, ein paar Medikamente (Digitalis und Belladonna), dazu für den Notfall die Zwangsjacke und, während der Paroxysmen vors Gesicht zu halten, die von Autenrieth erfundene Maske. Der Kranke wurde unter strenger Observierung versorgt (Justinus Kerner, damals Praktikant im Klinikum, hat darüber berichtet); mehr als «höchstens drei Jahre» gaben die Ärzte Hölderlin nicht, als sie ihn im Sommer 1807 entließen. Und dann hat er noch sechsunddreißig Jahre gelebt, im Asyl des Ehepaars Zimmer, nur wenige Schritte vom Krankenhaus, der Aula und dem alten medizinischen Garten entfernt, auch das Stift ganz in der Nähe, und am nächsten das kleine Gebäude, in der die klinischen Sektionen stattfanden: «Das Gehirn», heißt es nach der Leichenöffnung im Protokoll, «war sehr vollkommen und schön gebaut, auch ganz gesund, aber eine

Höhle durch Wasser erweitert und die Wandungen derselben verdickt und fest geworden.»

Hölderlin war, als er starb, ein reicher Mann – nahezu dreizehntausend Gulden erbten seine Geschwister. Wäre er ein elender Teufel gewesen und im Lazarett verreckt, dann hätte man, Tübingen anno 1843, nicht lange gezaudert: Die Leichen der Armen gehörten der Anatomie ... und das schon seit den Tagen Karl Eugens.

Die Geschichte der medizinischen Fakultät: das ist zuallererst eine Geschichte der Anatomie ... eine Geschichte, die von Verbrechern und Henkern handelt, von Leichentaxen und Transportkosten, vom kirchlichen Ehrengeleit für den Zerstückten und vom Verscharren eines Kadavers, von zerlegten Hirschen und von Professoren, die ihren Leichnam, um ihr Salaire aufzubessern, der Anatomie gleich zweimal vermachten ... eine Geschichte, die sich halb wie ein kulturhistorischer Traktat und halb wie ein Bänkelsang liest, die Historie zweier ungleicher Partner, der Anatomen und der armen Leut', die in Tübingen im April 1482 begann, als Julius, Erzbischof von Sabina, Rektor, Doktoren und Scholaren ein päpstliches Breve zustellen ließ: «Ihr habt uns wissen lassen, daß es Euer Wunsch sei, um der Gelehrsamkeit und Erfahrung in der Medizin willen, einige Körper von Hingerichteten nach den Regeln der Kunst zu zerschneiden. Darauf haben wir Euch, nach mündlichem Auftrag, in Vollmacht des Papsts zu erklären: Es sei Euch gestattet, die Körper von der Stelle zu entfernen, wo man sie getötet hat, sie zu zergliedern und hernach die Leiber der Hingerichteten so zu bestatten, wie es der Brauch will.»

Nun, die Tübinger ließen sich Zeit: Alle drei bis vier Jahre eine Sektion, hieß es um 1500, das möge genügen – jedes siebente Semester, im Durchschnitt, ein festlicher Akt, der mit der Demonstration des Anatomen begann, in der kältesten Jahreszeit, am besten um Weihnachten herum, und mit dem feierlichen Geleit des Toten endete: Doktoren der Medizin, Magister und Studenten der Artistenfakultät folgten dem Sarg von der «Anatomie-Kapelle» hinaus auf den Friedhof. Später, im sechzehnten Jahrhundert, wurden die Intervalle verkürzt. Einmal im Jahr, so die Statuten aus der Reformationszeit, sei zu sezieren – aber das war eine Vorschrift, die in Tübingen bestenfalls ein mitleidiges Lächeln bewirkte: Woher die Leichen nehmen? Aus welchem Etat – die Universität war damals bettelarm – die Kosten für die Überführung bestreiten? Wie den Nachrichter bezahlen, den Henker, der für jede Leiche dreißig Gulden verlangte?

Unter diesen Aspekten nimmt es nicht wunder, daß die Ankunft eines Kadavers im Tübingen des sechzehnten und siebzehnten Jahrhunderts nicht minder gefeiert wurde als der Einzug des fürstlichen Herrn. Anschläge machten das bevorstehende Ereignis bekannt, Studenten und Professoren ritten dem Leichnam entgegen – und wenn dann seziert wurde, dann kostete man das Spektakel, nicht selten in Anwesenheit von Standespersonen (einmal schauten sogar drei sächsische Herzöge zu), eine volle Woche lang aus. In einer Zeit, wo die Diskrepanz zwischen Ideal-Vorstellung (jedes Jahr eine Sektion) und Realität (achtzehn Semester hat man, im achtzehnten Jahrhundert, einmal auf eine Leiche gewartet) gelegentlich gigantische Ausmaße annahm, sah sich die Fakultät genötigt, Späher auszusenden, deren Aufgabe es war, ihr Mitteilung von bevorstehenden Exekutionen zu machen. «Da vermöge unserer Universitäts-Statuten», heißt es in einem Schreiben, anno 1661, an den Hof, «jährlich zum wenigsten eine Anatomia publica sollte angestellt werden und sich nächster Tage ein Subjectum finden möchte, des Zieglers Sohn von Neuffen, welcher den alten Messerschmied von Urach ermordet», so bitten wir, uns «dies Corpus zu geben und zu gestatten, daß nach der Justification solches zu erwehnter Anatomie möchte außgefolget werden». (Antwort des Herzogs: «daß, wann des besagten Zieglers verhafftetер Sohn allein zum Schwert sollte condemnirt werden, als dann *dessen*, widrigenfalls aber eines *anderen* hiernechst decollirenden Übeltäters Cörper zu solcher Anatomie ausgefolget werden möge».) Aber so aufmerksam die Fakultät auch war und so energisch der Anatom auf die Auslieferung der Hingerichteten pochte (einmal, 1726, gelang es ihm, die Leichen dreier Verbrecher auf einmal, eine männliche und zwei weibliche, für sein Institut zu erwerben), so kläglich war, im Verhältnis zum Aufwand, am Ende das Resultat. Statt Menschen mußte man Tiere, Hunde und Hirsche, sezieren; die Ankündigungen neuernannter Gelehrter, sie würden alles dransetzen, «Subjecta von unterschiedlichem Alter und Umständen» zu finden, hatten nur geringen Erfolg; erst um die Mitte des achtzehnten Jahrhunderts, zur Zeit Karl Eugens, trat eine Wendung zum Besseren ein – und das aus vierfachem Grund. Zum ersten war in Tübingen ein Mann namens Sigwart am Werk, der, bevor er seine Stelle antrat, in ganz Europa die berühmtesten anatomischen Theater angeschaut hatte, um sich «in arte secandi noch mehreres zu perfectioniren»; zum zweiten sah sich Sigwart durch einen trefflichen Prosektor unterstützt – einen Zergliederer, der die Kunst der Skelett- und Präparat-Herstellung verstand –, den in Padua und Leiden, in Berlin, Bologna, Göttingen und «Engelland» ausgebildeten Leutnant Gärtner; zum dritten wurde das auf dem Friedhof der Spitalkirche gelegene Anatomie-Domizil, die St.-Konrads-Kapelle, in deren Keller zur Winterszeit die Sektionen stattfanden, gehörig erweitert: die Anatomie-Kirche gewann den Rang eines *theatrum anatomicum*; zum vierten, das war der entscheidende Grund, hatte der Leichenmangel – jedenfalls fürs erste – ein Ende. Ein herzogliches Reskript vom Januar 1763, die Versorgung der Anatomie mit Kadavern betreffend, erweiterte das Klientel der St.-Konrads-Kapelle in einer für die Fakultät höchst erfreulichen Weise: Nicht nur justifizierte Delinquenten («im ganzen Land abzugeben»), sondern auch «erfrohrene Personen», Arme und Fremde aus dem Tübinger Umland, dazu die im Ludwigsburger Zuchthaus verstorbenen Schanzarbeiter, die unehelich Geborenen nicht zu vergessen, Kinder und Erwachsene, die im Bettelhaus stürben ... sie alle, Sträflinge, Mittellose, Uneheliche und Waisen, seien in Zukunft unverzüglich und ohne besondere Order in die Tübinger Anatomie einzuliefern.

Eine Wendung zum Guten, zweifellos, und trotzdem hörten die Sorgen nicht auf. Die Errichtung einer Anatomie im Zuchthaus Ludwigsburg nahm der Universität ausgerechnet das beste Sektionsgut – man erwog schon, ein eigenes Arbeitshaus, mit «Fabriquen» und einem Lazarett, zu errichten –, die Bettelei um Kadaver begann, kaum daß sie geendet hatte, von neuem. Pfarrer mußten den Insassen der

Tübinger Spitäler «theologice anraten», sich vor der Anatomie nicht zu fürchten (was auch gelungen sei, «da seit eineinhalb Jahren keine Protestation mehr gemacht worden»); Krankenhäuser wurden systematisch durchkämmt – wer im Winter starb, kam in den Keller der St.-Konrads-Kapelle: mit Martini begann die Sektionszeit; selbst die Hausarmen waren, sofern sie ein Gratial genossen, nicht vor dem Zugriff der Behörden gefeit. Da freilich war der Punkt erreicht, an dem die Kirche ihr Veto erhob: «Wenn man alle Haußarmen, die von Almosen leben», schrieb 1771 ein besorgter Dekan, «nach dem Tod auf die Anatomie liefern müßte, so würden verschiedene Pfarr-Witwen und -Waysen mit darunter begriffen seyn, welche aber, wie vielleicht auch andere bürgerliche Arme, sich hoc casu vor das Almosen bedanken und lieber hungers leiden würden.» Sobald es ans eigene ging, und nicht nur das Lazarett-Klientel, sondern auch die Hausarmen – gelegentlich sogar in einer nächtlichen Aktion – in die Anatomie gebracht wurden, begann die Kirche zu rebellieren – und das um so entschiedener, je öfter es in Fragen der Beerdigung zu Zwistigkeiten kam. Die Zeit des feierlichen Geleits war vorbei; «Abgänge von den cadaveribus aus dem Theatro Anatomico», so die Amtssprache des siebzehnten Jahrhunderts, wurden vom Totengräber an einem Sonderplatz des Kirchhofs verscharrt: «Diejenigen, welche nachgehends eine ordentliche Begräbnis verlangen», schrieb die Fakultät in einem Augenblick, als sie ihres Klientels gewiß zu sein glaubte, «haben diese auf eigne Unkosten zu besorgen.» Arm im Leben, arm im Grab! Erst zu Beginn des neunzehnten Jahrhunderts, zu Kanzler Autenrieths Zeit, hatte die Gleichsetzung von «verrecken» und «verscharren» ein Ende – nicht aus Gründen der Humanität allerdings, sondern aus purer Zweckmäßigkeit. Da man trotz aller Erlasse aus den Armen-, Kranken- und Waisenhäusern des Landes nicht genug Leichen erhielt – zu wenig, solange es noch keine Kühlräume gab –, schlug Autenrieth einen Pakt vor ... einen Pakt mit den Kommunen und den Sterbenden: Wer, um der Gesellschaft, der er als Lebender zur Last gefallen war, zumindest im Tode zu nützen, seinen Körper der Anatomie auslieferte, der sollte – und zwar in Ehren! – ein Begräbnis auf öffentliche Kosten erhalten ...

aber auch nur der! («Communicierte man mit der Stadt, daß nie, weder von ihr noch von der Universität, ein Gratial zu Leichenkosten verwilligt würde, so wäre entweder meiner Anatomie geholfen oder die Leute müßten in ihrem Leben fleißiger seyn!»)

Nun, der Anatomie *wurde* geholfen, die Leichen kamen ... und die Studenten kamen auch. Hatte sich anno 1772 nur noch ein einziger Mann inskribiert – von drei Professoren umworben! –, so stieg die Zahl nach 1800 stetig an, und das Anatomie-Kirchlein, das jahrhundertelang so gut wie verwaist war, mit seinem arbeitslosen Chirurgen und einer alten Dienerin, wurde zu klein für die künftigen Internisten und akademisch gebildeten Wundärzte. «In ein nur etwa siebzehn Fuß langes und siebzehn Fuß breites Auditorium», plädierte Autenrieth im Sommer 1810 vor dem Senat, «lassen sich ohne Unbequemlichkeit neben einem faulenden Cadaver nicht wohl siebzig und zuweilen mehr Zuhörer einsperren, und da leicht einmahl ihre Zahl noch zunehmen kann, so ist es die *dringendste Notwendigkeit*, für eine Erweiterung der Anatomie zu sorgen, denn natürlich kann ich mit meinen Cadavern nicht an jeden Ort, in jedes etwa leere größere Auditorium ziehen.»

Hier spricht ein Mann mit einer klaren Konzeption: ein Mediziner, Staatsbeamter und Rationalist, ein erzkonservativer, aber effizienter Bürokrat, der in dreißig Jahren wettzumachen versuchte, was seine Vorgänger in drei Jahrhunderten versäumt hatten. Ein Schlendrian ohne Beispiel war er gewesen, der Betrieb der dritten Fakultät: Die Errichtung des medizinischen Gartens über Jahrzehnte verschleppt («welches wir bishero mißfällig vernehmen müssen», grollte der Herzog); der Bau des chemischen Laboratoriums in ermüdenden Streitigkeiten mit einer Stadtverwaltung, die, teils aus Gründen der Pietät, teils der Brandgefahr wegen, keine Chemie auf dem Kirchhof zulassen wollte ... der Bau des Laboratoriums von einem Jahr aufs nächste verschoben (und zwar ungeachtet der Einsicht, daß «die Chymie wegen der praeparation der medicamentorum für die Curierung der Krankheiten ebenso nöthig als die Anatomie zur Erkundigung des menschlichen Leibes» ist); das Klinikum nicht in Angriff genommen; die Finanzmisere des Landes als permanentes Alibi gewählt, um selbst die bescheidenste Reform zu verhindern: Der Laster-Katalog der Fakultät ist lang. Aber so lang er auch ist – es wäre ungerecht, den Camerers, Gmelins und Sigwarts, dem Mauchart und dem Ploucquet, oder wie immer sie hießen, den Vorwurf zu machen, sie hätten zu wenig getan … denn eben das stimmt keineswegs: Die Mediziner taten nicht zu wenig, sondern zu viel! So winzig die Fakultät der Zahl nach war, so groß war ihr Einfluß, so mächtig ihre Stellung im Land.

Da galt es Gutachten in Kriminalfällen zu formulieren (Lebte der Säugling bei der Geburt? War der Täter Melancholiker? Handelte es sich bei dem Mittel, das die Mörderin ihrem Mann in seine Pfeffersuppe schüttete, um Mäusegift oder Arsen? Welche Läsion des von seinem Gatten «so übel geschlagenen Eheweibs» führte zum Tod?); da wurden chirurgische Kunstfehler analysiert, falsche Einrenkungen und fahrlässige Schnitte; da stellten die Professoren Testimonien über neue Arzneimittel aus – und fielen dabei mitunter aufs Kreuz. Anno 1795 wurde in einer Zeitung, als eine Art von Wundermedikament, ein «philosophischer Gold-Saffran» angepriesen, «so von einem der berühmtesten Chymisten Deutschlands erfunden und von einer löblichen medizinischen Fakultät vorzüglichst approbirt worden». Rektor und Senat wollten *nomine facultatis* gegen den Mißbrauch ihres Namens ein Veto einlegen, aber die Mediziner rieten zur Vorsicht: «Wenn es nur der Mensch nicht ist», bemerkte ahnungsvoll ein Professor, «der vor etwa einem Jahr, wovon das Facultäts Buch zeugen wird, uns ein – zwar bedingtes – Testimonium der Unschädlichkeit seines Mittels abgeschwazt hat.»

Stöße von Expertisen, Gutachten auf sämtlichen Gebieten der Medizin: Ist der Geschlechtsverkehr mit einer Epileptikerin für den Ehemann schädlich? Sind drei bis fünf Lorbeerblätter ausreichend für einen Abort? (Antwort der Fakultät: Normalerweise nicht. In den ersten Tagen nach der Konzeption jedoch könnten sie durchaus menstruationsfördernd wirken.)

Voten über Voten – und die meisten auf Verdacht. In Anbetracht der beschwerlichen Reisen, die man nach Möglichkeit vermied, mußte sich die Fakultät auf die Berichte des Orts-Physicus, nicht selten aber auch auf die Aussagen von Pfarrern, Bürgermeistern und Apothekern verlassen, und deren Glaubwürdigkeit wird, was medizinische Spezifika betraf, kaum größer als das Wissen jener berühmt-berüchtigten Boten gewesen sein, die noch zu Beginn des letzten Jahrhunderts die Aufgabe hatten, den Ärzten der Autenriethschen Klinik die Krankheitsfälle aus ihrem Dorf vorzutragen, um danach die entsprechenden Rezepte in die Hand zu bekommen – Rezepte auf Verdacht! (Die Zahl der Asthmatiker, die ihren Gallentee schlürften, weil der Bote das Emphysem des Gastwirts mit der Cholelithiasis des Schmieds verwechselt hatte, muß um Tübingen herum Legion gewesen sein.)

Gottlob, daß es im Württemberg der Herzöge nicht nur Ferndiagnosen, sondern auch Visitationen vor Ort gab, Musterungen der Apotheken vor allem, Inspektionen, in deren Verlauf die Professoren feststellen mußten, ob der Pharmazeut sich an die befohlenen Ordnungen hielt, ob die Destillationsapparate aus Glas waren und nicht aus Metall (sonst mußte der Apotheker eine Strafgebühr von zwanzig Gulden entrichten), ob Siebe und Stößel, Seihtücher, Becken und Spatel sich in peinlicher Sauberkeit präsentierten und das Personal, wie es Vorschrift war, für schädliche und bittere Essenzen einen eigenen Mörser benutzte.

Ein Bericht aus dem Jahre 1782 – die Fakultät besucht in Tübingen die Gmelinsche Apotheke – erhellt das Zeremoniell der Visitation bis ins Detail hinein: Zehn Tage vor Ankunft der Inspektoren gibt der Pedell dem Ladenbesitzer Bescheid und lädt zugleich den Stadtphysikus, die Extraordinarien der Fakultät, die praktizierenden Ärzte und die Studenten ein, der Inspektion beizuwohnen. Wenn es dann soweit ist, werden die Arzneien von den Gesellen aus den Regalen geholt und den Ärzten zur Examination überreicht. Man untersucht den Kräuterboden, überprüft die Vorratskammer, das Laboratorium und die Aquarien im Keller, läßt sich den Behälter zeigen, in dem, entfernt von den anderen Mitteln, das Arsenik aufbewahrt wird, stellt fest, ob das Gift, der Vorschrift entsprechend, in kleine versiegelte Pakete verpackt ist («um zu verhindern, daß Unglücksfälle entstehen», wenn die Apotheker, «unter Mißachtung der sonstigen befohlenen Cautelen», das Gift «in größeren Quantis» abgeben), wendet sich, nach dem Rundgang durchs Haus, der Akten-Musterung zu, vergleicht Rechnungen, Quittungen und Rezepte, Auftrags-Bücher und Messe-Ordner (was wurde, in welcher Qualität, zu welchem Preis in Venedig gekauft?) und trägt schließlich seine Verbesserungs-Vorschläge vor: Einige Pulver könnten feiner sein, in manchen Gläsern gibt es zu viel Satz, das gestoßene Bismuth ist zu grau, auch fehlt es an englischem Bittersalz aus Magnesia, der trockene Alkali war nicht aus tierischen Teilen, sondern aus Salmiak zubereitet: darum stank er so!

Von Kräutern, Pflanzen und Giften, das muß man den Ordinarien der dritten Fakultät lassen, verstanden sie viel: Das bezeugt schon der Fall jenes zum Galgen verurteilten Diebs, den man unter der Bedingung laufen ließ, daß er sich von einem Tübinger Doktor zuerst vergiften und dann mit einem bis dahin noch nicht erprobten Gegengift wiederbeleben ließ. Der Mann ging auf den Vorschlag ein (Martin Crusius berichtet darüber in seinem Journal) – und kam davon!

Eine kuriose Fakultät, in der Tat. Drei Männer an der Spitze eines Familienbetriebs – und plötzlich wird eine Entdeckung gemacht, *de sexu plantarum*, die bald ganz Europa in Staunen versetzt; drei Männer, die volle dreißig Jahre die Visitation von Apotheken versäumen und erst «in öffentlichen Acten» nachsehen müssen, wie man so etwas eigentlich macht («auß unserer Medicin-Registratur sey auch hierin kein großes licht zu erwartten») – und bei alledem Nachfolger finden, die über die schwierigsten Probleme der Medizinalpolitik (die Versorgung der Landbevölkerung mit Apotheken; die Gefahr der Konkurrenz auf dem Gebiet der Pharmazie) wie geschulte Verwaltungsbeamte debattieren.

Drei Männer – und welch eine Arbeit! Da gab es die Hebammen-Durchgänge, bei denen der Professor jede Examinandin nach ihrem Namen und ihrem Alter befragte, wie viele Kinder sie selber geboren habe, ob sie lesen und schreiben könne und ein Hebammenbuch habe, wer ihre Lehrmeisterin sei, ob sie die Fälle kenne, in denen sie zu einem Accoucheur schicken müsse, was sie bei Blutsturz täte und bei scheinbarer Leblosigkeit des neugeborenen Kindes; da waren Zwistigkeiten zu schlichten – wer den Rang einer Obfrau besäße, wer das Recht hätte, Lehrmägde zu halten, und wer nur als «geschworenes Weib» arbeiten dürfe: als Aufseherin, der es nur im Notfall erlaubt war, selbst Geburtshilfe zu leisten; da wurden Grenzfragen entschieden (nach wie vielen Jahren sollen die examinierten Hebammen, um an ihre Pflichten erinnert zu werden, zur Nachprüfung kommen?); da galt es, das Instrumentarium zu visitieren, Spritzen, Binden und Näpfe; da mußten die Professoren über Kunstfehler entscheiden und, wenn der Fall gravierend war, die Hebamme entlassen.

Halb Medizinal-Behörde, halb Gesundheits-Polizei, hatte die dritte Fakultät dafür zu sorgen, daß Scharlatanerie und Gesundbeterei, wildes Praktizieren und Hexenkunst («Segensprechen und verbotener Aberglaube») sich in Grenzen hielten – eine Aufgabe, die im Zeitalter der Teufelsbeschwörungen und Seuchenangst von vornherein hoffnungslos war.

Scharlatane und Kurpfuscher beherrschten die Szene; der Kampf der Fakultät gegen dilettierende Pharmazeuten, ganze Scharen von Ölträgern und Materialisten (Hausierern, die allerlei Wundermittel anpriesen), Theriakverkäufern und «Tyrolern» war so vergeblich wie die Attacke gegen die Legionen der Grenzüberschreiter: gegen die Apotheker, die munter drauflospraktizierten und Medikamente verschrieben («obwohl sie sich nur auf Chemie und Pharmacie geleget»), gegen Bader, die als Steinschneider auftraten und nie ein Examen bestanden hatten, gegen Scharfrichter, Marktschreier und Barbiere, die sich als Okulisten (Augenärzte) präsentierten, gegen Teufelsbeschwörer und Wundärzte, die in ihren Barbierstuben Krankheiten behandelten, deren Versorgung zur Domäne der Internisten gehörte: «Darum ist die leider so erbärmliche, höchst schädliche, allen Medizinern nachteilige und disreputierliche Stümpelei endlich einmal mit dem höchsten Nachdruck zu steuern», verlangt die Fakultät anno 1744 und beschwört zugleich den Hof, die Delinquenten künftig ohne weiteres Verschonen streng zu bestrafen.

Vergebliches Mühen; ein Windmühlen-Kampf über Jahrhunderte hinweg; der Kampf von Professoren, die – immer an der Front, immer unter den Leuten! – Leichen heranschafften und Giftschränke durchsuchten, Hebammen, Barbiere und Wundärzte examinierten … Wissenschaftler, die gegen wandernde Hexenmeister einschreiten und den Beschwerden der Chirurgen aus dem Land nachgehen mußten: Hatte die Baders-Witwe von der Alb tatsächlich einer Frau die szirrhose Brust aufgeschnitten («worauf nach wenigen Tagen die Kranke habe sterben müssen»)? Stimmte es, daß die «catholischen Ärzte», aus Österreich einreisend, zu einer Landplage wurden? Traf es zu, daß, wie man hörte, ein Schmied aus Lustnau, ein Meister verbotener Worte und Künste offenbar, unter den Studenten sein Unwesen trieb? (Es stimmte tatsächlich: Der Mann wurde inkarzeriert und der Herzog freundlich gebeten, er möge besorgen, daß besagter Schmied «sambt seinem Sohne wenigst von dieser Universität etwaß weyter removirt und dadurch den Studiosis die Gelegenheit abgeschnitten werde, sich mit ihme bekandt zu machen».) Ein Professor der Medizin im sechzehnten, siebzehnten und achtzehnten Jahrhundert, ein Tübinger Ordinarius: Das war ein Mann in hundert Sätteln. Mußte er heute mit dem Bürgermeisteramt über einen nicht examinierten Chirurgen verhandeln oder die Klage eines Feldschers studieren, der wegen gemeingefährlicher Ignoranz auf dem Hohen Asperg einsaß, so galt es morgen, hygienische Vorschriften zu entwickeln, von deren Befolgung es zum Beispiel abhing, ob eine Ruhr-Epidemie im Herzoglichen Stipendium rechtzeitig eingedämmt wurde.

Während die Juristen ihre Voten und Sprüche in der Studierstube abfassen konnten (zwar bis in die Nacht hinein beschäftigt – es seien «sechsundzwanzig Pfund Akten aus Frankfurt gekommen», teilte der Dekan noch anno 1844 seinen Fakultäts-Kollegen mit –, aber immerhin doch zu Hause), mußten die Mediziner hinaus auf die Dörfer. Schließlich waren sie nicht nur Gelehrte, sondern auch Ärzte; keine Kliniker, sondern Männer, die in ihrer Eigenschaft als Leprosen-Visitatoren jeden Fall von Aussatz, Krätze und Geschlechtskrankheiten vor Ort zu besichtigen hatten. Wie oft kam es vor, daß Nachbarn einer mißliebigen Frau, der sie als Hexe nicht beikommen konnten, die «Frantzosen» (Syphilis) andichteten – und dabei waren es, wie die Inspektion nur allzu häufig ergab, allein die Armut, der Nahrungsmangel und die klägliche Wohnung, Hunger und Kälte, die einer vom Dorf Ausgesetzten den Ruf eingebracht hatten, daß sie nicht nur im übertragenen, sondern auch im medizinischen Sinne aussätzig sei.

Da wurden Professoren zu Sozial-Pädagogen: Da galt es, das Interesse der Gemeinschaft gegen das Wohl und Wehe eines einzelnen abzuwägen. Wie schwer hier die Entscheidung war, zeigt der Fall einer Familie, der, kurz nach dem Dreißigjährigen Krieg, zu einem erbitterten Streit zwischen der Fakultät und den Stuttgarter Leibmedici führte. Wohl wissend, welch ein «schwehres Werck» es sei, argumentierte das Kollegium der Residenz, «ohne offenbahre gewißheit jemanden zu separiren», hätten «die zu Tübingen» einen Jesinger Bürger «neben seinen drei Kindern in ein öd hauß außgesetzet»; worauf die Universität entgegnete, der Vorwurf träfe sie nicht, der Mann sei unrein gewesen, der ganze Flecken Jesingen habe «über seinen Leib ein forcht und abscheu» gehabt und sich vor dem «außlaufen» der Familie so sehr geekelt, daß man nicht umhingekonnt habe, «ihn und die Kind zu separiren».

Leicht, das zeigt die Korrespondenz zwischen Tübingen und Stuttgart, haben's sich die Professoren nicht gemacht, wenn es darum ging, den Kranken vor der Gesellschaft und die Gesellschaft vor dem Kranken zu schützen ... gewiß nicht leichter als die Juristen, die mehr als einmal für ein Einsperren im «Blockhäuslein» plädierten, weil sie sich scheuten, das Recht des Gesetzes, das den Freispruch verlangte, über das Recht einer Gemeinschaft zu stellen, die längst verurteilt hatte.

Standesdenken? Konkurrenzneid? Akademischer Dünkel? Gewiß, das hat es gegeben. Die Zeugnisse sprechen für sich. Was, wenn nicht Standesdenken, ist es gewesen, erzkonservative Arroganz, die das Fakultäts-Kollegium nach der Französischen Revolution veranlaßte – und zwar aus purem Neid! –, einen *chirurgus iuratus* wegen «seiner von den Jakobinischen nicht sehr weit entfernten Gesinnungen» zu denunzieren und dem Herzog die Frage zu stellen, wie solchen «Attentaten einer neufränkischen Egalité, welche alte Subordination als ein ihrem Stolz unerträgliches Joch abschütteln will» am wirksamsten zu begegnen sei? Aber war es *nur* Ausdruck von Standesdenken, daß die Fakultät, anno 1709, dem Versuch eines in der Schweiz beheimateten Henkers Paroli bot, sich in Tübingen als praktischer Arzt niederzulassen? («Einen Henker zu examiniren und approbiren als Arzt», schrieb der Dekan an den Senat, «wird der Fakultät niemand zumuthen wollen.»)

War es schließlich nicht das Gegenteil von Standesdenken, also ärztliches Pflichtbewußtsein, das ein ansonsten peinlich auf die Wahrung seiner Privilegien bedachtes Kollegium dazu bewog, der Approbation eines Tübinger Arztes mit der Begründung zuzustimmen: «Der hiesigen stadt wäre wohl eine weitere und vollkommene Versorgung zu gönnen, da facultas gerne eingestehe, daß die beiden Professores Ordinarii medicinae, theils wegen vielfältiger Abwesenheit in Herrschaftsgeschäften, theils vor der Überhäuffung mit anderen Geschäfften nicht im Stande seyen, den Kranken jederzeit und nach Nothdurfft zu dienen»?

Geschrieben 1735, formuliert von Professoren, deren Arbeit zeigt, was, bis zum Beginn des neunzehnten Jahrhunderts, an einer Universität alles getan werden mußte – und unter welchen Umständen oft! In was für Zeiten! «In acht Monaten», heißt es im Brief eines Historikers aus der Zeit des Dreißigjährigen Krieges, Johann Martin Rauscher, «hat unsere Universität schon neun Professoren verloren, deren Lehrstühle noch vakant sind.» Tübingen im Herbst 1634: Das Land ringsum in Brand, der Herzog geflohen, das schwedische Heer in Auflösung; der König von Ungarn übt grausame Rache, kaiserliche Truppen ziehen marodierend umher, die Stadt Calw besteht nur noch aus einem Schutthaufen, das feindliche Heer versammelt sich vor den Toren der Stadt, und in seinem Gefolge die Pest ... das ist die Stunde, in der Wilhelm Schickard, Professor der Mathematik und Orientalistik, im Fakultätsbuch notiert: «Von allen im Stich gelassen – auch die Räte und die Vornehmen des Landes waren geflohen –, versammelten wir uns zitternd mitten in der Nacht im Senat und unterwarfen uns, um das Blut unschuldiger Kinder zu schonen, der Milde des Siegers.»

So der Eintrag eines Mannes, der im Sommer 1635 noch über ein mächtiges Hauswesen gebot und, um die Weihnachtszeit, allein mit seinem kleinen Jungen war – Mutter, Schwestern und Mägde, dahingerafft von der Pest, eine Beute des Krieges. «Unsere fromme Mutter», schrieb Schickard damals an seinen Bruder, «ist schließlich an den Wunden gestorben, die ruchlose Soldaten der unschuldigen Greisin geschlagen haben. Zuvor hat sie zwölf Tage lang unermeßliche Qualen ausgehalten. O dieser klägliche Tod, der mit keinen Tränen je genug beweint werden kann. Glaube mir, einige Tage habe ich an diesem Schicksalsschlag so schwer getragen, daß der Rektor unserer Universität, der sogar für mein Leben fürchtete, mich kaum zu einer ruhigeren Haltung zurückrufen konnte. Aber wir müssen es Gott überlassen, ohne dessen Vorsehung keines von diesen Dingen geschieht, und beten, daß er uns Hinterbliebene künftig gnädig verschone.»

Eine vergebliche Bitte: Ein Jahr darauf war Schickard tot – gegen den Rat der Freunde in seine verseuchte Wohnung heimgekehrt, starb er an der Pest, starb, weil er, dieser besessene Forscher, das Fernrohr nicht länger entbehren mochte, das auf dem Dach seines Hauses installiert worden war.

Und wie viele Schickards, wie viele Wissenschaftler hat es gegeben, in Tübingen, die jahrhundertelang unter Bedingungen gearbeitet haben, mit denen verglichen die Existenz des alten Galilei – beschrieben von Brecht – sich wie eine Idylle ausnimmt. Morgens um vier standen sie auf, das Kolleg begann im Sommer um sechs, im Winter um sieben; dann wurde, inmitten der Kinder, Studenten und Frauen, bis zum Abend gelesen, disputiert und geschrieben (immer unter den Leuten, immer im Betrieb – der Gelehrte mit dem Schlafrock in der Studierstube ist eine Erfindung des neunzehnten Jahrhunderts), danach ins Wirtshaus, der Abend gehörte, von Martin Crusius bis hin zu Uhland, Vischer und Strauß, den Kollegen und Freunden. So haben sie gearbeitet und in Hörsälen gelesen, die zur Hälfte noch nicht einmal über einen Ofen verfügten – in dunklen Löchern, an deren Tafeln die hebräischen Schriftzeichen kaum zu entziffern waren. Die Studenten brachten ihre Lichtstümpfchen mit – Kerzen, die zu blaken begannen, sooft jemand den Hörsaal betrat: Die Türen der Auditorien führten unmittelbar auf die Straße. Aber so trist der Alltag auch war – die zehngängigen Festmähler trügen; man fraß gegen den Tod an: Lebenserwartung zwanzig Jahre, Operationen ohne Narkose, die Kriegs-, Not- und Seuchen-Zeiten waren noch schlimmer. Wie oft ist die Stadt belagert und okkupiert worden, wie viele Einquartierungen gab es – Ungarn, Schweizer und, immer wieder, Franzosen –, welche Kontributionen hat die Universität im Verlauf ihrer Geschichte gezahlt!

Pest und Krieg – das sagt sich leichthin. Was es aber für den einzelnen bedeutete, das zeigt sich erst im Detail, dann, wenn man den Syndikus sieht, dem Räuber, nahe bei der Stadt, das Pferd entrissen haben. Der Mann ist erledigt. Die Universität wird ihm, Unglück hin, Unglück her, beweisen, daß er regreßpflichtig sei. Oder der Professor im pestverseuchten Haus, den kein Arzt mehr besucht («Fort mit dir», ruft der Arzt dem Astronomen Schickard zu, «hinaus aufs Land!»), oder der Universitätspfleger, der keine Pferde mehr hat, um die Güter zu visitieren; der Pedell, vor dessen Augen die Reiter Piccolominis das Universitätshaus leerplündern! («Die ohnerträglichen Contributionen», schreibt der Senat im Januar 1635 nach Stuttgart, «haben anhiero dermaßen sich gehäufft, daß, wo nit hilff, remedierung und miltterung erfolgt, nunmehr totalis dissipatio» und, da «die Studenten vertrieben und die Professores an ihren Lectionibus verhindert» sind, «die greußliche ruin corporis Academiae vor augen leuchtet».)

Und so nicht nur um 1640! Am Ende des Jahrhunderts, zur Zeit der Pfalzkriege, war es nicht anders – und auch nach der Französischen Revolution, als erst die republikanischen und dann die österreichischen Truppen Zahlung und Quartier verlangten, ging es in Tübingen nicht eben friedlich zu. Wieder und wieder ist in den Akten von «hochdringender Noth» und «erbärmlichen Zustländt» die Rede. Jede Näherung der feindlichen Truppen, jede «widrige Zeitung», wird voll Angst registriert. Anno 1692, als die Schreckensnachricht den Senat erreicht: *Heidelberg ist gefallen*, entschließt sich die Universität, dem Vorbild von Agamemnons berühmter Staffetten-Post folgend, einen optisch-akustischen Signal-Dienst zu installieren: In Herrenberg auf dem Schloß, danach in Altingen, Entringen, Jesingen ist, wenn die Feinde kommen, «Sturmstreich» zu blasen, «ein feuer bestendig zu halten» und «mit Schießen aus Doppelhockern die losung zu geben: Dreymahl, wann die Gefahr gering, sechß mahl, wann sie größer» wird.

Tübingen im siebzehnten und achtzehnten Jahrhundert – das war alles andere als eine Gelehrten-Idylle. Hier wurden nicht nur Bücher zensuriert und Ketzer entlassen, Teufelspakte geschlossen und Hexen getötet; hier ging es, wortwörtlich, ums Leben aller – um die Existenz einer Stadt, die abenteuerlustige Schloß-Kommandanten mehr als einmal aufs Spiel setzen wollten, obwohl Tübingen doch, wie der Senat ebenso flehentlich wie unmartialisch bemerkte, «zu einiger Resistenz nicht qualificiert» sei, da die gemeine Bürgerschaft zum größten Teil aus Professoren, Scholaren und solchen Personen bestünde, «welche für dergleichen Defensions-werckh gar nicht habilitiert noch darzu beschaffen» wäre.

Ohne die Universität und ihre beredten Gelehrten, Unterhändler und Diplomaten, so viel ist sicher, hätte Tübingen die Kriegszeiten nie überstanden: Nicht ohne Rektor und Senat, deren beschwörender Suada am Ende die Verteidiger so gut wie die Angreifer erlagen – weniger vor dem Feind als vor dem Anblick einer friedlichen Gemeinschaft kapitulierend, deren Interessen ein unbekannter Professor auf den Begriff gebracht hat, als er den Kommandanten bat, er möge Stadt und Universität vor Plünderung, Feuersnot und gänzlichem Untergang bewahren, «damit wir noch eine Weile zusammensein können».

Es war also nicht Zynismus, sondern Ausdruck leidvoller Erfahrung, wenn die Artisten in ihr Fakultätsbuch schrieben: «Sofern keine feindliche Invasion geschieht, wollen wir feiern.» Begriffe wie «Schutzbrief», «Contribution» und «sicheres Geleit» waren den Tübinger Professoren im siebzehnten und achtzehnten Jahrhundert so vertraute Vokabeln wie «Magisterium» und «lectio publica» ... kein Wunder, wenn man bedenkt, daß die Universitäts-Deputierten, um 1700, französische Passierscheine brauchten, um zu ihren Gefällen draußen im Lande zu kommen, und daß, dreißig Jahre später, das Hauptproblem der Alma Mater nicht die Wolffsche Philosophie, sondern, sehr viel konkreter, die Frage war, wohin man, angesichts der drohenden Okkupation und der nachfolgenden Einquartierung mit all ihren Mißhelligkeiten, den Universitätsschatz auslagern könne, die Preziosen, das Silbergeschirr und die wichtigsten Dokumente.

In der Tat, hier ging es erst in zweiter Linie um Metaphysik. Zunächst einmal mußte man überleben und dafür sorgen, daß Eberhards Gemeinschul keinen Schaden erlitt. «So werden hiermit alle Cives academici ernstlich erinnert», ließ anno 1734 der Rektor Magnificus (es war Bilfinger, der Freund Christian Wolffs) seine Mitbürger wissen, «daß jederzeit einige derselben bey denen öffentlichen Universitäts-Gebäuden zu ihrer Bewahrung gestellt werden können.» Zur Bewahrung, wohlgemerkt, nicht nur zur Bewachung. Auch in aufgeklärter Zeit klingt, da Krieg, Tod und Krankheit nicht viel ferner gerückt waren als ein Jahrhundert zuvor, jener Tonfall nach, der die Protokolle des siebzehnten Jahrhunderts hier und dort in die Nähe der Poesie rückt: «O guter Jesus», notiert Schickard angesichts der brennenden Städte rings um Tübingen in der Fakultäts-Matrikel, einem Register also!, «zu welchem Ende werden wir verschont?» – eine Frage, die in jene Bitte um Bewahrung mündet, die dann ein anderer als Schickard formuliert hat, formuliert in dem in aller Schlichtheit vielleicht ergreifendsten Satz, den es in den Dokumenten des Tübinger Universitätsarchivs gibt: «Damit wir noch in etwas lengers beysamben bleyben und von gäntzlichem undergang erhallten werden mögen.»

Vom Verwandtschaftshimmel zur Staatsanstalt

General-Inspektion einer Hochschule – Das Collegium Illustre: Blüte und Verfall des Adels-Kollegs – Niedergang der Universität: Reformvorschläge in Stuttgart und Tübingen – Karl-Eugen als Rector Magnificentissimus – Nur noch ein einziger Medizinstudent: Die Gründung Herzog Eberhards im Schatten der Hohen Karls-Schule – Die Universität wird Staatsanstalt

«Lieber Getreuer! Nachdem Wir gnädigst resolviret haben, wiederum eine Visitation Unserer Universität zu Tübingen durch die hierzu gnädigst ernannten Commissarios vornehmen zu lassen», befehlen wir, «daß die Zimmer in dem Fürstlichen Collegio in guten Stand gesezt und mit Vorhäng, Teppichen und Sesseln versehen und für jeden der Commissariorum ein besonders Zimmer meubliert» werden soll, das «zur Verhütung üblen Geruchs etliche Tage vor der Ankunft einzuheizen und zu säubern ist. Auch hast du in jedes Zimmer ein besonders reinliches Bettgezeug zu schaffen. So viel den Koch anbetrifft, so wird solcher von hier aus bestellt werden»; inzwischen hast du darauf zu achten, «daß in bälde das Tischgezeug, Messer, Gabel, Löffel, Gläser und das benötigte Kuchin-Geschirr in guter und sauberer Qualitaet angeschafft» wird. «Und weilen der Commissariorum Tafel des Mittags zehn bis zwölf Personen starck seyn dörfte, alß hast du Sorge zu tragen, daß dieselben mit gewöhnlich acht warmen Speisen nebst Confect und Nachtisch bedient werden möchten». Mit Pomp und striktem Befehl kündigte Karl, Herzog zu Württemberg und Teck, Graf zu Mömpelgard, Ritter des Goldenen Vlieses und General-Feldmarschall, anno 1751 dem Oberhofmeister des Tübinger Adels-Konvikts den bevorstehenden Einzug der fürstlichen Visitations-Kommission an.

Ein großer Tag für die Eberhardina. Das Dreimänner-Kollegium aus Stuttgart, ein Geheimrat, ein Konsistorialdirektor und ein Prälat, würde kommen, um die Situation der Hochschule zu analysieren: Wie es mit ihrer Finanzlage stünde, mit Bauvorhaben, Lehrbetrieb und Frequenz, ob es Anstände gäbe, Beschwerden von seiten der Universität und der Stadt, Gravamina scientifischer, ökonomischer und moralischer Natur; welcher Art die Verbesserungsvorschläge seien und wie man sie zu finanzieren gedenke.

Es waren zumeist Bürger, keine Adligen, die im achtzehnten Jahrhundert – einmal im Dezennium, manchmal noch seltener – nach Tübingen kamen. Sie hatten schlichte Namen, Zech oder Scheffer oder Tafinger, aber sie wurden wie Fürsten empfangen (Rektor und Dekane machten, sobald der Pedell gemeldet hatte: «Die Gutsche fährt vor», den Gästen am Portal der Aula ihre Aufwartung), und sie wohnten, *comme il faut*, durchaus höfisch in einem Haus, das «magnifique und prächtig» genannt wurde und für die Herren von Stand und Noblesse reserviert war: dem Collegium Illustre – einem Adels-Pensionat, dem ursprünglich, so jedenfalls hatte es Herzog Christoph in der Großen Kirchenordnung von 1559 gewollt, der Charakter eines «zweiten Stifts« zukommen sollte. Im Herzoglichen Stipendium die künftigen Prediger und im Adelskolleg die Beamten, im alten Augustiner-Kloster die Geistlichen und im Domizil der Barfüßer die weltliche Elite des Landes; drüben die Schule der Kirchenmänner und hüben die Pflanzschule der staatlichen Rate: Dies war die Konzeption – der Plan eines Fürsten und evangelischen Bischofs, der sein Land mit Hilfe einer geistlich-weltlichen Bürokratie organisierte und dessen oberste Diener einen einheitlichen, von der Partikularschule zum Staatsamt führenden Bildungsgang durchmachen sollten: von Prüfung zu Prüfung, von Lokation zu Lokation! Da aber die «zur Erhaltung guter Polizei, Ruh und Frieden benötigten» Beamten nicht, so Christoph, «von selbst» aufwüchsen, hatte sich der Herzog entschlossen, zwanzig Adels-Zöglinge von Kindheit an «unter gemeinsamer Disziplin» aufzuziehen: zuerst in der Lateinschule, dann im Tübinger Collegium Illustre und schließlich, um der Erlernung von Welt- und Sprach-Kenntnis willen, im Ausland – alles unter dem Aspekt, daß die künftigen Regiminalisten (für deren Tätigkeit «vornehmlich der Adel verordnet sei») von Jugend auf die schönen Künste, die Grundprinzipien des Rechts sowie die notwendigen Sprachen erlernten und sich «in Gottesfurcht, Zucht und Disziplin» an ihre Pflichten gewöhnten.

Unter der Ägide von Martin Crusius im halb abgebrannten Barfüßer-Kloster Mitte des sechzehnten Jahrhunderts gegründet, wurde das Adels-Kolleg – aus Steinen erbaut, die von Eberhards Alters-Sitz, dem Bruder-Stift des Einsiedels, stammten – anno 1594 festlich eingeweiht und erlebte, als zweite, weltliche, Elite-Schule des Landes, seine Blütezeit vor dem Beginn des Dreißigjährigen Kriegs. Dreißig Jahre lang konkurrierten die adligen Söhne (wie die Brüder vom gemeinsamen Leben – man hielt auf Tradition – war auch die *jeunesse dorée* in violette Mäntel gekleidet) mit den Stiftlern in ihrem schwarzen Habit; dreißig Jahre lang wurde vorweggenommen, was später an der Hohen Karls-Schule und, zu Beginn des neunzehnten Jahrhunderts, in der Tübinger staatswirtschaftlichen Fakultät praktiziert werden sollte: Ein Kader von Staatsdienern lernte Politik und Geschichte, Logik und römisches Recht, Sprachen, Naturkunde und Ökonomie.

Nahezu zweihundert Jahre vor Friedrich List und dem Freiherrn von Wangenheim, den Vätern der staatswirtschaftlichen Fakultät, debattierten die Kollegiaten über Verfassungsprinzipien, Verwaltungsfragen und Probleme der Finanzpolitik. Wenn der Historiker, Jurist und Rhetor Thomas Unsius seine junge Mannschaft in sogenannten *Consultationen* – einer Art von Kabinetts-Beratung in der Form eines Planspiels – darüber diskutieren ließ, welchem europäischen Land der Vorrang gebühre: dann war das, der Struktur nach, eine rhetorische Disputation à la Frischlin, inhaltlich aber schon eine Debatte an der Grenze von aufgeklärtem Absolutismus und bürgerlicher Gesellschaftsordnung.

Ein glänzender Lehrplan, modern und rational strukturiert – vom Strafrecht bis zu italienischen Sprachkursen reichend – hat das *Collegium Illustre* für kurze Zeit zu einer «weit-berühmten Kunst-Sitten- und Hofschule» gemacht: einem Institut, an dem noch im achtzehnten Jahrhundert, als das Haus nur noch Pensionat und Gästehaus war, jene Wissenschaftler ihre Existenzgrundlage fanden, als Extraordinarien und Assessoren, die der Universität, da sie zu fortschrittlich waren, erst einmal schmackhaft gemacht werden mußten: Männer von Johann Jacob Mosers und Bilfingers Schlag, Naturforscher, wie der Mathematiker Krafft, der, in Petersburg von einem Euler belehrt, beurteilen konnte, was man in der Welt dachte – und was im Stift!

Zur Erziehung der weltlichen Elite des Landes bestimmt, einer Elite, die sich in Tübingen im Römischen Recht und im Reiten, in Politik und Armbrustschießen, in Geschichte, Fechten und Tanz vervollkommnen sollte, um so, von Professoren, Bereitern, Fecht-, Sprach-, Ball- und Tanzmeistern unterwiesen, «alle conversation, exercitia, ceremonien und gebärden» wohl zu beherrschen … zur Erziehung der «anderen» Stiftler prädestiniert, blieb das Adels-Kolleg auch dann noch – freilich nicht im Sinne des Gründers – seiner Aufgabe treu, als es zwar keine Schüler mehr besaß, wohl aber Dozenten, die als Assessoren am Collegium die Anwartschaft auf eine universitäre Planstelle hatten: diese Lehrer nämlich, Aufklärer von Lauterbachs Schlag (auch er einmal Professor der Beamten-Anstalt!), waren die eigentlichen Gegenspieler des Stifts.

Die Geschichte des *Collegium Illustre*: Das ist eine kurze Blüte und, zwischen 1650 und 1660, eine noch kürzere Nachblüte-Zeit, ist klägliches Siechtum (immer wieder geschlossen und danach, mit jeweils kleinerer Besetzung, wieder eröffnet), ist Abstieg vom zweiten Stift zum Adelshotel, ist Kampf mit einer Universität, die das Hof-Institut, mit seiner eigenen Gerichtsbarkeit und seinem eigenen Rektor, als mißliebigen Konkurrenten empfand (und sich darüber in einer Fülle von Rangstreitigkeiten und Statuten-Kämpfen verlor), ist Kampf zwischen Herzog und Landschaft – die Ehrbarkeit bestand darauf, daß das Kolleg auch für Bürgerkinder zugänglich sein müsse. Christoph war einverstanden, Friedrich I. anfangs auch: Zwei Jahre lang durften die Landeskinder, wie die Nichtadligen hießen, am Hansentisch ihr Gnadenbrot essen (am ersten Tisch die Söhne von Stand, am zweiten die Kinder der *nobilité*, am dritten das gewöhnliche Volk), danach war es aus: «Drescht ihnen aufs Maul», «et sie finis» (und damit Schluß). «Der Landtag möge uns mit dergleichen Gesuchen hinfüro verschonen», erklärte der Herzog, und die Bürger fügten sich. Vom siebzehnten Jahrhundert an waren die Vornehmen mit ihren Präzeptoren und Dienern ganz unter sich, von Professoren unterwiesen, die – nachdem sie die Formula Concordiae unterzeichnet und vor dem Oberhofmeister den Treueid abgelegt hatten – die studierende adlige Jugend «also zu perfectionieren» hatten, «daß sie inskünfftig dem Römischen Kayser, Königen, Fürsten und Ständen des heyligen römischen Reiches in hochwichtigen und Regiments Geschäfften lobwürdigst und nützlichst aufwarten» sowie «dem gemeinen Besten und dem Ruhm des Vaterlandes vorständig sein» möchten.

Anders als Eberhards Drei-Klassen-Gemeinschaft vom Einsiedel mit ihrem Brüder-Ideal und ihrer Versöhnungs-Ideologie, bestand das Adels-Kolleg aus einem feudalen Verein: Noch 1799 lehnte der Herzog empört die Zumutung ab, kaiserliche Offiziere im Kolleg einzuquartieren – das Haus sei den Bürgerlichen verschlossen!

Man studierte (mit Maßen), spielte (exzessiv) Billard, wohnte bequem – ein Zimmer für den Prinzen, eines für den Kammerjunker, eines für die Edelknaben mit ihrem Präzeptor, eins fürs Gesinde: eine solche Suite wurde verlangt, wenn auswärtige Herren sich ankündigten und der regierende Fürst mitteilen ließ, man möge, falls es noch nicht geschehen sei, für die Ankömmlinge nicht nur neue Betten anfertigen lassen, sondern auch die Bänke «in denjenigen Stuben, welche unseren fürstlichen Prinzen zubereitet sind», abbrechen und durch nußfarben angestrichene Möbel ersetzen.

Armbrustschießen – draußen, vor dem Lustnauer Tor, im späteren Botanischen Garten –, Tennisspielen und Voltigieren, ritterliches Exerzitium und höfischer Tanz («Du wollest», bedeutete 1661 der Herzog dem Oberhofmeister, «unsern anjetzo im Collegio anwesenden Graffen, Herrn und Edelleuten wissend machen, daß wir an Unserem Fürstlichen Hof ein Ballett zu halten bedacht, und denselben an die Hand geben», daß sie, neben anderen Personen von «vornehmer Condition», bei «angeregtem Ballett in dem Tanz sich exercieren»); Pläsier bei Hofe – man möge, schrieb der Herzog, «auf weitere Avisitation hin allhier erscheinen» – und Pläsier im Adels-Kolleg! Während man den Stiftlern – so sagten sie jedenfalls – oft genug Wassersuppe vorsetzte, «darinnen drei Gerstenkörner einander jagen», ging es, wie der Reisebericht dreier sächsischer Prinzen beweist, im Adels-Haus ein wenig opulenter zu: «Die Fürstlichen und Cavalierstafeln werden mit zwölf bis achtzehn Speisen besetzt», schreibt man 1666, «an der fürstlichen Tafel auch bisweilen noch einige Schüsseln eingeschoben. Von Land- oder Neckarwein mag jeder über der Tafel so viel trinken und seinen Becher so oft einschenken lassen, als er will. Gewöhnlich wird kein Bier getrunken, doch wird es den Standespersonen gereicht, wenn sie es verlangen.»

Hier also, im Adels-Kolleg, kehrten sie ein, die fürstlichen Visitatoren – in einem Domizil, das anno 1559 als Pendant zum Stift geplant worden war und es zweihundertfünfzig Jahre später tatsächlich wurde: anno 1817, als die Studierenden der neugegründeten katholisch-theologischen Fakultät jenen vom Adel verlassenen Bau bezogen, der von nun an Wilhelms-Stift hieß.

Hier haben sie logiert, die Herren Tafinger, Scheffler und Zech oder wie immer sie hießen (gelegentlich war auch einmal jemand von Geblüt dabei, ein Oberhofmarschall von Wallbronn zum Beispiel), hier bestiegen sie die Equipage, um, zweihundert Meter weiter, den versammelten Senat zu begrüßen. «Auf die Nachricht, daß die Herren Visitatores auf dem Weg wären», heißt's dann im Protokoll, «haben sich Magister Dominus Rector und die vier Decane die Stiege hinab begeben. Oben aber rangirten sich M. D. Cancellarius und die sämtlichen Herrn Professores ordinarii so wohl alß extraordinarii in zwey Reyhen von der stiege an, wo Herr Cancellarius und die ihm folgenden in der ordnung sich stellten, biß an die Stubenthür: da dann die Herrn Visitatores mitten hindurchgingen und sogleich an den ihnen bestimbten orth traten, die sämbtlichen Professores aber gegenüber, außerhalb der schranken, einen reyhen formirten, der sich oben von dem Fenster, das auf den Neckar hinauß gehet, biß zu den Fenstern erstreckte, die auf den Kirchhof hinauß sehen.»

Und dann endlich kam man zur Sache; dann begann ein Geschäft, das sich nicht selten über Wochen erstreckte; dann wurde über eine

Anstalt befunden, von der jedermann wußte, daß sie, mit Hochschulen wie Leipzig, Halle und der neugegründeten Göttinger Georgia-Augusta verglichen, seit langem zweitrangig war – doch niemand sprach es offen aus.

Einerlei, ob man nun 1722 oder 1751 zusammenkam: vor oder nach jenem Jahr 1744, in dem der Eberhardina offiziell der Rang einer Landesuniversität zuerkannt wurde (das hieß konkret: wer nicht in Tübingen sein Examen ablegt, erhält kein öffentliches Amt im Land), einerlei, ob Karl Eugen, der Rector Magnificentissimus, dem eines schönen Tags der Einfall kam, seine Universität umzubenennen («Wir geben euch hiermit gnädig bekannt», erfuhr der überraschte Senat auf einer Sondersitzung im Dezember 1769, «daß wir den Entschluß gefaßt haben, unsere Universität zu Tübingen, welche bisher den Namen Eberhardina geführt, in Zukunft Eberhardina Carolina zu benennen») ... einerlei, ob Karl Eugen selbst einer Visitation präsidierte, oder ob er die Professoren aufforderte, anonym und freimütig Verbesserungsvorschläge zu machen, einerlei, ob die Stuttgarter Räte ihre Rezesse 1744 oder 1771 formulierten – im Grunde geht es in allen Papieren, mit ihren ingeniösen Diagnosen und weit gespannten Therapie-Vorschlägen (von denen jedermann wußte, daß sie niemals realisiert werden würden) nur um ein einziges Problem: Gibt es noch eine Chance, eine Institution zu retten, die, einst hochberühmt, zu einer Provinzanstalt geworden war, beherrscht vom Nepotismus? (Karl Eugen zweifelte am Ende bekanntlich daran: Die Gründung der Hohen Karls-Schule zu Stuttgart, die anno 1782 Universitätsrang erhielt, resultiert aus der Überlegung, daß die Alma Mater Tubingensis so oder so verloren sei – lieber ein rascher Todesstoß als ein Dahinsiechen von Jahrzehnt zu Jahrzehnt!)

Der Eberhardina, das wußte der Hof so gut wie der Senat, war mit Partial-Hilfen nicht mehr gedient – von Etiketten-Schwindel wie der Umbenennung gar nicht zu reden –, dafür war ihr Zustand zu desolat, das Finanzaufkommen zu gering (dreißig Jahre Krieg: Das wirkte zwei Jahrhunderte nach!), der Betrieb zu altfränkisch, die Lehre zu neuerungsfeindlich – die Theologie dominierte, als ob's keine Aufklärung gäbe –, der Zuschnitt, insgesamt, zu provinziell. Kurzum, die Situation war bedrohlich. Ein Teil der Felder lag noch immer brach. Der Hof war an der Oper und nicht an der Hochschule interessiert: an Ballett, Orangerie und Feuerwerk, aber nicht an saurer Gelehrsamkeit, die kein Pläsier und Nutzen nur in Ausnahmefällen versprach; der Gesamt-Etat der Universität hätte, hundert Jahre später, nicht ausgereicht, um zwei Kliniken zu unterhalten: acht Prozent betrug, am Aufkommen von 1870 gemessen, das Budget der Eberhardina zur Zeit ihres dreihundertjährigen Bestehens.

Und dann die Bauten! Halb Fossil, halb Fabelwesen à la Potemkin: Das akademische Krankenhaus – auf dem Papier (dabei wußte der Herzog genau, daß andere Hochschulen ihre Frequenz nicht zuletzt ihren Kliniken verdankten); das chemische Laboratorium – halb fertiggestellt und fünfzehn Jahre lang nicht unterhalten (die Universität scheute die Kosten); der Hortus Medicus eher obsolet als von Unterrichtswert (nach der Jahrhundertwende baute man einen neuen botanischen Garten – und kam sofort in Finanzschwierigkeiten); die Bibliothek – verrottet, unheizbar und nur einmal in der Woche geöffnet, der Jahresetat lächerlich, während eines Ludwigsburger Feuerwerks bequem in die Lüfte zu puffen; als Direktor fungierte, nebenamtlich, ein Professor der philosophischen Fakultät, der Pedell besorgte die Ausleihe, und das genügte auch: Das Magazin, so erfahren wir aus den Memoiren Robert von Mohls (des Erneuerers der Universitätsbibliothek), bestand ohnehin in erster Linie aus theologischen Traktaten, juristischen Dissertationen und – Tieren. (Schon anno 1603 hatte ein Magister der Burse zwei Gulden für die Tötung von dreihundert Fledermäusen erhalten, «so in der Bibliothek nisteten»!)

Museale Bauten, museale akademische Usancen (nur in den Hörsälen erster Klasse teilte die Magd des Pedellen an die Studierenden Talglichter aus, ansonsten hatten die Herren sich selbst zu versorgen), musealer Geist und musealer Lehrbetrieb: Die Universität war im achtzehnten Jahrhundert kaum mehr als ein «beklagenswerthes Anhängsel» des Stipendiums. Zu Recht schrieb Robert Mohl, man habe sich, im Württemberg Karl Eugens, mehr und mehr daran gewöhnt, die Hochschule «nur als eine Art von nothwendigem, übrigens untergeordnetem Übel» für das Herzogliche Stift zu betrachten; noch im Jahr 1813 mußte der Senat kleinlaut gestehen, daß die Universität gegenwärtig nur noch «das Ansehen einer theologischen Special-Schule» habe.

Eine Katastrophe, in der Tat! Kein Wunder, daß sich die Professoren anno 1811 nicht trauten, dem Brauch auswärtiger Hochschulen zu folgen und ihre Vorlesungsankündigungen in «einigen gelehrten Zeitungen» zu publizieren: man fürchtete, wie es im Protokoll heißt, «das Verzeichniß unserer Kollegien könnte neben den Katalogen anderer Universitäten zu mager dastehen». Der Schlendrian war beispiellos; der herzogliche Rezeß, die Professorenschaft möchte weniger Privat-Vorlesungen und mehr *lectiones publicae* halten («für welche sie von uns besoldet wird»), und zwar in «gleichförmiger Lehrart von Anfang bis Ende geführt und in bestimmter Zeit vollendet» ... ein solcher Rezeß wurde schlicht ignoriert; man kaprizierte sich auf lukrative Privatissima, Geld bringende, auf die Praxis bezogene Kollegs, die man nicht etwa daheim, sondern in «öffentlichen Localen» (sprich: im Universitätshaus) hielt. Anno 1815 wurde ein Vorschlag, man soll im Hinblick auf die ungeheizten Auditorien doch einmal prüfen, ob sich nicht Lektionen in Privatwohnungen ermöglichen ließen, mit dem Bemerken abgetan: solange die Gehälter so bescheiden seien wie im Augenblick, gedenke man nicht, «dem Ansinnen, sich zu Kollegs im eigenen Haus einzunisten», ernsthaft näher zu treten.

Die Professoren – dies zeigen ihre Verbesserungsvorschläge aus dem achtzehnten Jahrhundert mit aller gebotenen Klarheit – suchten die Schuld überall, nur nicht bei sich. Einerlei, ob sie die Geographie verantwortlich für die Tübinger Mißstände machten (Württemberg läge in einem abgelegenen Winkel; der Strom zöge die Studenten nach Sachsen, «so mitten in Deutschland läge»), einerlei, ob sie die neuen Hochschulen, Göttingen und Erlangen, der Konkurrenz bezichtigten oder dem aufklärerisch gesonnenen Halle seine verführerischen Reize vorhielten («welche größtentheils von schädlichen und weit um sich greifenden Konsequenzen»), einerlei, ob sie Tübingens Raumnot beklagten («wann nur zweihundert fremde Studiosi sich hier auf einmahl befinden solten, diese kaum Zimmer genug würden bekommen können») oder den Grund des Elends in der Tatsache sahen, daß, trotz aller herzoglicher Gebote («Im Vaterland soll bekannt werden, was sie gelernet haben»), die Landeskinder noch immer an ausländische Hochschulen gingen ... bei sich selbst suchten sie die Schuld zuallerletzt. Es sei nicht wahr, erklärten sie, daß die Ferien zu lang, der Unterricht zu lax, die Kollegs zu weitschweifig seien und die *studia elegantiora* vernachlässigt würden – schließlich gehöre ja auch das Griechische zu den *belles lettres* –, und auf die alten Sprachen verstünde man sich!

Kurzum, der Senat sah die Splitter in fremden Augen (*große* Splitter allerdings: höfische Ignoranz und sächsische Freisinnigkeit, Göttinger Aufklärung und schwäbischer Provinzialismus: da kam schon so manches zusammen), aber die Balken im eigenen Auge bemerkte er nicht – verschwieg jenes Erzübel des Nepotismus, gegen das Generationen von Landesherren vergeblich angekämpft hatten. Wie oft kam es vor, daß eine ganze Fakultät befangen war (und ihre Voten entweder reduzieren oder um Dispens nachkommen mußte). Im Jahre 1696 – ein Beispiel, das für hundert andere steht – bestand die medizinische Fakultät aus einem Vater, einem Sohn und einem Neffen (beziehungsweise Onkel) – und dieser Neffe (oder Onkel) war der Sohn des Kanzlers und Ersten Theologen, zugleich aber auch der Schwager zweier Ordinarien aus der Juristen-Fakultät!

Interdisziplinarität, garantiert durch Versippung! Da bewirbt sich ein Gmelin um die Professur des Herrn Bruders, da empfiehlt Anatom Sigwart seinen Sohn als Prosektor und künftigen Nachfolger, da bringt Vater Mohl bei der Universität Tübingen gleich eine Trias von Sprößlingen unter – Robert, Julius und Hugo –, da ernennt Autenrieth senior Autenrieth junior zu seinem Vertreter, da schreibt Maria Gmelin an den Senat eine Bewerbung für ihren in Sibirien weilenden Sohn:

«Euer Magnificentien, Hochwürden und Excellentien werden es hochgeneigtest erlauben, daß ich mich unterstehe, meinen abwesenden Sohn bei der Wahl eines Professoris ordinarii demüthigst in das

Angedenken zu bringen und in dessen Abwesenheit in seinem Namen seine underthänigste Dienste gehorsamst zu offerieren. Wann ich dabey die treuen Dienste der Gmelinschen, die sie der Universität geleistet, und die hohe Wohlgewogenheit, Freundschaft und Liebe überlege, welche diese Familie jederzeit in diesem hochverehrlichen Collegio genossen, so glimmt in mir eine Hoffnung, daß diese geneigte Gesinnung nicht erloschen seyn werde. Ich bin zwar als ein Weib außer Stande, die Studia und Tüchtigkeit meines Sohnes abzumessen, doch schließe ich wahrscheinlicher Weise, daß – da er von Jugend auf unter den Gmelinschen die vorzügliche Neigung zu eben diesen Studiis eingesogen hat, die das erledigte Pensum erfordert – ich seine Dienste demüthigst werde anbieten dürfen.»

Kein Zweifel, daß der Senat Maria Gmelins Gesuch mit Respekt und Wohlwollen zur Kenntnis nahm. Gelehrte Verbindungen auf familiärem Fundament galten als Empfehlung und nicht etwa als Abweisungsgrund. Wer anführen konnte, daß er die Bibliothek des Vaters geerbt oder (worauf Maria Gmelin *expressis verbis* verwies) die Sammlung des *Oncle* katalogisiert hatte, sah sich bevorzugt, ja, die Universität war geradezu glücklich, wenn sie statt eines Fremden von irgendwoher wieder einmal ein Familienmitglied an ihr Herz drücken durfte. «Es kann Amplissimo Senatui nicht anders als angenehm seyn», heißt es am Ende des achtzehnten Jahrhunderts, als einer der vielen Tafinger aus Erlangen heimkehrt, die Erfüllung gelehrter Erfordernisse «mit den mehrfachen Verbindungen vereinigt zu sehen, in welchen derselbe als vormaliger Professor extraordinarius, als Sohn eines Professoris und als Schwiegersohn eines verehrungswürdigen ehemaligen Mitglieds des akademischen Senats mit diesem stehet».

Man sieht, die Herren von Familie regierten nicht nur in Ludwigsburg oder Stuttgart, sondern, etwas weiter südlich, auch in Tübingen – und es waren, wie Hugo und Robert Mohl, Rudolf Jakob Camerer und Johann Georg Gmelin beweisen, Männer europäischen Ranges darunter. Nicht nur dem einen Gmelin war es zu danken, daß eine Akademie vom Range Petersburgs, überspitzt formuliert, im achtzehnten Jahrhundert fast wie eine Dependance von Tübingen wirkte: In der

Petersburger Akademie hat Bilfinger gearbeitet, am Petersburger Gymnasium sein Schüler, der Mathematiker Krafft, unterrichtet; nach Petersburg wurde Kraffts Nachfolger, jener Johann Kies, berufen, der mit der Berliner Aufklärung in engem (wenn auch eher geheimem) Kontakt stand. Aber diese Petersburger mußten, im Gegensatz zu den Gmelins, Tafingers und Camerers, der Universität entweder, wie Bilfinger, oktroyiert werden (ebenjener Bilfinger, der, als Informator Karl Eugens, bei seinem jungen Zögling friderizianische Erziehungs-Praktiken durchzusetzen versuchte), oder sie führten, wie Krafft und Kies, am Neckar bestenfalls eine Rand-Existenz. Und dabei waren sie es, die dafür sorgten, daß in Tübingen nicht nur die Dialektik von Pietismus und Orthodoxie, sondern auch Zahlentheorie und astronomische Experimente Tagesgespräch waren: Unter Kraffts Ägide wurde eine Sternwarte erbaut und ein Hörsaal errichtet, der die geeigneten Instrumente besaß, um mathematische Unterweisungen zu illustrieren.

Aber was nützten der Bilfinger und der Krafft, der Kies und – Nepotismus hin, Nepotismus her – der Botaniker Gmelin, solange im Kernbereich der drei höheren Fakultäten die Orthodoxen regierten, die Mediokritäten mit dem passenden Familiennamen, der rechten Gesinnung und dem entsprechenden Standesbewußtsein? Was half ein Krafft, wenn man sein Instrumentarium verkommen ließ?

Und dabei sollte nach den Vorstellungen des Bilfinger-Zöglings Karl Eugen an der Eberhardina alles anders werden – anders und besser. Schon zwei Monate nach seinem Regierungsantritt, 1744, visitierte der Herzog die Schule; kurz darauf folgte, in einem General-Rezeß formuliert, die Bestandsaufnahme. Gut zwanzig Jahre später – das Tempo begann schleppend zu werden – sahen sich die Professoren ermahnt, ihre Monenda schriftlich und versiegelt («spätestens bis Dienstag abend») nach Stuttgart zu senden. Und so ging's dann weiter: anno 1769 wurde versprochen, eine Deputation einzusetzen, die «nach vorheriger Communication mit einer Abordnung des Senats» jene Vorschläge «in genaue Erwägung» zu ziehen gedächte, die, um Praktikabilität zu gewinnen, einer «besonderen Attention» von seiten des Hofes bedürften; und abermals ein Jahr darauf saß der Herzog im Kreis seiner «Lieben und Getreuen» vor Ort und diskutierte als *Rector Magnificentissimus* die gelehrten Proposita seines akademischen Hofstaats. Der Rezeß von 1771, Resultat und Resümee der Debatten, macht deutlich, worum es Karl Eugen in erster Linie ging: um eine Modernisierung des Lehr- und Forschungsbetriebs. (Das kostete nichts und versprach dennoch Effizienz.)

Reform an Haupt und Gliedern hieß die Devise – eine Reform der beiden praxisnahen Fakultäten, der juristischen und der medizinischen zuerst: Reform ihrer Methodik und Unterrichtsweise – sagten die Professoren nicht selbst, daß knappe Kompendien besser seien als dickleibige Wälzer, der Einjahres-Kurs nützlicher als das Kolleg über Semester hinweg? Nun also! Dann möge man auch dafür sorgen, daß jeder Studiosus in der juristischen Fakultät jedes Kolleg von nun an in jedem halben Jahr hören könne – das sei unabdingbar, um den Studienplan praktikabler zu machen.

Praktikabler, das hieße: Weniger Kollegs und mehr Disputationen («aber nicht über allzu specielle, selten vorkommende oder nur der Ostentation dienende Materien»); Beschränkung von Buchstaben-Gelehrsamkeit und Pedanterie; statt dessen lernendes Lehren, Experienz an Ort und Stelle, Front-Erfahrung statt Etappen-Unterricht – und dies auf allen Gebieten, von der Kameralistik bis zum Hebammenwesen. («Da die meisten Menschen-Morde auf Seiten der Mütter und Kinder daher kommen, daß die Hebammen es alle Zeit bey härtern Geburten darauf ankommen lassen, biß auch der geschickteste Accoucheur nichts mehr außrichten kan.»)

Praxis-Bezug – das müsse der Leitbegriff sein. Darum der Hinweis auf die *belles lettres*, auf Naturgeschichte und Zeichenunterricht, auf Ökonomie und Finanzwissenschaft, auf Fächer also, die, einmal am *Collegium Illustre* gepflegt, zur Zeit der herzoglichen Visitation im Rahmen der Hohen Karls-Schule neu belebt werden sollten. (Das war auch der Grund, warum der Fürst abwinkte, als ein Professor mit dem Vorschlag kam, der «ökonomische Lehrstuhl solle einen Einfluß in des Landesherrn Camerale haben». «Dieses Project», so Karl Eugen, «sey allzu weitläufig und nicht auszuführen», an sich sehr zu loben, aber für eine Universität denn doch nicht geeignet. Für eine Universität wie Tübingen, wohlgemerkt; für Stuttgart war eine ökonomische Fakultät vorgesehen!)

Ein gelehrtes Planspiel im Kreis des Senats: Karl Eugen antizipiert – vernünftig und unverbindlich, mit der ihm eigenen Mischung von Illusion und Räson – eine Fülle von Maßnahmen, die ein halbes Jahrhundert später durchgeführt werden sollten. Französisch-Unterricht und Staatswirtschaft; eine stärkere Betonung der katholischen Interessen («weil bekanntermaßen viele Katholiken schon hierselbst studiert haben, und auch den Gradum Doctoris bei uns annehmen dürfen»). Wie viel ist anno 1770 im Gespräch vorweggenommen worden, was bald darauf ein Freiherr von Wangenheim in die Praxis umsetzte. Der Kurator führte aus, was der *Rector Magnificentissimus* in großen Zügen entworfen hatte (um es danach sogleich zu vergessen).

Wie mögen ihnen die Ohren geklungen haben, den schwäbischen Professoren (des Hebräischen, aber kaum des Französischen kundig), als Karl Eugen sie aufforderte, in Zukunft am internationalen Gelehrten-Gespräch teilzunehmen, jeder auf seinem Gebiet; alle zehn Jahre wälze sich das System der Wissenschaft um (ein Bonmot ins Ohr der Orthodoxie!); Spezialisierung täte not, Fleiß und Experienz. Was mögen sie gedacht haben, die Versippten und Verschwägerten aus der Provinz, als der Herzog sie ermahnte, sich in der gebildeten Welt *estime* zu schaffen – Reputation durch das Schreiben von Büchern. Es würde dem Ruhm der Universität zuträglich sein, läßt Karl Eugen die Debattierenden wissen, «wann, wo nicht alle, doch wenigstens einige von den Professoribus, zumahl diejenigen, die sich noch in ihren besten Jahren befinden und eine gute Schreibgabe haben, sich angelegen seyn ließen, nüzliche und nöthige Materien, theils in Disputationen, theils in besonderen Schriften außzuarbeiten, um sich auf diese Weise der gelehrten Welt mehr bekannt zu machen als bisher geschehen».

Aber nicht nur die Professoren, sondern auch die Studenten sahen sich, im platonischen Gespräch zu Tübingen anno 1770, von ihrem *Rector Magnificentissimus* zu entschiedener Umkehr ermahnt. Die Disziplin sei beklagenswert, Renommisterei stünde höher im Kurse als zähe Bemühung; statt sich, wie's vernünftig sei, vom ersten Studientag an einem Professor als Mentoren unterzuordnen, verbrächten die Studiosi ihre Tage in Ausschweifung und Müßiggang. (Und ein solches Lotterleben, dies hatte der Hof schon 1744 betont, bedinge bekanntlich «einen unwissenden Kopf, verdorbene Sitten, ein verletztes Gewissen, einen kranken Leib sowie lebenslängliche Reue».)

Und der Herzog hatte recht. Es stand tatsächlich schlecht um die Moral der Studenten. Mochte sich der Pennalismus – die Dienstbarkeit der jüngeren Scholaren gegenüber den älteren, blinder Gehorsam und entwürdigende, gelegentlich zum Sadomasochismus gesteigerte Abhängigkeit – an der Eberhardina, mit anderen Universitäten verglichen, eher bescheiden ausnehmen ... die Behandlung der «Studentenjungen» war um so makabrer: die Indienstnahme jener Halbwüchsigen, die von ihren kaum älteren Dienstherren nicht zum «Lesen und Schreyben, zu Christentum, Kirchgang, Catechismus und Kinderlehre» angehalten, sondern zu allerlei zynischen Scherzen (oft sexueller Natur), zur Inszenierung von Glücksspielen, zu Durchstechereien und Banden-Verbrechen aufgereizt wurden. «Die meisten Studentenjungen», so ein Senatsbericht, treiben «bey Tag und bey Nacht mit fluchen, johlen und anderem tumultuiren gar große gottlosigkeit, grobheit und muthwillen», sonderlich, da sie «mit brennenden fackeln so unvorsichtig und gefährlich umbgehen, daß sie solche an stallungen und scheunen anschlagen», ja, sie «auch wohl ohnaußgelöscht in die Häuser hineintragen».

Als Domestiken sui generis, weder zu den Universitätsverwandten noch zu den Städtern gehörig, wurden die Studenten-Jungen, wenn sie etwas verbrachen (und das taten sie täglich), analog jener Mägde bestraft, die, sofern sie «während ihrer Dienstzeit bei einem *civis academicus* geschwängert» wurden, der Gerichtsbarkeit des Rektorats unterlagen. Ihre Dienstherren aber, die Scholaren, kamen meistens davon – die wurden für andere Vergehen bestraft. Das Duellieren vor allem, das der Herzog, selbst bei glimpflichem Ende, mit einem Jahr Festung gesühnt wissen wollte. (War der Ausgang letal, dann drohte dem Täter ein Prozeß auf Leben und Tod, und das Opfer wurde in ungeweihtem Boden verscharrt: ohne Ehrengeleit und kirchlichen Segen.)

Aber so streng die Gebote auch waren und so entschlossen der Hof nach 1770 verfügte – von nun an wurde bereits beim ersten Vergehen inkarzeriert, und beim dritten gab es das *consilium* –, in Tübingen blieb, ungeachtet der Drohungen, alles beim alten. Kaum war der Herzog abgereist, kaum hatte sich die Kommission darangemacht, die Diskussions-Notate zum Rezeß zuzuspitzen, da begann erneut der alte Schlendrian – ein *laissez faire*, das, unterbrochen allein durch das Jubiläums-Spektakel, bis zur Okkupations-Zeit der Franzosenkriege andauerte. Nicht einmal in der Stunde der größten Gefahr (1782, als die Hohe Karls-Schule Universitäts-Rang erhielt) raffte man sich in Tübingen auf, um dem drohenden Debakel durch eine entschiedene und überzeugende Konzeption entgegenzuwirken. «Es wird beschlossen, der Landschaft davon Mitteilung zu machen, daß die Anregung einer zweiten Hochschule nothwendig den nachteiligsten Einfluß auf diejenige haben müsse, welche bisher allein bestanden»: Das war alles, was der Senat in einem Augenblick zustande brachte, als die Stuttgarter Konkurrenz drauf und dran war, der Eberhardina im dreihundertundsechsten Jahr ihres Bestehens das Licht auszublasen. Wäre Karl Eugen nicht, zum ersten, katholisch gewesen (also darauf verwiesen, mit einer Universität in Frieden zu leben, die am Jahrhundertende zu drei Vierteln aus protestantischen Theologen bestand), und wäre der gleiche Karl Eugen nicht, zum zweiten, in einer für Tübingen günstigen Stunde gestorben (bevor die dank kaiserlichen Segens zur Alma Mater avancierte Militärschule sich durchsetzen konnte), dann hätte tatsächlich Gefahr bestanden, daß die Eberhardina, ihrer Mediziner und Juristen beraubt, nach und nach ausgedörrt worden wäre. Die Theologen waren es, die, mit dem Corps des Stifts, den Ruhm für sich beanspruchen durften, die Schule (sprich: das restliche Viertel) gerettet zu haben.

In einem Augenblick, als die Zweiten, Dritten und Vierten sich schon am Bettelstab sahen, anno 1782, hatten die Ersten, ihrer Sache gewiß, die Stuttgarter Schreckensnachricht mit einem einzigen Satz kommentiert: «Wir finden nichts, bei dieser Affaire, worüber wir ein besonders, unsere Facultät betreffendes Desiderium zu formieren gehabt hätten.»

Gehabt hätten: So irreal, so ganz und gar vergangen, als Konjunktiv des Plusquamperfekts, erschien den Tübinger Theologen die Universität Stuttgart im Moment der Geburt – und sie behielten recht mit ihrer Zuversicht. Karl Eugens Nachfolger hatten kein Interesse an der kostspieligen Anstalt mit ihren sechs Fakultäten (darunter Künste und Militärwissenschaft). Hatte man gestern noch befürchtet, die Tübinger müßten in Stuttgart anklopfen, so kam es heute umgekehrt: Die besten Köpfe der Militärakademie zogen an die Eberhardina; eine Reform-Deputation unter Herzog Ludwig Eugen suchte, wie es 1794 im «Reichsanzeiger» hieß, «nach nunmehr vollzogener Auflösung der Carls-Hohen-Schule die in einigen Lehrfächern entstandenen Lücken des öffentlichen Unterrichts sowohl der Fakultätswissenschaften auf der Universität Tübingen als auch der Vorbereitungswissenschaften am Stuttgarter Gymnasium zu schließen». Kurzum, die Dinge kamen wieder in Fluß – wie sehr, das zeigen die Bemühungen, den großen Schiller aus Jena wegzuberufen. Im März 1794 hatte der Gast in der Burse gewohnt und, ein Jahrzehnt vor Hölderlin, auf den Neckar, die Wiesen und die blaue Alb geschaut: «Und da», heißt es in Hovens Bericht, «entstand plötzlich in ihm der Gedanke: Wäre er hier, so würde es ihm Freude seyn, abends 6–8 Uhr Studierende um sich zu sammeln, und sich mit ihnen über Wissenschaft und Kunst zu unterreden, wodurch er auf Geist, Geschmack und Sitten derselben mehr und kräftiger als durch Vorlesungen einzuwirken hoffte; doch würde er auch, sobald es sein Gesundheitszustand gestatte, Vorlesungen sich nicht entziehen; nur gegenwärtig sey er nicht fähig, zusammenhängende zu halten.»

Nun, die Verhandlungen zerschlugen sich; wahrscheinlich kam es nicht zu einer offiziellen Vocation; Cottas Versuche, seinen Autor zurück nach Schwaben zu holen, waren ohne Erfolg. Und was die Reformen anging, so setzte ihnen der Krieg bald ein Ende. Republikaner und Kaiserliche, Franzosen und Österreicher durchzogen das Land.

Zehn Jahre Unsicherheit, mal hatten die Stände, mal der Herzog das Sagen, die Fronten wechselten, und die Fürsten wechselten auch – dann endlich kam der große Paukenschlag. Ein neuer Regent: Ein König und kein Herzog mehr; ein neues Land: Kein kleines Fürstentum, sondern ein Mittelstaat – das Gebiet und die Einwohnerzahl doppelt so groß wie zu Altwürttembergs Zeiten; eine neue Verfassung: Die Stände entmachtet, der König als absoluter Monarch ... und schließlich auch, seit 1806, eine neue Universität: Keine autonome Körperschaft mehr, mit eigenem Recht und eigener Verwaltung, sondern eine dirigierte Staatsanstalt.

Um der Schaffung eines homogenen, zentralistisch und rational gelenkten Gemeinwesens willen hatte der Regent die Verfassung außer Kraft gesetzt, der Stände-Mitherrschaft ein Ende gemacht und den Begriff «Integration» zur Regierungs-Parole bestimmt: Integration der neuen Territorien mit ihrer katholischen Majorität, Integration der säkularisierten Kirchengüter, Integration der Reichsstädte und Grafschaften, Integration der Universität – Integration des Partikularen in ein einheitliches, modern organisiertes und effizient verwaltetes Hoheitsgebiet.

Keinerlei Sonderrechte, Eingemeindung um jeden Preis – das bedeutete, entsprechend einem im März 1806 erlassenen Dekret des Königlichen Ministeriums, für die Eberhardina: Beschränkung der Strafgerichtsbarkeit – zwanzig Reichstaler und vierzehn Tage Karzer. Was darüber hinausging, gehörte in die Domäne des Staates: Aberkennung des akademischen Bürgerrechts für die *cives illiterati*; Gleichstellung von Professoren und Studenten mit anderen Bürgern unter der Maxime «Vor Gericht sind alle gleich». Das bedeutete weiter (Gesetz folgte, zwischen 1806 und 1811, auf Gesetz): Die Universität wird, innerhalb des Kultus-Departements, einer Oberstudienkommission unterstellt und erhält ihren Platz am Sockel eines hierarchisch strukturierten Verwaltungs-Gebäudes: Unten der Rektor, in der Mitte, als Präsident der Oberstudienkommission, der Kurator, und an der Spitze, identisch mit dem Minister des geistig-geistlichen Departements, der Oberkurator.

So geht das Schlag auf Schlag, so folgt ein Entmündigungs-, Disziplinierungs- und Kuratel-Reskript dem anderen: Professoren dürfen keinen Ruf ins Ausland (nach Bayern, Preußen oder Sachsen) annehmen; Studenten haben gleichfalls zu Hause zu bleiben; die Disziplin- und Kredit-Gesetze werden drakonisch verschärft; Aufzüge, Vivat-Rufe und Musiken sind untersagt; die Exemption der Studenten vom Wehrdienst fällt fort (oder wird zumindest eingeschränkt): Der Regent braucht Soldaten, und der Senat, auf Besorgnisse unter den Studierenden verweisend, auf allgemeine Verwirrung, gepaart mit wachsender Gleichgültigkeit – wozu noch, schon halb unter Waffen, studieren? ... der Senat wird in einer Manier zur Ordnung gerufen, die in der Geschichte der Eberhardina beispiellos war. So wie dieser Monarch hatte noch keiner, kein Eberhard, kein Christoph, kein Karl Eugen, ja nicht einmal der rüde Geselle Herzog Friedrich I., mit Rektor, Kanzler und Professoren gesprochen: «Wenn der akademische Senat zu Tübingen sich herausnimmt, allerhöchste Königliche Verfügungen als nachteilig, ja dem Umsturz der höchsten Lehranstalt Württembergs dienlich zu bezeichnen und auf eine zwar versteckte, aber der höchsten Aufmerksamkeit nicht entgangene Art auf Verletzung der Universitätsrechte zu deuten, so bedauern wir, diejenigen, denen wir nicht allein den Unterricht, sondern auch die Pflicht aufgetragen haben, gehorsame Untertanen zu erziehen, durch Individualitäten auf Abwege verleitet zu sehen, die dem Staat gefährlich werden und unseren Allerhöchsten Rechten zu nah treten könnten. Nur die Rücksicht, daß die Mehrzahl unter euch bloß von einigen Unruhigen, Schiefsehenden und Irregeleiteten verführt worden ist, bewegt uns, es für diesmal bei dieser ernsthaften Zurechtweisung bewenden zu lassen. Jedoch bedarf es eines Zeugnisses, um euch, die einzigen unserer Untertanen, die es gewagt haben, unsere Verfügungen zu tadeln, kennbar zu machen. Wir kassieren daher euren jetzigen Rektor, entziehen euch das bis jetzt genossene Vorrecht, denselben zu wählen, und befehlen, daß künftig alle sechs Monate durch unsern Staats- und Kultminister als Obercurator ein Rektor nach seinem Gutdünken ernannt werden soll.»

Nein, das war nicht die Diktion des Rector Magnificentissimus und schon gar nicht die Sprache des Bruders vom gemeinsamen Leben. Hier rief ein Monarch Untertanen zur Ordnung; hier hatten Staatsdiener zu parieren: Professoren, die König Friedrich als «Schreiber, Schulmeister und Barbierer» etikettierte; hier wurde kurzer Prozeß mit Wissenschaftlern gemacht, Ordinarien der Universität, denen – in der unter Friedrichs Ägide erlassenen achten Rang-Ordnung vom August 1811 – die vierunddreißigste Position, siebente Klasse, zudiktiert worden war: weit hinter den Rittmeistern und Leutnants der Garde, den Jagdjunkern und Geheimen Sekretären des Königs.

Dreihundertvierunddreißig Jahre lang hatten die Herzöge die Autonomie ihrer Universität unangetastet gelassen; jetzt wurde die Hochschule an die Kandare genommen. Er sei es leid, erklärte der Monarch, Jahr für Jahr Untertanen in Dienst nehmen zu müssen, Absolventen der Eberhardina-Carolina, die – zu nichts zu gebrauchen! – «am Ende ihrer Studien ebenso unwissend» seien, «wie zu der Zeit, da sie hineingegangen». Von nun an werde, an Hand einer straffen Studienordnung, gelernt, wie sich's gehöre, werde die Vorbildung der Studenten exakt überprüft: wie es um ihre philosophisch-mathematischen Kenntnisse bestellt sei, werde gegen Bummelanten eingeschritten und unbedingte Disziplin als *conditio sine qua non* eines ordnungsgemäßen Betriebs angesehen. Die Kreisämter seien angewiesen, jeden Verstoß von seiten der Studierenden künftig unverzüglich dem Rektor zu melden.

Kurzum, hier wurden Maßnahmen getroffen, von seiten der königlichen Administration, die, zusammengefaßt in den Organischen Gesetzen vom September 1811 – der «Universitäts-Katastrophe», wie man das Statut in Tübingen nannte –, den Charakter eines General-Oktrois hatten. Nichts mehr von Autonomie, vom Privileg der Selbstergänzung, von eigener Verwaltung, von *laissez faire* und mittelalterlichem Ritual.

Als Staatsanstalt kam Eberhards Gemeinschul unter Kuratel.

9. Kapitel

Im Zeichen Metternichs

Der König entmachtet die Hochschule – Ein Kurator als Retter – Zwei neue Fakultäten werden gegründet – Vom Widerstand der Prälaten und Schreiber, von katholischen Aufklärern, Kurialisten und streitbaren Protestanten – Der große Donnerschlag des Jahres 1819: Tübingen und die Karlsbader Beschlüsse – Das Regiment des Kanzlers Autenrieth – Ein Oberjustizrat als Staatskommissär

«Die amtliche Wirksamkeit des Curators hat die Universität Tübingen in allen ihren Beziehungen zum Gegenstande. Er wacht über den Vollzug der Gesetze, über die Amtsführung und das moralische Betragen der Lehrer, über den Fleiß und die Sittlichkeit der Studierenden. Er hat, wenn es ihm nötig erscheint, auch unaufgefordert Vorschläge zur Verbesserung des Ganzen sowohl als der einzelnen Teile der Universität zu machen»: Kein Wunder, daß man in Tübingen bei der Lektüre der Organischen Gesetze vom 17. September 1811 ans Ende der Tage zu glauben begann. Napoleons Satrap, Friedrich, von Gottes Gnaden König von Württemberg, souveräner Herzog in Schwaben und von Teck, hatte einen Unter-Satrapen an den Neckar geschickt, einen residenzpflichtigen Kommissär («Der Wohnsitz des Curators ist Tübingen», hieß es im Gesetz), dessen Aufgabe es war, Professoren und Studenten zu beschnüffeln, wo immer es ging: im Hörsaal so gut wie im Wirtshaus oder – im Bett!

Fleiß und Moral, Amtsführung und Disziplin als Objekte von Aktenvermerken! Ein Triumph der Bürokratie! Das Edikt einer Verwaltung, die selbst den Amtsenthobenen und Relegierten nicht aus den Augen verlor: «Mit den Eltern oder Vormündern entlassener Studierender ist Rücksprache zu nehmen, daß sie über deren Aufführung und Beschäftigung während ihrer Entfernung von der Universität besonders wachen.»

Der Rektor entmachtet, zum Befehlsempfänger degradiert und als Amtsgehilfe eingestuft! («Der Rektor ist das Organ, durch welches alle Befehle dem akademischen Senat eröffnet werden»!)

Prüfung und Notengebung unter die Aufsicht des Curators gestellt! («... der besorgt sein wird, daß die Zeugnisse nach der Vorschrift und unparteiisch ausgestellt werden.») Alle Privilegien aufgehoben! Jedes Vorrecht kassiert! Der Kurator als Konkursverwalter einer gelehrten Korporation, die, so glaubte man in Tübingen, in eine Behörde umgewandelt worden sei. Kein Wunder, daß man der Ankunft des Unter-Satrapen mit barer Angst entgegensah. Was, außer Demütigungen, war von einem Beamten schon zu erwarten, dessen Herrscher den für Unterricht und Kultus zuständigen Minister im Staatsrat grundsätzlich an letzter Stelle postierte?

Nun, es kam anders. Die Angst der um ihre altverbrieften Rechte fürchtenden Senatsfamilien, die Sorge des universitären «Verwandtschaftshimmels» (wie Spötter den versippten Clan der Gmelin & Co. damals nannten), die Furcht aller jener war unbegründet, die gestern noch «Die Hochschule gehört uns» rufen konnten und heute davor zitterten, daß der König, nach Robert von Mohls sarkastischem Bonmot, mit den achtundzwanzig Patronatspfarreien, die zur Tübinger Domäne gehörten, zugleich die Aussteuer für Generationen von Ordinarien-Töchtern kassierte!

Umsonst das Beben der gelehrten, auf ihre Partikular-Rechte pochenden Altständler, die, mit Schreibern und Prälaten, mit ehrbaren Räten und ehrbaren Schultheißen versippt und verschwägert, nicht nur das Ende der Universität, sondern auch das Ende der bürgerlich-theologischen Oligarchie im Lande heraufkommen sahen! Alle Ängste für die Katz: Der König mußte sich, ob's ihm gefiel oder nicht, nach Napoleons Sturz zu einem Kompromiß mit den Ständen bequemen (einem Kompromiß, der unter seinem Nachfolger Wilhelm I. anno 1819 Gesetzes-Charakter erhielt) – und was den Kurator anging, den vermeintlichen Zwingherrn und Sittenschnüffler vor Ort, so war der kein Vasall, sondern ein vom König mißtrauisch beargwöhnter Baron, einer, der nicht befördert, sondern abgeschoben worden war; kein konservativer Hofmann, sondern ein liberaler Grandseigneur, der zu philosophieren verstand; kein Bürokrat, sondern, im Gegenteil, ein einfallsreicher, ja geradezu exzentrischer Literat von Familie: Karl August Freiherr von Wangenheim, ein thüringischer Baron, der, freimaurerischen Ideen verbanden, ebenso unbotmäßig wie weltläufig war. In Jena mit einem Jahr Haftstrafe bedacht, in Erlangen relegiert, stand Studiosus Wangenheim im Geruch, nicht nur ein geheimer, sondern ein offener Aufrührer zu sein – und das war er, nimmt man das Wort «Aufrührer» in übertragenem Sinne, tatsächlich: Kein Ideologe des *status quo*, sondern ein Anwalt der Reform – immer mitten im Kampf, immer (am Ende scheiternd) in diplomatischer Aktion, immer auf die Stiftung von Koalitionen bedacht – als Kurator um einen Ausgleich zwischen etatistischen Reichs-Interessen und vernünftigen Autonomie-Wünschen, als Kultusminister um die Versöhnung von französisch-modernen und altständisch-gewachsenen Rechten, als Gesandter beim Frankfurter Bundestag im Sinne der Trias-Politik seines Herrschers um eine Balance zwischen den beiden Großmächten und den süddeutschen Mittelstaaten bemüht.

Nein, das war weder ein subalterner Beamter noch das *alter ego* eines Verwaltungs-Monarchen, das war kein Mann mit dem eisernen Besen, der da anno 1811 nach Tübingen kam. Hier bezog ein *homme de lettres*, Ordensbruder, Philosemit und Literat die ihm gebührende Residenz; ein Aufklärer und wenn nicht roter, so doch rosafarbener Baron (in aristokratischer Gewandung, wie sich versteht) – mit Jean Paul, Sulpiz Boisserée und Uhland bekannt, mit Cotta und Studiosus Sand, dem Kotzebue-Mörder: Karl August von Wangenheim, den's nicht genierte, sich, nach dem Vorbild der gebildeten Berliner Bürokratie, in ein philosophisches Kolleg zu begeben.

Der Freiherr führte, wie man sagt, ein Haus; seine Urbanität, sein Witz und seine Konversations-Kunst waren berühmt; er hatte Esprit und – eine Konzeption. Wenn Eberhards Gemeinschul, dies war die oberste Maxime der Wangenheimschen Kulturpolitik, zu einer modernen Universität in einem modernen Staatswesen heranreifen wollte, dann mußte sie zu allererst dafür sorgen, daß das Land künftig nicht nur über akademisch ausgebildete Pfarrer, Räte und Ärzte verfügte, sondern daß ein Kader von Beamten präsentiert werden konnte, der in der Lage war, ein Reich von der Größe Neu-Württembergs zu verwalten ... ein Kader, wie er Herzog Christoph vorschwebte, als er das Kloster der Administratoren zu gründen beschloß.

Eine neue Beamtenschaft, fähig, aus Dutzenden von Verwaltungspraktiken eine einzige zu machen; ein in Tübingen geschultes Korps von Kameralisten und Regiminalisten, von Finanz-, Politik- und Polizei-Wissenschaftlern: dies war die *conditio sine qua non* für den Fortbestand eines Landes, das anno 1811 nicht viel mehr als ein durch geschickte Diplomatie erwürfeltes Staats-Konglomerat war.

Eine *neue* Beamtenschaft, das hieß: Eliminierung einer Kaste, die in Württemberg, dem gelobten Land der Skribenten, ebenso verhaßt wie einflußreich war – der Zunft jener Schreiber, die, im Bund mit den Ständen, seit Jahrhunderten eine Verwaltung besonderer Art aufgebaut hatten: scheinbar staatsfern, bürgernah und heimatlich-partikularistisch, in Wahrheit aber willkürlich, ineffizient und korrupt, keine Gegenverwaltung zur höfischen Administration, sondern deren Karikatur. Hegels berühmte Analyse der Skribenten-Landplage, vorgetragen in seiner Beschreibung der Stände-Versammlung des Königreichs Württemberg im Jahre 1815 und 1816, eine Beurteilung, die mit Hilfe vieler Zitate – *Unfug, Willkür, Bedrückung* und *Beutelschneiderei* – jene kleine und mittlere Beamtenschaft karikiert, deren Mitglieder – als Vierzehnjährige von einem Prinzipal alias Lehrherrn eingewiesen – nach und nach zum Substitut und Amts-Aktuar aufsteigen konnten ... Hegels Analysen nehmen sich im Vergleich mit anderen zeitgenössischen Beschreibungen beinahe euphemistisch aus. *Klein-Despoten* wurden die Schreiber genannt, *Sportel-Jäger*, die, nach der Länge ihrer Schriftsätze bezahlt, aus dem kleinsten Bagatell-Fall eine Haupt- und Staatsaktion machten – jeder Buchstabe füllt den Säckel: Das Doppel-t des Namens Württemberg wurde als Schreiber-Erfindung glossiert –, *Lakaien*, die nach oben buckelten und nach unten träten, *Parasiten* und *kritzelnde Pfaffen*, vom Korpsgeist der Großen beseelt und die Kleinen aussaugend, wo immer sie könnten.

Schluß mit der Ausbeuterei, Schluß mit einer Verwaltung, die nicht von Rationalität, sondern von Willkür und Partialinteressen geprägt ist, hieß die Maxime Wangenheims … eine Maxime, die der thüringische Baron zusammen mit einem württembergischen Schreiber in die Tat umzusetzen versuchte: in Kooperation mit dem Reutlinger Amts-Aktuar Friedrich List. Die Gründung der Tübinger Staatswirtschaftlichen Fakultät ist die Gemeinschaftsarbeit eines Kultusministers und eines Handwerkersohns. Beide hatten das gleiche Ziel (die Herrschaft einer Clique, die ihre Existenz auf die Ausbeutung von Untertanen gründet, ist zu beenden), beide das gleiche Konzept (ein geschlossener Staat braucht eine homogene Verwaltung), beide die gleiche Wissenschafts-Auffassung: Wir müssen eine Fakultät schaffen, in der Theorie und Praxis, Vorentwurf und Empirie einander ergänzen.

So entschieden man in Fragen der Struktur divergierte (List wollte eine einzige, aus Rechts- und Staatswissenschaften zusammengesetzte *Politische Fakultät*, Wangenheim, der sich mit seinem Votum durchsetzte, plädierte für einen eigenen staatswirtschaftlichen Bereich), so sehr die beiden Gründer sich in der Frage «erweiterte zweite oder neue fünfte Fakultät» unterschieden, so einig waren sie sich im Grundsätzlichen: jeder von der Überzeugung bestimmt, daß die Verbesserung bestehender Verhältnisse nur durch eine rigorose Denunziation des «zum Schlendrian gewordenen Herkommens» erreicht werden könne. Alle Formen der Administration, forderte List, seien einer «fortwährenden, vorurteilsfreien Kritik zu unterwerfen», und Wangenheim, der seinen Antrag, in Tübingen eine staatswirtschaftliche Fakultät zu errichten, in Übereinstimmung mit Lists Votum formuliert hatte, führte ergänzend aus: «Es ist der Charakter unseres Zeitalters, die Einrichtung des gesellschaftlichen Zustandes einer wissenschaftlichen Critik zu unterwerfen und, was bei dieser nicht haltbar ist, zu verbessern.»

Ein Gedankenaustausch zwischen einem Minister und einem unstudierten Bürgersohn, der sich als Inzipient, Skribent, Substitut, Amts-Substitut, Kameralamtsgehilfe, Stadtsubstitut und Oberamtsaktuar von der Pike auf emporgedient hatte – ein Gespräch im Geiste Eberhards, brüderlich, sachdienlich und effizient (die Fakultät *wurde* gegründet): Das war ein Novum in der Geschichte der Universität. Kein Wunder, daß die Konservativen in Senat und Regierung zur Gegen-Attacke antraten, daß Wangenheim abgelöst wurde und List zwischen die Feuer geriet. Während der Chef des Finanzkabinetts, ein Herr von Malchus, sich gegen die Zumutung verwahrte, einen Mann anstellen zu müssen, «der dafür bezahlt wird, die Handlung der Verwaltungsbehörden öffentlich zu tadeln, und Samen zu konfusen Begriffen, ja selbst zur Unzufriedenheit ausstreuen kann» ... während Herr von Malchus anno 1818 das Generalthema der kommenden vierzig Jahre vorwegnahm (Verantwortung gegenüber dem Staat und Verantwortung gegenüber der Wissenschaft: Wie verträgt sich das miteinander?), argumentierte der Tübinger Senat eher persönlich: Da man die auf dem Weg des Oktrois geschaffene fünfte Fakultät schon nicht aus der Welt schaffen konnte, wollte man jedenfalls dem verhaßten Neuling zeigen, was von einem Mann zu halten sei, der es gewagt hatte, sich als *homo illiteratus* unter die Studierten zu mischen. (Lists Lehrstuhl für Staats-Verwaltungs-Praxis wurde seines Realitäts-Bezugs wegen als ein Ordinariat zweiter Ordnung betrachtet.)

«Der Senat», rief – kaum waren die Außenseiter List und sein Kollege Forstner berufen – der Theologe Steudel in einer Sitzung aus (der nämliche Steudel, bei dem in Haupts *Memoiren des Satans* der Teufel eine Vorlesung hört), «der Senat muß ein Gremium von Wissenschaftlern bleiben», ein Gremium, das niemals ablassen sollte, «auf der Qualifikation durch eine lateinisch geschriebene Dissertation zu beharren»! Zu beharren, jawohl! Wobei man sehr genau wisse, daß es für die Studiosi von nachteiligstem Einfluß sein müsse, wenn man die Scholaren zum Erlernen der alten Sprachen und der Philosophie nachhaltig ermahne, während den Senatoren (Seitenblick auf Forstner und List) «die Kenntnis von beyden gleichsam erlassen wird».

Akademischer Hochmut um 1820; Hochmut gegenüber den Plebejern der fünften (ein gescheiterter Theologe, hieß es zu Beginn des neunzehnten Jahrhunderts in Tübingen, sei als Kameralist immer noch brauchbar); Hochmut gegenüber einer Fakultät, die ein Vierteljahrhundert brauchte, ehe sie, unter der Ägide Robert von Mohls, endlich Studenten ausbilden und promovieren durfte, die der Staat den handwerklich ausgebildeten Schreibern (die es nach wie vor gab) und den Juristen vorzog, wenn es galt, in den Ministerien des Inneren und der Finanzen eine vakante Position zu besetzen; Hochmut schließlich auch gegenüber dem kleinen Häuflein jener sechsten Fakultät, deren Vertreter ebenfalls 1817 ihren Einzug in Tübingen hielten: die katholischen Theologen, ein Fähnlein von ein paar aufrechten Männern, die fünf Jahre lang eher schlecht als recht in jener Ellwanger Akademie doziert hatten, die sich Universität nannte und keine war – ein geistliches Institut, das König Friedrich einrichten mußte, als Württemberg, dank seiner neuen Territorien, aufgehört hatte, ein konfessionell geschlossenes Staatsgebilde zu sein.

Zum zweiten Mal ein segensreicher Oktroi. Wurde die staatswirtschaftliche Fakultät über die Köpfe der Professoren hinweg begründet, so ignorierte der Staatsrat im Fall der katholischen Theologen die Meinung des Klerus: Wozu der Aufwand? Hatte Eilwangen nicht alles, was für das Gedeihen einer geistlichen Anstalt notwendig war – ein Priesterseminar und eine Bibliothek, ein Bischofs-Domizil und eine lang bewährte kuriale Tradition? Könne man mehr erwarten als dies?

Man *konnte*, in der Tat; man brauchte die neugegründete Institution nicht, wie es in einem Gutachten hieß, «unter den finsteren Ellwanger Geistlichen mit ihrer finsteren Ellwanger Gesinnung» sich selbst zu überlassen: eine sinistre Hochburg der Gegenaufklärung im Norden des Landes; man konnte – und eben das war Wangenheims Plan – der Schein-Universität mit ihren fünf Lehrstühlen (noch nicht einmal die Philosophie war vertreten, von Geschichte und Philologie ganz zu schweigen) Fakultäts-Rang verleihen (scheinbar eine Desavouierung, in Wahrheit ein Avancement), konnte, in Übereinkunft mit der Kurie, das Generalvikariat ins Zentrum des Landes, nach Rottenburg, verlegen, konnte, damit Fakultät und Episkopat sich zumindest geographisch nicht zu weit voneinander entfernten, die Ellwanger Ordinariate in die Alma Mater Tubingensis inkorporieren, konnte das Adels-Domizil, das längst verödet war, in ein Konvikt für katholische Theologen verwandeln und konnte vor allem – hier wird, zum zweiten Mal, die Konzeption des Aufklärers Wangenheim sichtbar – in Tübingen so etwas wie ein «religiös-politisches Amalgam» realisieren: Toleranz und interkonfessionelle Brüderlichkeit, ein wechselseitiges Geben und Nehmen.

Nathan der Weise, gespielt zwischen Stift und Konvikt; die Ringparabel als Magna Charta einer Universität, die nicht nur evangelische und katholische Theologen, sondern auch Rabbiner ausbildete (Männer wie Berthold Auerbach zum Beispiel; mosaische Theologie war im neunzehnten Jahrhundert in Tübingen ein Fach unter Fächern): Der Gedanke des adligen Liberalen mit seinem Eberhardinischen Versöhnungs-Konzept schien schon deshalb nicht absurd zu sein, weil die erste Generation der katholischen Gottesgelehrten, Männer wie Drey und Hirscher voran, nicht aus Ultramontanen und Kurialisten, sondern aus Historikern, Aufklärern und kritischen Geistern bestand.

Anders als in den dreißiger und vierziger Jahren, wo nach der «Konversion» des großen Johann Adam Möhler die *Römer* innerhalb der Fakultät mehr und mehr dominierten: die *Papalisten*, denen es, auf dem Weg über die Münchener Nuntiatur, um eine möglichst enge Verbindung mit der römischen Kurie ging ... anders als zu Zeiten, in denen die Ultramontanen gegen die staatstreuen Deutschen mit ihrer josephinischen Integrationspolitik Sturm zu laufen begannen, waren zur Zeit der ersten Begegnung von katholischer Seite alle Prämissen erfüllt, die nötig waren, um, ein Vierteljahrtausend nach Melanchthon, einen Disput in seinem Geist zu eröffnen.

Nein, das waren keine Fanatiker, die Professoren aus Ellwangen, die im Jahr 1817 jene berühmt-berüchtigte Hochburg des orthodoxen Protestantismus bezogen, deren katholisches Klientel damals in einer einzigen Schulklasse Platz gefunden hätte: das waren Männer, für die Begriffe wie «Glauben» und «Kritik» nichts Widersprüchliches hatten; das waren Wissenschaftler, die sich nicht scheuten, ein Ritual vom Rang der Ohrenbeichte oder eine Institution wie das Zölibat unter dem Aspekt ihrer historischen Genese zu relativieren. Da war viel fromme Skepsis und wenig frömmelnder Eifer im Spiel, viel nüchterne Prüfung und wenig Sinn für Verbalinspiration; da wurde in Disputationen – auch noch vom frühen Möhler – manche ketzerische These aufgestellt; da hört man die Stimme von geistlichen Herren, die dem Aufklärer Wangenheim nicht gram gewesen sein werden, als er sie aus dem geographisch und geistlich gleich düsteren Ellwangen erlöste: Nein, erklärte namens seiner Fakultät Professor Drey, er habe nichts gegen den Wirtshausbesuch der Konviktoren – nicht einmal am Sonntag; vorausgesetzt selbstverständlich, die Häuser seien «honett»! («Alle andern Schenken aber, die nach der Schätzung des öffentlichen Anstands in diese Kategorie nicht gehören und von Honoratioren, von den besseren Studenten und selbst von angeseheneren Bürgern nicht besucht werden, sollen verboten und verpönt bleiben.») Geschrieben am 3. Januar 1820: fünfzig Jahre später wurde den Konviktoren der Wirtshausbesuch als Sünde wider den Geist vorgehalten – und mit dem Wirtshausbesuch zugleich die wahllose Lektüre von Büchern, das ständige Lesen von Zeitungen, das Frequentieren öffentlicher Konzerte, der gemeinsame Gesang mit protestantischen Kommilitonen: sei's bei Hochzeits-Kantaten oder Bachschen Motetten!

Der Wind war rauh geworden, im Laufe der Zeit, und er kam aus allen Richtungen: Aus Rom und aus Stuttgart, aus Rottenburg und aus dem Stift. Welch eine Chance wurde, dank protestantischer Intransigenz, im Jahr 1817 verspielt, als die katholischen Aufklärer aus Ellwangen in Tübingen der kühlen Reserve jener offenbarungsgläubigen Vernünftler begegneten, vor denen selbst ein Tyrann wie Friedrich I. kapitulierte: Als Wangenheim, anno 1811, Schelling für einen vakanten Tübinger Lehrstuhl vorschlug, notierte der Regent an den Briefrand: «Wenn auch das System von Schelling für den denkenden Mann nicht gefährlich sein kann, so bezweifle ich doch, daß er bei unseren Theologen und ihren zahlreichen Anhängern Eingang finden könne und daß dessen Ernennung bei der Hauptlehranstalt des Königreichs ohne große Sensation sein dürfte; es gibt Vorurteile, die respektiert werden müssen», und darum bin ich dafür, «daß die Stelle mit einem minder in die Augen fallenden Subjekt zu besetzen sei». Wenn aber schon Schelling, nach der Ansicht des Königs (der als Realpolitiker wußte, was die Macht der Ideologie ausrichten kann), den Tübinger

Theologen fremd und unheimlich vorkommen mußte, wieviel mehr dann jene Priester, die – Feinde bis zum heutigen Tag – von morgen an plötzlich im Senat als Kollegen begrüßt werden wollten, Kollegen, mit denen man, in Berufungsfragen zum Beispiel, Bündnisse abschließen, Übereinkünfte treffen, Ausschuß-Probleme vorklären mußte!

Kurzum, die Verlegenheit war allgemein, wie allgemein, das beweist eine Senatsdebatte aus dem Jahr 1813, als es darum ging, eine Delegation zur Inauguralfeier der Ellwanger Friedrichs-Universität zu entsenden, und die Frage anstand, welche Senatsmitglieder – und zwar «schicklicher weiße ex facultate theologiae et philosophiae» – «Alters und Gesundheits halber nicht verhindert» seien, «eine so weite Reise in eine so rauhe Gegend zu einer solchen Jahreszeit» (es war Februar) anzutreten. War das eine Verlegenheit! Ausflüchte, Vorbehalte, glaubhafte und absurde Entschuldigungen. Der halbe Senat stellte sich tot, ehe sich endlich drei Unentwegte bereit erklärten, die Expedition in den Norden zu wagen: eine Trias friedlicher Leute, zu denen sich am Ende ein vierter gesellte, der Mediziner Autenrieth. «Da die medizinische Fakultät sich besonders auf einigen katholischen Fakultäten so tief mit Mystizismus einläßt und sogar Versuche gemacht worden sind, ihr aus den Kirchenvätern eine standfeste Theorie zu schöpfen», erklärte der Klinikums-Chef, «mag auch diese Fakultät nicht so geradezu für völlig unfähig zu erklären sein, einen Deputierten an eine theologische Anstalt zu schicken.»

Befangenheit gepaart mit Arroganz, isolationsbedingter Hochmut, dazu ein gerüttelt Maß Vorurteil und eine gehörige Prise Zynismus, polterndes Bramarbasieren à la Autenrieth: das war es, was die Immigranten aus dem finsteren Norden erwartete, als sie darangingen, sich in einer Stadt niederzulassen, in der noch um 1750 Katholiken so selten auftraten, daß die Fakultätsbücher nicht ihren Namen, wohl aber ihren *status confessionis* aufführen: «Den 31. Oktober hat ein Candidat, welcher ein Catholik war, disputieret und zugleich *gradum doctoris* erhalten.»

Kurzum, es waren nicht Feinde, es waren Fremde, halb unheimliche, halb bedauernswerte Geschöpfe, derer die Tübinger anno 1817 ansichtig wurden. «Das Ausgelöscht-seyn aller Lichter in den Wohnungen unserer katholischen Angestellten in der Nacht der feierlichen Illumination des Reformationsfestes», schreibt im Winter 1817 der Dekan der evangelisch-theologischen Fakultät (der im übrigen das Benehmen der katholischen Kollegen und Studenten während des Festtags als «ungemein tolerant» etikettiert) ... «das Ausgelöscht-seyn aller Lichter fand jedermann als natürlichen Ausdruck des Gedankens, daß das Fest derer, die der Freiheit und des Lichtes sich freuen, für Licht und Freiheit liebende Mitglieder der noch vom Pabste beherrschten Kirche kein Freudenfest seyn könne.»

In der Tat, es war mehr als ein Zufall – es war ein Symbol, daß die katholischen Professoren anno 1817 ausgerechnet am Reformationstag ihren Einzug in Tübingen hielten. Was hätten die Protestanten gesagt, wenn die Begründung ihrer Fakultät, die Inauguration inmitten der Diaspora, auf den Fronleichnamstag gelegt worden wäre: *Ein feste Burg ist unser Gott* inmitten der pompösen Prozession? Deutlicher als durch die Koinzidenz von Glockengeläut und schlichter Kolleg-Vorbereitung (die Vorlesungen der katholisch-theologischen Fakultät sollten in wenigen Wochen beginnen), von Illumination und einer Dunkelheit, die nur allzu signifikant war, konnte den Ankommenden nicht verdeutlicht werden, daß sie Fremdlinge waren. Fremdlinge, fürs erste, in einem Senat, der fest in der Hand evangelischer Geistlicher war. (Nicht nur die erste, die theologische, sondern auch die letzte, die philosophische Fakultät bestand, dank des Stifts-Monopols, ausschließlich aus Pfarrern. Der Mathematiker war in gleicher Weise Gottesgelehrter wie der Professor der Physik.) Fremdlinge, zum zweiten, in einer evangelischen Stadt. Fremdlinge, zum dritten – und dies ist der entscheidende Punkt – dank jener Sonderstellung, die den katholischen Wissenschaftlern bis weit ins zwanzigste Jahrhundert hinein an der Universität Tübingen das Signum der «Andersartigen» gab und sie zu Abhängigen stempelte, die, dank ihrer Botmäßigkeit dem bischöflichen Regiment gegenüber, sich niemals frei und souverän zwischen unvoreingenommener Forschung und oktroyierter Kirchlichkeit, zwischen der Verpflichtung gegenüber der

Wahrheit und der Verpflichtung gegenüber dem Lehramt, zu entscheiden vermochten.

So betrachtet, war es nicht mir die Distanz der seit Jahrhunderten ans Alleinregieren gewöhnten Stifts-Elite (eine Distanz, die sich eher in Verlegenheit als im Affront artikulierte), sondern auch der unverhohlene Anspruch der kurialen Hierarchie, der den Sonderstatus der katholischen Professoren definierte. Während ihre protestantischen Konfratres sich im neunzehnten Jahrhundert vor ein Problem gestellt sahen, das zwar schwierig, aber immerhin doch lösbar war («Wie vereinige ich rigorose Lehrfreiheit mit der Loyalität des Staatsbeamten?»), hatten die katholischen Systematiker und Exegeten eine weit diffizilere Aufgabe zu bewältigen: «Wie kann ich dem Staat dienen, ohne meinen Glauben durch blinden Gouvernementalismus zu korrumpieren, und wie kann ich kirchlich bleiben, ohne meine Wissenschaft durch Zugeständnisse an das von Rom jeweils Geforderte in fromme Affirmation zu verwandeln?»

Der Papst verlangt, der Nuntius läßt verlauten, der Bischof hat ernstlich befohlen: Die Außen-Bindung ist es gewesen, die Verpflichtung, ständig auf kirchenpolitische Konstellationen Rücksicht nehmen zu müssen, die der Fakultät ihren Eigenrang gab und es den Medizinern, Staatswirten, Juristen und evangelischen Theologen so schwer machte, unter den gelehrten Priestern verläßliche Partner zu finden. Ein Papst-, ein Bischofswechsel, ein gescheitertes Konkordat, ein neuer Regens im Rottenburger Priesterseminar, und schon war alles ganz anders als gestern, konvertierte der Deutschkirchler zum Ultramontanismus rigidester Prägung, wurde der Aufklären zum Papalisten, der Liberale zum Anwalt des Konformismus.

Hü und hott und hott und hü! Flügelkämpfe und Spaltungen, Aufstand und Resignation, die Forschung unter Kuratel der Kirchlichkeit, das Lehramt unter dem Primat der Wissenschaft – ein Jahrhundertproblem, das, kaum war es ein paar Semester lang latent geblieben, immer wieder an Schärfe gewann: Dann, wenn ein Angehöriger der katholisch-theologischen Fakultät (Rektor der Universität obendrein), die Mischehe für untragbar erklärte und mit der provokatorischen

Trennung von gerechten Katholiken und ungläubigen Protestanten gegen die Toleranzgebote des Staates verstieß; dann, wenn ein päpstlicher Erlaß – anno 1905: Der Kampf um den Dispens vom Anti-Modernisten-Eid für Professoren! – den Wissenschaftscharakter der katholischen Theologie desavouierte; dann, wenn das Ordinariat den Konvikts-Studenten verbot, die Vorlesungen mißliebiger Professoren zu hören, dann, wenn der Bischof sich die Kolleghefte von Dozenten vorlegen ließ, deren geistliche Richtung ihm nicht gefiel, und der Dekan der Fakultät anläßlich einer Berufungsfrage erklärte: «Das geringe Maß von Freiheit, das uns noch geblieben ist, wird bei dem Vorgeschlagenen in guten Händen sein.» Und so weiter, und so fort. Da wird ein Dschungel-Kampf geführt, dessen Taktik sich, tagespolitisch orientiert, nach den jeweils bestehenden Machtverhältnissen richtet. Wer heute noch als Kollege im Senat votiert, kann morgen auf dem Bischofsthron sitzen. (Und dann, wer weiß, in Rom sein Canossa erleben.) So betrachtet, war es nicht allein die Fremdenscheu der altregierenden Kaste, die den am Reformationsfest des Jahres 1817 zu Kollegen avancierten Katholiken das Leben erschwerte, es war, vor allem, ihre Verpflichtung gegenüber den verschiedenartigsten – liberalen, papalistischen, orthodoxen – Kirchenströmungen der Zeit, dazu die Abhängigkeit nicht nur von einem zweiten, dem Landesherrn, sondern von jenem dritten, dem Bischof, der, wenn es ihm gefiel, das Recht besaß, einem Königlichen Diener die entscheidenden Funktionen zu nehmen: Ausbildung und Lehre.

Waren das wirklich Kollegen, fragten sich die Protestanten im Senat: Männer, die von einem Ferdinand Christian Baur gelernt hatten, daß biblische nicht anders als säkulare Texte interpretiert werden müßten (andernfalls gäb's keine Theologie) ... waren das Kollegen, diese katholischen Gelehrten, die nicht opponierten, als Pius X. im September 1910 kurzerhand jenes rationalistische Exegesieren verwarf, das bei der Erklärung der Heiligen Schrift «ebenso frech wie leichtfertig die Textkritik als einzige und höchste Regel gelten läßt und uns glauben machen will, daß die Schriften der Kirchenväter ohne Zusammenhang mit der Heiligen Autorität allein nach den Grundsätzen der Wissenschaft und mit jener Freiheit des Urteils erklärt werden müssen, mit welcher profane Quellen geprüft zu werden pflegen»?

Hieß das nicht Widerruf der Aufklärung? Rückfall ins Mittelalter? Restitution des dumpfsten Obskurantismus? Es hieß das – in der Tat. Die Frage ist nur, ob ausgerechnet jene ein Recht hatten, sich als Freie gegenüber Leibeigenen zu fühlen (eine Formulierung von Moriz Mohl, vorgetragen im Württembergischen Landtag), die, wie die Debatten der fünfziger Jahre um eine katholisch-orientierte Geschichtsprofessur zeigen, keinen Augenblick zögerten, den eigenen Standpunkt als neutral, transkonfessionell, genuin-wissenschaftlich und ganz und gar unabhängig zu etikettieren (so, als ob es kein evangelisches Konsistorium gäbe, das bei Berufungen sein Wörtlein mitsagen durfte!), um auf diese Weise Universitätspolitik nach eigenem Gusto zu treiben: parteiisch und mit gutem Gewissen. Einerlei, ob es um Vokationen ging («Es bestehen Bedenken», heißt es, einen Physiker betreffend, anno 1895 in einem Fakultätsvotum, «daß man in Tübingen, wo wir dem Ultramontanismus näher sind als Haeckel in Jena, durch die Berufung W.s in eine schwierige Situation kommen könnte»), oder ob Affären anstanden, die den Rang von universitären Kundgebungen besaßen: Im Sommersemester 1865 weigerte sich der Senat, an der Fünfhundert-Jahr-Feier der Universität Wien teilzunehmen, weil die österreichische Hochschule ihre evangelisch-theologische Fakultät noch immer nicht in ihre Körperschaft integriert habe, so daß es sich frage, ob das Wiener Institut überhaupt die Würde einer *universitas litterarum* beanspruchen dürfe?

Und damit genug von Katholiken und Protestanten, von Zugereisten und Autochthonen, von Römern und von Stuttgartern – zurück zum Jahr 1817! Wie stand man da, in Tübingen! Zwölf Semester vorher noch am Rande des Ruins, unter Kuratel gestellt, gegängelt und in Erwartung des Zwingherrn aus Stuttgart, und jetzt, am Ende der Ägide Wangenheim, eine florierende Anstalt – mit sechs Fakultäten die modernste Institution, die es in Deutschland gab! Und dazu noch, dank der Kooperation mit den gestern gedemütigten, heute neu erstarkten Ständen, im Besitz vieler schon verloren geglaubter Sonderrechte und

Privilegien: der Erlaubnis, einen Rektor aus den eigenen Reihen zu wählen und dem Recht der Selbstergänzung allen voran! Staatsanstalt hin, Studienkommission her: Man war wieder was! (Nicht ganz soviel wie früher, mit souveräner Gerichtsbarkeit, uneingeschränkten Finanzhoheit und selbstherrlicher Wirtschaftsverwaltung – doch immerhin: Im Zentrum von Lehre und Forschung gab es wieder Autonomie, und die Zwingherrschaft, so schien es, war vorbei.)

Der Senat, verstärkt durch eine Phalanx kritischer Theologen aus dem Norden des Landes und einige Kenner auf dem Gebiet der Landwirtschaft, Polizeiwissenschaft und bürgerlichen Baukunst, durfte sich wieder mit den vertrauten Problemen befassen, der Jahrhundert-Crux jener studentischen Kredit-Gesetzgebung zum Beispiel, die es den Scholaren erlaubte, sich eine Reihe von genau festgelegten Gütern und Dienstleistungen für kürzere oder längere Zeit kreditieren zu lassen. (Hausmiete, Waschgeld und «Barbiererlohn» für ein Semester, das «Tanzlehrern und Exerzitienmeistern» geschuldete Honorar für die Dauer von zwei Monaten; die «Liqueur-, Confect- und Gassenwirt-Rechnungen» waren hingegen gleich zu bezahlen; einklagen konnten Kneipiers und Konditoren sie nicht!) Da galt es, Bittsteller abzuweisen, die sich immer wieder herausnahmen, nichtige Schulden geltend zu machen – Schulden etwa, «die aus einem mit Juden geschlossenen Contracte entsprungen»; da mußten aufsässige Eltern zur Räson gebracht werden, die der Universität vorhielten, daß sie den Studenten erlaube, sich auf Kosten der Erziehungsberechtigten eine Bibliothek zuzulegen: Dreißig Gulden pro Halbjahr durften die Buchhändler ihren Kunden kreditieren; aber es gab keine Bestimmung, die dem unmündigen Käufer verbot, sein Recht nicht nur in einem, sondern in allen möglichen Sortimenten zur Geltung zu bringen.

Die Schliche und Tricks, die es für einen juristisch geschulten Exegeten der Kredit-Gesetze gab, um kostenlos und in Freuden zu leben, waren Legion. Lebte der eine in einer Spelunke und buchte die «gehabten Maße Wein» oder Bier unter «Bettzins und Hausmiethe» ab, so ließ sich der andere die erstandenen Kompendien in Leder einbinden, legte dem Papa die Rechnungen vor, wurde für seine Sorgfalt womöglich noch gelobt, versilberte hernach die Bücher en gros beim Antiquar und annullierte derart elegant die Forderungen, die der Uhrmacher, Reitlehrer oder Silberarbeiter, wie das Gesetz es verlangte, beim Rektor-Amt angezeigt hatte.

Mochte anno 1817 nicht mehr der Fall eines Hagmaier oder Amend anstehen, mochte es, bei beschränkter akademischer Gerichtsbarkeit und reduziertem Bürgerrecht (von 1828 an waren auch die Professoren nur noch Bürger vom Schlage der Schreiner und Schneider und keine *cives academici* mehr), nicht um Teufelspakte und Kindsmorde gehen – Geschäft gab es noch immer genug, einerlei, ob der Senat den Bau eines Musiksaals vorantreiben mußte, weil sich im Wirtshaus «niemand von Familie» zur Gesangsprobe einstellen wollte, ob der Stadtpolizei das Alter, das Geschlecht und die «race» sämtlicher von Professoren und Studenten gehaltener Hunde mitgeteilt werden sollte, oder ob es wieder einmal um die Turmuhren ging, die beim besten Willen nicht zu der erforderlichen Kongruenz gebracht werden konnten. «Da unsere Lehrgeschäfte», ließ der Rektor das Tübinger Oberamt wissen, «sehr genau mit der bürgerlichen Zeiteintheilung in Verbindung stehen, mußte uns in hohem Grade auffallen, daß in diesen letzten Tagen die Unrichtigkeit der Uhren nicht bei Minuten stehen blieb, sondern sich auf viertel, halbe, ja dreiviertel Stunden erstreckte, so daß bei Vorlesungen, welche morgens von 8 bis 9 gehalten werden, noch so große Finsternis war, daß Licht nöthig gewesen wäre, wofür aber, da dieses bei richtiger Uhr um 8 nie erforderlich ist, nicht gesorgt sein konnte. So störend diese Unrichtigkeit selbst für unsere Geschäfte ist, so sehr sind es auch die Mittel, welche oft, anstatt nachts, wo sie weit weniger stören würden, am vollen Tag zur Correction gebraucht werden, so daß der eine Lehrer zu einer Vorlesungsstunde, wie es dem Thurm Wächter beliebt, fünfundvierzig Minuten, der andere fünfundsiebzig Minuten haben kann.»

Vorschriften für den Genuß von «fremden Weinen, geistigen Getränken und Backwerk», Anweisungen an die Hunde-Polizei und der Kampf um den richtigen Glockenschlag von den Kirchen herab: Die Idylle trügt. So altvorderlich, in seiner Mischung aus bäurischem Treiben und studentischem Ulk, sich das Leben auch ausnahm (noch um 1840 wurden Gänse und Kühe über die Hauptstraße getrieben, und der eine oder andere Student erschien wie eh und je im Schlafrock zum Kolleg), so biedermeierlich es zuging im Bannkreis der in Akademiker, Honoratioren, Bürger und – Leute eingeteilten Stadt, der Klassen-Polis, in der es, da man aufeinander angewiesen war, eine Fülle von Grenzüberschreitungen gab ... so liebenswert dieses halb dörfliche, halb städtische Gemeinwesen sich auch präsentierte – der schöne Schein war nicht die ganze Wirklichkeit. Vorbei die Zeit, da der Senat sich als Mittelpunkt der Welt vorkommen konnte, mit seinen Boten, die in Petersburg und Konstantinopel von schwäbischer Gelehrsamkeit und schwäbischer Rechtgläubigkeit zeugten; vorbei die Epoche, da Stuttgart, mit Tübinger Maßen gemessen, so weit entfernt wie Sibirien war; vorbei auch die Zeit, da die Jubiläums-Kommission, anno 1777, tagelang darüber debattieren mußte, an welche Universitäten denn nun eigentlich Einladungen verschickt werden sollten, weil niemand wußte, welche Hochschulen überhaupt noch bestanden: Rostock? Dillingen? *Terrae incognitae* wohin immer man blickte!

Und dann plötzlich war alles ganz anders geworden. Nach 1819, nach der bundesweiten Sanktionierung der Karlsbader Beschlüsse, deren Universitätsgesetz den württembergischen Monarchen zwang – so sehr er sich sträubte –, an seiner Alma Mater mit Hilfe eines landesherrlichen Bevollmächtigten wieder einmal für Ruhe und Ordnung zu sorgen, alle studentischen Verbindungen, die Burschenschaft voran, zu verbieten und unbotmäßige Professoren ihres Amtes zu entheben: nach dem Wartburg-Fest und der Ermordung Kotzebues und, später dann, nach Hambach und dem Studenten-Putsch, der zum Sturm auf die Frankfurter Hauptwache führte ... von 1819 bis zur März-Revolution des Jahres 48, dem Zeitraum also, in dem die (1824 erneuerten und 1833 verschärften) Karlsbader Universitäts-Beschlüsse Gültigkeit hatten, war Deutschlands kleinste Hochschulstadt mit ihren achttausend Einwohnern für Metternich samt seinen Helfern, Mitläufern und Nachfolgern genausogut eine Keimzelle jener umfassenden europäischen Verschwörung wie Jena, Halle oder Berlin: Universitäten, deren umstürzlerisch gesonnene Avantgarde, so Metternichs Alptraum, das Ziel verfolgte, mit Hilfe der Revolution einen nationalen Einheitsstaat zu formieren.

Von einem Tag zum andern war die Provinz-Universität im abgelegensten Winkel des Reiches, Eberhards Gemeinschul, zu einem Objekt von höchster politischer Bedeutung geworden. War nicht das Stift ein Hort der Revolution gewesen, hatten nicht Hegel und Hölderlin für «derbe Jakobiner» gegolten und die Mömpelgardner die Verbindung zwischen den Pariser Rebellen und jenen jungen Theologen hergestellt, deren «demokratische Gesinnung» selbst der Ephorus nicht abstreiten konnte? Hatte da nicht eine republikanische Garde mit den Stipendiaten Hölderlin, Hegel und Schelling den Maibaum umtanzt, das Frühlingszeichen, das nicht nur das Ende des Winters, sondern auch den Wechsel der Zeitalter anzeigen sollte: Die Epoche des *ancien régime* ist vorbei, die Menschheit tritt in die Phase der großen Revolution?

Und weiter! Hatte nicht Sand in Tübingen studiert und, kaum war der Mord verübt, der Rektor der Eberhardina, ein Wangenheim-Protegé namens Bahnmaier, die Dreistigkeit gehabt, nicht den Mörder, sondern den Ermordeten seiner unchristlichen Gesinnung wegen zu schmähen? Und schließlich! Waren nicht Tübinger Studenten dabei, einen demokratischen Geheimbund zu gründen, dessen Ziel es war, auf einer Südseeinsel, Otaheiti (Tahiti) mit Namen, einen platonischen Staat zu errichten? (Und das waren keine Spintisierer, diese republikanischen Schwärmer: Einer von ihnen hat später immerhin das Kreosot und Paraffin entdeckt!)

Eine winzige Stadt, weltfern und provinziell, wird über Nacht zum Schauplatz großer Politik! Fünf Jahre lang hatte Wilhelm I. die Karlsbader Beschlüsse eher lax als rigoros durchführen lassen. Sein Vertrauter am Platz war – auch nach Wangenheims Versetzung – kein bürokratischer Schnüffler, kein Federfuchser und fanatischer Pedant, sondern ein Professor der Medizin, Johann Heinrich Ferdinand Autenrieth, ein Mann, der sich in der Welt umgetan hatte, von Pavia bis New York, fachlich und organisatorisch in gleicher Weise versiert, dazu den Ständen feindlich gesonnen, königstreu bis auf die Knochen. Genau der Richtige also, alles andere als ein Schwarmgeist, dieser Arzt. Seine Klinik, pflegte Autenrieth zu sagen, sei keine Armenanstalt, sondern eine Unterrichtsstätte; da werde gelehrt und nicht geheilt; da brauche man das passende Demonstrationsmaterial (darum sein Vorschlag, den unehelichen Müttern, die sich bereit fänden, im Klinikum niederzukommen, die Hurenschuld zu erlassen: die Strafe von zwanzig Gulden); kein kurioser Pedant, Doktor Autenrieth, wie jener Ploucquet, der noch im Jahre 1797 in seinem Traktat *Die Ausbildung, die Studien, Pflichten, Sitten und die Klugheit des Arztes* seinen Kollegen geraten hatte, um der Reputation willen ihren Körperwuchs durch «Reiten, Billardspiel, Bewegung und Vermeidung von Ausschweiffungen» zu befördern: Größere Ärzte seien nun einmal angesehener als kleine, Schlanke reputabler als Dicke («zumal die Fettigkeit das Treppensteigen behindert»), eben Gewachsene erfolgreicher als Körperbehinderte: «Höcker, womit immer Kurzatmigkeit verbunden ist, schwache, krumme Füße, Hinken, sichtbare Fehler der Arme und Finger machen immer einen widrigen Eindruck.»

«Rote Haare eines Arztes sind nicht beliebt; man kann sie aber färben oder unter einer Perücke verstecken.» – An den Sentenzen Ploucquets gemessen – immerhin eines hochberühmten Tübinger Mediziners um das Jahr 1800! – wirkten Autenrieths Voten wie geschliffene Analysen. Gleichgültig, ob er, Rationalist der er war, die perverse Ideologie einer Patientin beschrieb, die es für honoriger hielt, um Almosen zu betteln als die Offerte anzunehmen, sich im Krankenhaus unentgeltlich behandeln zu lassen (damit solle man ihr gefälligst nicht kommen, schließlich sei ihr Sohn Haubenmacher in Stuttgart), oder ob er, Ferdinand Autenrieth, die Vor- und Nachteile des Guillotinierens und der Enthauptung durchs Schwert miteinander verglich.

Konnte es einen besseren Staatskommissar geben als diesen Mann, den ersten Kanzler der Eberhardina, der kein Theologe war, sondern, ganz im Gegenteil, ein Advokat der Reichsgewalt bonapartistischer Prägung? («Es handelt sich darum», schrieb er vor Amtsantritt an seinen Minister, «auf der einen Seite eine fanatisch gesonnene Jugend zu ihrer Pflicht zurückzuführen, auf der anderen Seite, der entschiedenen Neigung einer einflußreichen Geistlichkeit, einen moralisch abgeschlossenen Staat im Staate zu bilden, entgegenzuwirken.»)

Autenrieth als landesherrlicher Bevollmächtigter: Diese Lösung, so glaubte der König, würde es ermöglichen, einerseits den Paragraphen 1 des Karlsbader Universitätsgesetzes zu erfüllen, der die Bestellung eines Staatskommissars vorschrieb, und andererseits die Universität nicht zu desavouieren ... jedenfalls dann nicht, wenn der Bevollmächtigte Autenrieth die unumgänglichen Maßnahmen im Rahmen der normalen, dem Kanzler seit eh und je gesetzten Grenzen vollzog. Und das tat er dann auch: ein Königstreuer, dessen Sachverstand ihm bei seinen Kollegen (die entschiedenen Altständler ausgenommen) um so mehr Respekt eintrug, als er weit davon entfernt war, Zweckmäßigkeit und Moral voneinander zu trennen. Sittlichkeit und Nüchternheit galten ihm, wie sein Plädoyer vom November 1819 beweist, als es um die Wiederbesetzung der chirurgischen Lehrstelle ging, für unzertrennlich; das Diktum, «die Chirurgie sei nur allzu leicht in Gefahr, in Roheit auszuarten», rückt Johann Ferdinand Autenrieth – so weit er, als Empiriker und Organisator, von den Ploucquet auch entfernt war – nicht in die Nähe jener Mediziner, die, vierzig Jahre später, der Anlage einer Richtstätte vor der Anatomie nur unter der Bedingung zustimmten, daß Anatom und Physiologe Gelegenheit hätten, den Delinquenten unmittelbar vor der Exekution zu beobachten, um auf diese Weise, das *Davor* und das *Danach* miteinander vergleichend, die entsprechenden Schlüsse ziehen zu können: Eine Vivisektion besonderer Art! Was immer man von Autenrieth, dem Mediziner, Kommissar und Kanzler, halten mag: Ein Tyrann in Metternichs Gefolge war er gewiß nicht. Seinen Auftrag, «die akademischen Lehrer vor Mißbrauch ihres Einflusses auf die Gemüter der Studierenden zu verwarnen und sie anzuweisen, bei ihren akademischen Vorträgen jede Beziehung auf das gegenwärtige politische Treiben der Völker möglichst zu vermeiden» ... diesen Auftrag hat er, alles in allem, so liberal es irgend ging interpretiert, hat, darüber hinaus, den Studenten erlaubt – nicht aus Bonhomie, gewiß, sondern unter dem Aspekt der Effizienz –, einen eigenen Ausschuß zu bilden, hat es abgelehnt, schweren Herzens allerdings, mit Methoden wie Postzensur und verschärfter Überwachung zu operieren, hat seine Kollegen nicht bespitzelt, sondern, als der König anno 1822 nach Tübingen kam, um die Professorenschaft noch einmal seiner Gunst zu versichern, ihm einen Spickzettel zukommen lassen, der jeden einzelnen Dozenten ausschließlich unter wissenschaftlichen Aspekten charakterisierte. Sottisen in Hülle und Fülle, aber keine politische Denunziation: «etwas frömmelnd», «entspricht nicht ganz der Erwartung», «gelehrt, aber unpraktisch», «ohne Geist, jedoch gewissenhaft», «Philosoph nach eigenem System, das neuerdings eine etwas mystische Richtung annimmt», «trotz rauher Formen sehr geschätzt». (Autenrieths Nachfolger, der Jurist Wächter, hat schon anders geschrieben in seinen Kanzler-Berichten, viel konkreter, aber auch süffisanter: «Dem Professor Tafel scheint die rechte äußere Haltung und Würde auf dem Katheder und gegenüber den Studenten mehr und mehr zu fehlen und – wie mir so entschieden zu Ohren kam, daß ich nicht unterlassen darf, es hier wenigstens als Gerücht zu berühren – der Geist des Weins bisweilen seinen eigenen Geist auf eine sehr merkbare Weise zu beherrschen.»)

In Tübingen, so glaubte Autenrieth – und der König glaubte es erst recht –, ging alles den gewohnten Gang. Die Zeit, in der die Hegel und Hölderlin der Devise «Freiheit und Königsmord» nachgeträumt hatten, war längst Geschichte geworden; die Burschenschaft hatte sich aufgelöst, ihr Nachfolger, der Burschenverein, war angeblich nichts weiter als eine lokale Kongregation, der Studentenausschuß tat vortreffliche Arbeit. Wenn die Scholaren, so Autenrieth in seinen Rapporten, etwas recht von Herzen bewegte, dann waren es Ereignisse vom Range der legendären Schlacht zwischen Musensöhnen und Bauern, anno 1819, vor dem Lustnauer «Adler», einer ins Schwäbische verkehrten Homer-Episode, in deren Verlauf Professor Bengel die Stiftsglocken hatte läuten lassen, um Gottes Segen für einen gnädigen Ausgang der Schlacht zu erbitten. Unpolitische Affären, fern aller gefährlichen Deutschtümelei und revolutionären Aufsässigkeit, idealistische Schwärmerei, Gerede von Utopien und Robinsonaden, Phantasien in romanhaftem Stil: Das, so Autenrieth, sei alles, was er in Tübingen feststellen könne. Und wenn, von außen her, gleich hundert Norddeutsche eingeschleust würden – am Neckar, dafür verbürge er sich, bliebe es friedlich: «Die Württemberger sind von Natur nicht geneigt, mit Fremden Verbindungen einzugehen; noch weniger haben sie ein Geschick zu geheimen Verbindungen, die sie bei jedem Glas Wein würden offenkundig werden lassen. Wenn etwa norddeutsche Regierungen Tübingen als Universität für gefährlich ansehen sollten, so dürften sie nur ihren mit keiner Schwärmerei, vorzüglich keiner philosophischen, behafteten Studierenden, die ihre Untertanen sind, erlauben, Tübingen zu besuchen. Von hier aus nämlich ist noch gar nie die Ruhe anderer Universitäten gestört worden; und die Württemberger haben wohl so wenig wie die Schweizer je durch geheime Umtriebe andere anzustecken versucht; sie haben nicht einmal das Geschick dazu, noch den Sinn, der so etwas verfolgte.»

Aber der Kommissar irrte sich – und zwar gewaltig. Während der König, befriedigt über die Zustände, die angeblich an seiner Landesuniversität herrschten (er hatte von Anfang an nichts anderes erwartet: Tübingen war schließlich nicht Jena!), überdrüssig aller Metternichschen Spitzelei, durch den Baron von Wangenheim in Frankfurt für die Aufhebung der Mainzer Zentral-Untersuchungs-Behörde plädierte … während die Trias Wilhelm, Wangenheim und Autenrieth ihre These «Der Oktroi der Vernunft ist besser als alle Gewalt» gerechtfertigt sahen, kam der große Donnerschlag!

Das Schaf war ein Wolf, die stille Musenstadt ein Hort der Rebellion, das Dorf, in dem es angeblich nur um die Aufhebung des Badeverbots unter der Neckarbrücke ging und um das Verprügeln von Schneidergesellen, die vor den Studierenden ihren Hut nicht gelupft hatten, wie sich's geziemte … das Dorf im Winkel war ein einziges Verschwörer-Nest!

Autenrieths Beschwichtigungs- und Verharmlosungspolitik: kläglich gescheitert; seine Exkulpation (er habe nicht genug Mittel gehabt, um den Staatsverrätern auf die Spuren zu kommen): eine Ohrfeige für den vertrauensseligen König (ganz so ahnungslos, wie er tat, war er übrigens nicht; spätestens seit 1823 gab es handfeste Spuren, die nach Tübingen führten); das Mißtrauen der Preußen, die ihren Untertanen verboten hatten, die angeblich durch burschenschaftliche Umtriebe so bedrohte Eberhardina zu frequentieren: glänzend gerechtfertigt! In Tübingen, so zeigte sich jetzt, war ein revolutionärer Kader, der Jünglingsbund, am Werk, zu dem, außer einer Reihe von Studenten, auch ein Privatdozent der Kirchengeschichte gehörte. Studiosus Kolb (später, als Chefredakteur der *Allgemeinen Zeitung* mit Heine befreundet. «Das war die Rede, die ich hielt, ganz ohne Vorbereitung; verstümmelt hat Kolb sie abgedruckt in der *Allgemeinen Zeitung*») an der Spitze einer auf Umsturz bedachten Fraktion, Seit an Seit mit jenem später ebenfalls zu Ruhm und Ansehen gelangten Kirchenmann Karl von Hase, der, in seinen Jugenderinnerungen *Ideale und Irrtümer*, der Studien- und Festungs-Zeit im Schwäbischen nicht ohne Verwundern gedenkt: War das eine Zeit!

Kurzum, der König war düpiert, Autenrieth ergriff die Flucht nach vorn; die Gerichte traten in Aktion: siebzehnmal Festungshaft für die Inkriminierten, vier Jahre für Kolb, zwei, samt Amtsentlassung, für Hase; der Hohe Asperg, seit altersher ein Hausberg der schwäbischen Intelligenz, wurde zur Alma Mater der Exilierten; König Wilhelm gerierte sich von nun an als Falke und schwenkte, nach dem Debakel seiner Trias-Politik, in die Reihen der Karlsbader ein. Tübingen hatte große Politik gemacht, eine winzige Universität zum ersten – und einzigen – Mal in ihrer Geschichte den Landesfürsten gezwungen, seine Diplomatie neu zu bestimmen. (Wobei dahingestellt sein mag, ob das – eher harmlose – Doppelspiel der Studenten dem König nicht ein willkommener Anlaß war, um die Fronten zu wechseln; ob er sich nicht herzlich gern erpressen ließ – ein geheimer Falke, der Wangenheims Politik längst Valet gesagt hatte?)

Gegen Demokraten helfen nur Soldaten: Die Devise des preußischen war auch die Devise des württembergischen Wilhelm geworden. Kaum war es, im Herbst 1825, zu einer Rauferei zwischen Tübinger Verbindungsstudenten gekommen, einem Handgemenge, in dessen Verlauf ein Forstkandidat einen Studierenden mit dem Messer verletzte, da ergriff der König die Initiative – *von nun an rede ich Fraktur!* –, setzte, unter Anführung eines Oberjustizrats namens Hofacker, zwanzig Landjäger in Marsch und eröffnete auf diese Weise eine Epoche, die sogenannte Kommissärszeit, die von den Chronisten der Universität Tübingen in einer Weise beschrieben worden ist (Ausnahmen bestätigen die Regel), als gälte es, dem Leser den Beweis zu erbringen, daß in jedem schwäbischen Historiker zugleich auch ein echter Dramatiker steckt. Da ist vom *Regiment eines türkischen Pascha* die Rede, von *Belagerungszustand*, von *Zwingherrschaft* und dem zynischen Treiben eines Inquisitors und seiner Gendarmen. Nun, die Wirklichkeit sieht wieder einmal anders aus. Karl Hofacker war ein intelligenter, obrigkeitshöriger und penibler Beamter – nicht weniger, aber auch nicht mehr. Und sogar schreiben konnte der Mann! Im Gegensatz zur Diktion jener Historiographen ist der Hofackersche Stil, allen Amts-Floskeln zum Trotz, exakt und nüchtern zugleich. Die Kunst, mit deren Hilfe er die Geschichte des Tübinger Verbindungswesens, Genese und Filiation, auf den Begriff bringt, verdient allen Respekt. Hofacker ist der erste gewesen, der den Unterschied zwischen den saufenden und raufenden Landsmannschaften und den gesittet auftretenden «Teutschthümlern und Turnern (Langhaarigen)» zur Antithese von unpolitischen, also harmlosen Vereinsbündlern und national und demokratisch gesonnenen, folglich sorgfältig zu beobachtenden Burschenschaftlern zugespitzt hat: «Darum», lautet das Resümee seiner Bestandsaufnahme, «wird man mit der Burschenschaft einen schwereren Stand haben als mit den Landsmannschaften. Die Anhänger der letzteren haben eine viel mehr joviale, auf Lebensgenuß berechnete Tendenz und sich darum schon jetzt mit den neuen Maßregeln eher befreundet. Die Anhänger des Burschenvereins brüsten sich mit einer Idee allgemeiner Vollkommenheit und insbesondere der Belebung des sogenannten teutschen Sinnes, halten jedes Ankämpfen gegen diese Idee für despotisch und überreden sich, daß sie durch Beharren in ihrem Treiben blos das Gute befördern. Dazu kommt, daß die Professoren sie wenigstens mit Worthen vertheidigen und ihnen, wie ich höre, bereits wieder Hoffnung machen. Ich bin daher überzeugt, daß, wenn je eine mittelbare oder unmittelbare Opposition unter den Studenten gegen die Maßnahmen der Regierung begänne, sie von der Burschenschaft ausgehen würde.»

Pedanterie gepaart mit Exaktheit, Hellsicht im Bunde mit Umstandskrämerei: So hat er geschrieben, der Mann, so hat er gehandelt – ein akademisch gebildeter Aktuar (in jungen Jahren Extraordinarius für Kriminalistik in Tübingen, später Hauptberichterstatter im Prozeß gegen Kolb und Genossen), aber kein blutrünstiger Scherge.

Am 25. November 1825 trifft er in Tübingen ein und macht – ein Fontane-Zeremoniell im Schwäbischen – seine Besuche bei den Honoratioren. (Der Extraordinarius und außerordentliche Regierungs-Kommissär im Gespräch mit dem Kanzler, der, *ex officio* immer noch Generalbevollmächtigter seines Königs, von nun an den Weisungen eines subalternen Beamten nachkommen muß – eine makabre Situation, Peinlichkeiten auf beiden Seiten.)

Und dann, am nächsten Tag, beginnt das Geschäft. Jeder Student erhält ein Exemplar des Edikts (siebenhundertundsechsundfünfzig Kopien hat Hofacker in seinem Gepäck), das allen Scholaren strikt untersagt, sich vom heutigen Tag an in größerer oder geringerer Zahl zu versammeln, um über gemeinsame Affären, insbesondere über den Inhalt, die Wirkungen, die Befolgung oder Nichtbefolgung einer obrigkeitlichen Anordnung zu beraten. («Jeder Teilnehmer an einer solchen Versammlung ist mit einer Strafe zu belegen, die von vierzehntägigem Karzer bis zur augenblicklichen Entfernung von der Universität gesteigert werden kann.»)

Nahezu achthundert Erlasse in wenigen Stunden verteilt, im Universitätshaus und im Stift – und es hatte keinerlei Aufruhr gegeben! Hofacker wußte genau, was er wollte. Seine Diktatur sollte sich sanft anlassen, leise, aber wirkungsvoll. Mochten Pannen unvermeidlich sein – als sich im Juni 1826 aufsässige Studenten in einer Schenke zur Waterloo-Feier versammelten, schritt der Kommissar mit Polizeigewalt ein und statuierte ein Exempel der Macht –, mochte es hier und da zu einer Auseinandersetzung auf offener Szenerie kommen, der Inhaftierung *coram publico*, so waren das für den Oberjustizrat lästige

Ausnahmen, deren Seltenheit die Regel um so deutlicher bestätigte, die da hieß: Keine spektakuläre Aktion, kein Zurschaustellen der Staatsmacht, keine Attacken, die, so schneidig sie sich auch ausnahmen, am Ende nur das Gegenteil des Intendierten bewirkten, Emotionen aufstachelnd, die besänftigt sein wollten. «Beim Ausritt», heißt es in einem Protokoll à la Hofacker, sei «alles in schönster Ruhe und Ordnung vorüber gegangen», doch habe es einen «sichtlich unangenehmen Eindruck auf die Studierenden» gemacht, «wenn sie hier und da einen Landjäger erblickten (sie hatten Befehl, sich möglichst verdeckt zu halten)». Dann hätten sich die Studenten stets angelegentlich erkundigt, «wie viele Landjäger denn versammelt und ob auch Tübinger darunter gewesen seyen».

Alles zu sehen, aber selbst unerkannt zu bleiben; überall gegenwärtig zu sein, aber inkognito zu operieren; die Studenten glauben zu machen, daß nichts geschehen könne, so geheim es auch ins Werk gesetzt wurde, was der Geheimpolizei unbekannt bliebe; die totale Überwachung aus dem Hinterhalt heraus: Das war Hofackers Prinzip. Keiner hat die Stadt mit ihren Kneipen, Gassen und Winkeln, ihren Hinterzimmern, Speichern und Scheunen genauer gekannt als dieser Beamte an seinem Schreibtisch inmitten der Altstadt. Er kannte die Gefängnisse (die er, das war eine Selbstverständlichkeit, zu allererst rekognoszierte), kannte die Mängel des Karzers und durchschaute die Kommunikationsmöglichkeiten, die es von dort aus gab. Er stellte sie ab, ließ die Gitter vor den Fenstern mit engmaschigem Draht beschlagen und teilte dem Kanzler mit, es ginge nicht an, «daß die Studiosi von dem Universitätshaus aus Conversation mit den Verhafteten trieben»; er trug Vorsorge, daß Bürostuben der Aula für den Notfall in Arrestzellen umfunktioniert werden konnten, aber er tat das alles nur, um für jeden Fall – auch den absurdesten – gewappnet zu sein.

Dieser Mann, Oberjustizrat Hofacker, war in erster Linie Rechnungsführer und Kalkulator – ein Mann, der im Grunde nur von einer einzigen Idee besessen war: Aus der Universität Tübingen eine Behörde zu machen, in der Professoren wie Amtsvorsteher und Studenten wie Amtsgehilfen fungierten – jeder auf seinem Platz, jeder isoliert von seinem Nebenmann. Eine Welt nach Plan, ein Reich, in dem es weder Improvisation noch Solidarität gab: Das war Karl Hofackers Traum. Darum mußten die Studenten, kaum waren sie angekommen, vor ihm erscheinen; darum hatten die Zimmervermieter ihre Logiergäste unverzüglich – morgens zwischen acht und neun, nachmittags zwischen fünf und sechs – im Kommissariat anzumelden (wo sie übrigens freundlich empfangen wurden; der Begriff *Höflichkeit* hatte eine Schlüsselfunktion in Hofackers Überwachungs-System); darum waren selbst die neu eintretenden Dienstboten, sofern sie nicht aus Tübingen stammten, von den Universitätsangehörigen der Behörde zu annoncieren.

Nicht nur die Stadt, auch die Menschen, die in ihr wohnten, wollte Hofacker kennen. Er spionierte ihnen nach und ließ sich berichten, wohin sie gingen – und das alles mit dem einen Ziel: Jeden Regelverstoß, jeden Exzeß und jede Normabweichung im vorhinein zu berechnen. Deshalb seine Angst vor Veranstaltungen, bei denen sich etwas Unkalkulierbares ereignen konnte – seine Furcht vor Theater-Aufführungen (was, wenn die Studenten an der falschen Stelle zu lachen anfingen, wenn es Demonstrationen gab?), vor Gastereien im Wirtshaus (alle Kneipiers wurden ermahnt, ihre Nebenzimmer keinesfalls den verbotenen Verbindungen zu überlassen), ja, selbst vor kirchlichen Feiern: «Den 23. December wurde durch das Polizeipersonal die Anzeige gemacht, in der Christnacht würde gewöhnlich von 12 bis 1 Uhr vom Kirchturm herunter musicirt, was zu einem Zusammenlaufen von Menschen und Unordnungen Veranlassungen gebe. Es wurde hierauf mit dem Stadtschultheißenamt Rücksprache genommen und demselben, um weniger Anstoß zu erregen (!!), aufgetragen, den Stadtrat um seine Meinung zu vernehmen, und hierauf, da diese Meinung beifällig ausfiel, die Musik abbestellt, was um so leichter war, als niemand davon eine Einnahme hatte, es viel mehr eine bloße Last für den Stadtmusikus war.»

Kurzum, hier war ein Mann nach Tübingen gekommen, der, um der totalen Ordnung, einer bis zum Exzeß getriebenen Bürokratie willen, nicht nur die Gegenwart, sondern auch die Zukunft festlegen wollte. Um morgen ein Duell zu verhindern, ließ Hofacker heute die

Messerschmiede feierlich schwören, keine Instrumente zu fabrizieren, die möglicherweise bei einem Zweikampf gebraucht werden konnten, welcher Art diese Geräte auch seien. («Falls sie über die Bestimmung der Geräte im Zweifel wären», möchten sie «amtlich deßwegen nachfragen».)

Tübingen in der Kommissars-Zeit: Das war nicht «Grabesruhe« und «Schreckensregiment», das war Bürokratie an der Grenze von Ernst und Satire; da wurde in biedermeierlicher Zeit ein Stück von Orwell probiert: Alles wollte Hofacker regeln, normieren und dem Gesetz unterwerfen; Spaß, Phantasie und – offene oder verbotene – Lust sollten außer Kraft gesetzt werden. Deshalb sein Kampf gegen «alte Spiele, welche ganz allein vom Zufall abhängen» («sie mögen Namen haben wie sie wollen»), deshalb seine Maßnahmen gegen die Zecherei und deren Folgen, deshalb seine Jagd – weit über Tübingen hinaus! – auf jene liederlichen Mädchen, deren Zentrum im katholischen Rottenburg lag: «Den 19. Januar meldete Polizei-Commissar Groß, daß er nicht nur seinen Verdacht in Rottenburg bestätigt, sondern die Sachen noch viel schlechter gefunden habe, als er dachte. Fünf Huren nehmen in Rottenburg Besuche an, und die Sache werde so auffallend betrieben, daß die Bürgerschaft das größte Ärgernis daran nehme. Noch vor kurzer Zeit sey ein Student bei einer Hure verjagt worden und von einer Mauer herabgefallen, so daß er mehrere Tage krank gelegen.»

Die Kommissärszeit: Das ist das Debakel einer Verwaltung – Kultusbürokraten unserer Tage sollten die Lehre beherzigen –, die, da sie nicht einmal die bescheidensten Freiräume duldet, am Ende zur Anarchie befördernden Parodie ihrer selbst wird. Alles wollte Hofacker reglementieren, den Aufenthalt im Lesezimmer («unpassend mit bedecktem Kopf»), den Ankauf von Büchern («nicht durch dunkle Personen»), die Faschings-Feiern («unter der Bedingung, daß keine unanständigen, erste Personen der hiesigen Stadt lächerlich machenden Masken vorkommen»), den Ausritt mit Musik («vorausgesetzt, man kehrt nachts still und ruhig nach Hause»), die Darbietung des «Wallenstein»: «Den Studierenden, welche die Rolle der Marketenderinnen übernommen hatten, wurde die größte Dezenz empfohlen.»

Jede Mütze, jede Tabakspfeifen-Quaste, jeder Hosenträger wurde auf verbotene Farbzusammenstellungen hin visitiert: «Es ist neuerdings bemerkt worden, daß von einzelnen Studierenden Kleidungsstücke und Gerätschaften getragen werden, welche mit den Farben der früher hier bestehenden Verbindungen bezeichnet sind. Das Tragen solcher Objekte ist den Studierenden durchaus verboten und wird das erste Mal mit vierundzwanzigstündiger Gefängnisstrafe, im Wiederholungsfalle mit geschärfter Strafe und Confiscation des bezeichneten Gegenstandes belegt.»

Tag für Tag ein neuer Erlaß; Tag für Tag aber auch die Chance, den Kommissar durch ein Eingehen auf seine Methoden (Wenn vier geschliffene Rapiere nicht erlaubt sind, sind es dann vielleicht zwei?) lächerlich zu machen, seine Erlasse durch nicht minder bürokratische Eingaben zu konterkarieren und ihn auf diese Weise dem Gespött preiszugeben: Eine Pfeifenquaste in schwarz-rot-braun (wobei das verdunkelte Gold für braun herhalten mußte – was Hofacker wolle? Schwarz-rot-braun sei doch erlaubt), ein witzig ausgefüllter Meldezettel, ein falsch betonter Satz im «Wallenstein», ein provokantes Lied und ein provokanter Busen genügten, um Karl Hofacker, trotz der zweitausend Tage Karzer, die er während seiner dreijährigen Amtszeit verhängte, in einen Don Quichotte zu verwandeln, der gegen Windmühlen kämpft.

Im Januar 1829 zog er ab, der Justizrat aus Stuttgart. Das war noch einmal die große Stunde jenes Ferdinand Autenrieth, der, während sich Hofacker noch mit Rapieren und Hosenträgern, Polizeistunden und Hunde-Erlassen abgab, längst hinter dem Rücken des Sonder-Kommissars (und auch hinter dem Rücken seiner Kollegen) ein Statut ausgearbeitet hatte, das ihn, als Kanzler und Königlichen Bevollmächtigten in einer Person, zum unumschränkten Herrscher des akademischen Gemeinwesens machte: Das Rektoramt mit einem Federstrich kassiert, das Dekanat aufgehoben, an die Stelle der Magnifizenz den regierenden Kanzler, an die Stelle der Dekane die Senioren, an die Stelle des jährlichen Wechsels in den leitenden Ämtern das Prinzip der Kontinuität, an die Stelle der Lernfreiheit den Kollegienzwang und die

Semestralprüfung gesetzt! Aufsicht durch rigorose Verschulung und penibelste Überwachung der Sitten. Nicht nur die Professoren, sondern auch der Stadt-Direktor gehörte von nun an zur universitären Disziplinar-Kommission – ein Novum, das als Drohung und Provokation gelten sollte: Schluß mit der *libertas academica.*

Aber Autenrieth hatte sich verrechnet. So perfekt auch sein Zusammenspiel mit dem reaktionärsten Mann im Ministerium war, dem Justizminister Maucler, so nachhaltig er seinen König mit dem Argument überzeugt haben möchte, daß sich das Debakel von 1824 mit einer autoritären Universitäts-Verfassung (alle Macht in der Hand eines Mannes) nicht wiederholen werde, und so kleinlaut der Senat auf Autenrieth-Mauclers Coup reagierte (schließlich, hieß es, sei ein Kanzler Autenrieth immer noch besser als – auch das stand zur Debatte – ein Kanzler Hofacker), so wenig hatte der nunmehr Allgewaltige (Klinikchef und Universitäts-Vorstand auf Lebenszeit, dazu, als Kanzler, ständiger Vertreter in der Abgeordneten-Kammer) mit dem Widerstand von außen gerechnet, einer Résistance, deren Vertreter befürchteten, daß die Tübinger Verfassung schulbildend sein könne.

Kein Wunder also, daß einer der angesehensten Gelehrten der Nation, der Pädagoge Friedrich Thiersch, in seiner Münchener Rektoratsrede vom 20. November 1829 den «in nächtliche Trauer versenkten Sitz der Musen» beschwor, der, zum Schrecken seiner schwäbischen Bürger, von Stund an «allen Geistern des Zwanges und Bannes» ausgeliefert sei – ausgeliefert dank des Ränkespiels eines geborenen Franzosen, welcher sich mit einem Arzt und Professor verbunden hatte, der dadurch zur Würde eines Universitätskanzlers erhoben und auf den Trümmern der alten Ordnung in eine Macht eingesetzt wurde, «welche nicht fehlen wird, ihre Natur in den schlimmsten und zerstörendsten Folgen zu offenbaren». Soweit Friedrich Thiersch.

Der Fehdehandschuh lag auf dem Tisch, der Kampf konnte beginnen – und was für ein Kampf! Die Federn flogen, und die Drucker kamen kaum nach, so schnell schrieben – «Herrn Hofrath Thierschs unwürdige Ausfälle auf die Universität Tübingen» – die Schwaben gegen die Bayern, die Autenriethschen gegen die Gmelinschen, die Gouvernementalisten von der Regierungspartei gegen die Altständischen! In einem einzigen Jahr, hinüber und herüber, vom Neckar an die Isar und, häufiger noch, von Tübingen nach Tübingen, ein Dutzend Pamphlete – da wurde schließlich selbst der Landtag aufgeschreckt. Warum hatte man ihn übergangen, bei diesem Gesetz, weshalb so getan, als sei die Übereinkunft von 1819, der Vertrag zwischen Krone und Ständen, nicht mehr in Kraft? Kein Zweifel, das war eine Provokation – eine Herausforderung, der man mit allen gebotenen Mitteln zu begegnen gedenke. Und so wurde denn wieder einmal eine Kommission eingesetzt, wurde das Autenrieth-Mauclersche Edikt Punkt für Punkt in Frage gestellt und am Ende durch ein Gesetz revidiert, das, an die Verfassung von 1817 anknüpfend, bis zu der Zeit des Ersten Weltkriegs hinein Gültigkeit hatte. Was zwanzig Jahre zuvor dem König mißlungen war, mißlang jetzt dem Kanzler: Die Entmündigung der Eberhardina.

10. Kapitel

Zwischen Reaktion und Reform

Der Dichter Scardanelli und die Tübinger Republikaner – Der Fall Friedrich Theodor Vischer oder: Darf ein Pantheist ungestraft die Jugend verführen? – Der Hort der Orthodoxie wird zum Zentrum der historisch-kritischen Theologie-Bespitzelung, Provinzialismus, liberale Opposition – Im Zeichen Hegels: Ferdinand Christian Baur und die Folgen

«Ach meine Diotima: reden Sie mir nicht von meiner Diotima; dreizehn Söhne hat sie mir geboren: der eine ist Papst, der andere ist Sultan, der dritte ist Kaiser von Rußland: Ond wisset Se, wies no ganga ischt? Närret isch se worde, närret, närret!» Seltsam zu denken, daß da einer war in Tübingen, ein einsamer, in seinem Haus am Neckar eingesperrter Mann, der, im Gespräch mit den Freunden, Bekannten und Besuchern, von seiner närrischen Geliebten sprach, von Griechenland, von den Jahreszeiten und den offenen Feldern, die sich zur Alb hin erstreckten, von alten Freunden («ach mein Schiller, mein herrlicher Schiller!»), von seinen Büchern («Guck nicht so viel in den Hyperion hinein, Schwab, es ist kannibalisch»), von der Zwetschgenernte («er lachte recht, wenn man schüttelte und die Zwetschgen ihm auf den Kopf fielen»), von seinem kleinen Haus am Fluß, das von Menschen besucht wurde, Ärzten, Verlegern, Handwerkern und Neugierigen, die er verachtete, weil sie ihn als Magister anredeten und nicht als Fürstlichen Bibliothecarius (Friedrich Theodor Vischer, der ihm, kurz vor dem Ende, den gebührenden Respekt verweigerte, habe er «hinter den Ofen» und «zur Tür hinausgeworfen») ... seltsam zu denken, daß die Wangenheim und die Autenrieth, die Schwab und die Cotta, die Hofacker und die Schleiermacher (anno dreißig zu einem Kurzbesuch in Tübingen) kamen und gingen, während Hölderlin, der sich Scardanelli oder Salvator Rosa nannte, in seinem Haus auf und ab schritt, vom frühen Morgen bis zur Vesperzeit – und erst recht, im Stiegenhaus rumorend, bei Nacht, in Selbstgesprächen versunken, auf dem Clavichord vor sich hin phantasierend, Zigarren rauchend, Medikamente nehmend, die ihm sein Hausarzt, Professor Gmelin, verschrieben hatte, die Blumen bewundernd, mit denen ihn sein alter Freund Uhland, wenn sich eine Gelegenheit ergab, an die Welt draußen zu erinnern versuchte (prächtig sei er gewesen, der Strauß, ganz «prachtasiatisch») ... seltsam zu denken, daß in Tübingens bewegtester Zeit jemand lebte, der von allem, was um ihn herum vorging, von Hofackers Schreibtisch-Diktatur, von Autenrieths Umsturz-Versuch und der Wiederherstellung jenes guten alten Rechts, auf das Freund Uhland eingeschworen war, nicht das geringste bemerkte.

Oder doch? Hat er – wie neuere Forschungen zu beweisen versuchen – am Ende weit mehr gewusst, als die Besucher annahmen: Die Vertrauten, vor denen er sich tarnte mit seinem Scardanelli-Pseudonym und der melancholischen Maske, und die Fremden, denen er, um das eigene zu verbergen, jene einstudierten Szenen vorspielte, die er beherrschte und deren Inszenierung ihn wenig Anstrengung kostete – ein alter Mann in blauem Hausrock, mit langem, rötlichem, vernachlässigtem Bart?

Was wußte er wirklich, Scardanelli alias Hölderlin, der manchmal sein Haus verließ, zur Erntezeit oder um sich auf der Neckarallee zu ergehen? Hat er, der alte Jakobiner und Revolutionär, der er war, vom Aufstand der Burschenschaftler erfahren, anno 1833, als die Tübinger das Manifest mit unterschrieben, in dem von der «Erregung einer Revolution» die Rede war, um die Freiheit und Einheit Deutschlands zu erreichen? (Ein Manifest, das die Tübinger, wie die Zentrale Politische Untersuchungsbehörde in Frankfurt feststellte, freilich nur einschränkungsweise akzeptiert hatten – unter der Bedingung nämlich, daß die Revolution «dem Geist der Burschenschaft entspreche», das heißt, «wenn sie auf rechtmäßigen Gründen und dem Willen des Volkes» beruhe.)

In Hölderlins Domizil, der Zimmerei, wohnten mehr als ein halbes Dutzend Studenten: Waren keine Burschenschaftler darunter – Verfolgte, die an der abendlichen Tafel von den Spitzeln erzählten, die in den dreißiger und vierziger Jahren in jeder Kneipe und in jeder Vorlesung saßen? (Ihre Berichte sind noch vorhanden.) Hat niemand in Scardanellis Gegenwart vom Aufstand der Gôgen erzählt, die im Jahre 1831, Schillers Räuberlied auf den Lippen, die Stadt durchzogen und gegen die Zwingherrschaft der Reaktion protestierten, gegen die Willkür der verhaßten Landjäger? («Stehlen, morden, huren, balgen, morgen hängen wir am Galgen, heute laßt uns lustig sein».) Der Gesang der sechzig Weingärtner, die von der Neckarbrücke zum Marktplatz marschierten, muß in Scardanellis Haus gehört worden sein; Hölderlin kannte das Lied. Stand er auf der Straße, ist er mit vors Rathaus gezogen und hat erlebt, wie die Studenten – gestern noch gedemütigt und heute schon wieder auf seiten der Ordnung – den Aufstand rasch zu beendigen halfen: «Freiwillige vor», den konfiszierten und in Windeseile aus dem Arsenal geholten Säbel fest in der Faust?

Was für eine Zeit war das, welch ein Wechsel von revolutionärem Elan und Totenstille, von politischer Bewußtheit und Lethargie, von burschenschaftlichem Eifer (kein Verbindungsstudent durfte Staatsdiener werden, für so gefährlich hielt man die Leute) und philiströser Bescheidung! Welch eine Zeit: diese Epoche zwischen Hölderlins Einlieferung in die Autenriethsche Klinik und seinem Tod im Juni 1843! Verzweiflung und Hoffnung, obrigkeitsstaatliche Demütigung und rebellische Emphase: Universitätsmusikdirektor Silcher dirigiert im Museum die Marseillaise; Professor Friedrich List verliert, wegen Kritik an bestehenden Institutionen und Gesetzen, den Posten; Ludwig Uhland hat seine Professur aufzugeben, weil der König dem verhaßten Altständler die Beurlaubung für den Landtag versagt; die Universität weigert sich, einen Mann zu berufen, dessen Karriere auf der Vertreibung eines der Göttinger sieben Aufrechten beruht!

Gegensätze allüberall – zu Hölderlins Zeit so gut wie nach seinem Tod. Welch eine Begeisterung im Frühjahr 1848, als Uhland, am 2. März morgens in Tübingen, die Adresse an die Stände entwarf: Ausbildung der Gesamt-Verfassung Deutschlands im Sinne eines Bundesstaates mit Volksvertretung durch ein deutsches Parlament im Bundestag, Pressefreiheit im vollen Umfang, Aufhebung der Vereins-

und Versammlungsbeschränkungen! Welch ein revolutionärer Elan, abends im Reithaus: eintausendzweihundert Unterschriften, die Studentenschaft bringt Uhland ein Ständchen, aus dem Hintergrund wird *vive la république* gerufen, *à bas le Roi!*

Und wenige Monate später dann der Eklat: Das Stuttgarter Rumpfparlament von einer Regierung verjagt, die es wagt, sich als fortschrittlich zu bezeichnen; Uhland als einziger Aufrechter, ein alter Mann, der an der Spitze der Opposition, von Bajonetten bedroht, durch die Straßen der Hauptstadt marschiert; die Professorenschaft gedemütigt; der Jurist Reyscher, ein liberaler und besonnener Mann, seines Amtes enthoben und an die Ulmer Kreisregierung versetzt. «Die Regierung», heißt es im ministeriellen Edikt, «darf es nicht dulden, daß Universitätslehrer sich einer systematischen Opposition anschließen, welche nicht einzelne Maßregeln, sondern die Grundlage der Wirksamkeit der Regierung zum Gegenstand ihrer Angriffe wählt: daß sie, welche das Vorbild der studierenden Jugend sein sollen, ihr mit dem Beispiel des offenen und beharrlichen Ungehorsams gegen die Anordnungen der Staatsgewalt vorangehen.»

Die Universität gedemütigt, der Senat desavouiert und die Burschenschaft wegen ihrer Konnexion mit jener «bekannten Partei, welche auf den Umsturz alles Bestehenden sinnt und der damit verbundenen Gefahr, zu einer Pflanzschule für republikanische Ideen und demokratische Pläne zu werden» ... die Burschenschaft, anno 1853, wieder einmal verboten! Ein düsteres Resümee, in der Tat.

«Mit den Studenten verträgt er sich gut», schreibt, im November 1829, Hölderlins Hauswirt, «sie begegnen ihm in aller Achtung und laden ihn ein, wo er dann ihre Kommers-Lieder mitsingt wie ein junger Bursch.» Ein Vierteljahrhundert später wäre eine Szene wie diese – nächtlicher Gesang und jakobinische Rede – unmöglich gewesen. Die Disziplinierung hatte ihr Ziel erreicht; zwischen 1853 und 1967 ist in Tübingen von studentischer Rebellion nichts mehr zu spüren. Der Staatswissenschaftler Johannes Fallati (der einzige übrigens, der, neben hundert Studenten, dem toten Scardanelli die letzte Ehre erwies: Uhland und Schwab waren verreist, und die Senats-Majorität hatte wahrscheinlich noch nie eine Hölderlin-Zeile gelesen) … Fallati also sollte recht behalten, als er anno 48, in den Tagen der Schein-Revolution, die Worte schrieb: «Die Politik Metternichs hatte mit ihrem machiavellistischen Instinkt die Bedeutung der Universitäten für den politischen Geist Deutschlands erkannt und nichts versäumt, um ihnen – wie er es ansah – den Giftzahn auszubrechen, wie wir es aber betrachten müssen, das innere Mark zu verzehren.»

Die *épuration*, wie die Reinigungs-Aktion der Karlsbader Fronde genannt wurde, war effizient: Wer rebellierte, wurde zur Ordnung gerufen, entlassen, versetzt oder seiner venia legendi beraubt. Die Tübinger Exempel sprechen für sich.

Fall Nummer eins: Friedrich List. Das Ministerium, über die ungewöhnlich freiheitliche Manier des jüngst berufenen Professors verärgert, fordert den Senat vertraulich auf, über Lists Vorlesungen Mitteilung zu machen. Daraufhin bittet der Inkriminierte, ihn über das hinter seinem Rücken eingeleitete Verfahren zu unterrichten. Dies wird abgelehnt, Lists Ersuchen als *pöbelhaft* etikettiert, die *geheime Polizei* (so List über das Vorgehen seiner Kollegen) für rechtens erklärt; der Beschuldigte zieht die Konsequenzen; das Ministerium wäscht seine Hände in Unschuld, der Senat tut es gleichfalls. Zwanzig Jahre später (List war inzwischen auf dem Hohen Asperg gewesen und zur Emigration nach Amerika begnadigt worden) nennt ein Tübinger Privatdozent den Schöpfer des Allgemeinen Deutschen Zollvereins den «größten Deutschen der Nation», worauf List bemerkt: «Nun bin ich endlich auch in Tübingen rehabilitiert, wo ich früher so wenig gegolten.» Eine etwas voreilige Bemerkung, wie sich herausstellen sollte: Noch 1863 mochte die Staatswirtschaftliche Fakultät sich nicht entschließen, der Reutlinger Einladung zur Enthüllung des List-Denkmals *in corpore* Folge zu leisten. Er für seine Person müsse die Einladung dankend ablehnen, erklärt der Nationalökonom Albert Schäffle – immerhin Bismarcks Berater auf dem Gebiet der Sozialpolitik! –, da er in Anbetracht seiner politischen Anschauung sich nicht dazu verstehen könne, bei der Feierlichkeit zu erscheinen. (Protokoll-Notiz: «Auch andere Kollegen schließen sich den Schäffleschen Bedenken an.»)

Und nun Fall Nummer zwei. Am 7. September 1845 richtet, zu einer Landtagskandidatur aufgefordert, der Staatswissenschaftler Robert von Mohl in einem Brief an den Protektor seiner Wahl dezidierte Angriffe gegen das *Papierregiment*, die *bürokratische Stumpfheit* und den *Kanzleischlendrian* der Verwaltung. Der Brief wird veröffentlicht, das Ministerium schaltet sich ein, und das Ergebnis ist: Der Mohl hat seine Schuldigkeit getan, der Mohl kann gehen. (Begründung: «Mit einer Sammlung ausgesuchter Schmähworte sind ebenso die Handlungen und das System der Regierung wie die intellektuelle Befähigung und der moralische Charakter der an der Spitze der Regierung stehenden Beamten angegriffen und lächerlich gemacht. Eine solche Beleidigung der Ehre der Staatsregierung aus dem Munde eines Staatsdieners und Universitätslehrers grenzt an das Unglaubliche.»)

Und damit zum dritten Fall – auch er, wie die beiden anderen, durchaus exemplarisch und durch vergleichbare Vorgänge zu belegen. Am 12. August 1855 läßt das Stuttgarter Ministerium den Senat wissen, der König habe dem Privatdozenten Dr. med. Ludwig Büchner mit Rücksicht auf die von ihm in der Schrift *Kraft und Stoff* entwickelten, die sittlichen Grundlagen aller gesellschaftlichen Ordnung gefährdenden Thesen das Recht entzogen, an der Universität Tübingen Vorlesungen über innere und gerichtliche Medizin zu halten. Büchner, so hatte der Senat zuvor befunden, vertrete einen amoralischen Eigentumsbegriff, betrachte die Ehe als menschlich-zufällige Institution, befürworte die Abtreibung, sei wissenschaftlich ein Mann ohne Niveau, werde sich, bei so laxer Moral und bescheidener Bildung, in Tübingen kaum lange halten, und wenn man auch von sich aus nichts zu unternehmen gedenke, so stelle man doch anheim, das Gebotene in die Wege zu leiten, und weise im übrigen darauf hin, «daß es sich aus Veranlassung neuerer ungünstiger Erfahrungen» (sprich: der Entlarvung eines Materialisten) als nötig erwiesen habe, die Habilitationsanforderungen «zu Entfernung unreifer Personen von den academischen Lehrstühlen und zur Sicherung der hohen Werte des academischen Unterrichts so wie zur Wahrung des außerdem gefährdeten äußeren Ansehens der hiesigen Fakultät künftig rigoros zu verschärfen».

Man sieht, auch das neunzehnte Jahrhundert hatte seine Konkordienformel. Wer, wie Robert von Mohl, die politische Ordnung des Staats attackierte, stellte damit – Beamte zu Hallodris und Schlampern erklärend – auch seine moralische Integrität in Frage, und wer, auf der anderen Seite, mit Ludwig Büchner die religiösen Fundamente des Gemeinwesens als relativ, historisch bedingt und veränderbar etikettierte, der erwies sich nicht nur als ein Feind des christlichen Glaubens, sondern zugleich als ein Gegner des Staats.

Dreihundert Jahre lang hatte Herzog Christophs geistlich-weltliche Ordnung die Geschlossenheit des Landes verbürgt; von der Mitte des sechzehnten bis zum zweiten Drittel des neunzehnten Jahrhunderts war es die historisch legitimierte Identität von Staats- und Kirchen-Regiment gewesen, die, dank weiter Auslegung des Begriffs «christlich», allen konfessionellen Beschränkungen (Beschränkungen durch die katholischen Herzöge oder den paritätisch strukturierten Staat nach 1806) Widerpart zu leisten vermochte. Doch dann, um 1840, kam der Augenblick, in dem sich die Stärke der Konzeption als Schwäche erwies: als Schwäche deshalb, weil die geistliche Hierarchie mehr und mehr ins Wanken geriet und die Gefahr drohte, daß, dank der Christophschen Verschmelzung von Kirche und Staat, auch die politische Ordnung tangiert werden könnte.

Aber was sollten die Regierenden tun? Man war aneinandergekettet, noch immer, war zu lange vereint gewesen, als daß sich der Stärkere von heute auf morgen vom Schwächeren hätte loslösen können. Und eben das ist der Grund, warum ein Regiment (das, zum Beispiel, in der Frage der katholischen Professuren weit liberaler als der Senat war), noch um 1850, jeden Angriff gegen die Kirche, nolens volens, da man nun einmal miteinander verheiratet war, als Attacke gegen den Staat auslegen mußte: so unbequem das auch bisweilen war. Wie unbequem, das zeigt die berühmteste Disziplinierungs-Affäre, die es in den bewegten vierziger Jahren an der Universität Tübingen gab – der Fall Friedrich Theodor Vischer.

Am 21. November 1844 wurde, in Gegenwart von Rektor und Senat, ein Vortrag gehalten, die «akademische Inauguralrede zum

Antritte des Ordinariats» (so der offizielle Titel der Vischerschen Verlautbarung über «Die Ästhetik als ein Grundprinzip aller Künste und Disziplinen»), die mit einem harmlosen Affront begann, sich zu einer Provokation zuspitzte und mit einem Eklat endete, der, da es um ein Zentralproblem – die Meinungsfreiheit als das Fundament eines freien Gemeinwesens – ging, nicht nur Schwaben, sondern ganz Deutschland erregte.

Die Introduktion dieses Kampfes, der anno 1845, in leidenschaftlichem Hin und Her, Parlament und Presse beschäftigte – eines Kanzelstreits und einer Zeitungsdebatte ohne Beispiel! –, präsentierte sich eher bescheiden. Der Senat hatte dem Redner bedeutet, das für eine Inauguralrede gesetzte Maß von sechzig Minuten nach Möglichkeit nicht zu überschreiten; in der anschließenden Sitzung stünden dringende Geschäfte an, man bäte also um kollegiales Verständnis. Vischer jedoch, dem offenbar an einer spektakulären Darbietung lag – die Tübinger Aula sollte den Glanz des Fichteschen Hörsaals gewinnen: Hier sprach einer zur Nation ... Vischer zeigte sich störrisch, ließ sich auf keinerlei Debatten ein, sondern redete beinahe zwei geschlagene Stunden – und das auch noch frei, leidenschaftlich und aggressiv, in einer Manier, die er später, gezwungen, sich wegen seines ungewohnten, allen akademischen Usancen widersprechenden Extemporales zu rechtfertigen, als genuin rhetorisch beschrieb: «Tiefe Erregung der ganzen Persönlichkeit, kühnere Wendungen durch die Beimischung der Phantasie, streng ausgeprägte Energie der Überzeugung.»

In der Tat, am 21. November 1844 wurde eine Rede gehalten, die, bis ins Detail hinein präpariert, ein rhetorisches Meisterstück war: Ein Vortrag an der Grenze von Kalkül und Improvisation – durchdacht und spontan, exakt disponiert und dennoch so offen, daß für Stegreif-Aperçus und von der Situation abhängige Exkurse Raum genug blieb. Kein Wunder, daß bei so viel Kunstfertigkeit das Gerücht umging, Vischer habe seine Rede Wort für Wort notiert (sie gar am Abend vorher schon vor Frauen [!!] gehalten) und die Improvisation nur gespielt; die Eingebungen des Augenblicks seien in Wahrheit einstudiert, der ausgearbeitete Text befände sich in der Papierrolle, die der designierte

Ordinarius «auf dem Katheder in den Händen gehabt». («Allein Professor Vischer», so das Senatsprotokoll, «versicherte, hierüber vom Rektor befragt, wiederholt und aufs bestimmteste, daß nur eine Disposition, die er in wenigen zerknitterten Blättern dem Rektor vorwies, seiner Rede zugrunde gelegen.»)

Kurzum, die Introduktion des Kampfs war eher skurril als dramatisch. Ein Mann sollte sechzig Minuten dozieren und brachte eine wohleinstudierte Conférence von doppelter Länge zur Darbietung. Aber was für eine Conférence! Statt, wie er es sich vorgenommen hatte, die Ästhetik als die sämtlichen Disziplinen zugrundeliegende Allgemeinheit und die *conditio sine qua non* der Bildung zu analysieren, als Element, das fähig sei, die getrenntesten Kräfte zu einen und dem Disparaten einen gemeinsamen Bezugspunkt zu geben, begnügte sich Vischer mit einer simplen Verbindung zwischen ästhetischen und fachspezifischen Phänomenen – und dies, ohne auch nur ansatzweise den Versuch zu unternehmen, das Ästhetische in entschiedener Auseinandersetzung mit den großen Systemen seiner Zeit als eine Qualität *sui generis* zu definieren. Statt die Identität von Ästhetik und Schönheit infrage zu stellen und das Problem aufzuwerfen, ob nicht das Häßlich-Wahre «ästhetischer» sein könne als das Verlogene mit seinem gefälligen Schein, ja, ob nicht sogar eine Ästhetik des Absurden, Kontradiktorischen und Verrätselten vorstellbar sei, inthronisierte Vischer Schönheit als alleinseligmachendes Prinzip: So, als lebte man noch immer in den Tagen Lessings und Schillers, als hätte es nie eine romantische Opposition gegen den Kult des Schönen gegeben, aber auch keinen Baumgarten, keinen Kant, keinen Hegel und – keinen Vischer.

Ästhetik als die Wissenschaft des Schönen: Das war, verkürzt und unnuanciert, der Maßstab, mit dessen Hilfe der akademische Redner, ein Winckelmann redivivus, die Einzeldisziplinen, von der Gymnastik bis zur Rechtswissenschaft, auf ihren Kunstgehalt untersuchte – und dies in einer Weise, die das Befremden des Senats ebenso verständlich macht (der Rektor stand auf und ergriff sein Barett – *nun ist's aber wirklich genug*) wie das Amusement der Studenten. Als Beziehungskünstler, dessen Tricks bisweilen ans Komische grenzten, machte Vischer die Ästhetik zu einer Art von Generalschlüssel, der überall passte und niemals versagte.

Ästhetik und Medizin! («Wie mancher Rheumatismus, wie manche Indigestion, die jetzt mit Tees, Schwitzen, Rhabarber verfolgt wird, wurde sonst auf der Palästra geheilt, Schönheit aus Stärkung ist zugleich Hebung der Gesundheit, und mit den Gelehrtenkrankheiten würde es wohl auch anders werden, wenn die Gelehrten mir erst lernten, aufrecht, die Brust heraus, zu gehen!»)

Ästhetik und Chirurgie! («Es kann nicht verschwiegen werden, daß die Chirurgie durch ihre dem wissenschaftlichen Mittelpunkt entfernter stehenden Organe [die Bader] den Bart abnehmen läßt. Das Abnehmen dieses männlichen Schmucks muß der künstlerische Standpunkt als Barbarei bezeichnen. Der Barbar sucht die Natur auszutilgen, der wahrhaft Gebildete läßt und pflegt sie, bewahrt sie nur vor Auswüchsen. Hier über mir hängt Frischlins Bildnis; betrachten Sie den schönen Mann mit dem kräftigen braunen Barte und geben Sie zu, daß ein solcher Professor ehrwürdiger aussieht als wir.»)

Ästhetik und Jurisprudenz! («Hier müssen wir nun freilich gestehen: die Ästhetik hat etwas Polizeiwidriges. Nach Vaganten, Zigeunern, Dieben, Räubern fahndet der Dichter und fahndet der Polizeibeamte; aber jener, um sie in Romanen unterzubringen, dieser, um sie ins Gefängnis zu stecken, und dies ist offenbar ein Unterschied.»)

Ästhetik und … Ästhetik und …: So geht das hundert Minuten. Die Schönheit hält Heerschau, die Fakultäten marschieren über den Laufsteg (wer ist die Schönste im ganzen Land?) – und Friedrich Theodor Vischer findet und findet kein Ende. Eine Kette von Bonmots (dazwischen, plötzlich aufblitzend, die eine oder andere Tiefsinnigkeit: Philosophie statt Geplauder); ein Sammelsurium von Schwänken, die als Heinesche Sottisen daherkommen (es aber nicht sind); eine Reihe von Schnurren und Anekdoten, denen's an Esprit fehlt, an Leichtigkeit und Witz; dann wieder breite Belehrung, unpointiert und banal: Kein Zweifel, die Rede hätte, wäre ihr kein Clou gefolgt, allenfalls den Rang einer – man verzeihe die *contradictio in adiecto* – schwäbischen Causerie gehabt, in der Vischer gedanklich und in der Diktion weit hinter

Vischer zurückblieb. Aber der Clou kam – und wie er kam! Ein Bekenntnis zum Pantheismus als der einzigen Form von Metaphysik, die dem Schönen seine angestammten Rechte belasse; der einzigen auch, durch die das Schöne erkannt werden könne. Und dann, nach der Apotheose einer Weltanschauung, «der man den jetzt verrufenen Namen des Pantheismus zulegt», folgte die Kampfansage an die Gegenpartei: die Herausforderung von seiten eines Mannes, der seinen Feinden aus den Reihen der Orthodoxie, den Obskuranten, die nicht einsehen wollten, daß die absolute Idee sich in keinem Einzelnen (also auch nicht in Jesus Christus!), keinem Volk (den Hebräern des Neuen Bundes so wenig wie den Germanen) und in keinem Moment der Weltgeschichte (nicht am Kreuz, nicht zu Ostern, nicht am Jüngsten Tag) erschöpfe ... die Herausforderung von seiten eines Mannes, der den Christen ihr Allein-Vertretungsrecht abspricht, ohne darum jene Hegelianer zu schonen, die, hier das Denken und dort das Sein vernachlässigend, entweder die Idee durch die allein dominierende Praxis oder die Wirklichkeit durch die Suprematie der Idee korrumpierten: alle in gleicher Weise unbekümmert um die Identität von Gedanke und Realität!

«Ich bin ganz Mann der Partei», schließt Vischer eine Rede, die zu neun Zehnteln aus einem Vorspiel und zu einem Zehntel aus einem furiosen Finale besteht, «ich bin ganz Mann der Partei, weil ich meine Partei, so Gott will, für die Sache selbst halte. Ich kenne auch keine Überzeugung, die bloß Überzeugung ist, sondern ich fordere, daß die Überzeugung ganz zur Gesinnung werde, ganz in Blut, Nerv, Empfindung, Glut und Feuer übergeht. So verspreche ich denn den Feinden – im Prinzip – einen Kampf ohne Rückhalt, ich verspreche ihnen – im Prinzip – meine volle, ungeteilte Feindschaft, meinen offenen und herzlichen Haß.» Eine verwirrende Rede, in der Tat – eine doppelte Negation akademischer Rhetorik. Hundert Minuten lang mehr provokantes Gewitzel, ein Addieren im Kalauer-Stil – und dann plötzlich Paukenschlag auf Paukenschlag! Ein wahres Gewitter! Kaum hatte der Rektor den Redner während der Ernennungs-Zeremonie ermahnt, in Zukunft an den leidenschaftslosen ruhigen Verhandlungen des akademischen Kollegiums in der üblichen Weise zu partizipieren (nicht gar so erregt also und weniger witzelnd), da brach der Sturm auch schon los, da wurde eine Rede attackiert und verteidigt, die, außer den Zuhörern, zwar niemand kannte, über die aber gleichwohl jedermann sprach.

Am 14. Dezember 1844 blies die erste Zeitung der Nation, die *Augsburger Allgemeine*, zu einer Fehde, die bis zum Frühjahr 1845 andauern sollte: «Darf ein Professor ordinarius», schrieb der württembergische Korrespondent der AZ, «in seiner Inauguralrede, vorgetragen in der von Zuschauern reich bekränzten Aula ... darf er das heilig Bestehende, Religion und Kirche verhöhnen, mit dürren Worten eine Vorsehung leugnen, in frivoler Ostentation dem Pantheismus opfern, dem Princip der Gegner vollen glühenden Haß ankündigen und mit emporgeworfener Stirne aussprechen – wenn man seinen Standpunkt noch Religion nennen wolle –, für ihn gebe es keine Religion mehr; und dieß alles unter dem Beifall von Jünglingen, die dem Führer in das Nichts noch einen Fackelzug zu bringen sich ermunterten, nachdem der Senat geschwiegen und die Beeidigung ohne Protestation da ihren stillen Verlauf gefunden, wo auch der nüchterndste Protestantismus ein Bekenntniß forderte?» Kein Zweifel, das war nicht nur parteiische Interpretation – ein Streit im Prinzip, wie Vischer ihn am 21. November postuliert hatte –, das war ein Appell zum Pogrom. Hier sollte, im Kampf gegen Religionsfreiheit und Toleranz, ein mißliebiger Mann, eine Figur à la Heine, benutzt werden, um eine verhaßte Sache ein für alle Mal zu kassieren – mit dem dreisten Sansculotten auch die Republik, mit dem Verächter der Religion zugleich die freie Wissenschaft an den Pranger gestellt!

Vier Monate lang tobte der Kampf hin und her. Auf der einen Seite die Kirche (an den Adventssonntagen predigten vier Stuttgarter Geistliche, in Richtung Tübingen, von der Kanzel herab), auf der anderen Seite die Phalanx jener Tübinger Girondisten, die, einst Mitarbeiter der von Arnold Rüge begründeten *Hallischen Jahrbücher*, sich nach der durch die Brüder Bauer vorangetriebenen Radikalisierung der Zeitschrift (*Deutsche Jahrbücher* hießen die Blätter inzwischen) ein eigenes, durch nüchternen Reformismus bestimmtes Journal geschaffen hatten: die anno 1843 ins Leben gerufenen *Jahrbücher für die Gegenwart.* Die «Jahrbücher»: Das ist eine Zeitschrift, die auch anno 1977 nichts von ihrer Aktualität verloren hat, ein Journal, in dem es, gleich weit entfernt von elitärem Idealismus und blinder Praxishörigkeit, um die behutsame Vermittlung von Idee und Wirklichkeit geht. Nicht unmittelbar, mit Hilfe von voluntaristischen Aktionen, sondern nur in einem langsamen, über die Veränderung des Bewußtseins vorangetriebenen Reifeprozeß, so glaubten die liberalen Tübinger, sei die Wirklichkeit zu verändern und die Gesellschaft vor politischer und konfessioneller Bevormundung zu retten; sei das Gegebene – in einem Zweifrontenkampf gegen «bodenlose Opposition» und «feiges Kokettieren mit der Macht» – vom Gedanken her zu verbessern: Mit Hilfe einer Theorie, die sich dem *hic et nunc* stelle, dem Frauenelend so gut wie der Not des Proletariats, aber darüber nie den Unterschied von Praxis, die eins, und Idee, die ein anderes sei, aus den Augen verliere. Hoffnungslos der Versuch, Philosophie unmittelbar in Politik zu verwandeln (eine Philosophie, deren Wesen es sei, die Interessen der Zeit sichtbar zu machen und sie damit, indirekt und vermittelt, der Politik gleichsam zur Verfügung zu stellen) … hoffnungslos der Versuch, das Sein mit Hilfe der Idee *spontan* zu verändern! Statt dessen kritisch-behutsames Vermitteln zwischen Theorie und Praxis, der Wirklichkeit und der Idee, um auf diese Weise den wissenschaftlichen und politischen Fortschritt voranzutreiben: Das war das Ziel der Tübinger Aufklärer, deren Programm Zellers Studie über *Die Philosophie und die Praxis* und jener Traktat des Theologen, Publizisten und «Jahrbuch»-Editors Albert Schwegler auf den Begriff brachten, der 1845 unter dem Titel *Das preußische Cultministerium und die Hegelsche Schule* erschien: «Mag auch die Theorie in der Behandlung von Fragen wie Ehe und Familie, Industrie und Handel, Öffentlichkeit und Pauperismus der Praxis allzu weit vorauseilen, so schadet es doch nichts: eine abstrakte Trennung tut keiner von beiden gut. Denn die Praxis von der Wissenschaft losreißen, heißt sie zu einem blinden, ziellosen Experimentieren machen, ihr die Lebensadern unterbinden; ihr dagegen eine Beteiligung an der Gegenwart zwar zu gestatten, aber nur unter der Bedingung, daß sie das Gegenwärtige und Bestehende, es möge wie immer beschaffen sein, vor der Welt rechtfertige und ihr als vernünftig anpreise, heißt, die gegenwärtige Vernunft zur Sklavin der geschichtlich gewordenen zu machen, heißt ihr einen Selbstmord anmuten.»

Kritik um der Emanzipation willen; Theorie im Zeichen einer Praxis, die durch Bildung und Aufklärung, durch skeptische Betrachtung des status quo und den Zweifel an nicht legitimierter Autorität, humanisiert werden will: Das war das Programm jener Tübinger Runde, die zwischen 1834, als David Friedrich Strauß' *Leben Jesu* erschien, und 1846, dem Publikations-Jahr von Schweglers kritischer Analyse des *Nachapostolischen Zeitalters*, nicht nur die kirchliche, sondern auch die weltliche Hierarchie ihres Landes zum Kampf herausforderte ... einem Kampf, in dessen Verlauf das Emanzipations-Problem sehr schnell seine rein theologische Akzentuierung verlor und den Charakter einer Frage gewann, deren politische Brisanz auf ihren Weiterungen beruhte. Emanzipation von der Kirche hieß – es kann nicht oft genug gesagt werden – in Württemberg zugleich Emanzipation vom Staat. Darum die Emphase auf beiden Seiten, mit der man die Vischersche Angelegenheit als eine Affäre von höchster – und grundsätzlicher! – Bedeutung etikettierte. Darum, hüben bei den Tübinger Freunden (dem Kreis der sogenannten «Neckartyrannei») die Attacken gegen die Stuttgarter Kanzel-Polemik, die Kabalen der Frommen und den Fanatismus der Rechtgläubigen; darum drüben die Pamphlete jener Pietisten und Stillen im Lande, die sich, teils mit vollem Namen, teils anonym, als «Diener der evangelischen Kirche» vorstellten, in Wahrheit aber wie Inquisitoren auftraten: Torquemadas aus Klein-Bottwar, Bempflangen und Ludwigsburg, die in der Sprache Kanaans den Glauben eines Landes zu verteidigen suchten, das einer der ihren, Johann Albrecht Bengel, einmal den «Augapfel Gottes» genannt hatte. «Wer da sagt, er bekenne sich zum Pantheismus, der ist ein Gotteslästerer und Götzendiener.» «Wer da meint, das Christentum sei auf dieselbe Weise entstanden wie alle anderen Religionen, der ist unfähig zu einem Urteil in geschichtlichen Fragen.» «Wer glaubt, durch seine neue Lehre das Christentum umstoßen zu können, ist ein Narr und gleicht dem Frosch in der Fabel, der sich zum Ochsen aufblähen will.» «Wer die christliche Kirche öffentlich angreift oder herabsetzt, den muß sie aus ihrer Gemeinschaft feierlich hinausstoßen zu den Hunden (Offenbarung Johannis 22,15).»

Der Zorn quillt über, und die Tinte spritzt: *Sendschreiben an Herrn Professor Vischer. – Die Angelegenheit des Friedrich Theodor Vischer. – Über den offenen und herzlichen Haß des Herrn Professor Vischers zu Tübingen. Einundzwanzig Sätze wider Gottesläugner. – Herr Vischer und die christliche Kirche (Eine Stimme aus der Gemeinde). – Die Jahrbücher der Gegenwart und ihre Helden: Wider die Herren Schwegler, Vischer und Zeller in Tübingen* (Von Dr. Heinrich Merz). – *Wanderbuch für Herrn Dr. Heinrich Merz (Als Antwort auf die Schmähschrift: Die Jahrbücher der Gegenwart und ihre Helden).*

Drei Monate lang schien es zwischen Augsburg und Tübingen, Frankfurt und Stuttgart nur ein einziges Thema zu geben: Jene Rede vom 21. November, von der man, da sie noch immer nicht gedruckt vorlag, mit Sicherheit nur das eine wußte, daß sie, wie auch Vischers Freunde zugeben mußten, «collegial anstößig» gewesen war – alles andere war pure Spekulation. Doch selbst die Vermutung, das pure *on dit*, reichte aus, um den König in Aktion treten zu lassen. Seine Majestät, schrieb der Minister an Rektor Reyscher, habe mit Befremden und Erstaunen vernommen, in welcher Weise sich Professor Vischer vor großem Publikum über Fragen von Religion und Glauben artikuliert haben solle; falls die Nachrichten zutreffend seien, bäte der Monarch darum, dem Beschuldigten vor dem Senat das gerechte Mißfallen seiner Majestät zu erkennen zu geben; außerdem verlange man eine Untersuchung des Falls, und zwar sofort! Geschrieben einen Tag vor Heiligabend. Sieben Tage später, das Christfest war kaum vorüber, läßt der Minister den Rektor wissen, dem Bericht des akademischen Senats werde mit solchem Eifer entgegengesehen, daß der Staatsrat um äußerste Beschleunigung bitte; drei Tage darauf – man hatte zwischen Weihnachten und Neujahr am Stuttgarter Hof offenbar nichts anderes als die Affäre Vischer im Sinn – ordnet, «damit die hin und her gehenden

Entstellungen endlich aufhören», das Ministerium die Publikation der Rede an. (Aber wie sollte der Rhetor sie rekonstruieren: angenommen, er hatte wirklich nicht mehr als «ein paar zerknitterte Blätter»?)

Nein, die Sache stand nicht gut für Friedrich Theodor Vischer. Der Hof war gegen ihn, die Geistlichkeit ohnehin (man warf ihm seit geraumer Zeit vor, er habe sich einmal während des Gebets einer christlichen Familie mit den weiblichen Reizen einer – griechischen Statue beschäftigt), und was den Senat betraf, so hatte Vischer, dank der provokanten, eher dandyhaften als professoralen Manier, in der er seine Auftritte zu inszenieren beliebte, mehr Feinde als Freunde an der Universität. Selbst Robert von Mohl ging, als es zum Schwur kam, lieber auf Distanz: er halte dafür – so Mohls Bescheid –, daß der Pantheismus für Staat und Kirche gefahrbringend sei und deshalb keine Lehrfreiheit für sich beanspruchen dürfe. Andere urteilten eher noch schärfer: Würde, erklärte eine Gruppe orthodoxer Juristen und Theologen, der Pantheismus bei den Gebildeten am Ende nicht bare Religionslosigkeit, bei der großen Masse aber den rüdesten Materialismus bewirken? («Wie sollen diese Menschen», hieß es im Sondervotum der Minorität, «fürderhin dem Ernste der Pflichten, der Bürde des Lebens gewachsen seyn? Und was soll unter solchen Verhältnissen gar aus dem Proletariate werden?»)

Was in den Gazetten begann, auf der Kanzel und im Senat fortgesetzt wurde, der Kampf um eine Rede über die Ästhetik als das Grundprinzip von Welt und Wissenschaft, endete schließlich im Plenarsaal des Landtags. Die Entscheidung war gefallen: Vischer weder (wie die Falken verlangten) seines Amtes enthoben noch (wozu sich die Tauben schließlich verstanden) mit einem Verweis bestraft worden. Man hatte ihn vielmehr, bei vollem Gehalt, für zwei Jahre beurlaubt. Danach kehrte er, von studentischen Ovationen begleitet und im Kollegenkreis, je nachdem, mit Jubel oder Resignation willkommen geheißen, auf sein Katheder zurück.

Die Trilogie mit dem Furioso der Rede, den Kakophonien in Senat, Kirche und Redaktionsstube und dem Finale im Parlament fand 1854 ihr Ende durch ein Satyrspiel, den Roman *Eritis sicut deus* (von einer Pietistin namens Wilhelmine Canz verfaßt, beim Rauhen Haus in Hamburg erschienen und in Hofkreisen als das «Buch mit dem lateinischen Namen» zur Lieblingslektüre erkoren): Ein tendenziöses Pamphlet, das in einer romantischen Stadt (mit Neckarblick, Albaussicht, lieblicher Lage, verwinkelten Häusern und – saurem Wein) spielt und einen Mann zum Protagonisten hat, Robert Schärtel («Schartenmaier» wurde Vischer im Freundeskreise genannt), der, mitsamt seinen Hegelingen, lasziven Künstler-Freunden und ästhetisierenden Freigeistern, die vom Geist positiver Religiosität erfüllte Gattin, eine Waise namens Elisabeth, in Nihilismus und Verzweiflung stürzt ... Robert, der Verfasser einer bedenklichen Inauguralrede, dem am Ende nichts weiter übrigbleibt, als dort Ruhe zu suchen, wo es nach der Vorstellung der frommen Autorin allein noch wahren Frieden gibt: unterm Kreuz.

Tübingen im Vormärz und bis in die fünfziger Jahre hinein, das ist, auf der Kanzel so perfekt inszeniert wie in der Evangelischen Kirchenzeitung, zuallererst Kampf der Reaktion gegen die Hegelsche Philosophie: «Die Universität», heißt es, anno 1842, in der Hengstenbergschen Gazette, «ist seit einem Jahrzehnt die vornehmste Bildungsstätte der rücksichtslosesten und frechsten Angriffe auf das historische und dogmatische Fundament unseres Glaubens geworden. Das Stift ist ein wahres Nest der Hegelei, und seine Zöglinge sind in den Schriften ihres philosophischen Meisters weit mehr bewandert als in der Heiligen Schrift und der Kirchengeschichte.»

Tübingen im Vormärz: Das heißt – immer noch! – Verketzerung jener Freisinnigen, die, wie der Theologe Schwegler, in ihren gelehrten Arbeiten angeblich «die Grenzen der wissenschaftlichen Forschung überschritten, welche nach den Grundsätzen der evangelischen Kirche zulässig sind»; heißt Aburteilung von Männern, die, so ein Senats-Votum von 1842, «im praktischen Amt – als Landpfarrer also – Gelegenheit finden sollten, sich aufs neue ins Christentum einzuleben, um sich auf diesem Weg positiv über ihren gegenwärtigen Standpunkt zu erheben».

Tübingen im Vormärz: Das heißt Disziplinierung an allen Fronten

– Disziplinierung liberaler Gottesgelehrter («Der König», läßt der Hof 1846 in Sachen Eduard Zeller verlauten, «kann nicht einen Mann auszeichnen, der in seinen Vorlesungen die zentralen Lehren des christlichen Glaubens attackiert»), Disziplinierung von Republikanern (selbst der Turnlehrer, «der eine entschieden republikanische Gesinnung hat», wird vor den Kadi zitiert), Disziplinierung von Dozenten, wie des Radikaldemokraten und Stadtverordneten Eduard Schweickhardt, dem der Senat ein Kolleg über die «sociale Bewegung der Gegenwart» mit der Begründung verbietet («zumal in Anbetracht der Persönlichkeit Schweickhardts»), der Petent sei kraft seiner venia «bloß zum Vortrag über technische Fächer legitimiert»; aber der gleiche Senat gestattet dem Technologen Schweickhardt drei Jahre später, eine Vorlesung über – das Kochsalz zu halten. («Wogegen er gegenüber den medizinischen Rücksichten Bedenken gehabt habe, aber es werde sich nichts dagegen einwenden lassen.»)

Tübingen im Vormärz, das heißt: Zensur wie eh und je; heißt Regiment des Stuttgarter Ober-Censur-Collegiums und strikteste Überwachung am Ort. («Seine Königliche Majestät» – ein Erlaß vom August 1825 – «haben verfügt, daß für die Censur der zu Tübingen erscheinenden Programme, Dissertationen und anderer ähnlicher Gelegenheitsschriften ein Mitglied der Universität zum Censor bestellt werden solle.») Als die fünfte Fakultät, unter der Ägide Robert von Mohls, anno 1843 versäumte, die erste Nummer ihrer *Zeitschrift für die gesamte Staatswissenschaft* der Zensur vorzulegen, wurden die wegen – zarter und höchst indirekter – Kritik an der württembergischen Regierung inkriminierten Passagen in Verlag und Sortiment kurzerhand überklebt. (Eine Aktion, die angesichts der Tatsache, daß sich der größte Teil der Exemplare längst unter den Leuten befand, freilich eher symbolisch war und allein um des Prinzips willen erfolgte.)

Tübingen im Vormärz, das heißt: Hier und dort, einmal in jedem Jahrzehnt, ein winziger republikanischer Impuls – zur Zeit des Jünglingsbunds, in den Tagen des Burschentreffens in Stuttgart, anno 1832, oder während der Märztage des Revolutionsjahrs –, ansonsten: Grabesfrieden! In den langen Intervallen zwischen den Waterloo-Festen und den Verbrüderungs-Aktionen mit den durchziehenden Fremden, den Magyaren und Polen, herrschte Ruhe in der Stadt ... Ruhe, nicht zuletzt dank jener provozierenden Bestimmung, die da besagte, daß dem außerordentlichen Regierungsbevollmächtigten in allen Fällen, wo gegen einen Dozenten zureichende Verdachtsgründe bestünden, das Recht zukäme, «von den Heften des Betreffenden Einsicht zu nehmen». (Um auf diese Weise der Gefahr zu begegnen, daß ein Professor «verderbliche, die Grundlagen der bestehenden Staats-Einrichtungen untergrabende Lehren verbreite».)

Ungeachtet aller Schikanen, Provokationen und Disziplinierungen war es still in Tübingen: «Extreme Richtungen in politischer und religiöser Beziehung», teilte der Kanzler, im Juni 1838, seinem Ministerium mit, «seien in Tübingen dermalen fremd.» Die Studenten waren, wie Autenrieth das einst nannte, in ihre alte »Schweinefreiheit» zurückgefallen, und wenn sie etwas erregte, dann waren es (die geschilderten Ausnahmen bestätigen die Regel) Schabernack-Affären und derbe Späße wie der Fall jenes Studenten der Chirurgie, der, nach einem Kollegbesuch in der Anatomie, unmittelbar vorm Klinikum, wo die nächste Vorlesung stattfinden sollte, sein Sacktuch herauszog. «Und da», heißt es im Verhörs-Protokoll, «muß etwas mithinausgefallen sein, denn einige Studierende, die herumstanden, lachten, so daß ich aufmerksam wurde und mich umsah. Ich entdeckte nun sogleich einen Penis, hob ihn auf und ging einem gewissen stud. chir. Sch. damit nach, den ich in Verdacht hatte, daß er mir das Glied in die Tasche gesteckt hatte; aber er versicherte seine Unschuld, und ich warf den Penis auf die Straße hin, weil ich ihn wegen des Geruchs nicht in der Tasche behalten konnte und wollte, doch hob ich ihn hernach wieder auf, legte ihn in ein verborgenes Eck und ging in der Absicht in die Vorlesung, ihn nach Beendigung derselben wieder auf die Anatomie zu bringen, allein ich fand ihn nicht wieder auf dem Platz. Hierbey muß ich noch bemerken, daß mir ein solcher Streich nicht zum ersten Mal gespielt worden ist, denn drei Tage vorher waren mir Hoden in die Tasche gesteckt worden, die mir in meinem Zimmer mit dem Sacktuch herausfielen, die ich aber in aller Stille wieder auf die Anatomie brachte.» (Urteil der Universität: Da sich der ganze Vorfall nicht in einem universitären Gebäude, sondern auf der Straße zutrug und niemand dabei zu Schaden gekommen ist, so scheinen die akademischen Behörden zunächst nicht kompetent zu sein.)

Tübingen im Vormärz: Das war, so scheint es, trotz Hofacker und Hohem Asperg, trotz Staatskommissär und Zensur, trotz Weingärtner-Aufstand und Marseillaise, noch immer das alte (in Metternichs Gefolge freilich argwöhnisch beobachtete) Städtchen aus der Herzogs-Zeit, von Gendarmen und Burschenschaftlern, von ein paar Geheimbündlern und etlichen Spitzeln durchsetzt, die im Dienst der Mainzer und Frankfurter Untersuchungs-Kommission standen – aber eben doch noch immer das halb idyllische, halb verkommene Städtchen: ein Universitätsdorf, dessen letzter vormärzlicher Kanzler, der große Jurist Karl Georg von Wächter, dafür Sorge trug, daß jene Tradition in Geltung blieb, die die Tübinger Universitätsgeschichte seit den Tagen der Eberhardinischen Großen Koalition charakterisierte ... die Tradition, daß es am Neckar, wenn es anderswo zum Schlimmsten stand, lediglich schlimm war, noch gerade erträglich; daß ein Apian zwar entlassen wurde, aber im Land bleiben konnte – daß die Hexenverfolgung sich, an Würzburger Maßen gemessen – «im dreißigsten Brand stand ein Kind in den Flammen» –, so grauenvoll sie war, in Grenzen hielt; daß es, im Kreis der Orthodoxen, immer wieder einen Lauterbach oder einen Bilfinger gab, einen Besold, der Keplers Mutter vor dem Feuer bewahrte, eine Juristen-Fakultät, deren Professoren, im Gegensatz zu ihren Kollegen aus Preußen – Fritz Reuter zum Tode verurteilt! –, den Frankfurter Wachenstürmern immerhin noch mildernde Umstände zubilligten; daß ein Wangenheim nach Tübingen kam und kein Satrap König Friedrichs, daß Autenrieth (solange er im Amt war) ein bescheidenes Quentchen Liberalität garantierte und, kaum hatte seine autokratische Ära begonnen, abtreten mußte; daß Karl Georg von Wächter, vielleicht der mächtigste Rechtsgelehrte seines Jahrhunderts, Kanzler und Kammerpräsident, Reichstagsabgeordneter und, sechsmal, Vorsitzender des deutschen Juristentags ... daß sich Wächter zwar erzkonservativ, aber nicht reaktionär gab, ein Legalist, der als

Kanzler zurücktrat, weil er die Anordnung für willkürlich hielt, den Landtag der Reaktionszeit nach der Vormärz- und nicht nach der liberalen Neunundvierziger-Gesetzesvorlage zu wählen: Karl Georg Wächter, ein Hasardeur und Logiker, nicht zum Märtyrer geboren, sondern zum Repräsentanten; trotz aller Wechselfälle immer obenauf, ein Mann der Krone, der jenem Jenaer Reform-Kongreß vorstand, dessen Ziel es war, die absolute Lehr- und Lernfreiheit als oberstes Prinzip der deutschen Universitäten zu inthronisieren ... der gleiche Wächter, der im Fall Vischer die Frage verneint hatte, ob ein Wissenschaftler bestallter Staatsdiener sein könne, der die Unsterblichkeit des Einzelnen ebenso leugne wie das Walten einer Vorsehung und die Existenz eines persönlichen, über und außer den Menschen stehenden Gottes. («Kann der Staat», so Wächter in seinem Votum vom Februar 1845, «einen Mann als Lehrer der Jugend beibehalten, welcher die Grundlagen unserer Religion, den festesten Halt der Sittlichkeit für hassenswürdig erklärt?»)

Tübingen im Vormärz: Scheinbar immer noch die kleine Stadt, in der es, da die Aufklärer, anders als in Halle, Leipzig oder Göttingen, immer nur Einzelne waren, nie eine Revolution der Wissenschaft gab, nie einen Aufbruch zu neuen Ufern (einmal, zu Melanchthons Zeit, wäre es möglich gewesen: Philipp Schwarzerd, heimgekehrt nach Tübingen – das hätte, vielleicht, Zeichen gesetzt!), nie eine entschiedene Wendung, eine Initialzündung in der Philologie oder Naturwissenschaft (freilich, wenn Kepler gekommen wäre: dispensiert vom Diktat der Konkordienformel ...), aber auch nie eine Monokratie, der gegenüber jeder Widerstand von vornherein vergeblich war. (Wie hätte sonst die pietistische Subkultur, hätten Republikanertum, Hegelei und, früher schon, durch Experienz, Rationalität und Spekulationslust, aufklärerisches Argumentieren in diese Stadt eindringen können?)

Tübingen im Vormärz: Das ist auf den ersten Blick ein obsoletes Dorf, in dem es weder urbane Geselligkeit noch jenen freundschaftlichen Austausch zwischen Bürgern und Notablen von Rang, den Professoren und den Industriellen gibt, dessen Fehlen im neunzehnten Jahrhundert ein nahezu unisones Lamento bewirkte: keine Sozietät, kein amüsantes Parlando, kein Gespräch à la Fontane, sondern immer nur – Mohl und Vischer haben's in boshaften Miniaturen beschrieben – der Universitätsklatsch im Gasthaus, die steifen Lesezirkel und Reunions im Kreis der Museumsgesellschaft, seit 1821 Treffpunkt der Provinz-Society und die Kaffeetafel der Frau Professor. «Man wußte noch nicht, was eine Stadt heißt», schreibt, für eine Verlegung der Alma Mater Tubingensis nach Stuttgart plädierend, Friedrich Theodor Vischer, «man wußte es nicht, als man die Universität an dieser Stelle gründete; man wußte nicht, was Welt, Weltbildung, Weltverkehr ist; wußte nicht, welche Eigenheiten, Grillen, Einseitigkeiten sich in einem Menschen festsetzen, dessen Horizont ein Studierzimmer, einige Fakultäts- und Senatsfragen und Reibungen sind, wie schwer selbst die lebendigere Natur, wo es aller Nachhilfe der Umgebung fehlt, sich des Versauerns und Verdumpfens erwehrt.»

Tübingen – ein Dorf ohne Kultur! Ohne Theater! (Als anno 1848 das mit Rücksicht auf die Gefährdung studentischer Moral erlassene Schauspiel-Verbot endlich fällt, stimmt die Universität der Aufhebung nur unter der Bedingung zu, daß die Errichtung eines Tübinger Theaters der Bewilligung und Supervision des Senates unterstellt werde – einer Körperschaft, die sich «falls eine Gesellschaft schlechte Stücke zur Darbietung bringe, ausdrücklich die Einsprache in Beziehung auf das Repertoire reserviere», dazu das Recht, die «Wegweisung einer solchen Truppe verlangen zu dürfen, wenn sich unter der Gesellschaft schlechte Personen befänden, welche einen nachteiligen Einfluß auf die akademische Disziplin äußern würden».)

Kein Wunder, bei alledem, daß nahezu fünfzig Jahre lang, zwischen 1826 und 1877, der alte Leibnizsche Gedanke – *warum die Provinzuniversität nicht in die Hauptstadt verlegen?* – wieder und wieder diskutiert worden ist, und dies von Gruppen und Personen unterschiedlichster Couleur: Angefangen beim König, der die Universität in Stuttgart besser beaufsichtigen konnte (dagegen Autenrieth: «Welche Nahrung für den schwärmerischen Sinn der Jugend hätte nicht der Prozeß des Abgeordneten List geben können, wäre damals die Universität in Stuttgart und wären ihre Studierenden auf der Tribüne, in allen Wirtshäusern und allerlei Zirkeln verteilt gewesen?»), bis hinunter zu jenen Tübinger Kutschern, Krämern, Friseuren und Zimmervermietern, deren Existenz ruiniert war, wenn die Argumente der wenigen Glücklichen triumphierten, denen in Stuttgart jene höhere Lebensart zu herrschen schien, die sie in der Universität auf dem Dorfe, mit «ihrem mittelalterlichen Theologen-Gezerfe», so schmerzlich vermißten. «Wie finden wir in unserm Winkel Anschluß an die Welt?»: Das war ein Problem, um dessentwillen schon Cotta seinen Verlag, 1810, von Tübingen nach Stuttgart verlegte – zweimal ordinaire Post pro Woche: hinter dem Mond ließ sich nun einmal kein Goethe edieren! «Wie können wir Wagner hören, in der Stuttgarter Oper, ohne – nach der Eisenbahnfahrt über Reutlingen, Metzingen, Nürtingen, Wendlingen, Plochingen, Esslingen – Gefahr zu laufen, bereits bei der Ouvertüre erschöpft zu entschlummern?»: Eine Frage, mit der sich der Senat noch im zwanzigsten Jahrhundert zu beschäftigen hatte – der Bau einer Bahnlinie quer durch den Schönbuch, einer Direttissima zwischen Tübingen und Stuttgart, als Kardinalproblem der Weltabgesperrten!

War der Kampf zwischen den Autenriethschen und den Gmelinschen, den Royalisten und den Altständlern, ausgetragen nach der Thierschschen Attacke, schon spitzig, aggressiv und provokant genug, so sah er sich an Einfallsreichtum und Witz durch die Stuttgart-Tübingen-Kontroverse weit überboten: Hier wurde nicht mit Degen geschlagen, hier focht man Florett: Schlag auf Schlag und Stich auf Stich!

Sagten die einen, man brauche ja nur nach Berlin zu schauen, um zu erkennen, daß die Wissenschaft allein im Bannkreis des Hofes gedeihe, so replizierten die anderen, gerade das Berliner Beispiel beweise, wie verhängnisvoll die Verschwisterung von Staatsmacht und Philosophie sei. Oder wolle man es etwa wie in Preußen machen, wo – so ein Gutachten von 1856 – die maßgeblichen Prinzipien der Philosophie «vom Hofe und der Regierung nicht bloß approbirt, sondern jedem, der eine höhere Beförderung erreichen wollte, aufgedrungen» worden seien; «und als man die zärtlich gepflegten Früchte für die Zwecke des Staates und der Kirche nicht mehr angemessen fand, wurde – wiederum vom Hofe – ein neues System der Philosophie eingeführt und mit Mitteln, welche der Wissenschaft durchaus fremd sind, durchgesetzt».

Und schon eine neue Parade, ein neuer Ausfall! Nur in der Residenz, sagen die einen, ließe sich die Christophsche Identität von Staats- und Kirchen-Regiment realisieren, und die andern antworten: Aber wie steht's mit Luther? War Wittenberg denn etwa Fürstensitz? Braucht der Geist nicht die Stille und das klösterliche Für-sich-Sein, um sich, fern von staatlicher Indoktrination, nach eigenem Gesetz entfalten zu können: je weiter vom Hof entfernt, je weniger der korrumpierenden Verlockung ausgesetzt, das Verlangte zu liefern, desto freier?

Man sieht, hier wird mit Argumenten, die auch heute noch ihre Gültigkeit haben, ein Florett-Kampf durchgeführt, der, auf anderer Ebene, im satirischen Pamphlet seine Fortsetzung findet: dort, wo Anonymus A. einen Traktat über den «gegenwärtigen Zustand der Universität Tübingen» publiziert und Anonymus B. diese Schrift, mit dem Zusatz «zweite, vom Verfasser nicht besorgte Auflage», durch eigene Fußnoten bereichert. Und das sieht dann so aus: Schreibt A., «In Stuttgart wäre es jedem Studierenden möglich, freien Zutritt in irgendein gebildetes Haus zu erhalten», so kommentiert B., «Wie? In Stuttgart stünden den achthundert Studenten jeden Abend achthundert Familienhäuser offen – etwa vermöge einer besonderen Übereinkunft mit dem Stuttgarter Stadtrat?»; vertritt A., in Opposition zur Tübinger Buden- und Hörsaal-Tristesse, die Behauptung: «Weit nützlicher als alle Gelehrsamkeit ist die Kenntnis der Berufspflichten eines Familienvaters», so repliziert B. knapp und sarkastisch: «Also muß die Universität Tübingen nach Stuttgart verlegt werden, damit der Student Familien im Alltagsgewande, Frauenzimmer im Negligé studieren kann? Will denn der Verfasser den Jüngling schon auf der Universität zum Familienvater machen?» Ein Treffer nach dem anderen! Zwar, erklärt A., besäße Stuttgart keine Sternwarte, aber die sei für eine deutsche Universität, die doch niemals Seeleute ausbilde, auch kein Bedürfnis! (Kommentar von B.: «Unser Herr Dilettant glaubt also, daß die Astronomie für Landbewohner unnütz sei? Wie groß! Wie schön!»)

Und endlich dann der Höhepunkt. Die Tübinger, behauptet A.,

das läge nun einmal in ihrem Charakter, täten «durchaus nichts, was dazu beitragen könnte, den Aufenthalt in ihrer Stadt angenehm zu machen: Das Obst sei schlecht, das bessere werde gewöhnlich von Stuttgart gebracht («Wir sind durch die delicate Aufmerksamkeit des Autors aufs tiefste gerührt», merkt B. an), und was die Nahrungsmittel beträfe, so seien sie im Durchschnitt erbärmlich. Da freilich verläßt den Kommentator die Geduld: «Ist denn der Verfasser noch nie mit einem Tübinger Kalbsschlegel bedient worden?» Aus der Kampf! *Causa finita!*

Und ausgerechnet diese kleine Stadt in Württemberg mit ihren geschurigelten Professoren und ihren zwischen Hörsaal, Bude und Karzer hin und her pendelnden Studenten, dieses spießige Dorf mit seinen Senatsparteien, seinem Klatsch und seiner Bösartigkeit (man lese nach, wie Robert von Mohl seine Kollegen charakterisiert: «Von einer wissenschaftlichen Tätigkeit oder auch nur einem Interesse an seinem Fache war bei Professor Schott, dem alten Taugenichts, nicht die geringste Spur»; «Tafel, ein Halbnarr», «Schübler, der Botaniker, beschäftigt mit sinn- und zwecklosem Sammeln»; «Steudel, ein dunkler Erdensohn, wenn je einer war: Von geringem Wissen, kränklich und schwarzgallig hielt er sich für ein auserwähltes Werkzeug Gottes») … dieses Provinz-Nest, fern der Welt, wurde zwischen 1835 und 1845 zum wissenschaftlichen Zentrum der Nation. «Welche Kräfte hat Ihre Universität! Hat Ihr Land!» rief Droysen anno 1844 aus – und Droysen hatte recht.

Tübingen im Vormärz, das *andere* Tübingen, die Stadt der Baur und Vischer, der Zeller und Schwegler, der Strauß und Köstlin, Griesinger und Mohl: Das ist die Wirkungsstätte rebellischer Repetenten, nicht avancierter Privatdozenten und aufsässiger Ordinarien – ein Universitäts-Dorf, das über Nacht zum Zentrum der Unbotmäßigen wird.

Tübingen im Vormärz, das heißt: Emanzipation der Wissenschaft, Überwindung mittelalterlicher Scholastik, Herausforderung der Orthodoxie, Kampfansage an die Gralshüter der reinen Lehre, Opposition an allen Fronten: Aufklärung im Zeichen von Naturwissenschaft und Hegelianismus, moderner Staatslehre und vorurteilslos forschender Philologie. Es heißt: Dialektik von Empirie und Spekulation, von Praxis und Theorie, von Philosophie und Geschichte, von Zeitbezug und szientifischer Distanz.

Tübingen im Vormärz: Das ist der Entwurf einer großen Synthese – ermöglicht, zu allererst, durch die Tat eines Mannes, Ferdinand Christian Baur, der seit 1835, dem Jahr, in dem Straußens *Leben Jesu* erschien, in Kooperation mit seinem Partner, dem «Ischariothen» aus dem Stift, aber auch in entschiedener Distanz zu ihm, die Theologie zu einer Wissenschaft machte, die ihrem Absolutheits-Anspruch entsagt und damit, in einem Akt freiwilliger Bescheidung, dort Demokratie realisiert, wo es zuvor nur Hierarchie, Diktat und Sklaverei gegeben hatte: im Kreis der Tübinger Fakultäten.

Die Entmythologisierung der Theologie um ihrer Emanzipation als Wissenschaft willen (eine Selbst-Emanzipation, die identisch war mit der Befreiung der anderen Disziplinen): Das war Baurs große Tat – eine Leistung, die weit über die Straußsche Entlarvungs-Kampagne hinausging, weil sie, genuin wissenschaftlich, nicht eine Erklärung (die mythische) an die Stelle einer anderen (der supranaturalistischen) setzte, nicht dort «Legende» sagte, wo man früher von «Tatsachen» sprach, sondern weil sie – Straußens Negationen ins Positive verkehrend – der Pauschal-Kritik der *Fakten* die Detail-Analyse jener *Schriften* entgegenstellte, die bestimmten Interessen folgten und Geschehnissen, denen mehr Sagen- und weniger Daten-Charakter zukam, in parteiischer Interpretation, das Signum des «so und nicht anders» verliehen.

Während Strauß nur sehen wollte, was *nicht* war (Märchen-Erzählung also und fabulöse Fiktion), ging es Baur darum, einen Punkt zu entdecken, von dem aus entscheidbar war, welche Fraktionen innerhalb der urchristlichen Gemeinde, mit Hilfe welcher Ideologie, *den* durch einen Nachweis des *cui bono* erschließbaren Jesus zu *ihrem* Jesus gemacht hatten.

Anders als Strauß, der die Evangelien unter philosophischen Aspekten analysierte, operierte Baur – Struktur, Tendenz und Charakter der biblischen Zeugnisse analysierend – als Historiker: Keine Kritik des Evangeliums ohne eine Kritik der Zeugnisse, keine mythisierende Destruktion ohne den vorgängigen Versuch einer historischen Rekonstruktion!

Tübingen im Vormärz, das heißt: Revolution der Theologie – eine Revolution, die an Entschiedenheit und antiautoritärem Elan über eine (ja, selbst über *die*) Reformation weit hinausgeht. Für den Wissenschaftler, so Baur, ist die Heilige Schrift ein Zeugnis wie jedes andere auch: geschichtlich überprüfbar und mit den Methoden der Historiographie zu analysieren, unvoreingenommen und vom Ethos einer Wissenschaft bestimmt, die den Begriff «rücksichtslos» nicht als Schimpfwort, sondern als Ehrenerklärung versteht. «Historisch-kritische Forschung», so Baur über die drei zentralen Postulate einer sich wissenschaftlich verstehenden Theologie, «historisch-kritische Forschung auf dem Gebiet des Christentums, seiner Geschichte und Ideologie, bedeutet, durch keine die Unbefangenheit des Urteils trübende dogmatische Voraussetzung und Rücksicht auf hergebrachte Meinungen gebunden zu sein; sodann nichts als geschichtliche Wahrheit gelten zu lassen, was sich nicht aus den vorliegenden Quellen nachweisen läßt … endlich das Allgemeine nie aus den Augen zu verlieren, das sich aus der Erforschung des Einzelnen und Speziellen als die ergänzende Einheit und die leitende Grundanschauung ergibt.»

Keine Oberflächen-Analyse also, keine Stoffhuberei, kein blinder, faktenhöriger Positivismus, sondern Herstellung von Zusammenhängen, Rekonstruktion der hinter dem Momentanen, Subjektiven und scheinbar Zufälligen wirkenden Idee: «Ohne Spekulation ist jede historische Forschung, mit welchem Namen sie auch prangen mag, ein bloßes Verweilen auf der Außenseite der Sache!»

Hinter dem Speziellen das Allgemeine, hinter dem «Fürsichsein», gut hegelsch, das «Ansichsein» erkennbar zu machen und die Historie als die Bewegung der Idee, den Entwicklungsprozeß Gottes zu beschreiben, in den sich – eine geschichtliche, aber keine absolute Größe – auch das Christentum einfügt (ein Christentum, das signifikanter Ausdruck, aber nicht Ziel des Geschichts-Vorgangs ist): Dieser dialektische Bezug zwischen dem Kleinsten und dem Größten, der urchristlichen Partei-Geschichte (die Baur, selbst Partei ergreifend, wie theologische Auseinandersetzungen seiner eigenen Zeit interpretierte: *für* die universalistisch gesonnenen kritischen Geister, *gegen* die dogmatisch verhärteten Partikularisten, *für* die Anwälte der Glaubens-Demokratie, *gegen* die katholisierenden Advokaten der Hierarchie: *für* die Protestanten, *gegen* die Scholastiker!) ... die Dialektik zwischen dem Punktuellen, der Fraktionierung in apostolischer Zeit, und dem Übergreifenden der Idee, das dem Konkreten, jenem im Sinne des Hegelschen Dreischritts geführten Kampf zwischen Paulinern, Petrinern und Johanneern: Judenchristen, Heidenchristen und früh katholischen Versöhnern, seinen Stellenwert im Plan des Allgemeinen gibt: Das war Baurs Konzeption – ein Programm, das, weit entfernt von akademischer Selbstgenügsamkeit, die Kirche – aber auch die Theologie! – herausfordern sollte. «Es muß sich daher trennen, was nicht länger zusammenbleiben kann. Kann die Kirche die wissenschaftliche Kritik nicht ertragen, so stoße sie sie von sich aus, kann die Kritik in dem Glauben der Kirche nur ungeschichtliche Voraussetzung sehen, so bleibt ihr nichts übrig, als mit ihr zu brechen.»

Tübingen im Vormärz, das heißt: Realisierung der Baurschen Konzeption in sämtlichen Disziplinen, in der Medizin so gut wie in der Staatswissenschaft, in der Theologie nicht anders als in der Publizistik. Innerhalb von vierundzwanzig Monaten 1842/43 wurden in einer winzigen Stadt vier Zeitschriften gegründet, von denen jede auf ihrem Feld, teils unabhängig von Baur, teils in Kooperation mit ihm, die Prinzipien der kritischen Theologie übernahm: Die *Jahrbücher der Gegenwart*, das *Archiv für die gesamte Staatswissenschaft*, das *Archiv für physiologische Heilkunde* und die *Theologischen Jahrbücher*.

Vier Zeitschriften und, ungeachtet aller fachspezifischen Nuancierung, eine bis ins Detail hinein reichende Gesamt-Konzeption: Emanzipation als Leitbegriff! («Der Geist der Emancipation ist erwacht», heißt es in dem von zwei jungen Tübinger Privatdozenten, Roser und Wunderlich, edierten *Archiv für physiologische Heilkunde*, «und der Glaube an die alten Lehren, sofern sie nur auf Autoritäten und nicht auf Tatsachen und Gründe sich berufen können, ist gebrochen.»)

Keine Ausflucht vor der Wirklichkeit, der «großen Krise der Zeit», die Baur, in den vierziger Jahren, heraufkommen sah! («Es läßt sich immer weniger leugnen, daß unsere Zeit in eine jener großen Krisen eingetreten ist, durch welche die Menschheit in ihrem geistigen Entwicklungsgang hindurchgehen muß, um weiter voranzuschreiten.») Keine Angst vor dem Umbruch der Zeiten, so bedrohlich er sich auch ausnimmt! «Wir sind der Ansicht», heißt es in Mohls *Prospectus* der *Zeitschrift für die gesamte Staatswissenschaft*, «daß wir zwar an dem Abschluß einer Periode von Wissenschaft und Leben, allein auch an dem Anfang einer neuen Gestaltung der Dinge stehen und daß beide Gegenstände der Wissenschaft sind. Demgemäß werden Pauperismus, Proletariat, Organisation der Arbeit, Assoziation, Völkerverkehr nicht bloß mit den Augen Adam Smith's betrachtet werden, sondern wir erkennen auch in den Lehren der Sozialisten, so roh und falsch sie auch sein mögen, ein wichtiges Zeichen und eine der Einwirkungen auf eine von der Gegenwart sehr verschiedene Zukunft.»

Empirismus also, Tatsachenforschung und exakteste Beobachtung, aber keine positivistische Beschränktheit, kein rüdes Spezialistentum, kein Verzicht auf Kombination! («Tatsachen! Tatsachen!» schreibt Wilhelm Griesinger, der dritte im Bunde der drei schwäbischen Reformatoren auf dem Feld der Medizin, «Tatsachen! *Nur* Tatsachen! ruft ein Positivismus, der keine Ahnung davon hat, daß auf jedem Punkt die Wissenschaft zu einem neuen Schritte sich der Negation bedienen muß, der sich nicht klarmachen will, daß der jedesmaligen Rekonstruktion der Begriffe ihre Auflösung vorangehen muß.»)

Vier Zeitschriften – und *ein* Programm: Freie Wissenschaft («Die Idee der freien Wissenschaft ist es, von der die Theologischen Jahrbücher ausgehen, die Freiheit und Konsequenz des Denkens auch auf theologischem Gebiet als notwendig und berechtigt anzuerkennen, die erste Forderung, welche sie ihren Mitarbeitern stellen»), Kritik statt Dogmatik, Zweifel statt vorschneller Approbation, offenes Gespräch statt des politisch, lokal oder religiös bedingten Diktats.

Da werden Prämissen einer demokratischen, praxisnahen, aber nicht praxishörigen Wissenschaft formuliert, in diesen vier Zeitschriften (zu denen sich als fünfte die *Theologische Quartalsschrift* gesellte, die seit 1817 publizierte katholische Gazette, deren Intention – zur Gründungszeit, wohlgemerkt! – manche Übereinstimmung mit den Absichten der Reformblätter aus den vierziger Jahren aufweist: Zeitbezug und Theorie-Praxis-Dialektik, Sinn für geschichtlichen Wandel und, im Zeichen einer offenen Wissenschaft, der Wille zum freimütigen Gedankenaustausch) ... da sehen sich die Aufgaben von Wissenschaften formuliert, die nach dem Thronverzicht der Theologie (Baurscher Provenienz, wie sich versteht: die Orthodoxie war noch nicht besiegt!) zum ersten Mal in ihrer Geschichte die Chance erhielten, endlich sie selbst zu sein – und nicht nur abgeleitete Gottesgelehrtheit, bestimmt, *ad majorem Dei gloriam* zu unterweisen, zu heilen, zu richten.

Aber so leicht, dank der Baurschen historisch-kritischen Entzauberung von Wunderglauben und Offenbarungs-Gehorsam, die Befreiung in den oberen Rängen gelang (die Zitadelle war längst sturmreif geworden), so mühselig kam die Emanzipation an der Basis voran. Jahr für Jahr plädierten die in der philosophischen Fakultät vereinigten Physiker und Geographen, klassischen Philologen und Astronomen, Historiker und Philosophen (seit 1844 war, nach dem kurzen Uhland-Präludium um 1830, auch ein Vertreter der deutschen Sprache dabei) ... Jahr für Jahr plädierten die Artisten für eine eigene Pädagogen-Ausbildung am evangelischen Stift, für die Emanzipation der Reallehrer von der Suprematie jener Gottesgelehrten, die, nach dem ordnungsgemäßen Studium der Theologie, den Blick fest auf die Kandidatenprüfung gerichtet, sich eines Tages entschlossen, doch lieber Lehrer zu werden – und dies, ohne sich auch nur andeutungsweise jemals um ihre künftigen Unterrichtsfächer gekümmert zu haben. Während auch das kleinste Vikariat in Württemberg nur mit einem examinierten Theologen besetzt werden konnte, war für das Lehramt, soweit es die Stiftler betraf, keinerlei Prüfung ins Auge gefaßt: ein Repetent konnte alles!

Unter diesen Aspekten ging, vorangegangene Voten knapp resümierend, Friedrich Theodor Vischer zu Beginn der fünfziger Jahre daran, die Große Kirchen-Ordnung mit der ihm eigenen List – und dem Sinn für schwäbische Tradition – zu interpretieren, um so, die Autorität Herzog Christophs geschickt zur Beförderung der eigenen Sache benutzend, den Lehrern das gleiche Recht wie den Pfarrern zu geben. «Wenn auch nach den Worten der Christophschen Ordnung», so, um Emanzipation der Philologie kämpfend, Vischer, «ein und derselbe Mann *sowohl* für Lehr- als auch für Predigtamt zu brauchen seyn müßte, so liegt hier einer der Fälle vor, wo eine rechtliche Bestimmung aus einer Zeit überliefert ist, die gewisse Zweige, welche eine spätere Zeit scheiden mußte, nur in dem unentwickelten Zustande ungeschiedener Einheit kannte. Ein höheres Recht, das Recht auf fortschreitende Bildung, die eine unseren Vorfahren unbekannte Teilung der geistigen Arbeit fordert, muß in diesen Fällen die Auslegung des Buchstabens zu übernehmen befugt seyn, wenn nicht die Gegenwart in die engen Grenzen einer veralteten Anschauung gebannt bleiben soll.»

Aber das Ministerium ließ sich auf Vischers Begründung nicht ein: An einen generellen Dispens der Philologen von theologischen Studien sei nicht zu denken; der Staat bedürfe dieser halbgebildeten Magister nicht – eine Behauptung, deren Absurdität sogleich erkennbar wird, wenn man bedenkt, daß die Tübinger philosophische Fakultät in den fünfziger Jahren weder einen schwäbischen klassischen Philologen noch einen schwäbischen Orientalisten oder einen schwäbischen Mathematiker zur Besetzung von vakanten Professuren vorschlagen konnte. Und wo hätte der auch herkommen sollen, da ja der Lehrerstand fehlte, der den Bonner oder Göttinger Ansprüchen hätte nachkommen können? Aber in Schwaben gingen die Uhren halt anders – und keineswegs voraus. Hier hatten Philologie und Naturwissenschaft – ja selbst die Philosophie – ihren Wert nicht in sich; hier waren sie, im Sinne eines Propädeutikums für das Studium der Theologie, leibeigene Disziplinen und sollten es bleiben, gerade jetzt, wo die Baur-Schule dabei war zu zeigen, was man mit Textkritik alles aufstellen konnte.

Welch eine verwirrende Zeit, fortschrittlich und obsolet zugleich, diese Epoche zwischen dem Diktat von 1811 und dem Beginn der Restaurations-Zeit nach der gescheiterten Revolution; welche Gegensätze prallen da aufeinander! Während Vischer suspendiert wird, entwirft

Zeller, in den *Gedanken über die deutschen Universitäten* (erschienen 1846 in den *Jahrbüchern der Gegenwart*), die Vision eines akademischen Gemeinwesens, das, zur Gesellschaft hin offen und vom Staat unreglementiert, sich darauf einrichtet, eine Wissenschaft zu begründen, die in Gedanken vorwegnimmt, was in der Wirklichkeit realisiert werden müßte: Liberalität und Toleranz, Offenheit und Gleichberechtigung.

Tübingens größte Zeit, die einzige, in der die Universität, dank einer mächtigen, von der Theologie vorangetriebenen und am Ende alle Gebiete umfassenden Emanzipations-Bewegung, Geschichte vor- und nicht nur nachgeschrieben hat, ist eine Epoche, die aus einer Summe von Widersprüchen besteht: Nie, nimmt man das siebzehnte Jahrhundert aus, war die politische Pression stärker als damals, und nie sind – von einzelnen Staatswirtschaftlern, Medizinern und Theologen – so weitreichende Konzeptionen entwickelt worden wie in jener Zeit!

Nie waren die Antithesen dramatischer als in den dreißiger und vierziger Jahren: Da gab es die Fakultätsprüfungen und den Semestralzwang, gab Repetitorien und Examensklausuren, gab Kollegs, bei denen diktiert wurde wie zu Eberhards Zeit; aber daneben gab es – wieder einmal! – Diskussionen über einen neuen Vorlesungsstil («der freie mündliche Vortrag», schrieb Kanzler Wächter, anno 1845, in seinem Senats-Hauptbericht, «nötigt den Lehrer, seine geistige Tätigkeit zu konzentrieren und seiner Darstellung Leben zu geben und so den Zuhörer in seine Denk-Operationen einzubeziehen»; da gab es, weiterhin, das Disputatorium der staatswirtschaftlichen Fakultät, an dem sich Professoren so gut wie Studenten beteiligen konnten; da gab es – vorgetragen in einer Studie, die sich mit der «Ausbildung der Geschäftsmänner und Staatsbeamten» befaßt – die Überlegungen des Rechtsgelehrten und Belletristen Reinhold Köstlin, die auf die Inthronisierung des Dialogs als der Grundform akademischen Miteinanders abzielten, und da gab es schließlich jene legendäre Veranstaltung, das Uhlandsche Stilistikum, in der jedermann Gelegenheit hatte, ein Stück seiner Wahl vorzutragen: ein Goethe-Gedicht samt Interpretation, eine Liebesgeschichte aus der eigenen Feder, eine Meditation oder, das war besonders erwünscht, ein Fach-Referat: Schließlich habe die Wissenschaft, ließ Uhland seine Zuhörer wissen, neben der strengen, auf abkürzende Terminologie verwiesenen Seite noch eine zweite, die dem allgemeinen menschlichen Interesse und Verständnis zugewandt sei, und darum möchte es manchem vielleicht eine nicht unersprießliche Kontrolle sein, wenn er zuweilen den Versuch unternähme, dasjenige, was er sonst nur in bestimmten Formen auszudrücken gewohnt sei, in die gemeinschaftliche Sprache des Lebens zu übertragen: ob es sich da wohl behaupten könne, im gesellig-geistigen Verkehr?

Nur eine Frage Uhlands? Keineswegs! Auch Eduard Zeller hat, im Vorwort zu den *Theologischen Jahrbüchern*, die Frage gestellt, ob es, zwischen Fachjargon und verwaschenem Gerede, eine Sprache «freier Wissenschaftlichkeit» gäbe – und was den Größten im Kreis der Tübinger Avantgarde, Ferdinand Christian Baur, betrifft, so hat er als wichtigstes Problem, das sich der Theologie in einer Krisenzeit stelle, die Verwandlung der Wissenschaftssprache in die Sprache des Volkes genannt: «Jetzt kommt es darauf an, daß der Inhalt alles dessen, was der denkende Geist seit einer Reihe von Jahren über die höchsten Fragen der Religion und Philosophie, der Geschichte und Kritik in sich verarbeitet hat, für das gemeinsame Bewußtsein geläutert und so viel wie möglich popularisiert in das praktische Leben umgesetzt werde.»

Tübingen im Vormärz, das heißt: Hier waren Männer am Werk, die, allen Widerständen zum Trotz, versucht haben, dem Gedanken eine verständliche Sprache zu geben, die Wissenschaft einzugemeinden, den Geist unter die Leute zu bringen und den Olymp als einen Ort auszugeben, der jedermann zugänglich sei.

Man kann auch heute noch von ihnen lernen: sehr viel sogar.

11. Kapitel

Der Pyrrhus-Sieg der Naturwissenschaften

Mediziner contra Philosophen: Gründung einer neuen Fakultät – Emanzipation der Wissenschaft – «Universität und Wirtschaft» als Zentralproblem der Zeit – Eine Stadt verändert ihr Gesicht – Neue Bauten, alte Sorgen – Von ärztlichen Plänen und von zweierlei Menschen

Ein Herbsttag im Jahre 1863; die Zeit der alten Garde war vorbei; Baur und Uhland waren tot; Vischer und Zeller für ein paar Jahre in die Schweiz emigriert; die *Jahrbücher der Gegenwart* hatten, da Schwegler früh starb, ein rasches Ende genommen; die Gründer der anderen Zeitschriften waren in alle Winde zerstreut; die *Tübinger Schule*, die im Zeichen der Emanzipation fakultätsbestimmend gewirkt hatte: interdisziplinär und fachfördernd zugleich, gab es schon lange nicht mehr. Spätestens seit den Tagen, da die liberalen Professoren, die Fallati und Uhland, enttäuscht aus der Paulskirche heimgekehrt waren, hatte sich Resignation breitgemacht: Resignation im Politischen, Resignation in der Wissenschaft. Eine *Gruppe* war aufgebrochen, im Vormärz, um, in solidarischer Arbeit, mit ihren Disziplinen auch die Gesellschaft zu liberalisieren (Kampfansage an die Hierarchie in jederlei Gestalt hieß die Devise); *Einzelne* kehrten, nach dem Debakel der bürgerlichen Revolution, an ihren Schreibtisch zurück: mit einer Staatsmacht konfrontiert, deren Polizei sich auf ihre Metternichsche Inquisitions-Technik so gut wie anno 25 verstand. («Wurde ein Toast auf die Republik ausgebracht?» «In welchem Zusammenhang?» «Wie war der Beifall?» «Es soll das Wort ‹Deutsche Einheit› gesagt worden sein: Ist das richtig?»: Ein schwäbisches Verhör – fünf Jahre nach Uhlands Adresse vom März 1848!)

Und trotzdem, der politischen Resignation und des Zerfalls der liberalen Garde aus der legendären Vormärzzeit ungeachtet: jener Phase, in der ein Tübinger Theologe an der Berliner Universität wie ein Sendbote des Leibhaftigen erschien (Schwegler hat darüber berichtet) und Baur als die *bête noire* der Nation galt ... trotzdem gab's noch einmal eine Revolution in Tübingen: den Aufstand der Naturwissenschaftler!

Am 29. Oktober 1863 wurde, im Rahmen eines Festakts in der Akademischen Aula, der Schwanengesang auf die alte, der Beförderung des Glaubens dienende Eberhardina gesungen – eine Gemeinschule, deren Wohl und Wehe jahrhundertelang von ihrer Ersten Fakultät abhängig gewesen war, von Klosterschülern und Repetenten, vom Ephorus und vom Kanzler, von der Kooperation zwischen der geistlichen und weltlichen Spitze. Was mit Ferdinand Christian Baur und der Historisierung der Theologie in den dreißiger Jahren begonnen hatte, endete, so schien es, im Oktober 1863, als der Botaniker Hugo von Mohl, eine Koryphäe seiner Disziplin, den Gründungstag der Naturwissenschaftlichen Fakultät zum Anlaß nahm, um eine Geschichtsbetrachtung vorzutragen, die – an Autenrieths Denunziation theologisierender Mediziner zur Zeit des Dreißigjährigen Krieges anknüpfend: aber grundsätzlicher und provokanter – das Zeitalter der Naturwissenschaft mit der Aufklärung, die Jahrhunderte der Theologie und Spekulation mit dem Mittelalter identifizierte.

Hier Rückschritt, dort Fortschritt, hier Empirie, dort Spekulation, hier humanistische Befangenheit, dort unvoreingenommene Betrachtung der Natur: In der Tat, da wurden Antithesen entwickelt, die nicht nur eine vielhundertjährige Theologen-Suprematie in Frage stellten, sondern – hier liegt die Problematik der Mohlschen Deklaration – auch die in den vierziger Jahren erreichte Synthese von Experienz und Philosophie: jene Dialektik zwischen Detail-Erforschung und Gesamtkonzeption widerrief, deren Fruchtbarkeit die historisch-kritische Methode dargelegt hatte. Jetzt aber, anno 1863, wurde *tabula rasa* gemacht und ein neuer Humanismus entworfen – der Humanismus der Naturwissenschaften. «Die Richter», heißt es am Schluß der Rede vom 29. Oktober, «welche die Hexen zum Feuertod verurtheilten, die Geistlichen, welche die bösen Geister aus Kranken austrieben, die Leute, welche in den Kometen die Brandfackel eines kommenden

Krieges sahen, die waren in den Sprachen, in den Wissenschaften und der Philosophie des Alterthums oft gar wohl unterrichtet, allein von den Naturwissenschaften verstanden sie nichts, und deshalb konnten sie dem Aberglauben nicht widerstehen. Wie traurig es in dieser Beziehung noch heute bei uns aussieht, das zeigt das Tischrücken und Geisterklopfen, das zeigen auch die millionstel Grane der homöopathischen Arzneimittel. Es sind dieses die traurigen Folgen der einseitigen Richtung, in welcher auf unseren Gymnasien der Mensch künstlich zu einem der Natur entfremdeten Wesen erzogen wird.»

Naturwissenschaft als Zentral-Disziplin eines aufgeklärten Jahrhunderts: Feindin des Mystizismus, des theologischen und philosophischen Dogmas, der Spekulation in der Manier eines Carus und Schelling; Anwältin der Induktion und einer Forschung, die nicht dem Glauben verfällt, es sei möglich, Natur mit Hilfe des Denkens zu konstruieren – der Festredner wird nicht müde, seinen Zuhörern mit wahren Kaskaden rauschender Antinomien den Unterschied zwischen der Wahrheit der Naturforscher und der «Wahrheit» der Philosophen zu illustrieren. «Die tiefe Kluft zwischen Naturforschung und Philosophie wird bei der Unendlichkeit der Natur wohl nie ausgefüllt werden. Der Naturforscher steht seinem wissenschaftlichen Objekt immer als ein Lernender gegenüber, der Philosoph geht dagegen bei seiner Behandlung der Wissenschaft nothwendigerweise von der Überzeugung aus, daß er Einsicht in die größten Tiefen derselben besitzt, daß er die letzten Gründe klar erfaßt hat und aus denselben die Verhältnisse des Einzelnen zu entwickeln im Stande ist. Dieser verschiedene Standpunct erzeugt eine so verschiedene Anschauungsweise, daß häufig ein gegenseitiges Verständnis geradezu unmöglich wird und daß beide verlangen müssen, sie auf ihrem Wege ungestört zu lassen, auf ähnliche Weise, wie der Philosoph vom Theologen verlangen muß, daß er bei seinen Untersuchungen auf das Dogma des letzteren keine Rücksicht zu nehmen habe.»

Zuerst die Emanzipation von der Theologie und dann die Befreiung der Naturwissenschaft von einer inzwischen fessellos gewordenen Philosophie: War an diesem 29. Oktober 1863 jemand dabei – der Botaniker Mohl –, das Werk der Emanzipatoren vom Vormärz zu Ende zu führen, ein Baur redivivus womöglich? Auf den ersten Blick sieht es so aus. Im Verlauf eines nahezu fünfjährigen, mit äußerster Erbitterung geführten Streits (ständig am Rande des offenen Zwists) hatten die verbündeten Mediziner und Naturwissenschaftler erreicht, daß die Botaniker, Zoologen und Chemiker (sie gehörten bis 1863 zur medizinischen Fakultät) zusammen mit den in den philosophischen Bereich integrierten Mathematikern, Physikern und Mineralogen sich zu einer einzigen Fakultät vereinigen konnten. Ein fünfjähriger Kampf, eine der gewichtigsten Debatten, die, unter wissenschaftstheoretischen Aspekten, an der Universität Tübingen geführt worden sind, vergleichbar allenfalls mit den Disputen über den Konflikt zwischen Lehrfreiheit und religiös legitimierten Interessen – den Diskussionen um den Vischerschen Pantheismus oder um das Recht der Katholiken, eigene Lehrstühle für Geschichte und Philosophie zu errichten: Ordinariate an der Grenze von freier Wissenschaft und kirchlichem Lehramt!

Fünf Jahre Kampf, akzentuiert durch dramatische Abstimmungen (mit wechselnder Mehrheit), durch Voten und Sondervoten, durch offene und geheime Bündnisse, durch ständig neue Argumente … und das alles nur – dies war die Ausgangssituation –, weil die medizinische Fakultät den Charakter eines *collegium medicum* behalten wollte, ihre Pfründe also nicht mit jenen Propädeuten zu teilen gedachte (den Botanikern und Chemikern), die ihr zu Unterrichtszwecken nützlich, beim Geldverdienen dagegen hinderlich waren (Honorare für Fakultätsgutachten wurden im allgemeinen geteilt). Und als nun auch noch ein weiterer Paria ins Haus stand, ein zweiter Vertreter jener im neunzehnten Jahrhundert zum naturwissenschaftlichen Zentral-Fach avancierten Disziplin der Chemie, da entschlossen sich die Mediziner zu einem Coup: Wie wäre es, fragten sie sich, wenn man durch die Gründung einer naturwissenschaftlichen Fakultät sowohl den eigenen (eher materiellen) als auch den (durchaus ideellen) Interessen jener Botaniker und Geologen (immerhin lehrte der große Quenstedt in Tübingen!), der Chemiker und Physiker Rechnung trüge, die sich seit langem nach Selbstbestimmung sehnten?

Da allerdings hatten die Mediziner die Rechnung ohne die Philosophen gemacht – ohne jenes wieder einmal zum Bastard gestempelte Gremium der Artisten, in dem die Universität, so die Ärzte, «bekanntlich alle Fächer unterzubringen pflege, die in keine andere Fakultät passen», während man ansonsten an dem «in der Natur der Sache liegenden Grundsatz» festhielte, diejenigen Fächer unter einem Fakultätsdach zu vereinigen, «welche die innigste Verwandtschaft untereinander haben». Im übrigen, um auch das noch zu sagen, gäbe es einen unüberbrückbaren Gegensatz zwischen der *a-priori*-Setzung einer selbstgewissen Philosophie und der induktiven Methode der Naturwissenschaftler. Hier nun freilich wurde es den Philosophen zu bunt. Der Gegensatz, erklärten sie, sei absurd und bestünde bestenfalls in bestimmten wissenschaftlich exakt beschreibbaren Ausnahmesituationen, wäre geschichtlich und nicht kategorial. *Wenn*, im Raum der *universitas litterarum*, getrennt werden müsse, dann allein – dies sei der wahre Gegensatz – zwischen reiner und berufsbezogener Lehre: zwischen dem Unterricht der Mediziner, Juristen, Theologen und dessen propädeutischer Fundierung durch eine Fakultät, die, Theorie und Praxis verbindend (schließlich gehörten, was die Mediziner vergäßen, ja auch Historiker und Philologen in den Kreis der Artisten), nur in ihrer Totalität die Einheit des sich immer weiter aufsplitternden Kanons veranschaulichen könne: den Theologen mit dem Weltbild der Physik, den Mediziner mit dem Kosmos der Philosophie konfrontierend. «Es liegt im Interesse der Wissenschaft, die philosophische Fakultät nicht zu schwächen, sondern in ihrem Stand zu erhalten, ja, sie, wenn es möglich ist, durch die naturgemäße Erweiterung ihres Prinzips zu stärken.»

So wogte der Kampf hin und her, und je länger er währte, desto entschiedener wurden die Standpunkte verschärft und die Okkupations-Tendenzen verallgemeinert. Während die Mediziner anfangs auf die Mathematik großzügig verzichteten – gut, die sei nun einmal spekulativ – und die Artisten geneigt waren, den Medizinern Botanik und Chemie als fachgebundene Propädeutika zu belassen, wollten am Ende beide den totalen Sieg: die einen um der Emanzipation jener Wissenschaften willen, deren praktische, seit langem lebensbeherrschende

Disziplinen der Ergänzung und Befruchtung durch die theoretischen Fächer bedürften (nur so könne die Universität als «Institut mit freieren wissenschaftlichen Tendenzen», den Technischen Hochschulen gegenüber konkurrenzfähig bleiben); die anderen, weil sie erkannten, daß die von den Medizinern angeprangerte These «Bildung ist klassisch-literarischer Natur, die humaniora machen den Menschen zum *homme de lettres*, durch die Entfernung der Mathematik und Physik aus dem Kanon der allgemeinbildenden Fächer verstärkt und nicht abgebaut würde. Zwei Männer waren es (Juristen, Staatswirtschaftler oder gar Theologen?), die, bei der zweiten Endabstimmung im Senat am 11. November 1862, dafür sorgten, daß mit dem Exodus der Naturwissenschaftler *allgemeine* nun erst recht mit *humanistischer Bildung* wesensgleich wurde. Vergebens, am Schluß, der Appell des Senatsreferenten: «Auch den Vertretern der Naturwissenschaften kann es nichts schaden, wenn sie durch die Körperschaft, der sie zunächst angehören, an die höheren geistigen Beziehungen ihrer Disziplin gemahnt werden» – verworfen mit einem Stimmenverhältnis von 15 : 13; verworfen um der Emanzipation einer Wissenschaft willen, die, daran kann nicht der geringste Zweifel sein, aus ihrer Zwitterfunktion befreit werden mußte ... einer Wissenschaft freilich auch, deren berufener Sprecher, Hugo von Mohl, in seiner Festrede zu erwähnen vergaß, wie teuer dieser Emanzipations-Akt erkauft war – erkauft mit der endgültigen Isolation der Grundfakultät (der von nun an, amputiert wie sie war, nichts anderes übrigblieb, als dem Bildungs-Auftrag für die Gesamtuniversität so rasch es ging Valet zu sagen und ihrerseits an Berufsbezogenheit zu gewinnen), erkauft mit dem Verzicht auf das Grundelement wahrer Emanzipation: Skepsis und Distanz. (Wie anders, die Kritik eine unabdingbare Voraussetzung praxisbezogener Wissenschaft nennend, sprach ein Wangenheim, wie anders, von keinerlei Zweifel am Positivismus geplagt, jener Hugo von Mohl, dessen einzige Sorge es war, die Universitäten «könnten hinter der Zeit zurückbleiben»; womit dann die Zeit, das Wachstum, der Fortschritt – die Quantität auf Kosten der Qualität – den Charakter von Größen gewannen, die der Kritik in gleicher Weise enthoben waren wie kurz zuvor die Existenz eines persönlichen Gottes, die Realität des jenseits oder die von der Schöpfung gewollte Ordnung der Völker.)

So betrachtet, endet die mit Baur begonnene Emanzipation der Wissenschaften in Tübingen anno 63 nicht mit einem Triumph – die Gründung der siebenten Fakultät: das Tüpfelchen aufs i –, sondern mit einer Zurücknahme. Aus der Hörigkeit gegenüber der Kirche befreit, gerät die Wissenschaft, mag sie sich auch noch so autonom und unpolitisch gebärden, in den Dienst der Industrie. Während der Klerus behutsamer zu sprechen anfängt (der evangelische jedenfalls; in Rottenburg wird bis ins zwanzigste Jahrhundert hinein der Aufstand geprobt: gegen einen Professor zum Beispiel, Günter hieß er, der es anno 1910 gewagt hatte, in Sachen Heiligenlegenden anderer Meinung zu sein als der Bischof) ... während der Klerus seine Stimme *nolens volens* dämpft (man stelle sich vor, Mohl hätte dreißig Jahre früher geredet, er wäre hinweggefegt worden), beginnt das Kapital um so lauter zu reden.

Hieß das Generalproblem bis zum Beginn des neunzehnten Jahrhunderts «Universität und Kirche», danach, bis zur Mitte der sechziger Jahre, «Universität und Staat», so heißt es von nun an «Universität und Wirtschaft»: Wie, das ist die Kardinalfrage der in der zweiten Jahrhunderthälfte an der Eberhardina wirkenden Katheder-Sozialisten, läßt sich das Proletariat in die bestehende Wirtschaftsstruktur integrieren? Welcher Staats-Eingriffe bedarf es, um die Herrschaft des Kapitals unangetastet zu lassen? Wie muß ein Studiengang aussehen – ein Problem im Zeichen der Großen Industrie mit ihren Trusts und Wirtschaftsverbänden –, den jene Manager absolvieren, deren Spezialkenntnisse die Privatunternehmer bedürfen? Von der Regiminalistik zur Volkswirtschaft; von der Gesteinskunde als einer propädeutischen Disziplin im Rahmen der artistischen Fakultät zur Geologie als einem praxisnahen Fach, auf das der Bergbau angewiesen war; von der «Chymie» als einer medizinischen Hilfswissenschaft zur technischen Chemie, deren Arbeitsweise von der Industrie, unter dem Aspekt der Verwertbarkeit, mitbestimmt wird: Die Tendenz ist offenkundig, die Zeugnisse sprechen für sich.

Die Geschichte der ersten naturwissenschaftlichen Fakultät Deutschlands, der Tübinger, ist die Geschichte einer gelehrten Kongregation, die erfahren mußte, was es bedeutete, nach 1863, nicht «hinter der Zeit zurückzubleiben». Es bedeutete – sofern man nicht bereit war, sich widerstandslos in Dienst nehmen zu lassen – Konflikte an allen Fronten. Konflikte, vor allem, mit jenen mächtigen Lobbies der Industrie, die ihre Forderungen nicht etwa hinter vorgehaltener Hand, sondern in aller Offenheit anmeldeten. Einerlei, ob am Jahrhundertende der «Verband Deutscher Chemiker» sichtbar verärgert konstatiert, die Tübinger Ausbildung der Nachwuchskräfte sei so deplorabel, daß «dieselben nicht mehr den Anforderungen gerecht werden, welche unsere Industrie an ihre wissenschaftlichen Hilfskräfte stellen muß, um ihre Stellung im Weltmarkt zu behaupten»; einerlei, ob die «Deutsche Elektrochemische Gesellschaft», im Februar 1900, wegen der Neubesetzung von Ordinariaten auf dem Feld der anorganischen Chemie vorstellig wird; einerlei, ob die Industrie darauf hinweist, daß sie «die Abnehmerin des größten Teils der Chemie-Studenten an den deutschen Hochschulen» sei und sich in Anbetracht solcher Bedeutung für berechtigt erachte, über die Ausbildungsmethode an der Universität Tübingen mitzubestimmen; einerlei, ob der «Verband Deutscher Chemiker», durch seinen Vertrauensmann, sein *videant consules* formuliert (und dies, 1910, nach gut Mohlscher Manier: «Eine Hochschule, deren Betrieb den Forderungen des modernen Lebens nachhinkt und die Bedürfnisfrage erst dann in den Vordergrund stellt, wenn sie zum Zwange geworden ist, hat den auch hier sich abspielenden Kampf ums Dasein zur rechten Zeit durchzufechten unterlassen»); einerlei wie immer die *pressure-group* hieß («Verband Deutscher Chemiker» oder, 1951, «Phrix»-Gesellschaft: eine Sozietät, die der Universität ein Institut für Faserforschung im Wert von zwei Millionen offerierte) ... der Konflikt war unausweichlich und für die Fakultät vor allem deshalb so mißlich, weil sie ihn nicht mit klarer Marschroute durchstehen konnte. Wäre sie eine Akademie oder Technische Hochschule gewesen, sie hätte die Anträge, diese halb werbenden, halb nötigenden Demarchen (mal augenzwinkernd, mal am Rande der Drohung), entweder, als Akademie, kurzerhand ablehnen oder, als Technische Hochschule, ohne Bedenken annehmen können. Was aber sollte sie tun, wie sich verhalten, da sie nun einmal ein *mixtum compositum* war – eine Ausbildungsstätte, die auf gelehrte «Zünftigkeit» hielt? (Im Jahre 1921 versuchte der Historiker Haller einen Antrag der Staatswissenschaftler, die Universität möge einen Lehrauftrag für technische Vorlesungen billigen, mit Hilfe des «Zunft»-Arguments zu verhindern – vergebens übrigens. Es sei eine nationale Notwendigkeit, replizierten die Staatswissenschaftler, den Studenten Erfahrungen des praktischen Lebens plausibel zu machen.)

Noch einmal: Was sollte sie tun, die naturwissenschaftliche Fakultät mit ihrem Janus-Gesicht, angewiesen auf die Industrie und zu gleicher Zeit, um der Kompensation willen, von rigidestem akademischem Ethos erfüllt, praxisnah und elitär, hochspezialisiert und dennoch, vor allem den Technischen Hochschulen gegenüber (deren Promotions-Berechtigung sie bis zum Aberwitz bekämpfte) auf Allgemeinbildung pochend wie keine andere Fakultät der Eberhardina? Fast scheint es, als seien die Naturwissenschaftler in die Schule der Philosophen gegangen: Wie die Artisten anno 1860 im Kampf mit den Medizinern fürs Studium generale eintraten, so tun es, anno 1880, die Physiker, Chemiker und Mineralogen in ihrer Auseinandersetzung mit dem *clerus minor* der TH: «Einen Doktortitel», heißt es im Entwurf einer Promotionsordnung von 1881, dürfe «nur derjenige fordern, der nicht bloß in ein paar Disziplinen tüchtig, sondern vor allen Dingen ein allgemein durchgebildeter, formell vorzüglich geschulter Mensch» sei. (Schon 1869 plädierte Hugo von Mohl für die Abweisung eines Chemie-Kandidaten wegen «mangelnder Allgemeinbildung»: «Wenn wir Leute, die wie der ungebildetste Handwerker schreiben, zum Doktor promovieren, so fällt ein eigenes Licht auf die Fakultät, in welchem wenigstens ich sie nicht betrachtet sehen möchte.»)

Eine seltsame Argumentation, in der Tat: Da wird von Männern das Hohelied der Allgemeinen Bildung gesungen, die Jahre zuvor das ihrige taten, um eine solche Bildung unmöglich zu machen … unmöglich zumindest für jene Theologen und Rechtswissenschaftler, denen in der Klosterschule so wenig wie in der philosophischen Rumpf-Fakultät ein Physiker das Newtonsche Gravitations-Gesetz analysierte.

Widersprüche überall! Während man sich auf der einen Seite nach wie vor über die Einseitigkeit der klassischen Bildung mokiert, das Griechische als einen «Moloch» bezeichnet, der «die beste Jugendzeit mit wegfressen hilft» und die Studenten «schief im Gehirn und an der Wirbelsäule macht»; während man das Realgymnasium protegiert, um einen «heilsamen Druck» auf die allmächtigen Elite-Schulen im Land auszuüben – weniger Griechisch! Mehr Französisch und Englisch! Weniger Kenntnis der klassischen Sprachen! Mehr Anschauung! Fähigkeit, die Außenwelt zu betrachten! –, kann man sich, anderseits, dort nicht genugtun, den Mangel an klassisch-humanistischer Bildung zu rügen, wo es sich darum handelt, den «literarisch gebildeten» – und damit doktorablen! – Gelehrten gegen den Spezialisten der Technischen Hochschule, mitsamt seiner Realschulbildung, auszuspielen. «Die Atmosphäre der Universität ist von der einer Technischen Hochschule nun einmal sehr verschieden», heißt es 1895, dem Jahr, in dem die Karlsruher und Stuttgarter Anstalten ein eigenes Promotionsrecht verlangen, «das Bildungsniveau ein wesentlich anderes», und darauf allein käme es an – oder wolle man etwa auch noch «tüchtigen Elektrotechnikern, die nicht auf der Universität waren, die Thore zur Promotion öffnen»?

Die Emanzipation der Naturwissenschaften, errungen im Jahrfünft der großen Debatte mit den Philosophen (ein Jammer, daß sich Juristen und Theologen kaum am Disput beteiligten: Ihre Kontra-Argumente hätten Gewicht gehabt!) ... diese Emanzipation, soviel zeigte sich jetzt, hatte mit der Fähigkeit zum Selbstsein (eine Unabdingbarkeit) auch – und das wäre durch eine entschiedenere Gewinn- *und* Verlust-Vorausberechnung vielleicht vermeidbar gewesen – das Spezialistentum so sehr befördert, daß die in ihrem Fachdenken Isolierten zwanzig Jahre nach ihrer vermeintlichen Befreiung aus unorganischen Bindungen nicht einmal mehr reflektierten, wie echo- und zitathaft sie, in der Auseinandersetzung mit den nunmehr ebenfalls um Anerkennung ihrer Eigen-Bedeutung kämpfenden Vertretern der Technischen Hochschulen, auf Argumente zurückgriffen, die einst von den Philosophen (den feindlichen Brüdern also) formuliert worden waren – Argumente, derer sie sich jetzt, um der Abgrenzung von den «Technikern», «Laboranten» und «Kaufleuten» willen, als einer Art von Leih-Ideologie bedienten. «Was unterscheidet», hatte Friedrich Theodor Vischer 1847 gefragt: zu einer Zeit als die Große Synthese von Spekulation und Empirie noch realisierbar erschien (das «sowohl als auch», aus dem dann Hugo von Mohl ein «entweder-oder» werden ließ) ... «was unterscheidet die Hochschule von der Trivialschule? Nicht die größere Ausdehnung des Lehrstoffs, sondern der Geist des allgemeinen Gedankens, die Idee, unter welchen sie allen Stoff befaßt.» Ein halbes Jahrhundert darauf sagten die Naturwissenschaftler dasselbe: genau dreißig Jahre zu spät. (Hätten sie's früher gesagt – es wären Kompromisse denkbar gewesen: Ein eigenes Gremium, dessen Gründung unabdingbar war, und zugleich eine Komplettierung der philosophischen Fakultät durch eine Reihe von Dozenturen im Sinne des alten Quadriviums. Also kein Triumph der endlich Vereinten auf Kosten eines – fürs erste – funktionslosen Torsos!) Im Oktober 1863 waren die Würfel gefallen, der Rubikon war überschritten! Von nun an dominierte nicht mehr das Stift; von nun an herrschten, neben den Kathedersozialisten der staatswirtschaftlichen (anno 1892 in «staatswissenschaftliche» umbenannten) Fakultät, zu denen sich im Sommer 1881, eine eigene Versuchsanstalt einbringend, noch die Forstwirte gesellten ... von nun an herrschten die Naturwissenschaftler und Mediziner – und wie sie herrschten! Wie sie mit ihren Instituten das Stadtbild bestimmten! Wäre Camerarius anno 1880 nach Tübingen heimgekehrt: Er hätte keine Stunde gebraucht, um sich in der alten Polis zwischen Neckar, Schloß und Aula zurechtzufinden: Burse und Stipendium, Sapienz und Kanzlerhaus, alles ganz unverändert – zweihundert Studenten, genauso viel wie zur Zeit der Reformation! Und dagegen nun jene Triumvirn der medizinischen Fakultät, die sich am Ausgang der Herzog-Ära ihrer zwanzig Studenten annahmen: Was hätten die gedacht, angesichts des Prachtbaus der Neuen Aula, mit ihren vierzehn Hörsälen, ihren Büros und ihrem Festsaal, angesichts der

Anatomie, des Krankenhauses hinter der Aula (allesamt in den vierziger Jahren errichtet), und was erst, wenn ihnen ein Cicerone aus wilhelminischer Zeit die Medizinische Klinik, die Institute der Physik und physiologischen Chemie, die gynäkologischen, psychiatrischen und ophthalmologischen Anstalten gezeigt hätte; dazu die Zoologie, dazu ... dazu ... dazu ... ein Riesen-Komplex, der, wohldurchdachten General-Plänen folgend, in einem einzigen Menschenalter konstruiert worden war?

Was hätten sie gedacht, die Sigwart und Ploucquet, mit einem Stadtbild konfrontiert, das sich, zur Reichsgründungszeit, binnen zehn Jahren stärker veränderte als, zwischen 1500 und 1800, während dreier Jahrhunderte? Gab es zu Autenrieths Zeit eine einzige Klinik – ein akademisches Krankenhaus, in dessen wenigen Zimmern den Studenten sämtliche Fälle vorgeführt werden mußten, psychiatrische so gut wie gynäkologische, so fand in der zweiten Jahrhunderthälfte die Fächer-Filiation ihre Entsprechung in einer baulichen Differenzierung, die, unter der Devise «Jedem Fach sein Dach», um 1930 zum Abschluß kam. Kein Zweifel also, daß Sigwart und Ploucquet – ja, auch noch Autenrieth! – sich zur Zeit des großen Booms auf einem anderen Stern geglaubt hätten; kein Zweifel aber auch, daß sie, eingeladen, eine Fakultätssitzung init ihrer Gegenwart zu beehren, sehr schnell in die Realität zurückgekehrt wären: noch immer die alten Fragen und die vertrauten Probleme! Noch immer die Anstände aus Stuttgart, vom Ministerium in der gleichen Manier formuliert wie einst von den höfischen Visitatoren: Der zur Unterbringung hautkranker Personen bestimmte Pavillon der medizinischen Klinik sei in einem Zustand, daß die Patienten im Bett ihren Regenschirm aufspannen müßten. Die Universität möge mitteilen, was sie zu tun gedenke, um den Skandal zu beenden.

Also *doch* das alte Tübingen (hätten Ploucquet und Autenrieth gedacht); noch immer die gleichen Kämpfe wie zu unserer Zeit: Kampf gegen die Lizenzerweiterung der Chirurgen (die letzte Prüfung der Wundärzte und Geburtshelfer zweiter Klasse fand anno 1872 statt), Kampf – noch in den zwanziger Jahren unseres Jahrhunderts – gegen die Konkurrenz der medizinischen Akademien, der Landeshebammenschulen, die sich die Bezeichnung «Staatliche Frauenklinik» anmaßten, und der großen Krankenhäuser, wie dem Stuttgarter Katharinenhospital, mit ihren Forschungs-Abteilungen! Das alte Lied und die vertraute Litanei: Diskussionen zwischen Klinik-Chefs, die, vor Ort mit den diffizilsten Problemen der Thorax-Chirurgie und Narkose-Technik beschäftigt, im Senat wie eh und je als Zunftmeister argumentieren – Zunftmeister, die sich für das Reglement ihrer Innung verantwortlich fühlen. Darum, anno 1922, die Ablehnung des Antrags auf Gründung einer vierten Tübinger Apotheke – die Errichtung der Klinik-Pharmazie, so das Protokoll, werde auf diese Weise erschwert; darum, ein Jahr später, die «ernstliche Prüfung» eines aus dem Kollegenkreis vorgetragenen Monendums: Ob es nicht angezeigt sei, dem Apotheker L. die Lizenz zu entziehen, «da er einen Studierenden vor Tübingen gewarnt» habe; darum – im Juli 1948! – «das einstimmige und geschlossene Votum» der Fakultät, sich gegen die Niederlassung von Fachärzten in der Stadt zu verwahren; darum endlich der Beschluß – ein Vertrag zwischen zwei Zünften –, die Aufträge für die Handwerker künftig exakt zu reglementieren: «Der Vorschlag der Schreiner-Innung, daß nach zehn Särgen der Meister gewechselt werden soll, wird akzeptiert.»

Die Särge! Die Art und Weise, wie ein Toter ins Grab kam – das war für die medizinische Fakultät keine Frage am Rande, sondern noch immer, wie zu Autenrieths Zeit, ein Zentral-Problem. Wenn es ihr nicht gelang, der Bevölkerung und den Politikern plausibel zu machen, daß jede «auf der Anatomie abgelieferte Person» von vertrauenswürdigen Sektions-Dienern beaufsichtigt und vor Schabernack im Stil des Penis-Ulks bewahrt würde; wenn sie sich nicht, weiterhin, dafür verbürgte, daß für jeden Toten eine ordentliche Einzelbeerdigung gewährleistet sei, dann, so stand zu befürchten, würde ihr Klientel, das sogenannte «Sektionsgut», in einer Weise verringert, daß die Unterweisung der Medizin-Studenten nicht mehr garantiert werden konnte, und das um so weniger, als die Magna Charta der Tübinger Anatomie, jenes Gesetz vom 4. Juni 1862, im Laufe der Zeit mehr und mehr in

Mißkredit geriet, in dem es hieß: «Um der Universität in Tübingen jederzeit das für den anatomischen Unterricht erforderliche Material an Leichen zu verschaffen, wird hiermit verfügt: An die öffentlichen anatomischen Anstalten sind die Leichname folgender Personen abzuliefern: 1. der hingerichteten Verbrecher 2. der Selbstmörder 3. aller derjenigen eines natürlichen Todes gestorbenen Personen ohne Unterschied des Alters, bei welchen die Begräbniskosten einer Gemeinde- oder Stiftskasse, einer öffentlichen Armen- oder einer Strafanstalt zur Last fallen würden. Eine Ausnahme von der vorgeschriebenen Einlieferung findet nur dann statt, wenn ein Leichnam nach ärztlichem Ausspruche sich in einem solchen Zustand befindet, daß derselbe nicht ohne Gefahr für den allgemeinen Gesundheitszustand transportiert werden kann.»

Soweit, doch nicht so gut. Schon drei Jahre nach der Publikation des Gesetzes – und dann immer wieder – kam es im Landtag zu einer Debatte über die Frage: Warum müssen ausgerechnet diese drei Gruppen, Verbrecher, Selbstmörder und Arme, auf die Anatomie? Warum nicht die Reichen, da doch die Regierung erklärt, es sei für einen Toten keineswegs entwürdigend, von der Anatomie zu Lehrzwecken verwendet zu werden? Vielleicht, weil sie wissen, die Reichen, daß die Studenten in den Sektionssälen «Theile von Leichnamen stehlen oder sonst in frivoler Weise mißbrauchen»? Weil sie nicht wünschen, die Begüterten, daß man sie, ohne Rücksicht auf die Konfession, in Sammelsärgen *verscharrt*: das evangelische Bein zusammen mit dem katholischen Kopf? (Bemerkung eines Abgeordneten: Diesem Mißstand zumindest ließe sich begegnen: «Durch die Ausscheidung der benutzten Leichname nach Konfessionen wird das Bedenken wegfallen, daß menschliche Überreste ohne Rücksicht auf das bei der Beerdigung zu beachtende Bekenntnis zusammengeworfen werden.» Sollte es aber einmal aus Versehen geschehen, so glaube der Volksvertreter, sich beruhigten Gewissens gesamtchristlichen Hoffnungen hingeben zu können: Denn wenn auch einmal ein Katholik in den Gesamtsarg der Protestanten käme, oder umgekehrt, «so vertraue ich darauf, daß er mit den anderen auferstehen wird».)

Kein Zweifel, daß die Tübinger Universität die inkriminierten Mißstände – Entehrung der Toten bis ins Massengrab hinein – erkannt und, nach Möglichkeit, abgestellt hat; kein Zweifel aber auch, daß ihre Lage, ungeachtet aller Humanisierung des Begräbnis-Rituals, in jenem Augenblick nahezu hoffnungslos wurde, als die Armengesetzgebung von 1873 («Jeder hilfsbedürftige Deutsche hat im Fall seines Ablebens Anspruch auf ein angemessenes Begräbnis») die Anatomie ihres wichtigsten Klientels zu berauben drohte – wichtig schon allein deshalb, weil die Armen, im Unterschied zu den Selbstmördern, nicht vorseziert worden waren. Und dieser Schlag kam ausgerechnet noch in einem Augenblick, als die politischen Gremien daran gingen, nicht nur jene Selbstmörder von der Ablieferungspflicht zu befreien, deren Suizid auf Kummer, Verzweiflung und Elend beruhte, sondern als sie auch die Absurdität zu durchschauen begannen, daß, was im Fall der Armen als Normalvorgang etikettiert wurde, im Fall der Zuchthäusler als strafverschärfendes Element galt: die Einlieferung in die Anatomie. Und trotzdem: Ungeachtet aller Vorstellungen im Parlament, ungeachtet der Sterbekassen und Sozialversicherungen, ungeachtet aller Erlasse, die das Gesetz von 1862 relativierten, blieben die Armen bis in die jüngste Zeit hinein das Haupt-Klientel der Anatomie. Je besser die Zeitumstände, desto geringer ihre Zahl; je größer die Not, desto überfüllter die Anatomie (Man sei «gerne bereit», läßt der Anatom Heidenhain im März 1923 das Stuttgarter Polizeipräsidium wissen, die «Leichen Jugendlicher dem Jugendamt zu überlassen, da infolge der gegenwärtigen Verarmung unseres Volkes sich der Leicheneingang wiederum in außerordentlicher Weise gehoben hat»); je dramatischer das Elend, desto häufiger der Versuch – durch eine Fülle von Angeboten belegt! –, seinen Leib zu verkaufen: sei's um Schulden zu tilgen, sei's um einen Notgroschen für Frau und Kinder zu haben. Aber sooft der Versuch auch unternommen wurde, sich der Anatomie zu verschreiben, einmal vom Opfer selbst, ein anderes Mal von den Angehörigen: Die Universität hat – im Gegensatz zum Ministerium – den Leichenkauf nie akzeptiert. «Es erscheint nicht wünschenswert», teilte der Anatom anno 1901 seiner vorgesetzten Dienststelle mit, «wenn staatliche Institute die weniger bemittelten Volksschichten dazu auffordern, die Leichen der Angehörigen als Handelsware zu verwerten, und daß Universitätsorgane das Land als Agenten des Leichenhandels durchreisen.»

Ein faszinierendes Schauspiel, dieses Pro und Contra im Detail, dieses punktuelle Argumentieren, diese prägnante, oft geistreiche und witzige Beschreibung von Oberflächen-Phänomenen … diese Fähigkeit, das Einzelne (aber nie in seiner Funktion im Rahmen des Ganzen erkannte) exakt und pointiert zu beleuchten und, auf der anderen Seite, das Unvermögen, die Totalität ins Blickfeld zu rücken, Sinnfragen zu stellen, die Aufgabe der Wissenschaft in einer Sozietät zu analysieren, die sich in rapidem Wandel befindet: dieses Starren auf das «Was» und das Verschweigen des «Warum», die Fixierung an die Faktizität und der Mangel an Kritik, Skepsis und theoretischer Vernunft – das Fehlen an Selbstreflexion! Tausend Senats-Sitzungen und kein einziges Mal die Frage nach dem *cui bono* gestellt – die Frage, in wessen Diensten und zu wessen Nutzen man denn eigentlich Wissenschaft treibe: Um ihrer selbst willen? Um nicht hinter der Zeit zurückzubleiben? Um die Bedürfnisse der menschlichen Existenz zu erleichtern?

War man nicht einmal angetreten, vor vierhundert Jahren, um den Brunnen des Lebens zu graben – wäre es also nicht an der Zeit gewesen, die Frage zu stellen, was es bedeutete, im Kaiserreich, angesichts einer zweigeteilten, in Kapital und Arbeit zertrennten Gesellschaft, den Dingen auf den Grund zu gehen? War es wirklich unmöglich, jenes Wozu neu zu bedenken, in dessen Zeichen die Eberhardina anno 1477 gegründet worden war: Die Beschäftigung mit den schönen Künsten und den Wissenschaften – ein Mittel, um das selige Leben zu erlangen? War es absurd, sich einmal – ein einziges Mal! – mit dem Problem der Probleme der Eberhardinischen Gemeinschul zu beschäftigen, das da lautet: Was kann, in aufgeklärter Zeit, nach Baur und Mohl, nach Zeller und Vischer, die Wissenschaft tun, um die vier Worte nicht aus dem Blick zu verlieren, sie vielmehr neu zu bestimmen, die im Zentrum jenes Schreibens stehen, mit dem Graf Eberhard die fromme und gelehrte Jugend eingeladen hatte, nach Tübingen zu kommen: *ad beatam vitam consequendam*?

Die Universität als Garantin eines glücklichen Lebens; die Wissenschaft als Beförderin der Sinnfrage; der gelehrte Betrieb: dienlich, um die Dialektik von Physik und Metaphysik, von Wirklichkeit und Philosophie, von praktischer und theoretischer Vernunft, von entschiedener Bestimmung und nicht minder entschiedener Selbstreflexion zu erkennen – welche Fragen hätten sich da stellen lassen im Horizont der Großen Debatte, die, zwischen 1835 und 1845 in Tübingen an exponierter Stelle geführt, am Jahrhundertende dank jenes rüden Positivismus in Vergessenheit geraten war, der ein Problem aus dem Blick gerückt hatte, um dessen Erhellung es den Emanzipatoren aus der Vormärz-Zeit ging: Das Problem, wie sich das Allgemeine zum Besonderen und das Besondere zum Allgemeinen verhalte.

Ein faszinierendes Schauspiel, in der Tat! Während der Landtag – auf weit höherem theoretischem Niveau als die Universität! – zumindest ansatzweise Grundsatz-Fragen debattiert, also nicht nur Gesetze beschließt, sondern auch die Auswirkungen dieser Gesetze erörtert, ja, die erlassenen Verfügungen sogar im Zeichen des *cui bono* zum Problem erhebt («Warum, wenn es denn keine Schande ist, sich sezieren zu lassen, müssen, neben den gesellschaftlich ohnehin Diskreditierten, den Selbstmördern und den Verbrechern, ausgerechnet die Armen auf den Anatomie-Tisch? Sind Armut, Verzweiflung und Kriminalität also ein und dasselbe?») ... während der Landtag – gewiß kein Philosophen-Gremium also – in parteiischen Diskussionen verdeutlicht, daß Idealität eins und Praxis ein anderes ist, nimmt der Senat, dieser Nicht-Frager *kat'exochen*, das Gegebene als das Wirkliche hin, betreibt, das Allgemeine mit dem Selbstverständlichen identifizierend, Theologie im Zeitalter der Naturwissenschaft (und zwar verkümmerte Theologie: vom Einzelnen, der er selbst werden soll, abstrahierend) und beschränkt sich auf die Analyse des Abgeleiteten und Speziellen. Unbekümmert um die Faktoren, hält er sich an die Fakten, operiert verkürzt und läßt es bei einer Betrachtung der Phänomene bewenden.

Ein faszinierendes Schauspiel, zum letzten Mal: Das Debakel der Philosophie und der Triumph positivistischer Klein-Malerei! Wie strohern sind, um die Jahrhundertwende, die Debatten über das

Selbstverständnis der Alma Mater, wie pedantisch und doktrinär. Nur keine Neuerung, wird da zum tausendsten Male gerufen, nur keine Extraordinarien in den Senat (von den Privatdozenten gar nicht zu reden), nur keine Verschulung (eine Leerformel, die den nicht geführten Disput über das Verhältnis von Bildung und Ausbildung anzeigt), nur keine Veränderung der bewährten Struktur (*bewährt* in keinem Augenblick, um distanzierender Betrachtung willen, in Anführungszeichen gesetzt!). Und wie plastisch wirken, mit jenen Debatten verglichen, die, kaum begonnen, auch schon beendet sind, die Analysen der Details. Da sprechen Männer, die bei Grundsatz-Debatten versagen – uneingedenk der aufklärerischen Trias Skepsis-Zweifel-Kritik –, als erfahrene Praktiker, die ihre Probleme ebenso luzide wie nuanciert zur Darbietung bringen. Wenn es um Zunft-Fragen geht (den Anspruch der Privatdozenten, das Magazin der Universitätsbibliothek betreten zu dürfen, oder das Gesuch eines Gärtners, man möge ihn für pensionsberechtigt erklären – ein Gesuch, das anno 1912 mit der Begründung abgelehnt wird, die Erfahrung habe gezeigt, daß «Angestellte, sowie sie sich in fester Stellung befänden, dem Direktor des Gartens oder Instituts steten Widerstand leisten»); wenn Belange der Gesundheits-Polizei (die Ausweisung einer Prostituierten zum Beispiel) oder Aspekte jener *öffentlichen* Ordnung anstanden, die nach dem Selbstverständnis der stadtbeherrschenden Korporation mit der *universitären* wesensgleich war (anno 1906 monierte der Rektor, daß eine Kompanie mit klingendem Spiel an der Aula vorbeimarschiert und der Vorlesungsbetrieb dadurch empfindlich gestört worden wäre: worauf der Kommandeur unverzüglich versichert: «Singen und Regimentsmusik werden in der Nähe des Universitätsgebäudes fürderhin unterbleiben»), oder wenn sich die Professoren über Leichen-Ordnungen und Relegationen besprechen, über Zweikampf-Fragen (Januar 1881: Soll die Universität am Leichenbegängnis von getöteten Duellanten teilnehmen?) und über das große Fest aus Anlaß der Immatrikulation des zweitausendsten Studenten, anno 1910 (mit oder ohne Italienische Nacht?), wenn sie sich – wieder einmal – über den leidigen Fall der Neglecten auslassen («Ist es uns zumutbar», wird da gefragt, «daß ein

Diener unsere Versäumnis-Einträge auf einem offenen Zettel herumträgt?»), wenn Ordinarien die Frage erörtern, ob es ratsam sei, die Außenfassade der neu gebauten Universitätsbibliothek, anno 1912, mit den Büsten der bedeutendsten Tübinger Hochschullehrer zu schmücken, oder ob man besser täte, ein Dutzend großer Literaten zu bevorzugen: Geistesheroen von Shakespeare bis Uhland und von Homer bis Bismarck (so wird's dann beschlossen) ... kurzum, wenn die Gelehrten in Fakultät und Senat ihre kleinen konkreten Probleme behandeln, die seit Jahrhunderten vertrauten Innungs-Querelen – Fragen des Zeremoniells allen voran –, dann sprechen sie (öfter als man denkt) ironisch und abkürzungsreich; dann genügt eine winzige Abweichung von der traditionsgegebenen Formel, um die eigene Meinung erkennen zu lassen: deutlicher als durch eine mit Ausrufungszeichen gespickte Erklärung. (Im kleinen Kreis, wo jedermann das gleiche Vorwissen hat, genügen Arabesken als Verständigungsmittel.) Manchmal könnte man meinen, hier seien keine Wissenschaftler am Werk (Wissenschaftler, denen das Problem am Herzen liegt: Was kann die Universität tun, um eine technifizierte Gesellschaft wieder zu vermenschlichen?), sondern hier arbeiteten Künstler an Miniaturen – eine so reizvoll wie die andere! –, deren einzige Aufgabe es sei, über dem pittoresken Detail ein sich mehr und mehr verdunkelndes Gesamt vergessen zu lassen.

Es gibt Diktate, heißt die Devise, denen sich die Wissenschaft nun einmal nicht entziehen kann: das Diktat der Zeit, das Diktat des Fortschritts und das Diktat des Gesetzes. Unsere Aufgabe ist es allein, diese Diktate *so* durchzuführen, daß sie, durch ihre humane Praktizierung im Detail, auch *in toto* als legitim und vernünftig erscheinen. Warum sich also Gesetzen verschließen, die, scheinbar freundlich, sinnvoll und rational durchführbar sind? Hier gilt es nicht, eine Wirklichkeit, die nun einmal so ist, wie sie ist – heute so und morgen so (auf jeden Fall jedoch, dank des Fortschritts der Technik, in steter Entwicklung begriffen) –, in Frage zu stellen, hier kommt es viel mehr darauf an, diese Realität, in deren Dienst – immer auf der Höhe der Zeit! – die Wissenschaft steht, so sachgerecht, so *human* und rational wie möglich zu akzentuieren; in einer Weise zum Beispiel, daß das Problem der Sterilisierung erbkranker Personen, das anno 1934 dem Rektoramt vorgelegt wird, als ein Fall erscheint, der so normal wie jeder andere ist: Ein Alltagsfall, zu dessen Lösung es lediglich der entsprechenden organisatorischen Maßnahmen bedürfe.

«Durch die Zunahme der eugenischen Sterilisierung», schreibt, im Juli 1934, der Direktor der Universitätsfrauenklinik, «ist die Platznot unerträglich geworden. Nicht wenige der vom Erbgesundheitsgericht zur Sterilisierung zugewiesenen Kranken sind hochgradig schwachsinnig, andere heiter erregt. Beide Gruppen eignen sich nicht zur Unterbringung in den Krankensälen, sei es, daß sie dort bespöttelt werden oder daß die anderen Kranken das Zusammensein mit ihnen in gemeinsamen Räumen ablehnen. Diese Ablehnung ist durchaus verständlich, wenn man bedenkt, daß manche der zu Sterilisierenden überaus unruhig sind, während andere, die zum Beispiel mit Stuhl und Urin um sich werfen, durch Unsauberkeit auf ihre Umgebung ekelerregend wirken. Neben den genannten Mißständen hat die gemeinsame Unterbringung von Erbkranken und gynäkologisch Kranken noch einen anderen Nachteil. Ärzte und Schwestern sind nach dem Gesetz zum Schweigen verpflichtet; dieses Schweigen wird aber durch die Zimmergenossinnen der Erbkranken ganz illusorisch, die das Erlebte zu Hause erzählen und damit das Ansehen der Sterilisierten und deren Familie schädigen. Darum halte ich mich für verpflichtet, um möglichst baldige Abhilfe zu bitten. Diese ist nur möglich, wenn die Frauenklinik so erweitert wird, daß eine geschlossene Sterilisierungsabteilung errichtet werden kann. Die Einrichtung einer solchen Abteilung ist man der Frauenklinik, den Erbgesunden und den Erbkranken sowie dem Ansehen des Gesetzes in der Öffentlichkeit im gleichen Maß schuldig.»

Kein Wort über die Problematik der Sterilisierung! Kein Wort über den Aspekt «Arzt und Moral»! Kein Wort über die Frage einer möglichen Grenzziehung zwischen «krank» und «gesund». Prämissen werden nicht diskutiert; Grundsatzfragen passen nicht in den Senat; das *cui bono* gehört ohnehin in die Domäne der Politik; wissenschaftstheoretische Erörterungen haben in der Universität nichts zu suchen – und politisch-soziale erst recht nicht!

Sterilisierung ist ein Raum-Problem, und nichts weiter. Gelingt es, der Platznot ein Ende zu machen, dann ist die Ordnung wieder in ihre Rechte gesetzt und mit der Ordnung auch die Humanität; dann hat, dank der karitativen Organisation im Detail, das Sterilisations-Gesetz (in gleicher Weise wie einst der Leichen-Erlaß) seine Vernunft-Probe bestanden und ist, niemanden beunruhigend, zu einer Angelegenheit geworden, die, als Fall unter Fällen, so plastisch zu veranschaulichen ist wie ein Ehrenhandel oder ein Privilegierten-Zwist. («Ein mit der Sterilisierung seiner Tochter offenbar wenig einverstandener Vater kam in der üblichen, nicht zu beanstandenden Besuchszeit auf den Krankensaal, um seine frisch operierte Tochter unter Androhung von Waffengewalt mitzunehmen.»)

Wie hatte Hugo von Mohl, während der Inaugurations-Feier am 29. Oktober 1863, gesagt: «Die Richter, welche die bösen Geister aus Kranken austrieben, waren in den Sprachen, in den Wissenschaften und in der Philosophie des Altertums oft gar wohl unterrichtet, allein von den Naturwissenschaften verstanden sie nichts, und deshalb konnten sie dem Aberglauben nicht widerstehen.»

Aber Hugo von Mohl war im Irrtum. Es gibt, das zeigt in Tübingen nicht nur der Disput um die Gründung der Erbklinik, auch eine Verbindung von Rationalität und Verblendung: von Hexenwahn und Naturwissenschaft, von Logik und Götzenkult, von technizistischer Verwaltung und einer Ideologie, die, mit Mohl zu sprechen, dem krassesten Aberglauben jener Richter nicht nachsteht, «welche die Hexen zum Feuer-Thode verurtheilten».

12. Kapitel

Den Vorhang zu und alle Fragen offen

Tübingen im 20. Jahrhundert: Der Nationalsozialismus und seine sehr langen Wurzeln – Demokratie und angestammtes Herrscherhaus: Ungleichzeitigkeiten in der Epoche von Weimar – Kontinuität im Dritten Reich? – «Unter sich sein» als zeitüberdauernde Formel – Wirklich ein Neubeginn? – Der Streit um die épuration – Alles beim alten oder Aufbruch zu neuen Ufern?

«Bedenkt man, wie sich seit Beginn des Weltkriegs und zumal seit den Tagen der November-Revolution ein Strom jüdischer Einwanderer aus dem Osten nach Deutschland ergoß, wie der spezifisch jüdische Geist nicht nur in unsere Wirtschaft, sondern in Wissenschaft und Kunst, ja in unser ganzes öffentliches Leben mehr und mehr eindrang, so muß man das Vorgehen der deutschen Regierung als einen pflichtmäßigen Akt christlich germanischer Selbstbehauptung verstehen. Insofern mit der Niederringung des jüdischen Einflusses auch die kommunistisch-bolschewistische Weltanschauung in ihren begabtesten Trägern getroffen wurde, entsprach dieser politische Antisemitismus zweifellos auch gemeinchristlichen und kirchlichen Lebensinteressen.»

Das sind nicht Thesen eines Anonymus, hier biedert sich, 1933, kein Privatdozent bei den neuen Machthabern an: einer, dem jedes Mittel recht ist, das geeignet sein könnte, ihm zu einem Ordinariat zu verhelfen, hier spricht ein Meister seines Fachs, Tübingens berühmtester katholischer Theologe – ein Mann, der, ungeachtet seiner nationalen Gesinnung, ein paar Monate später, während einer Demonstration, von nationalsozialistischen Studenten als *Subjekt* und *schwarzes Mistvieh* öffentlich gedemütigt werden wird.

Hier geht es nicht um den Fall eines einzelnen Mannes, eines Christen, der, anno 33, Adolf Hitler in biblisch-entzückter Rede beschwor («Aus dem Süden, aus dem katholischen [!] Süden kam er, aber wir kannten ihn nicht. Aber es kam die Stunde, da wir ihn sahen, und nunmehr steht er vor uns als der, den die Stimmen unserer Dichter gerufen, als der Befreier des deutschen Genius, der die Binden von unseren Augen nahm und uns das eine Wesenhafte sehen und lieben ließ: unsere bluthafte Einheit, unser deutsches Selbst, den homo Germanus»); hier geht es nicht um einen Theologen A. oder B., sondern exemplarisch um das illustre Mitglied einer Universität, deren Professoren – von einer winzigen Minorität abgesehen (ganze zwei Prozent wurden in Tübingen anno 33 entlassen, derer dreißig in Berlin und in Frankfurt) – als eine nahezu geschlossene Phalanx auftraten: national gesinnt, gedemütigt durch die Niederlage von 1918, antisemitisch, voll Verachtung gegenüber der Weimarer Republik – dem roten Preußen voran mitsamt seiner demokratischen Hochschulreform –, den Bolschewismus als Inkarnation des Satans betrachtend. Eine Phalanx, die Begriffe wie «Demokratie» und «Demokratisierung» mit «Ausdruck eines verderblichen Zeitgeists» umschrieb und Reformen, zumal wenn sie von Berlin ausgingen, von vornherein für abwegig erklärten.

Die Attacken, die man in Tübingen anno 1932 im Rahmen einer wohlorganisierten Kampagne gegen Paul Tillichs Essay *Gibt es noch eine Universität?* ritt, zeigen mit gebotener Deutlichkeit an, was man hierzulande von republikanischer Hochschulreform hielt.

Und dabei – dies ist der entscheidende Punkt – waren sie keine Nationalsozialisten, diese Tübinger Professoren, die in den zwanziger Jahren das ihrige taten, um die Treibjagd auf die *Roten* und *Juden* und *Demokraten* zu unterstützen: keine Männer, die, wie die Studenten, sich schon vor 1933 in ihrer Mehrheit zum Faschismus bekannten, sondern Deutschnationale waren, kaisertreue Gelehrte, Anwälte des Obrigkeitsstaats und Vertreter von Recht und Ordnung, die ihre Spielregeln hatten – Regeln, die so selbstverständlich waren, daß sie nicht eigens definiert werden mußten. («Kanzler H. führt an, in Tübingen habe man das Judenproblem dadurch gelöst, daß man nie darüber gesprochen habe.») Man wußte, wer zu einem paßte – und wer nicht: «Professor E.», heißt es anno 1931 in einem Kanzlerbericht, «ist überzeugter Jude und trägt ausgesprochen semitische Züge, wozu auch die

Neigung zum Geistreichseinwollen gehört: als solcher paßt er nicht recht ins Tübinger Milieu – eine Anzahl von Kollegen würde Erleichterung empfinden, wenn der Kelch an ihnen vorüberginge.»

Die Guten ins Töpfchen, die Schlechten ins Kröpfchen: Gut war der Student Bendel, der auf ein Plakat der sozialistischen Studentengruppe hinter den Namen des Redners, Heymann hieß er und war Kultusminister, das Wort *Judenlump* geschrieben hatte (ein Wort, mit dem er, wie er zu seiner Verteidigung bemerkte, nicht den Minister, sondern «nur den Juden habe treffen wollen») und dafür, da seine «nationale Gesinnung» als Entschuldigungsgrund galt, mit einer Wegweisung auf sechs Monate bestraft wurde, unter der ausdrücklichen Hinzufügung, daß er, am 3. Juli verurteilt, im kommenden Semester sein Studium wiederaufnehmen dürfe – womit die Verweisung die Bedeutung einer Farce gewann! *Böse* hingegen war der Student Werner Klimpt, weil er sich erdreistet hatte, ohne vorherige Anzeige beim Rektor den kommunistischen Reichstagsabgeordneten Dr. Rosenberg zu einem Referat («Ist die akademische Freiheit in Gefahr?») einzuladen. Er wurde deshalb auf zwei Jahre relegiert.

Und was für die Studenten galt, hatte in gleicher Weise Gültigkeit auch für die Professoren: *Gut* war, erzkonservativ, antirepublikanisch und deutschnational, der Historiker Haller, dessen Auszeichnung der Dekan der Philosophischen Fakultät im Jahre 1940 vor allem mit dem Argument begründete, Haller sei einer der wenigen Professoren gewesen, die es gewagt hätten, im Juli 1933 ihren Namen unter einen Aufruf zu setzen, der zur Wahl der Nationalsozialisten aufforderte. *Böse* hingegen war – der einzige Linke unter den Lehrern der Eberhardina – jener Nationalökonom Wilbrandt, der sich isolierte, weil er einen Tübinger Vortrag des Heidelberger Pazifisten Gumbel über das deutsch-französische Verhältnis besucht und sich bemüht hatte, trotz eines von nationalen Studenten inszenierten Skandals, den Redner ungehindert sprechen zu lassen. (Man hatte ohnehin in ein *Gasthaus* ausweichen müssen, ein Vortrag in der *Universität* wäre für den Mann, der dank seines Diktums «Die Toten des Weltkriegs sind auf dem Felde der Unehre gefallen» bei der Rechten als vogelfrei galt, unmöglich gewesen.)

Tübingen in der Weimarer Republik: Das war eine Stadt, die noch immer im Kaiserreich lebte. Stehend hatte der Senat in seiner Sitzung vom 2. Dezember 1918 die Abdankung des Königs zur Kenntnis genommen und «mit tiefer Bewegung» erklärt, welch herben Schmerz es ihm bereite, «in Eurer Königlichen Hoheit nicht mehr unsern allergnädigsten König und Herrn sehen zu dürfen».

Hatte man 1789 im Stift noch *Vive la République* und, zur Zeit der bürgerlichen Revolution, beim großen Fackelzug zu Uhlands Ehren, noch *Pereat Rectori* gerufen, «Schluß mit der Diktatur», so war von derlei republikanischer Emphase (den einen Wilbrandt und ein kleines Häuflein sozialistischer Studenten ausgenommen) im Reich von Weimar keine Rede mehr ... wie wenig, das zeigt, kurz vor der Vierhundertfünfzigjahrfeier der Eberhardina, ein knapp gehaltenes Schreiben, in dem der Rektor, auf die wahren Verhältnisse im Lande verweisend – wem Verehrung gebühre und wem, im günstigsten Fall, karger Respekt –, seiner Regierung wie der Protokollchef eines Herrscherhauses gegenübertritt. «Bei dem Stiftskirchenakt», heißt es in einer Note ans Kultusministerium, «sind Mitglieder der Königlichen Familie anwesend. Diese werden von der Alten Aula aus den Festzug ansehen und sich dann auf dem kurzen Weg auf der Rückseite der Kirche durch einen eigenen Eingang in den Prinzenstand begeben. Wir selber, einschließlich des Herrn Staatspräsidenten, versammeln uns aus dem Festzug heraus vor der Alten Aula. Rektor und Kanzler werden sich für eine kurze Begrüßung der Königlichen Familie in das erste Stockwerk der Aula begeben. Ich erlaube mir, diese Sachlage darzulegen und anzufragen, ob der Herr Staatspräsident den Wunsch hat, eine Gelegenheit zur Begrüßung der Königlichen Familie zu haben. Sie wäre gegeben. Jedenfalls würde erst nach dem Anmarsch des kleinen Kirchenfestzugs, an welchem wir von den Behörden nur den Herrn Staatspräsidenten bitten würden teilzunehmen, die Königliche Familie auf ihren Platz in der Kirche geleitet werden, so daß eine Zufallsbegegnung ausgeschlossen ist.»

Tübingen im Jahr 1927: Die Universität feiert, die Königliche Familie sitzt wie eh und je in der Loge, und der Staatspräsident trottet im

Festzug einher; die einen, um die sich alles dreht, sehen von oben (aus der *bel-étage* der Alten Aula) auf den Festzug herab, «begeben sich» und «werden geleitet», die andern hingegen («einschließlich des Herrn Staatspräsidenten») «marschieren»; die einen, die Reinen und Feinen, thronen, privatissime zu ihren Plätzen geführt, wie eh und je im Prinzenstand, die andern ziehen *in corpore* ein ... fürwahr, die Sprache bringt es an den Tag, eine demokratische Zeremonie besonderer Art!

Kein Wunder, bei alledem, daß die überwältigende Majorität der Eberhardina weder eine Reichsgründungsfeier (der 18. Januar wurde in der Republik als *dies academicus* festlich begangen), noch einen Langemarck-Tag oder ein Sonnwendfest vorbeigehen ließ, ohne den Staat von Weimar, dieses *Zufalls-Gebilde einer Steckrüben-Revolution*, zu verhöhnen, wo immer es ging, daß man den Vorschlag, die Universität in die demokratische Gesellschaft zu integrieren – Betonung der Praxisnähe, Kooperation mit Volkshochschulen, Abbau hierarchischer Elemente (Konversation statt der systematischen Vorlesung: wie hatten die Zeller und Uhland und Köstlin einst für eine Dialogisierung der Unterrichtsweise gekämpft!) ... daß man ein solches Ansinnen von vornherein als indiskutabel etikettierte: ein sozialistischer Eingriff in die Lehrfreiheit und die verbrieften Rechte der universitären Oligarchie!

Republik: Das war für den Senat der Eberhardina Herrschaft der Plebs, war Machtübernahme jener roten Ideologen, denen bereits in den sechziger Jahren des neunzehnten Jahrhunderts die Animosität einer konservativen Majorität galt, die einen Historiker – er hieß Wuttke und sollte, einem Sondervotum entsprechend, hinter Jacob Burckhardt *tertio loco* eingestuft werden – mit der Bemerkung abtat: Während «die Stellung des Vorgeschlagenen zu den Collegen gleich null» sei, suche er «seine Position in den Lassalleanischen Arbeitervereinen: wobei sich, in seinem Parteistandpunkt, eine ganz maßlose Leidenschaft» manifestiere. Wuttke, dessen Qualifikation sich einzig und allein aus seinem Redner-Talent ergebe, sei «ein roter Demokrat»! (Zwanzig Jahre später, der Anti-Sozialismus hatte mittlerweise Tradition und Methode gewonnen, wurde einem Breslauer Mathematikstudenten, der in Schlesien wegen eines Vergehens gegen das Sozialistengesetz zu einem Jahr Gefängnis und Entfernung von der Universität verurteilt worden war, die Promotion in Tübingen mit folgender Begründung verweigert: «Da die dem akademischen Kanzleramt vom König erteilte Vollmacht, die venia zu erteilen oder zu versagen, vorzugsweise die Wahrung des neben der wissenschaftlichen Befähigung in Betracht kommenden staatlichen und moralischen Gesichtspunkts zum Zweck hat, so werde ich im vorliegenden Fall nicht umhin können, die venia zu versagen.»)

Und noch einmal und immer wieder! – *die Guten ins Töpfchen, die Bösen ins Kröpfchen.* Die *Guten*: Das waren die Deutschen (die Kriegsteilnehmer voran: Frontkämpfer wurden bei Berufungen mit Nachdruck bevorzugt: Sie seien, hieß es, die geeignetsten Pädagogen); die *Bösen*: das waren die Fremden. (Protokoll-Notiz von 1925: «Die naturwissenschaftliche Fakultät bemerkt, daß sie zwei Mathematiker von größter internationaler Bedeutung, Ostrowski und Szegö, deshalb nicht nennen mag, weil beide nicht deutscher Abstammung sind.») Wie sich da eins zum andern fügt: wie, anno 1918, in einem auswärtigen Gutachten ein Biologe namens Capek («trotz seines böhmischen Namens ein Deutschböhme von ausgesprochen deutschnationaler Gesinnung und auch öffentlich so hervorgetreten») gegen einen Bewerber ausgespielt wird, der – nomen est omen – Nathanson hieß: «Zu Nathanson kann ich nicht raten, da er sich nicht leicht in eine andauernde geregelte amtliche Tätigkeit hineinfinden wird.»

Wie da selbst die Berufung eines Mannes vom Rang Jacob Burckhardts – vier Jahre vor der Reichsgründung! – mit dem Argument verworfen wurde, daß er Schweizer sei, nicht mehr jung genug, um zum Deutschen zu werden. («Er kann das nicht haben», so das Votum der Fakultät, «was bei einem deutschen Geschichtslehrer unentbehrlich ist, das deutsche Bewußtsein.»)

Und ein letztes Mal, in neuer Variation, *die Guten ins Töpfchen, die Schlechten ins Kröpfchen*: Nicht nur die Ausländer, nicht nur die Juden (es sei denn, sie hätten, wie es 1930 über einen Althistoriker heißt, «nichts von semitischem Wesen», seien «der Gesinnung nach Christ» und dazu «im Kriege bewährt»), selbst die Katholiken galten, hier und dort, als suspekt, die Konvertiten voran: «Wie ein solcher Mann», ließ im Mai 1930 der Kanzler, die Berufung eines zum Katholizismus übergetretenen Germanisten betreffend, das Ministerium wissen, «einem Lessing, Herder, Schiller, Goethe gerecht werden soll und worauf die Hoffnung beruht, daß in die Vorlesungen über Aufklärung, Klassik und Realismus keine Einseitigkeit hineingetragen wird, ist im Senatsbericht mit keinem Wort angedeutet worden. Ich bin der ganz entschiedenen Meinung, daß der gegenwärtig so stark vordringenden katholischen Propaganda in diesem Punkt nicht Vorschub geleistet werden sollte.»

Aversion gegenüber den Fremden; Angst vor den Roten; Mißachtung der Juden; Kampf gegen die Zerstörer des deutsch-protestantischen Erbes: Kein Wunder, daß es einer derart unison politisierten Universität gelang, den Übergang vom Kaiserreich zur Diktatur (die Republik hatte in Tübingen nicht stattgefunden) nahezu bruchlos zu vollziehen.

Der Rektor blieb im Amt; der eingesetzte Staatskommissar brauchte nur ein paar Monate lang tätig zu sein; die Willkür-Akte und spontanen Aktionen der ersten Monate legten sich schnell; selbst die Auseinandersetzung zwischen dem Reichsbischof und der von der Ersten Fakultät unterstützten Evangelischen Landeskirche hatte eher den Charakter eines weltlich-juristischen Interessen-Austrags an der Peripherie als die Bedeutung eines Aufstands von entschiedenen, dem neuen Regime prinzipiell feindlich gesinnten Männern. Pfarrern, die entschlossen waren, Brücken abzubrechen statt von Kontinuitäten zu sprechen. Die wahren Bekenner im Lande wurden von lutherischem Ingrimm ergriffen, als sie mitansehen mußten, wie da zwei Gruppen deutscher Christen, eine radikale und eine eher behutsame (beide strikt führertreu, antiliberal und antisozialistisch gesonnen), sich über Partial-Probleme auf dem Felde der Kirchenordnung zerstritten. «Man kann es ja den lieben Studenten nicht wehren», schrieb damals eine im Zeichen des Barmer Bekenntnisses gemeinte Gruppe württembergischer Geistlicher, «daß sie Sprechchöre bilden und mit Luther- und

Horst-Wessel-Lied für ‹unsere Sache› demonstrieren, aber kirchlicherseits sollte man darüber aufs höchste erschrecken und an den unsauberen Geist denken, der mit sieben anderen ärgeren Geistern in sein Haus zurückkehrt. Da hat man nicht nur die Methode, sondern auch die Sache vom Gegner übernommen.»

Tübingen im Dritten Reich: Alles war anders geworden als es, ein halbes Jahrtausend lang, gewesen war. Der Rektor als Führer der Universität, die Dekane vom Rektor ernannt, die Rechtsfähigkeit der Hochschule, zehn Jahre später, mit einem Federstrich eliminiert; die Fakultäten in Räte verwandelt, denen es verboten war, Beschlüsse zu fassen (Eintragung in einer Fakultätsakte: «Durch das Führerprinzip und die Aufhebung des Stimm- und Beschlußrechts der Fakultät ist das Protokoll seines rechtlichen und integrierenden Charakters entkleidet. Es ist lediglich Gedächtnisstütze»), die Reihenfolge der Fakultäten auf den Kopf gestellt («Die Rangordnung», bestimmt ein Erlaß vom Juni 1939, könne «nur sachlich, durch den Aufbau der Wissenschaft, bestimmt sein»): Die Naturwissenschaftler an der Spitze und die Theologen am Ende des Zugs! Die Berufungslisten der Universität: unter politischen Aspekten verändert, akzeptiert, nicht zur Kenntnis genommen – ganz wie es dem Minister gefiel! Der Dozentenführer als General-Inquisitor: berufen, über die Gesinnung seiner Kollegen Bericht zu erstatten. («Ich stimme den Vorwürfen gegen den Dozenten Dr. Carlo Schmid nicht bei» – ein Rapport des nationalsozialistischen Glaubensanwalts vom November 1941 –, «wenn sie so weit gehen, ihn als aktiven Staatsfeind zu betrachten. Schmid hat den ganzen Weltkrieg mitgemacht, hat auch nachher seine nationale Gesinnung bekundet, und man kann ihm nicht vorwerfen, er habe sie heute verleugnet. Auf der anderen Seite aber geht seine Art des Kritisierens vom Standpunkt des ‹geistig Überlegenen› aus. Diese seine geistige und kulturelle ‹Überlegenheit› ist nicht so groß, wie sie harmlosen Gemütern erscheint, die denn auch tief von ihm beeindruckt zu sein pflegen. Sie ist aber groß genug, um doch den einen oder anderen Tropfen Gift, den einen oder anderen Schatten der Entidealisierung auf junge Studenten zu werfen. Mag er bleiben und weiter treiben, was er ist und was er tut – eine größere Verantwortung sollte er nicht erhalten.»)

Alles, nochmals, war anders geworden: Den Juden wurde der Doktortitel entzogen, Professoren, die sich nicht von ihrer als «nichtarisch» etikettierten Frau trennen wollten, sahen sich von einem Tag zum andern pensioniert. («Wir haben das mit Erstaunen zur Kenntnis genommen», teilte die betroffene Fakultät mit – wobei sie offenließ, was sie denn nun eigentlich in Erstaunen versetzte: der Pensionierungs-Ukas der vorgesetzten Behörde oder die Tatsache, daß man sie bei der Entscheidung übergangen hatte.) Alles verändert, alles umstrukturiert: Die Rassenforschung zur Zentral-Disziplin avanciert; die Wehrkunde zum Studium generale erkoren; die Urgeschichte an die Stelle der Gottesgelehrtheit gerückt; die Studienpläne von Grund auf «erneuert» («Es versteht sich von selbst, daß für alle Germanisten» – ein Erlaß von 1934 – «die Prüfung aus dem Schrifttum der sogenannten ‹jungdeutschen Bewegung› künftig wegfällt»); die «Erforschung der Auswirkung des jüdischen Geistes im deutschen Schrifttum» zum Thema Nummer eins der Germanistik erklärt!

Und in einer solchen Situation – das ist der entscheidende Punkt – sprach die Universität von – Kontinuität: «Die Übergabe des Rektoramts», erklärte im Dezember 1933, nach dem feierlichen Einzug im Talar, der scheidende Führer der Eberhardina vor den Vertretern von Partei und Staat, den Kollegen und den Studenten, «die Übergabe des Rektoramts soll einer schlichten Feierlichkeit nicht entbehren und darum zum Ausdruck bringen, daß die neue Verfassung keinen Riß in der nahezu fünfhundertjährigen Geschichte unserer Universität bedeutet, vielmehr eine den Anforderungen der Zeit entsprechende organische Fortsetzung darstellt.»

1918: Das war für die Mehrzahl der Tübinger Professoren politisch ein Bruch gewesen; 1933 ging es dagegen nur um die Neuakzentuierung einer bewährten Tradition – einer Tradition, wohlgemerkt, zu der sich die Senats-Majorität, wie die Zeugnisse zeigen, ohne Rückhalt bekannte. Kein Wunder also, daß die Mehrheit der Dozentenschaft dreizehn Jahre lang nur ein einziges Problem hatte. Was können wir tun, um das, was im Prinzip unseren eigenen Intentionen entspricht, vor exzessiver und spontaner Verzerrung zu schützen? Wie können wir den lauteren Grundsatz vor einer Praxis bewahren, die ihn pervertiert? Wie können wir das große Bekenntnis mit der kleinen Warnung, die Zustimmung mit der Einschränkung verbinden? (Der gleiche Theologe, der den Kampf gegen das Judentum mit dem Kampf gegen den Bolschewismus identifizierte und diesen Doppelstreit als Dienst an kirchlichen Lebensinteressen interpretierte, wechselte, an der Grenze von Theorie und Praxis, die Perspektive: «Anderseits», heißt es, 1933 publiziert, in der Studie *Deutsches Volkstum und katholisches Christentum*, «wird es immer gerade das christliche Gewissen sein, welches bei der *Durchführung* der staatlichen Verordnungen auf Gerechtigkeit und Liebe dringt und es grundsätzlich ablehnt, mit der national-politischen Abwehr des Judentums eine Verfemung der jüdischen Eigenart zu verbinden.»)

Die Eberhardina im Dritten Reich: Das ist eine Universität, die sich konsequent weigerte, die Realität des Nationalsozialismus als Inkarnation einer Idee zu begreifen, zu deren Wesen es gehörte, sich in solcher – und keiner anderen! – Praxis zu realisieren. Die Eberhardina zwischen 1933 und 1945 ist eine Hochschule, die daran glaubt, es sei möglich, die *Vernunft der Idee* (möge sie nun *Volksgemeinschaft* heißen, *Elite-Herrschaft* oder *Führerprinzip*) durch eine Humanisierung der vermeintlich entarteten Praxis zu restituieren, um auf diese Weise die Kluft zwischen dem großen *Ja* zum Allgemeinen und dem kleinen, das Spezielle betreffende *Allerdings* zu verringern. (Das große *Ja*: das ist, in der Sprache des württembergischen Landesbischofs, die «dankbare Bejahung des klaren, die ganze Welt warnenden Worts des Führers gegenüber dem Bolschewismus»; das kleine *allerdings* ist, verräterisch genug formuliert, die «Befürchtung», daß durch die Angriffe auf die christliche Kirche der «destruktiven und alle bisherigen Werte umstürzenden asiatischen Weltanschauung Vorschub geleistet wird».)

Die Universität Tübingen im Zeichen des Nationalsozialismus – das heißt nicht: Terror, Massen-Exodus und Brutalität auf offener Straße. Es heißt: Anpassung, Arrangement und Kompromiß im Detail. Ein Verzicht von seiten der Herrschenden auf Provokationen im Stil der Röhmschen SA, und schon ist die Universität bereit, das Verlangte zu geben; und das um so bereitwilliger, als die Praxis hier scheinbar bewies, daß es trotz allem möglich sei, das Programm, die Restitution der Idee, zumindest ansatzweise zu verwirklichen, den Antisemitismus also durch ein interdisziplinäres Forschungs-Projekt gleichsam zu «verwissenschaftlichen» und die eugenische Sterilisation organisatorisch zu «humanisieren».

Die Eberhardina im Dritten Reich: Das heißt alltäglicher Faschismus, heißt Übereinstimmung der Ideologie und «Korrektheit» in der Wissenschaft (der Studentenführer, ein nationalsozialistischer Poet namens Schumann, wird zur Ordnung gerufen, weil er geglaubt hatte, die rechte politische Gesinnung verbürge eine bequeme Dissertation), heißt zugleich Wahrung der «Volksgemeinschaft» und Hebung des Leistungs-Niveaus («Es muß deshalb vor allen Dingen erreicht werden, daß die Heranziehung der Studenten zu Veranstaltungen des Staats und der Partei während der Arbeitszeit auf diejenigen Fälle beschränkt bleibt, in denen auch die Angestellten und Arbeiter herangezogen werden»), heißt Intensivierung des Studiums zum Zweck der Kriegs-Vorbereitung.

Alltäglicher Faschismus heißt: Kooperation unter Deutschnationalen (mit oder ohne Parteibuch) und Distanz gegenüber den Nazis – den «Zweihundertprozentigen à la Carl Schmitt», auf deren Protektion man freilich angewiesen bleibt, sobald es gilt, Karriere zu machen. «M.», heißt es, in der Beantwortung einer Tübinger Anfrage, aus der Feder Otto Koellreutters, «gehört an sich nicht zur Carl Schmitt Schule. CS hat ihn seinerzeit aufgefordert, in seiner Sammlung zu schreiben, und M. fragte mich, was er machen solle. Ich habe ihm natürlich stark zugeraten. Denn solange uns Carl Schmitt-Dorotic als ‹amtlicher› Nationalsozialist der Rechtsfront vorgesetzt wird, der mit allen Mitteln arbeitet, können ja junge Menschen nicht gegen den Stachel löcken. M. versucht in seinen Schriften, nicht immer ganz glücklich, aber ehrlich überzeugt, eine goldene Mitte zu halten.»

… versucht, nicht immer ganz glücklich, aber ehrlich überzeugt, eine

goldene Mitte zu halten: In der Tat, man kann Situation und Taktik der Tübinger Deutschnationalen während des Dritten Reiches nicht besser als mit diesen paar Worten charakterisieren ... das Verhalten von Antisemiten, die gelegentlich einen jüdischen Kollegen zitieren («Es wird in unserer Fakultät niemandem der Vorwurf der Unvollständigkeit der bibliographischen Grundlage seiner Arbeit deshalb gemacht, weil er auf die Erwähnung einer jüdischen Schrift verzichtet hat, es sei denn, daß sie bei der Art der Arbeit unentbehrlich ist»: So, 1936, der Dekan der Juristen), die Schizophrenie der Erbhygieniker dezidiert katholischer Mentalität oder die Manier evangelischer Parteigenossen, von denen sich mehr als einer bemühte, die mißliebigen Rebellen der Bekennenden Kirche vor Disziplinierungen zu bewahren. «So weit ich habe feststellen können», schreibt 1935 der Dekan der evangelisch-theologischen Fakultät, ein entschiedener Nationalsozialist, in Autenriethschem Beschwichtigungs-Stil, «treffen sich Studenten, die der Bekennenden Kirche angehören, gelegentlich zu Bibelbesprechung und Information über die Lage in ihrer Heimatkirche. Agitatorisch sind diese Gruppen nie in Erscheinung getreten, es haben sich daher bis jetzt keine Mißbräuche gezeigt.»

Dreizehn Jahre lang hat man an der Alma Mater Tubingensis versucht, das ferne Gute durch die Milderung des nahen Schlimmen zu retten – und dies einen Sinnes, in gemeinsamer Aktion, ungestört durch eine Handvoll Liberaler: einen Kunsthistoriker, einen Mathematiker, einige Theologen, und bedroht allenfalls durch den einzigen Vertrauensmann der Partei, den es damals in Tübingen gab: den Führer des Dozentenbundes. Und so sprach man denn also in Fakultäten, die aus patriotisch gestimmten Gelehrten bestanden, aus Fachwissenschaftlern, denen Zahlen und Formeln wichtiger waren als Theresienstadt oder Nürnberg, aus «Idealisten», die man belächelte, und aus Fanatikern, die gleichwohl zunächst einmal als Kollegen eingestuft wurden (keine Spitzel also, keine Schurken und keine rabiaten Konfidenten der Staatsmacht) ... so sprach man, im kleinen vertrauten Kreis, ganz unter sich, über Doktoranden und Habilitationen, über Prüfungsordnungen und Erlasse aus dem Kultministerium, sprach über die Gefahr, die Tübingen drohte, wenn ein Plan Wirklichkeit würde, der darauf abzielte, die Semester, unter dem Gesichtspunkt der körperlichen und wehrsportlichen Ertüchtigung der Jugend, in den Wintermonaten zu konzentrieren («Die beträchtliche Frequenzsteigerung, die neben anderen Universitäten auch Tübingen bisher in jedem Sommer aufzuweisen hatte, kann kaum mehr erwartet werden, wenn für das Sommersemester die Schönheit der Stadt Tübingen und ihrer Umgebung ihre bisherige werbende Wirkung nicht mehr voll zu entfalten vermag»), sprach über die verschärfte Studien-Kontrolle während der Kriegszeit (aber wie, wurde gefragt, könne man jemanden guten Gewissens wegen mangelnder Leistung relegieren, da es doch keine Bücher gebe?), sprach über die Disziplinierung der Studentinnen, denen ein bestimmtes Maß von Haus- und Familien-Arbeit abverlangt wurde – das Arbeitsamt als Überwachungs-Behörde –, sprach über die Liberalität des akademischen Rituals («Der Dozent erhebt beim Betreten des Hörsaals den Arm zum deutschen Gruß ohne weitere Förmlichkeit. Den Hörern bleibt es überlassen, ohne Aufstehen mit Handheben zu erwidern oder nach altem Brauch zu trampeln» … *nach altem Brauch*, da sehe man's wieder, so schlimm seien sie gar nicht, die Nazis!), sprach, wie eh und je, über Zweier- und Dreier-Listen und die Bedeutung der *unico-loco*-Lozierung, sprach über die wohlabgewogene Maßnahme der Regierung, die es den kunsthistorischen Seminaren erlaube, den Studierenden, um der persönlichen Anschauung willen, auch Bilder der entarteten Maler zu zeigen, sprach – «dem Dekanat der rechts- und wirtschaftswissenschaftlichen Fakultät zur vertraulichen Kenntnisnahme» zugeleitet – über den Fall jenes Gerichtsassessors Dr. Ludwig Raiser, der angeblich seine Habilitation für die akademische Lehrtätigkeit betriebe («Für diesen Fall», so der württembergische Justizminister, «beehre ich mich, das Rektoramt der Universität in vertraulicher Weise darauf aufmerksam zu machen, daß nach den hier bei der Politischen Polizei in Stuttgart vorhandenen Akten erhebliche Bedenken gegen die Person Dr. Raisers vorliegen.») … kurzum: man sprach, als hätte sich im Januar 1933 nichts Besonderes getan, über die gleichen Probleme wie zu Zeiten Andreas, Pfaffs, Autenrieths, Hofackers und Hugo von Mohls – und lebte, wie gesagt, ganz unter sich.

Und eben dieses *unter sich* zu sein, war seit Jahrhunderten das oberste Ziel der gelehrten Oligarchie der Eberhardina gewesen. Darum der nimmermüde Kampf, in immer neuer Frontstellung, gegen alle diejenigen, die «eigentlich» nicht zur *civitas academica* gehörten; die Frauen zum Beispiel, die noch in den zwanziger Jahren nur mit ausdrücklicher Genehmigung der betreffenden Dozenten an medizinischen Vorlesungen teilnehmen konnten ... die Frauen, in deren Anwesenheit man, als sie in den siebziger Jahren des neunzehnten Jahrhunderts zum ersten Mal auftauchten, eine Gefährdung für die allgemeine Sittlichkeit sah (zumal in einer kleinen Stadt wie Tübingen, wo sich Berührungen zwischen den Geschlechtern weniger leicht vermeiden ließen als in einer Metropole vom Range Zürichs) – ein Grund, der den Senat, anno 1873, veranlaßte, gesonderte «weibliche Hochschulen» in Vorschlag zu bringen ... die Frauen, die auf Grund eines gemeinsamen Beschlusses von Professoren und Studentenschaft, 1919, mit Rücksicht auf die heimkehrenden Männer, in Tübingen keine Studienerlaubnis erhielten (man fürchtete, wie es im Protokoll heißt, die «Invasion norddeutscher Damen»): Gehörten sie eigentlich jemals dazu? Ließ sich vorstellen, daß man «unter sich» war, sobald eine Frau Zutritt zum Kreis der nach wie vor unangefochten herrschenden *doctores regentes* hatte?

Und dann – ein weit brisanteres Problem! – die Ausländer. Wie stand es mit denen? War es ein Zufall im Zeichen der Xenophobie eines rings von Widersachern, Calvinisten, Zwinglianern und Katholiken umgebenen Landes ... war es ein Zufall, daß in den Vorlesungsverzeichnissen der Alma Mater Tubingensis bis zum Ende des neunzehnten Jahrhunderts nicht nur (wie's anno 1885 in einer Kritik dieser Rubrifizierung hieß) Russen, Amerikaner und Afrikaner, sondern auch Hessen, Bayern und Preußen als *Ausländer* figurierten: die Hamburger Seit an Seit mit den Türken? (Als im Jahre 1810 ein Student beim Rektoramt meldete, ein Kommilitone habe ihn vor dem Ertrinken gerettet, und die Mehrzahl der Senatoren daraufhin für eine Auszeichnung des Samariters plädierte, winkte Kanzler Autenrieth ab: Zuerst müsse man, so sein Votum, das mit der Tat verbundene Risiko kennen; denn ohne Risiko sei die Rettung eine Selbstverständlichkeit, «selbst wenn der Gegenstand der Rettung ein Ausländer» sei.)

War man wirklich «unter sich» im Senat, solange – wie's zur Bismarck-Zeit einmal vorkam – in der staatswirtschaftlichen Fakultät unter lauter Fremden nur noch ein einziger Schwabe dozierte? (Ein Tatbestand, der den Kanzler anno 1875 zu der Sentenz provozierte, «er könne nicht zugeben, daß ein Nicht-Württemberger ebenso gut wie ein Einheimischer sich in die heimatlichen Verhältnisse hineindenken könne, und darum müsse er es als einen außerordentlichen Mißstand bezeichnen, daß in der staatswirtschaftlichen Fakultät, die beinahe ausschließlich württembergische Beamte auszubilden habe, nur Fremde unterrichteten».)

War man «unter sich», im Senat der Eberhardina, unter all den Norddeutschen, vor deren rascher Suade man sich ängstigte? («Wieder so ein Preuß», sagte Hugo von Mohl, als er den Historiker Pauli in einem Gasthaus bemerkte.)

War man «unter sich», solange Juden den Rang von Fakultäts-Kollegen besaßen: «orientalisches Geziefer», wie der Altständler Gmelin im Verlauf einer Berufungs-Debatte 1817 bemerkt hatte? («Je mehr sich das Volk Israels herbeizulassen scheint», hieß es anno 1835, die Promotionsgesuche von Juden betreffend, «desto mehr müssen wir in höchstem Grade behutsam sein.»)

Noch im Jahre 1909 – und wie viel mehr erst in der Weimarer Republik! – war es, «der allgemeinen Stimmung in den hiesigen Kollegen- und Studenten-Kreisen» wegen, nur in Ausnahmefällen möglich, einen Juden zu berufen – so sehr diese Diskriminierung, auch das will gesagt sein, jene liberale Minorität in Senat und Fakultät beunruhigte, deren Vertreter anno 1932 ausdrücklich zu Protokoll gaben: «Wir bedauern, einen Juden (‹in seinem eigenen Interesse›) der allgemeinen Lage willen – und keineswegs in Anbetracht seines wissenschaftlichen Ranges – nicht berufen zu können.»

Unter sich zu sein, das hieß: jener dekanablen Oligarchie anzugehören, in deren Kreisen man die feinsten Unterschiede zwischen «ordentlich» und «außerordentlich», «planmäßig» und «außerplanmäßig» so exakt beachtete wie in Preußen die Differenzen zwischen dem schwarzen und dem roten Adler-Orden mitsamt seinen Klassen.

Unter sich zu sein, das hieß, wenn es um Untergebene ging, patriarchalisch zu argumentieren – weder im Tonfall scheinbarer Verbrüderung noch in jener borussischen Diktion, deren Klang schon verdeutlicht, wer hier der Herr sei und wer der Knecht. Wie tritt das klägliche Los jener akademischen Diener ins Licht, wenn die Tübinger Ordinarien (die, am Rande vermerkt, genau zehnmal soviel wie die Hausverwalter verdienten) den Pflichtenkatalog ihrer Gehilfen beschreiben: «Sämtliche Unterbeamten am physikalischen Institut haben Dienst bis abends um sieben Uhr, ohne besondere Belohnung zu empfangen. Außerdem verlange ich manchmal die Anwesenheit eines Dieners abends zwischen neun und zwölf Uhr zur Aushilfe bei meiner Arbeit. Dafür erhält derselbe vom Staat nichts.»

Erstaunlich fürwahr, wie homogen, zwischen Kaiserreich und Diktatur, die Schicht der Tübinger Ordinarien war: ganz anders als ein halbes Jahrhundert zuvor. Der Nationalökonom Robert Wilbrandt, der anno 1911 erklärt hatte, «er sei glücklich, daß er sich zur Sozialdemokratie durchgerungen habe, und hoffe, sich noch weiter zu entwickeln», stand auf verlorenem Posten – hoffnungslos der Versuch, am Neckar Gesinnungsgenossen zu finden. Ein Paul Tillich oder gar ein Karl Barth mit seinem Bekenntnis zur «Sozialdemokratie als der Partei 1. der Arbeiterklasse, 2. der Demokratie, 3. des Nicht-Militarismus und 4. einer bewußten aber verständigen Bejahung des deutschen Volkes und Staates» wären in Tübingen schlechterdings untragbar gewesen – und das nicht nur wegen ihrer politischen Haltung.

Ungeachtet einiger glänzender Fachvertreter – die Tübinger Schule der Interessensjurisprudenz; der Kreis der Kathedersozialisten; Naturwissenschaftler wie Quenstedt, Bruns (Vater und Sohn) und Karl Ferdinand Braun, der Erfinder der Braunschen Röhre: Das kann sich sehen lassen, das ist keine Kleinigkeit! … ungeachtet dieses oder jenes großen Einzelnen, Adolf Schlatter zum Beispiel, war das allgemeine

Niveau an der Eberhardina eher bescheiden. Das Mittelmaß dominierte; Koryphäen lehnten, wenn sie überhaupt berufen wurden, die Vokationen meist ab oder blieben, am Anfang ihrer Karriere, nur für kurze Zeit. Je größer das Prestige des Kandidaten war, desto spitzer und persönlicher, anekdotisch-maliziöser wurde, oft durch die rhetorische Form der *praeteritio* akzentuiert («Vom Privatleben des Herrn Collegen möchte ich schweigen»; «Seine Manieren sollen unerwähnt bleiben»), die Debatte im Senat: Zwar kam es auch einmal vor, daß ein *primo loco* Lozierter, der plötzlich, an «geistiger Überanstrengung und Liebeskummer» erkrankt, in eine Irrenanstalt überführt werden mußte, seinen Rang zumindest für eine Weile mit dem Hinweis behielt, man wolle, von Tübingen aus, alles Erdenkliche tun, um «einem Genesenden durch die Versetzung in eine andere Tätigkeit zur dauernden Wiederherstellung seiner Gesundheit zu verhelfen» (womit man freilich zuviel Zeit verlor und mit der Zeit auch den an zweiter Stelle locierten großen Mathematiker Hilbert) ... zwar wurde hier und dort auch behutsam argumentiert, menschlich und nicht ohne Verständnis (also nicht nur sachlich oder maliziös), aber im allgemeinen überwogen, zumal wenn es um bedeutende «Ausländer» ging, doch die Sottisen und die witzig-bösen, gelegentlich bis zum Hoffmannesken gesteigerten Charakterisierungen: «Ziemlich klein und recht auffallend häßlich in den sehr lebhaften Bewegungen» – gemeint ist Nöldeke, der große Semitist; «ein unvergohrener Mensch, welcher eine grenzenlose soziale Rücksichtslosigkeit zur Schau trägt und vielmehr selbst erzogen werden sollte, als daß er andere erziehen kann»: Nietzsches Freund Erwin Rohde, aus schwäbischer Perspektive betrachtet! (Anders die Gegen-Position: Rohdes «krankhafte Neigung zum Widersprechen ist für seine Tätigkeit im Seminar geradezu ersprießlich».)

Nur keine Extravaganz, kein anglomanes Gehabe und keine großbourgeoise Hanseaten-Manier, heißt die Parole: Weltläufigkeit war zwischen Neckar und Ammer wenig gefragt – und wahre Größe erst recht nicht. Da steht das Mittelmaß auf, die Gilde derer, die unter sich bleiben wollen; da stößt man einen Dilthey zurück, um einen Schwaben namens Pfleiderer zu berufen; da stützen die Mediokritäten einander und lehnen 1862 eine Feier aus Anlaß von Fichtes hundertstem Geburtstag mit der Begründung ab, der Jubilar sei als Philosoph für eine akademische Ehrung nicht bedeutend genug; sein Ansehen habe politische Motive: Darum sei es ratsam, auf einen Festakt in aller Form zu verzichten.

So geht das fort und fort: *Rudolf Bultmann* – ob man ihn tatsächlich zu berufen gedenke? (Antwort: Nein, ernstlich natürlich nicht. Da aber der vor ihm Genannte bereits unter der Hand zugesagt habe, bestünde keine Gefahr.)

Nicolai Hartmann: Ob man nicht wisse, daß immer Streit um ihn sei und außerdem, «seit seiner Wendung zur Phänomenologie», eine Erschwerung seines Vortrags und eine Abnahme seiner Hörerzahl konstatiert werden müsse? (Antwort: Man wisse das wohl; doch habe Professor S. Hartmann während des Krieges kennengelernt und beurteile ihn als bescheiden und verträglich.)

Martin Heidegger: Ob nicht bekannt sei, daß der Philosoph als schwer verständlich gelte und eine nihilistische Lehre vertrete? (Antwort: Es sei bekannt; aber die französische Besatzungsmacht habe, ungeachtet politischer Bedenken, ein Interesse daran, daß Heidegger käme.)

Das Mittelmaß, das zeigen die Tübinger Klassifizierungen, hat seine eigene Ideologie: Kolbenheyer den Ehrendoktor verliehen und ihn Hauptmann versagt («Der Antrag wurde zurückgezogen»), Laube nicht zur Promotion zugelassen und Hermann Hesse düpiert – ein Poet aus der Schar jener Unbotmäßigen, die in ihrer Heimat nichts galten: nichts im Raum einer Landesuniversität, deren Sprecher, in schwäbischer Intonation, den Fichtes und Bultmanns und Rohdes, und den eigenen Landsleuten, den unbotmäßigen Stiftlern, erst recht, die Größe absprachen. («O, dieses Land», heißt es in Hermann Kurzens Erzählung *Das Wirtshaus gegenüber*: einem Zeugnis, das für hundert andere – vor allem das Vischersche – steht, «O, dieses Land ist das Nazareth von Deutschland. Es erzeugt den Geist, aber ihm ist er der Zimmermannssohn.»)

Kurzum, man war *ganz und gar unter sich*, jahrhundertelang, über alle Katastrophen hinweg: *unter sich* im Familienhimmel des Ancien Régime, *unter sich* in der Wilhelminischen Republik, *unter sich* im deutschnationalen Dritten Reich und *unter sich* auch in der Demokratie. Kein Wunder also, daß eine der ersten Anordnungen, die eine Fakultät 1945, nach der Befreiung des Landes vom Faschismus, erließ, kurz und bündig lautete: «An den Sitzungen nehmen künftig nur die Ordinarien teil: nicht die Extraordinarien, Privatdozenten und Studierenden.»

Unter all den grandiosen und schauerlichen, den bewegenden und den Angst erregenden Dokumenten des Tübinger Universitätsarchivs sind die Protokolle aus der Ära nach 1945 die gespenstischsten: Als ob nichts geschehen sei! Kein Stalingrad und kein Auschwitz, keine eugenische Sterilisation und keine wissenschaftliche Nobilitierung des Antisemitismus! (11. Juli 1941: «Zur Erforschung des jüdischen Geistes im deutschen Schrifttum sind im Deutschen Seminar schon einzelne Aufgaben begonnen, so die Dissertation über die Darstellung des Bauerntums in den Werken von Berthold Auerbach verglichen mit Jeremias Gotthelf, ein Aufsatz über Baruch Börne als Kritiker Deutschlands und deutscher Dichtung, und die Untersuchung über jüdische Stilelemente im deutsch-jüdischen Schrifttum.») Als ob da keine Wissenschaft betrieben worden sei, die sich vor der Instanz einer ihr gemäßen Spruchkammer nie und nimmer hätte verteidigen können: vor einem Melanchthon und einem Baur, einem Kepler und Schickard, vor den Reformatoren des Vormärz, mit ihrem Versuch, die Toleranz zu einem allgemeinen Prinzip zu erheben – aber auch vor jenem Professor der Theologie aus dem Dreißigjährigen Krieg, dessen in einem Senatsprotokoll mit den Worten gedacht wird: «Er war ein väterlicher Freund der Sterbenden, hat die Kranken mit Trost und Zuspruch begleitet und die Schwachen geliebt.»

Nichts davon! Keine Trauerarbeit, kein Eingeständnis der Schuld, keine Bestandsaufnahme, keine vom Geist der Gewissenserforschung bestimmte Selbstreflexion, keine Aufarbeitung einer Geschichte, die längst entschieden war, als sie, 1933, scheinbar begann.

Mit Ausnahme einiger exponierter Parteigenossen – das Hakenkreuz galt 1945 als Kriterium Nummer eins, der Begriff «Nicht-PG» als Ausweis der Bonität – versammelten sich die Professoren im Sommer nach der Kapitulation (geschehen am 19. Juni 1945, 16 Uhr 15) zu einer Sitzung der medizinischen Fakultät, um den Antrag des Rektors zu unterschreiben, «ganz ungebildete (!) und kenntnislose Studenten vom Lehrbetrieb auszuschließen». («Auch Frauen sollen ausgeschlossen werden. Kriegerwitwen und ähnliche Ausnahmefälle bleiben bestehen und werden zugelassen.»)

Da geht es um die Frage, ob der *dies universitatis* nur am Donnerstagnachmittag oder bereits am Vormittag beginnen solle; da teilt Professor K. mit, daß sein Schwiegersohn bei ihm als Assistent eingestellt worden sei; da wünschen die Mediziner die Abschrift eines Briefes, den der kommissarische Bürgermeister der Stadt Karlsruhe, die Neubesetzung von Chefarztstellen an den Krankenhäusern betreffend, dem Dekan hatte zukommen lassen.

Doch dann auf einmal wird es ernst: Der Kampf beginnt! Der Kampf zwischen der Universität auf der einen und dem Landesdirektorium auf der anderen Seite: der große Streit um die *épuration.* Da steht Interesse gegen Interesse. Während die Hochschule, mit Rücksicht auf die entlassenen, aber eine Rehabilitierung im Rahmen des geordneten Spruchkammer-Verfahrens erhoffenden Kollegen, die frei gewordenen Lehrstühle so lange wie möglich vakant lassen möchte und deshalb – drei volle Jahre lang! – eine Verschleppungs-Taktik verfolgt, die eher Obstruktion als Mitarbeit ist, drängt der Landesdirektor, es war Carlo Schmid, mitsamt seinem Ministerialrat, dem späteren Bundesverfassungsrichter Rupp, auf eine rasche Besetzung – verbunden mit einer generösen Versorgung jener oft willkürlich, oft unter entwürdigenden Umständen auf die Straße gesetzten Universitätsangehörigen, denen nicht nur das Gehalt gestrichen, sondern, häufig genug, auch das Betreten ihres alten Instituts verboten worden war.

Ein Dschungel-Kampf, fintenreich, im Halbdunkel geführt, von Argumenten bestimmt, die, im Angesicht der Besatzungsmacht, nicht offen auf den Tisch gelegt werden konnten: Hier die Fakultäten, die ihren karitativen Aufgaben nachkommen mußten, aber am Ende dann doch nicht jeden mit Parteiunterstützung zum Ordinarius avancierten Kollegen zurückhaben wollten («Herr K. ist bereit, sich, sofern man ihn wieder einstellt, von der Fakultät fernzuhalten und den ersten Ruf nach auswärts anzunehmen») ... hier die Universität, der auch noch die Versorgung der aus Straßburg geflüchteten Professoren oblag – zum größten Teil erheblich belastete Männer –, und dort das Landesdirektorium, das in doppelter Weise einen raschen Strich ziehen wollte: den Franzosen eine ökonomisch generöse Behandlung der Exmittierten abtrotzend und die Universität zur Neubesetzung der vakanten Stellen bewegend.

Jetzt oder nie: Die Gelegenheit war günstig! Wenn man rasch handelte und die richtigen Männer berief, dann, dies war Carlo Schmids Überlegung, mußte es gelingen, aus Tübingen, dieser intakten Stadt mit seinen unversehrten Forschungsstätten und Bibliotheken, die Erste Universität in einem republikanischen Deutschland zu machen – eine Universität, die, gut brechtisch, Wissenschaft als Instrument verstand, mit dessen Hilfe es möglich sei, die menschliche Existenz zu erleichtern: Wissenschaft, die sich wieder ihrer utopischen, auf Emanzipation der noch nicht Emanzipierten (der Majorität des Volkes also) bedachten Funktion erinnerte ... eine Wissenschaft, die gelernt hatte, was es bedeutet, wenn eine Disziplin aufhört, ihr Fach zu reflektieren und, statt Probleme an die Wirklichkeit heranzutragen, sich von der Realität in Dienst nehmen zu lassen – nicht mehr in sokratischer Manier, mit dem Blick auf die gesellschaftliche Totalität, Fragen zu stellen, Aporien zu entwickeln, Lösungen in Vorschlag zu bringen, sondern Aufträge entgegenzunehmen.

Eine Wissenschaft zu befördern, die, von der Geschichte belehrt, ihr Geschäft als politisch (und in diesem Sinne reflexionswürdig) begriff: Das war das Ziel. Und darum die Eile! Darum die Gründung des Leibniz-Kollegs als eines *studium generale*, das, unter der Ägide eines Naturwissenschaftlers, das Mohlsche Konzept von 1863 hätte aufheben können. («Carl Friedrich von Weizsäcker», heißt es ein paar Jahre darauf, erwäge «nach Tübingen zu kommen, falls er Leiter des Leibniz-Kollegs werden könnte.»)

Nur keine Zeit verlieren, jetzt, nur den *Kairos* nicht versäumen, hieß die Maxime der Landesverwaltung – noch sind die Leute, die wir brauchen, verfügbar! Darum das Drängen.

22. Oktober 1945: «Ich weise darauf hin, daß alle Mitglieder der Universität, deren Wiedereinsetzungsantrag von der französischen Militärregierung abschlägig beschieden worden ist, endgültig aus dem Staatsdienst entlassen werden müssen, und ersuche die Herren Dekane, die Fakultäten zu veranlassen, wegen der Neubesetzung der freigewordenen Lehrstühle alsbald die üblichen Dreiervorschläge einzureichen.»

27. Juni 1946: «Verschiedene Rückfragen geben mir Veranlassung nochmals darauf hinzuweisen, daß mit einer Wiedereinsetzung entlassener Mitglieder auf keinen Fall zu rechnen ist. Es wäre bedauerlich, wenn durch langes Zögern die zur Zeit noch bestehende Möglichkeit, besonders hervorragende Kräfte für Tübingen zu gewinnen, versäumt würde.»

5. Dezember 1946: «Ich habe den Eindruck, daß die Fakultäten mit der Vorlage von Berufungsvorschlägen zögern, weil sie immer noch eine Wiedereinstellung der entlassenen bisherigen Lehrstuhlinhaber erwarten, obwohl von Seiten des Staatssekretariats wie auch von Seiten der Militärregierung mehrfach und mit Nachdruck erklärt worden ist, daß damit in keinem Fall zu rechnen sei.»

13. Dezember 1947: «Herr Oberst de Mangoux hat bei dem mit dem Herrn Staatspräsidenten und dem Kommissar für die politische Säuberung des Lehrkörpers der Universität statt gehabten Gespräch sich zwar damit einverstanden erklärt, daß die Fälle der entlassenen Mitglieder des Lehrkörpers vor die Spruchkammer kommen sollen, hat aber ausdrücklich hinzugefügt, daß die Militärregierung ihnen die Genehmigung zur Wiederaufnahme ihrer Lehrtätigkeit in Tübingen nicht erteilen werde. Ich bitte daher, Berufungsvorschläge für die Wiederbesetzung freier Professuren beschleunigt vorzulegen.»

Zweieinhalb Jahre lang ein Kampf auf Biegen und Brechen, ein Kampf zwischen den Reformatoren im Ministerium und den beharrenden Kräften in der Universität – ein Kampf, der mit dem Inkrafttreten jenes Artikels ein Ende fand (Verordnung Nr. 133 der französischen Militärregierung), in dem das Gouvernement nominellen Parteigenossen, gegen die keine Sühnemaßnahmen ausgesprochen wurden, das Recht zuerkennt, sich künftig um alle öffentlichen und privaten Posten zu bewerben. Die Verzögerungs-Taktik hatte sich also ausgezahlt für die Betroffenen. Die Kontinuität schien – wieder einmal – gewahrt, und – wieder einmal – auf Kosten der Universität.

Welch eine Chance wurde damals verspielt; welch eine Gelegenheit, Tübingen im Geist des Gründers zu reformieren – mit dem richtigen Konzept und den richtigen Leuten. Was wäre geworden, wenn Carlo Schmid, anno 1946, wie ein Wangenheim hätte arbeiten können, unbekümmert um den Einspruch jener Mediokritäten, die gegen jeden Vorschlag, der aus dem Landesdirektorium kam, zunächst einmal Bedenken erhoben: «Der Dekan verliest einen Brief des Landesdirektors, den dieser ohne Wissen der Fakultät geschrieben hat. Er sucht darin, Romano Guardini für Tübingen zu gewinnen. Professor D. weist auf die formalrechtliche Anfechtbarkeit des Vorgehens hin: Die Wünsche der Landesverwaltung seien Wünsche, nicht Anordnungen, denen sich die Fakultät zu fügen habe. Professor L. will auf Grund von Erkundigungen bei Kennern die Leistungen Guardinis eher als edle Erbauung denn als Wissenschaft gewertet wissen.»

Obstruktion (gegen die Errichtung einer «Hölderlin-Professur»), Verzögerung (gegen die Ehrenpromotion Hermann Hesses), Ausreden, absurde Gegenvorschläge (an Stelle des Arier-Ideologen H. wird der – bereits verstorbene! – Heinrich Zimmer benannt: «Der nationalsozialistischen Regierung war er nicht genehm und mußte auswandern. Inzwischen wird er wohl zurückgekehrt sein. Seine letzte Anschrift war: Heidelberg, Quinkestraße») ... so geht das bis zum großen und ersehnten *fait accompli* der fünfziger Jahre.

Und trotzdem, und dennoch: Es gab auch eine Gegen-Bewegung in der Universität, gab Männer, die etwas gelernt hatten und einsahen, wie problematisch es war, ausgerechnet dort wieder beginnen zu wollen, vor 1933, wo in Tübingen zuallerletzt ein Neuanfang einsetzen konnte. Es gab Wissenschaftler, die Theologen voran, die durch eine engagierte Exegese des Kollektivschuld-Problems das ihrige taten, um der Eberhardina jene Würde einer moralischen Anstalt wiederzugeben, die ihr im Gründungs-Auftrag vorgezeichnet war. Es gab politische Remigranten, die man, wie jenen zwangspensionierten Mathematiker, eher mit Verlegenheit als mit Enthusiasmus begrüßte: um ihres Gedächtnisses und ihrer Notizbücher willen; es gab Gäste, die, wie Butenandt, wenn nicht auf Ewigkeit, so doch auf Zeit in Tübingen blieben; es gab, da schließlich nicht jeder Lehrstuhl blockiert werden konnte, Professoren von Rang und Gewicht, die den Ruf nach Tübingen als Ehre empfanden: Männer wie Schadewaldt und Eduard Spranger.

Fast schien es, als sei, trotz der noch immer agilen Fronde mit ihrem Ideal des «Unter-sich-Seins», Neckartübingen, wie Erwin Rohde seine geliebt-gehaßte Zwergpolis nannte, auf dem besten Wege, an die große Ära der Vormärz-Zeit anzuknüpfen: Die autochthone Garde starb aus, und von draußen wehte ein frischer Wind.

Hatte die Politik des Wangenheim redivivus am Ende denn doch gesiegt? Oder jedenfalls nicht verloren? ... die Intention eines Mannes, der mit seinem Vorgänger mehr gemein hatte als die Liebe des Humanisten zur großen Revolution? Gab es, nach Reformation und Vormärz, für Tübingen die Möglichkeit der dritten Renaissance?

Rückfall in den Provinzialismus oder Aufbruch zu neuen Ufern: das war, 1950, die Frage.

Als wir nach Tübingen kamen, 1947, gab es an der Eberhardina dreitausend Studenten (in sechs Fakultäten), zweihundert Professoren und noch einmal zweihundert Bedienstete. Heute arbeiten an dieser Universität achtzehntausend Studenten (in siebzehn Fachbereichen), zweitausend Wissenschaftler und fünftausend Männer und Frauen, die in Kliniken, in Instituten und einer Verwaltung Dienst tun, die anno 1877, zur Zeit des großen Jubiläums-Fests, Rektor und Kanzler eingeschlossen, aus ganzen neun Personen bestand.

Aber so eindrucksvoll sich der Zahlenkontrast zwischen 1947 und 1977 auch ausnimmt – das Personal: mehr als verzwanzigfacht; der Präsident, der mit seinen Stäben an die Stelle des Rektors getreten ist: ein General-Manager der Wissenschaft und Unterweisung! –, und so eklatant sich die Stadt von heute, mit ihren Hochhäusern rings auf den Hügeln, den Kliniken und naturwissenschaftlichen Instituten, mit ihren theologischen, philosophischen, juristischen Seminaren im Zentrum der Polis, mit dem Hegelbau, dem Haus der Wirtschaftswissenschaftler und dem Neuphilologikum, von dem idyllischen, ein wenig heruntergekommenen, ein wenig aus der Zeit geratenen Gemeinwesen der Nachkriegs-Ära unterscheidet; so augenfällig der Gegensatz zwischen dem Tübingen von 1977, mit seinen linken Hochschulgruppen und seinen emanzipierten Frauen, und dem Tübingen jener fünfziger Jahre ist, in denen *Die Aula*, das Mitteilungsblatt der Studentenschaft, die sogenannten Evastöchter (sprich: Studentinnen) ermunterte, sich als «frische und fröhliche Kameradinnen» aufzuführen und, zu gleicher Zeit, die Kommilitonen im Osten aufrief, mit in den Ruf einzustimmen: «Wir wollen wieder ein ganzes Deutschland, in dem jegliche Art von Kommunismus für verfassungswidrig erklärt wird»; so wenig, weiterhin, eine Hochschule, in der es um Abitursnoten und Stellenstreichungen geht, mit einer Universität gemeinsam hat, zu deren Hauptproblemen die Unterbringung der *displaced persons* gehörte (die Numerus-clausus-Frage freilich hat sich als zeitüberdauernd erwiesen: schon in den zwanziger Jahren gab es «Platzanweiser» an der

Eberhardina!); kurzum, so sichtbar die Alma Mater Tubingensis des Jahres 1977, deren Gremien genötigt sind, die absurdesten Kapazitätsberechnungen aufzustellen (alles umsonst, alles Makulatur), sich von einer Hochschule abhebt, die, bald nach dem Kriege, Semester für Semester über das Couleur-Verbot im universitären Bereich, über Mütze, Band und Mensur diskutierte, so nachdrücklich gilt es – Unterschied hin, Unterschied her – zu betonen, daß das Problem der ersten Nachkriegszeit: «Reaktion oder Aufbruch zu neuen Ufern» noch immer, heute so gut wie damals, zur Entscheidung ansteht. Fünfundzwanzig Jahre lang ist es in der Schwebe geblieben.

Anpassung oder Rebellion; Ordinarien-Universität oder demokratische Hochschule; Ausbildungs-Fabrik oder Studium generale (mit dem Ziel, die Selbstreflexion der Disziplinen zu fördern und Wissenschaftskritik in Gesellschaftskritik umzuwandeln); hier die große Hoffnung, dort die größere Ernüchterung; hüben Drill und die Didaktik der Technokratie, drüben Ansätze dialogischen Lernens und Lehrens; Wissenschaft im Dienst der Herrschaft und – die Emanzipation der katholischen Theologie! – im Dienst der Beherrschten: Da schlug das Pendel einmal hierhin, einmal dorthin aus, folgte der Konformität in den fünfziger Jahren (*Die Aula* 1953: «Das aber danken die Tübinger Studenten dem Herrn Ministerpräsidenten ganz besonders, daß er sich nicht nehmen ließ, trotz Arbeitsüberlastung einen Abend bereitwillig der Jugend zu widmen.») ... folgte dem Konsens die entschiedene Rebellion im Zeichen der Studenten-Bewegung, der *go-ins* vor Ort und des Marsches zum Springer-Haus nach Esslingen, folgte der Politisierung schließlich die allgemeine Resignation. Statt des fernen Ziels nur Perspektivlosigkeit, statt des langen Marschs jene isolierten Scharmützel – heute gegen dies und morgen für das –, die oft genug im Stil eines Interessen-Verbands durchgekämpft werden. Nichts mehr vom Vorhut-Gefecht derer, die sich als Stellvertreter einer schweigenden Klasse empfanden. Hier zeichnen sich Entwicklungen ab, die zur Katastrophe (zur Kapitulation der Universität), aber auch zu neuer Konzentration oder besonnenerer Résistance führen können ... zum Widerstand vor allem dann, wenn das Hochschul-Gesetz des Landes

Baden-Württemberg tatsächlich versuchen sollte, die Autonomie der Eberhardina endgültig zu vernichten: ein Gesetz, das durch die Fixierung von Studiengängen – wer was in welcher Zeit zu lernen hat – am Ende selbst die Gedanken reglementiert. Keine Selbstbestimmung, keine Freiräume mehr, kein schöpferisches Experimentieren, sondern nur noch die totale Verwaltung. Ein später Sieg der heimgekehrten Schreiber-Zunft: die Staatsanstalt in eine Behörde verwandelt. Und das in einem Land, in dem ein Robert von Mohl vorgeführt hat, daß Verwaltung, im Verfolgen einer liberalen Konzeption, auf Vernunft und Interessenausgleich bedacht, zur Kunst werden kann!

Administration als ein Akt realisierter Philosophie: Ein Tübinger Gedanke, der in Stuttgart vertan worden ist – vertan von einer Bürokratie, die nicht begreifen will, daß es die Gegensätze sind, die Dissonanzen und Paradoxien, von denen eine Hochschule lebt. Die *concordia discors* ist es, die Einheit im Widerspruch (und nicht die erzwungene Uniformität), die die Geschichte der Eberhardina so faszinierend sein läßt. Große Koalition und Kampf bis aufs Messer; emanzipatorische Oktrois (in der Vergangenheit, wohlgemerkt); kollegiale Liberalität als Fessel des Fortschritts; Befreiung im Geist zur Zeit der politischen Knechtschaft! Ein Hauch von Urbanität ausgerechnet in der Metternich-Ära: «Ich lade Sie ein», teilte Ludwig Uhland den Hörern jenes «Stylisticums» mit, das er über seine, des Seminars, Grenzen hinaus «zu einem vielseitigen Geistesverkehr zu erweitern und zu erheben« gedachte, «ich lade Sie ein, dasjenige, was jeder von Ihnen aus dem Kreise seiner Studien und geistigen Beschäftigungen zur Mitteilung für andere geeignet finden sollte, hier zum Vortrag zu bringen. Zum Gedeihen dieses Unternehmens scheint es mir eine unerläßliche Bedingung, daß in Beziehung auf die Teilnehmer als auch auf die Wahl der Gegenstände und die Art des Vortrags die größte Freiheit bestehe». Da wird den Spitzeln und Bürokraten das Ideal des herrschaftsfreien Dialogs als einzig humanes Verständigungsmittel entgegengehalten: Nichts von Doktrin; nichts von Befehl! Wohl aber demokratische Konversation, Rede von gleich zu gleich – belehrend und unterhaltlich, freundlich und frei.

Concordia discors – das heißt: Macht der Regel und Triumph der Ausnahme. Fakultäten und Senate, Rektoren und Kanzler passen sich an, aber einer steht dann doch immer wieder auf der anderen Seite, und die Stimme dieses Einzigen – und sei's auch nur die Stimme eines längst Vergessenen – wiegt alles auf: die Stimme jenes Professors zum Beispiel, der, im September 1914, auf dem Höhepunkt nationaler Emphase, erklärte: «Die Universitäten stehen nicht im Krieg. Die Wissenschaft ist neutral und muß es bleiben. Ihre Aufgabe wird es eines Tages sein, die zerrissenen Bande zwischen den Völkern wieder zu knüpfen.»

Concordia discors, Einheit der Gegensätze: Tübingen, die Metropole der Orthodoxie, die über Nacht, kaum war das *Leben Jesu* erschienen, kaum hatte Baur seinen Pakt mit Ranke und Hegel geschlossen, zur Ketzerstadt wurde. Tübingen, die Polis, in der ein Neunzigjähriger, Ernst Bloch, den Geist dreier Jünglinge beschwor – der Marxist den Elan der idealistischen Schwärmer –, die in seiner und in ihrer Stadt um den Freiheitsbaum tanzten.

Concordia discors, Einheit im Widerspruch – in der Tat, das gilt auch heute noch für diese Universität und diese Stadt: *Christsein*, das Buch eines Katholiken – eine Herausforderung an die römische Kirche; *Atheismus im Christentum*, das Buch eines Sozialisten – eine Provokation des orthodoxen Marxismus. Eberhards Große Koalition nach fünfhundert Jahren: Rosenkreuzlertum und rebellischer Katholizismus als Subkultur einer erzprotestantischen Hochburg.

Tübingen: Eine Stadt, in der nahezu jeder Dritte der Universität angehört; die Stadt mit dem Janus-Gesicht – Weingärtner und Wissenschaftler; bodenständige Philosophen zwischen Ammer und Markt, wo das Volk wohnt, und Biochemiker, gestern in Cleveland, morgen in Tokio, auf der Morgenstelle in ihren Labors. Droben die Neonwaben und drunten, zwischen Ufer und Steilhang, das Haus Scardanellis:

Will einer wohnen,
so sei es an Treppen
und wo ein Häuslein herabhängt

am Wasser, halte dich auf.
Und was du liebst, ist
Athem zu schöpfen.

Geschrieben in einer Stadt, deren Bedeutung dann erkennbar wird, wenn man sich vorstellt, es hätte sie *nicht* gegeben: Wie vieles, von Keplers Zeit über die Ära Hegels, Mörikes und Vischers, bis hin zu Ernst Bloch, wäre dann anders geworden. Anders und ein wenig armseliger.

Was für eine Diskrepanz! Das Provinz-Dorf und die Gedanken, die in ihm gedacht worden sind: welche Gespräche – von welchen Partnern geführt! – auf einem wie bescheidenen Raum, nicht größer als das Areal eines Klosters.

Zwischen Sapienz und Stift, dem Schloß und dem Fluß, der Alten Aula und Hölderlins Haus («wo die Augen zugedeckt und gebunden die Füße sind, da wirst du es finden ...»): Welche Fülle weltverändernder Träume und welch ein obsoletes, allem Fortschritt feindliches Gezänk! Die Revolution exportiert (Stiftler in Jena, Graz und Berlin), Mittelmaß und Dogmatismus behalten – aber auch einen Ferdinand Christian Baur!

Welche Debatten, in dieser Stadt, die draußen weiterwirkten ... Debatten, oft genug auf Leben und Tod, inmitten von Armut und Glück, von Hoffnung und Folter, von Krieg und Verzweiflung – den «greusslichen ruin *corporis academici* ständig vor Augen»!

In aller Widersprüchlichkeit eine Historie *in nuce*: diese fünfhundertjährige Geschichte einer Tübinger Gelehrtenrepublik.

Dieses Buch ist ein Auftragswerk: Angeregt vom ehemaligen Kanzler der Tübinger Universität, Albert Lebsanft, und verbindlich erbeten vom amtierenden Präsidenten der Eberhard-Karls-Schule, Adolf Theis, hat es die Aufgabe, einem breiteren Publikum die Geschichte der fünfhundertjährigen Gelehrten-Republik in der Form eines *roman vrai* zu erzählen: szenisch-exemplarisch und, nach Möglichkeit, unterhaltlich. Keine Aufzählung von Wissenschaftlern also, die einmal in Neckartübingen gewirkt haben (wie sie hießen, was sie erfanden, welche Bücher sie schrieben und auf welche Weise sie die Tradition ihres Lehrstuhls fortsetzten), keine Analyse von Verwaltungsvorgängen, sondern eine Beschreibung jener Phänomene, die Rektor und Senat, Professoren und Studenten jeweils, den Zeitumständen entsprechend, am intensivsten beschäftigten: Darauf kommt es an in diesem Buch, wobei das Schwergewicht auf den früheren Epochen liegt, auf jener Zeit, von deren universitären Praktiken wenig bekannt ist. Hebammen-Prüfungen von seiten der medizinischen Fakultät, Sonderrechte für akademische Bürger, vom Buchbindergesellen bis zur Professoren-Witwe, Teufels-Pakte als Hauptgegenstand von Senats-Verhandlungen: Wer weiß schon davon? (Die – oft dokumentierte – Zeit nach 1950 wurde deshalb, im Epilog, nur knapp resümiert: sie bedürfte einer anderen, eher theoretisierenden Darstellungsweise.)

Um unser Ziel zu erreichen: eine exemplarisch-plastische Beschreibung von gelehrten Haupt- und Staats-Aktionen und Alltagsgeschäften, von kleinen und großen Sorgen einer Gemeinde besonderer Art zu geben, haben wir uns in erster Linie auf die Auswertung der im Tübinger Universitäts-Archiv erhaltenen Dokumente beschränkt. Sekundärliteratur wurde nur zur Lückenaufhellung (wenn keine Zeugnisse vorhanden waren) und zur Absicherung der Material-Exegesen verwendet. Dabei ist zu betonen, daß die Geschichte der Tübinger Universität wissenschaftlich, über weite Strecken hin, mustergültig erforscht worden ist: erhellt dank der beiden Standardwerke, der bis zum Jahr 1848 reichenden großen Monographie Karl Klüpfels und der

Analyse Johannes Hallers, die der Gründungsphase gilt, erhellt dank der Studie Hans-Wolf Thümmels, die nicht nur, so ihr Titel, die *Tübinger Universitätsverfassung im Zeitalter des Absolutismus* interpretiert, sondern zugleich den Charakter eines Gesamtüberblicks bis zum Beginn des neunzehnten Jahrhunderts besitzt, erhellt dank der von Karl-Erich Born und Rudolf Reinhardt geschriebenen Fakultätsgeschichten der Wirtschaftswissenschaftler und katholischen Theologen, erhellt schließlich dank einer Fülle von Einzel-Analysen, deren wichtigste in jenen Studien enthalten sind, *Zur Geschichte der Universität Tübingen 1477–1977*, mit denen verglichen sich das vorliegende Unterfangen nun freilich nahezu verwegen ausnimmt: Ein Überblick in der Form eines *roman d'essai*, den zu schreiben wir nur deshalb gewagt haben, weil von Anfang an zweierlei gewährleistet war: Zum ersten die tagtäglich gewährte Unterstützung von seiten des Universitäts-Archivs; zum zweiten die Hilfe jener erfahrenen Kenner, der Tübinger und der auswärtigen Wissenschafts-Historiker, die uns mit Rat und Tat zur Seite standen, Fragen beantworteten, Hinweise gaben und, oft genug, das eigene Interesse hinter dem Interesse des anderen zurückstehen ließen.

Wir haben viel zu danken: Hansmartin Decker-Hauff, Wolf Freiherrn von Engelhardt, Gerhard Fichtner und Wilfried Setzler für Hilfe und Zuspruch; Martin Brecht, Helmut Coing, Reinhard Müth, Heiko A. Oberman, Friedrich Seck und Werner Volke für die Einsicht in ungedruckte Manuskripte; den Herausgebern der Tübinger Festschrift und dem Editor des Bandes *Wem gehört die Universität?* für die Überlassung von Druckfahnen.

Wir haben dem Direktor der Universitäts-Bibliothek Tübingen, Richard Landwehrmeyer, und seinen Mitarbeitern, vor allem den Damen Lore Hagenlocher, Erna Hofbauer und Monica Theurer, sowie den Herren Horst Brodbek, Gerhard Elvers und Hellmut Reichart zu danken, die auch nach der Entleihung des sechshundertsten Buchs nicht müde wurden, uns in unbürokratischer und generöser Manier zu helfen.

Wir haben – vor allen anderen! – dem Leiter des Universitäts-Archivs, Volker Schäfer, der uns als erster anspornte, das Unternehmen zu wagen, sowie seinen Kombattantinnen, den Damen Gudrun Baur und Christa Hölzle, ganz besonders aber jenen beiden Wissenschaftlern zu danken, Irmela Klöden und Uwe Jens Wandel, die die Freundlichkeit hatten, das vorliegende Manuskript zu überprüfen und uns auf Lücken aufmerksam zu machen sowie fehlerhafte und mißverständliche Passagen zu verbessern.

Wir danken, weiterhin, unseren Helfern auf dem Gebiet der Jurisprudenz, Wolfgang Leyrer und Manfred Matjeka, und wir danken – zuletzt und zuallererst! – den beiden, ohne deren unermüdlichen Beistand das Buch, wenn überhaupt, im günstigsten Fall ein Jahr später erschienen wäre: den Mitarbeitern des Seminars für Allgemeine Rhetorik, Luise Bauer und Peter Weit.

Gratias agimus, amici: Dank an viele Ratgeber, Theodor Eschenburg voran, und an viele Freunde – Peter Berg, den ärztlichen Helfer im rechten Moment! –, Dank für die Unterstützung bei einem Buch, das dem Gedächtnis eines Mannes gewidmet ist, der gezeigt hat, wie eine Universität aussehen könnte, in der jene Eigenschaften vorherrschen, die der *verwalteten* Wissenschaft fehlen und derer die *freie* bedarf: Spontaneität und Freundlichkeit. Nein, das soll nicht vergessen sein: Es war Rudolf Günther, der zusammen mit Ludwig Raiser, dem Rektor, die Universität Tübingen in den Tagen der Studentenrevolution nicht vor der Konfrontation (die war unabdingbar), wohl aber vor Zerstörung und Gewalt bewahrt hat – ein Mann zwischen den Fronten, der den Professoren ein Privatissimum über die Notwendigkeit der Mitbestimmung an der Universität und den Studenten ein anderes über jene plebejische Solidarität hielt, die für ihn mit den *happenings* der Privilegierten nicht das Geringste, mit praktizierender Nächstenliebe dagegen, der Verschwisterung von Christentum und Sozialismus, sehr viel gemeinsam hatte.

Die Widmung dieses Buchs soll zeigen, was wir Rudolf Günther verdanken.

Anmerkungen

Vorbemerkung

In den nachstehenden Hinweisen wird jene Sekundär-Literatur angeführt, die in unmittelbarem Zusammenhang mit dem Text steht. (Das heißt, es wurde kein Wert auf Vollständigkeit gelegt: Ausführliche bibliographische Angaben finden sich im Jubiläums-Band «Beiträge zur Geschichte der Universität Tübingen 1477–1977», Tübingen 1977). Weiterhin werden Dokumente zitiert, deren Funktion es ist, das knapp Erzählte ausführlich, im Kolorit der Zeit, zu veranschaulichen. Im Unterschied zum Text-Teil, in dem die Belege, um der Lesbarkeit willen, behutsam modernisiert und gerafft wurden, erscheinen die Dokumente in den Anmerkungen in originalem Wortlaut.

Anmerkungen zum 1. Kapitel

Eberhards Flugblatt vom 3. Juli 1477

Die Proklamation, die hier in geraffter Übersetzung wiedergegeben wird, ist, mitsamt einem Faksimile, abgedruckt in: *Tübinger Blätter 3* (1900), S. 11–13. Es wird, nicht zuletzt aus stilistischen Gründen, allgemein angenommen, daß der Aufruf von einem geschulten Literaten, wahrscheinlich Eberhards engstem Berater auf dem Gebiet des Bildungs- und Unterrichtswesens, Johannes Vergenhans, verfaßt worden ist.

Tübingen, die bescheidene Universitätsstadt

Die exakteste, durch eine Fülle von Belegen abgesicherte Beschreibung des Musen-Sitzes zur Zeit seiner Gründung: Hans-Wolf Thümmel, «Universität und Stadt Tübingen». In: *Beiträge zur Geschichte der Universität Tübingen 1477–1977.* Herausgegeben von Hansmartin Decker-Hauff, Gerhard Fichtner und Klaus Schreiner. Bearbeitet von Wilfried Setzler. Tübingen 1977, S. 33–84. Die sehr euphemistische Beschreibung von Johannes Haller, *Die Anfänge der Universität Tübingen 1477–1537.* Bd. I, Stuttgart 1927/Neudruck Aalen 1970, S. 36 ff., kann auf Grund neuerer Forschungen als überholt gelten. Kein Zweifel, daß Reisende und Einheimische, die sich, von Goethe bis zu Friedrich Theodor Vischer, über die winkelig-verdruckte, schattenreiche und unreine Altstadt verbreitet haben, in diesem Punkt klarer gesehen haben als der nationale Romantiker Haller: «Wer wollte an ihrem (scil. der Tübinger Bürger) lebhaften Gefühl für Schönheit und Form zweifeln, der die Häuser kennt, die sie erbauten, die Straßen und Plätze, die sie anlegten? Auch der Sinn für Sauberkeit und Ordnung, eine Natureigenschaft der Deutschen, die schon Tacitus kannte und die den Deutschen erst durch den Dreißigjährigen Krieg zeitweilig abhanden kam, muß damals entwickelt gewesen sein.» (Haller, a. a. O., S. 40) Träfe das Urteil des Tübinger Historikers über deutsche Sauberkeit zu, dann hätte man allen Grund, an der nationalen Zuverlässigkeit der Weingärtner, Krämer und Flaschner zwischen Derendingen und Lustnau zu zweifeln.

Goethe und die Hallischen Jahrbücher über Tübingen

Brief an Christiane Vulpius vom 11. September 1797. (Hamburger Ausgabe, *Briefe*, Bd. 2, S. 304 f.) Die Art und Weise, in der Goethe hier die Häßlichkeit der Stadt mit der schönen und fruchtbaren Umgebung konfrontiert, scheint, wie eine Vielzahl unterschiedlicher Zeugnisse beweist, ein Topos gewesen zu sein. Auch der anonyme Verfasser der Studie über die Universität Tübingen (siehe die übernächste Anmerkung) hat nicht anders gesprochen: «Freilich ist gut so in der Hölle selber wohnen, wenn Einem das Paradies zu allen Fenstern hereinschaut. Denn die Aussicht in das Neckarthal ist reizend, wie irgendeine. Steigen wir etwa auf die Höhe über uns und lassen von G. Schwab in seinen Romanzen aus Herzog Christoph's Jugendleben uns sagen, wie

> Zu Tübingen vom Schlosse
> sieht man ein weites Land,
> Zu Wagen, Fuß und Rosse
> Bewohner mancherhand,
> Und Burgen und Capellen
> Auf fernen Bergen stehn,
> Und unten hin die Wellen
> des stillen Flusses gehn ...

Sehen wir uns zu Füßen den klaren, so munter über die Kiesel hinsprudelnden Strom, weiter eine schöne, grüne, fruchtbare mit Dörfern besäte Landschaft, aus den nahe gegenüberliegenden Vorbergen hervor die Steinbach (gemeint ist: Steinlach), in deren Thal jener originelle, schwedisch-schwäbische, namentlich in der interessanten Tracht des weiblichen Geschlechts so augenfällige Stamm sich seit dem 30jährigen Kriege niedergelassen hat, das Ganze aber begrenzt von der majestätischen, den ganzen Gesichtskreis von Süden nach Norden beschließenden Mauer der schwäbischen oder rauhen Alp mit ihrem Hohenzollern und Neuffen, ihrer Achalm und Teck, denen aus nördlicher Ferne Hohenstaufen herüberwinkt, und darüber hingezogen jenen ahnungsvollen blauen Schleier voll Duft und Wärme, hinter ihm die Schlösser von Urach und Lichtenstein und dazu die wunderlieblichen Thäler sammt und sonders – dazu von den höhern Punkten des Bergzuges, über dessen Sattel Tübingen gebaut ist, etwa von dem Wurmlinger Kapellchen aus, das, von Lenau am schönsten besungen, im Widerschein der goldenen Kreuze auf den Thürmen des katholischen Rottenburg, des württembergischen Bischofssitzes,

Luftig, wie ein leichter Kahn
Auf des Hügels grüner Welle,
Schwebet lächelnd himmelan
Dort die friedliche Kapelle –

ein Blick nach Westen bis in die fernen Säume des Schwarzwalds und nordwestlich über das grüne Laubdach des mächtigen Schönbuchwaldes, des alten Tummelplatzes der württembergischen Nimrode, dann in die nächste Nähe hinunter in das stille Ammerthal, die Wiege der Uhland'schen Lieder, mit seinem elysischen Seitenthälchen – das Alles muß gesagt, gesehen werden, um diesem Tübingen die Gerechtigkeit angedeihen zu lassen, die es selbst einem Heidelberg und Freiburg gegenüber kecklich ansprechen darf.» Die Stadt dumpf und die Umgebung voller Pracht – auch Jacob Burckhardt mag so gedacht haben, als Freunde ihm einen Ruf nach Tübingen verschaffen wollten: Bebenhausen und die Schwäbische Alb, ließ man aus Basel verlauten, ja, das könnte einen schon reizen. (Von Tübingen selbst dagegen schwieg Jacob Burckhardt – er wußte offenbar, warum.)

FRIEDRICH NICOLAI ÜBER TÜBINGEN

Beschreibung einer Reise durch Deutschland und die Schweiz im Jahre 1781. II. Bd., 3. Buch, 12. Abschnitt: Aufenthalt in Tübingen. S. 7 ff. Die Schilderung ist reich an kulturgeschichtlichem, freilich bisweilen auch kuriosem Material: «In Ansehung der unehelichen Geburten unterscheidet sich Tübingen von allen anderen Universitätsstädten auf eine sehr rühmliche Art; denn es ist bekannt, daß sie sonst auf Universitäten sehr zahlreich zu seyn pflegen. Unter allen geborenen Kindern zu Göttingen, zu Leipzig und Jena ist im Durchschnitte das siebente und zu München (welche Residenzstadt hierin alle Universitäten übertrifft) das vierte Kind unehelich; in Tübingen aber nur das drey und dreyßigste.»

DIE ANONYMEN INSIDER IN DEN HALLISCHEN JAHRBÜCHERN

Die Verfasser, von denen einer, der streitbare Dr. Heinrich Merz, bekannt ist, veröffentlichten ihren Bericht, in einer Fortsetzungsreihe, 1841 in den *Hallischen Jahrbüchern für deutsche Wissenschaft und Kunst,* die am 1. Juli 1841 in *Deutsche Jahrbücher für Wissenschaft und Kunst* umbenannt wurden. Die zitierte Beschreibung wurde in Nr. 112, am 11. Mai, publiziert.

FRIEDRICH THEODOR VISCHER ÜBER TÜBINGEN

«Die Verlegung der Universität Tübingen nach Stuttgart. Memoire von Friedrich Th. Vischer an den württembergischen Kultusminister L. von Golther. Mitgeteilt von Robert Vischer in Göttingen» – In: *Süddeutsche Monatshefte 1, Bd. 2 (1904), S. 734–750.*

Anweisungen für das Universitäts-Jubiläum 1777, um Reinlichkeit besorgt zu sein

Einzelheiten dazu bei Bernhard Kugler, «Die Jubiläen der Universität Tübingen, nach handschriftlichen Quellen dargestellt». In: *Beiträge zur Geschichte der Universität Tübingen.* Festgabe bei der vierten Säcularfeier ihrer Gründung, im Jahre 1877. Tübingen 1877.

Papst Sixtus IV. über Tübingen

Päpstliche Bulle betreffend die Errichtung einer Universität in Tübingen, geschrieben am 13. November 1476, verlesen am 11. März 1477 durch Abt Heinrich von Blaubeuren. (Von Tübingen wird als einem *loco insigni et commodis habitationibus pleno, in quo victualium omnium maxima copia habetur* gesprochen.) Abgedruckt in: Rudolf Roth, *Urkunden zur Gescbichte der Universität Tübingen 1476–1550.* Tübingen 1877, S. 12.

Friedrich Nicolai über die Wohnkultur des fünfzehnten Jahrhunderts

Reisen durch Deutschland. a. a. O., S. 6. Nicht ohne Suffisance kommentiert Nicolai den – natürlich feststehenden, keineswegs zur individuellen Charakterisierung dienenden – Satz des Papstes, Tübingen sei reich an Wohnungen und Nahrungsmitteln, durch die Bemerkung: «Das war in demselben Jahrhundert, wo Aeneas Sylvius der Meinung war, mittelmäßige Bürger in Nürnberg wohnten besser als die Könige von Schottland. Man sieht welchen Vorzug damals die Reichsstädte vor den Landstädten hatten. Aber nach jetziger Einrichtung findet man warlich weder Bequemlichkeit noch gute Einrichtung, wenn man die Häuser in Tübingen mit der guten Bauart in anderen Städten vergleicht.»

Eberhard im Bart und seine Politik

Eine knappe, immer noch lesenswerte Zusammenfassung in: Eugen Schneider, *Württembergische Geschichte.* Stuttgart 1896, S. 60–101. Eine detaillierte Analyse mit ausführlichen Literaturangaben: Fritz Ernst, *Eberhard im Bart.* Stuttgart 1933. In der hohen Bewertung Eberhards und der Herausarbeitung seiner «modernen» Territorialpolitik habe ich mich vor allem Paul Joachimsen angeschlossen: «Zwei Universitätsgeschichten». In: *Gesammelte Aufsätze.* Beiträge zu Renaissance, Humanismus und Reformation. Aalen 1970, S. 249–257.

Die Gründung der Universität Tübingen und der Etappen-Plan Eberhards

Die Stufen-Folge der Gründung wird vor allem von Waldemar Teufel betont: «Die Gründung der Universität Tübingen. Wagnis und Gelingen – Anstöße und Vorbilder». In: *Beiträge zur Geschichte der Universität Tübingen 1477–1977.* a. a. O., S. 3–32. Fine knappe Zusammenfassung, ältere Darstellungen berichtigend, bei

Hans-Wolf Thümmel, *Die Tübinger Universitätsverfassung im Zeitalter des Absolutismus.* Tübingen 1975, S. 3–7. Nützlich gleichfalls das knappe Resümee Karl Konrad Finkes, *Die Tübinger Juristenfakultät 1477–1534.* Tübingen 1972, S. 4–6.

Pfalzgräfin Mechthild und ihre Rolle bei der Gründung der Universität Tübingen

Die Unterschätzung der Mechthildschen Rolle, die in der Folge des Hallerschen Buches die Forschung beeinflußt hat, scheint mir durch die Studie von Manfred Eimer, «Mechthild von der Pfalz und die Universitäten Freiburg und Tübingen», berichtigt zu sein. In: *Tübinger Blätter* 32 (1941), S. 18–22.

Eberhards geistiges Porträt

In dem Sammelband *Graf Eberhard im Bart von Württemberg im geistigen und kulturellen Geschehen seiner Zeit.* Stuttgart 1938, enthalten vor allem die Studien Herbert Meyers über «Eberhards Stellung innerhalb des deutschen Frühhumanismus» und Wilhelm Hoffmanns «Eberhards Sammlungen deutscher Handschriften», reichhaltige Materialien.

Johannes Vergenhans

Literaturverzeichnis bei Finke, *Die Tübinger Juristenfakultät 1477–1534.* a. a. O., S. 81. Einen Überblick gibt Hermann Haering, «Johannes Vergenhans genannt Nauclerus. Erster Rektor der Universität Tübingen und ihr langjähriger Kanzler, Verfasser einer Weltchronik (1425–1510)». In: *Schwäbische Lebensbilder 5.* Stuttgart 1950, S. 1–25 (S. 7 f. das Zitat, Eberhards Einkehr bei Vergenhans betreffend, eine Übertragung der entsprechenden Passage aus Melanchthons Eberhard-Vita.) Eine Charakteristik der Weltchronik Nauklers – «erstes kritisches Geschichtswerk Deutschlands» – in Paul Joachimsens Buch: *Geschichtsauffassung und Geschichtsschreibung in Deutschland unter dem Einfluß des Humanismus. 1.* (einziger) Teil, Neudruck Aalen 1968, S. 91–104.

Johannes Heynlin aus Stein

Bis heute durch keine Spezialliteratur überholt ist die Darstellung aus der Feder Max Hossfelds, «Johannes Heynlin aus Stein». In: *Basler Zeitschrift für Geschichte und Altertumskunde* 6 (1907), S. 309–356, und 7 (1908), S. 79–219 und S. 235–416.

Johannes Heynlins Predigt über den kranken Eberhard

Vergleiche die Inhaltsangabe der in der Form einer lateinischen Skizze überlieferten Predigt Heynlins, wie sie Prof. Dr. E. Stolz gibt, «Eine Predigt gehalten am 9. September 1478 in der Stiftskirche zu Tübingen», in: *Tübinger Blätter 19* (1927/28), S. 30–34.

Martin Prenninger, genannt Uranius

Kurze Charakteristik bei Finke, *Tübinger Juristenfakultät.* a. a. O., S. 232–235, und, ausführlich, Wolfgang Zeller, *Der Jurist und Humanist Martin Prenninger gen. Uranius (1450–1501).* Tübingen 1973.

Eberhards Gründung des St.-Peter-Stifts auf dem Einsiedel

Vgl. Otto Meyer, *Die Brüder des gemeinsamen Lebens in Württemberg 1477–1517.* Diss. phil. Tübingen 1913, und W. M. Landeen, «Das Brüderhaus St. Peter im Schönbuch auf dem Einsiedel». In: *Blätter für Württ. Kirchengeschichte* 60/61 (1960/61), S. 5–18.

Vergenhans' Eberhard-Biographie in der Weltchronik

Die deutsche Übersetzung der Passage bei Josef Forderer, *Sie prägten das Antlitz ihrer Stadt.* Tübinger Staatsmänner und Entdecker aus acht Jahrhunderten, Tübingen 1955, S. 68–78.

Eberhard, die Brüder vom Gemeinsamen Leben und die Grosse Koalition zwischen via antiqua und via moderna, Scholastik und Humanismus

Ich schließe mich hier, in der Hoffnung, in dem einen oder anderen Punkt eine Kleinigkeit hinzugetragen zu haben, den Forschungen von Heiko Augustinus Oberman an, der wiederholt auf die Synthese von scholastischer Wissenschaft und Frömmigkeit im Zeichen der *devotio moderna* hingewiesen hat. Von Heiko A. Oberman stammt auch der Ausdruck «Große Koalition» sowie die Bestimmung der beiden Ockhamistischen Grundtendenzen, des Konziliaren im Reich der vita activa und der Begründung einer neuen Erkenntnistheorie im Raum der vita contemplativa: Aber hat nicht Biel bewiesen, als Uracher Präpositus und Tübinger Dozent, daß sich beides miteinander vereinigen läßt? Vgl. zusammenfassend zum Komplex: Heiko A. Oberman, «Via moderna – devotio moderna: Tendenzen im Tübinger Geistesleben 1477–1516». In: *Theologen und Theologie an der Universität Tübingen.* Beiträge zur Geschichte der Ev.-Theol. Fakultät. Hrsg. Martin Brecht. Tübingen 1977, S. 1–64.

Gabriel Biel und der Ockhamismus

Heiko A. Oberman, *Spätscholastik und Reformation.* Bd. 1: *Der Herbst der mittelalterlichen Theologie.* Zürich 1965, und, die bisherige Forschung zusammenfassend, Wilhelm Ernst, «Gott und Mensch am Vorabend der Reformation». Eine Untersuchung zur Moralphilosophie und -theologie bei Gabriel Biel. In: *Erfurter Theologische Studien.* Bd. 28, Leipzig 1972.

Ungeachtet der negativen Kritiken Gerhard Ritters und Johannes Hallers auch heute noch lesenswert: Heinrich Hermelink, *Die theologische Fakultät in Tübingen vor der Reformation 1477–1534.* Tübingen 1906. Zusammenfassender Literaturbericht über die Forschung bei Wilhelm Ernst, «Gott und Mensch am Vorabend der Reformation». a. a. O., S. 56–119.

Johannes Vergenhans, Konrad Summenhart und Wendelin Steinbach als Sozialkritiker

Haller, *Die Anfänge der Universität Tübingen.* a. a. O., S. 14–18 und S. 172–193. Außerdem Konrad Finke, *Die Tübinger Juristenfakultät 1477–1534.* a. a. O., S. 81–95, S. 130 f., S. 217–219. Grundsätzlich und unter sozialwissenschaftlichen Aspekten von besonderer Wichtigkeit: Franz Xaver Linsenmann, «Konrad Summenhart. Ein Culturbild aus den Anfängen der Universität Tübingen». In: *Beiträge zur Geschichte der Universität Tübingen.* Festgabe bei der vierten Säcularfeier ihrer Gründung im Jahre 1877. a. a. O.

Der Frühhumanismus in Tübingen

Heinrich Hermelink, «Die Anfänge des Humanismus in Tübingen». In: *Württ. Vierteljahreshefte für Landesgeschichte.* N.F. 15 (1906), S. 319–336. Gustav Bebermeyer, *Tübinger Dichterhumanisten.* Bebel, Frischlin, Flayder. Tübingen 1927.

Albert Moll, *Johannes Stöffler von Justingen,* Lindau 1877 und Josef Forderer, *Sie prägten das Antlitz ihrer Stadt.* a. a. O., S. 147–164. Die Forschung ist im wesentlichen veraltet, eine Biographie des – vielfach unterschätzten – Heinrich Bebel, seiner poetischen und pädagogischen Intentionen, steht noch immer aus. Zum Gesamtproblem vgl. Oberman, «Via moderna – devotio moderna», a. a. O., passim.

Melanchthon in Tübingen

Georg Ellinger, *Philipp Melanchthon.* Ein Lebensbild. Berlin 1902, S. 70–86. Karl Hartfelder, *Philipp Melanchthon als Praeceptor Germaniae.* Neudruck Nieuwkoop 1964, S. 35–61. Außerdem: Ludwig Friedrich Heyd, *Melanchthon und Tübingen 1512–1518.* Ein Beitrag zu der Gelehrten- und Reformations-Geschichte des sechzehnten Jahrhunderts. Tübingen 1839. Reinhold Rau, «Philipp Melanchthons Tübinger Jahre». In: *Tübinger Blätter* 47 (1960), S. 16–25. Zu Melanchthon und Thomas Anshelm: Hans Widmann, *Tübingen als Verlagsstadt.* Tübingen 1971, S. 18–41.

Anmerkungen zum 2. Kapitel

Stadt und Universität

Hans-Wolf Thümmel, «Universität und Stadt Tübingen». In: *Beiträge zur Geschichte der Universität Tübingen 1477–1977.* a. a. O. S. 33–84. Rudolf Seigel, *Gericht und Rat in Tübingen.* Von den Anfängen bis zur Einführung der Gemeindeverfassung 1818–1822. Stuttgart 1960, S. 135–138. Jürgen Sydow, «Stadt und Universität Tübingen in fünf Jahrhunderten». In: *Attempto* 21 (1966), S. 3–9.

Visitationen der Universität

Dekan Schmoller, «Eine Universitätsvisitation vor 300 Jahren». In: *Reutlinger Geschichtsblätter* 7 (1896), S. 24–28, S. 41–44, S. 59–63, S. 68–73 und 85–90.

Das Kanzleramt an der Universität

Wolfram Angerbauer, *Das Kanzleramt an der Universität Tübingen und seine Inhaber 1590–1817.* Tübingen 1972. Kurzfassung: Wolfram Angerbauer, «Das Kanzleramt an der Universität Tübingen». In: *Attempto* 33/34 (1969), S. 105–119.

Gastereien in Tübingen

Egidius Schmalzriedt, «Gastliches Städtchen». In: *Attempto* 23/24 (1967), S. 3–13. (Dort, über das in diesem Kapitel Zitierte hinaus, eine Reihe von Belegen aus Martin Crusius' Tagebüchern.)

Akademische Bürger

Zusammenfassend Hans-Wolf Thümmel, *Die Tübinger Universitätsverfassung im Zeitalter des Absolutismus.* a. a. O., S. 261–339. (Zu den Freiheiten und Privilegien vgl. dort S. 22–75.)

Welche Interessen einen Petenten bisweilen bewegten, sich als potentiellen *civis academicus* anzutragen, zeigt der Brief eines Rechenmeisters vom 23. Dezember 1756: «Nachdeme ich mich und die meinige biß daher vermittelst zerschiedener privat-Informationen, besonders in der Rechen=Kunst in Adelichen und andern angesehenen hiesigen Häusern zwar säuerlich, jedoch unter Gottes Segen dergestalten zu erhalten das Glük gehabt, daß ich ein dritt=theil Häußer nebst einem halben Morgen Akers an mich zu erkauffen in Stand gesezt worden, so ich auch biß daher, obschon ich bey hiesiger Statt nicht verbürgert bin, bey eben derselben desto höher versteuret, so veranlasset mich eben dieser letztere Umstand, Euer Magnificenz, Hochwürden u. Excellenzien hiedurch um die besondere Gnade, daß Hochdieselbe nach Dero Befugsame mich als einen civem academicum auf und anzunehmen hochgeneigtest geruhen möchten, umso mehrers unterthänig anzuflehen, als die Rechen-Kunst mit denen Studiis connectiret ist und nach dem Stylo Statutorum academicorum als eine Vorbereitung darzu dienet, übrigens aber ich mich wegen meines bißherigen unklagbaren Verhaltens auf männiglichs Gezeugnuß getroster zuberufen vermag, auch vor Zukunft mich jedes mahlen als einen submissen Bürger schuldigster maßen zu bezeugen und die eben dahero anhoffende gnädige Willfahr dieser meiner flehentlichsten Bitte mit ohnendlichem Dank zu verehren gedenke. ... Ludwig Paul Kachler.»

Ordnung und Sauberkeit in der Stadt

Wie groß die Mißstände waren, beweist eine Verordnung der Universität vom 8. Mai 1669: «Wir, Rector, Cancellarius, Doctores und Regenten der Universität zu Tübingen; gebn unsern Civibus, so allhier geseßen und Haußhaltungen führen, hiemit zu vernehmen; welcher maßen uns vorgekommen, daß die Mägde und Dienstbotten die offentliche Statt-Brunnen mit vielem wust unsauber machen, Kübel, fenster und anders in denenselben abwaschen, eintauchen und abspühlen, ja gar zu underhaltung der Visch und Krebs, Leber und andere eßende wahr werffen, und wann solches verfaule, dardurch ein abscheulicher Geschmack veruhrsacht, und das waßer für Pferde und Vieh (darfür es sonsten außgehebt wird) zum Trinkhen untauglich gemacht werde. Weilen aber solches wider gute ordnung lauffet und dem gemeynen wesen nachtheilig ist ... als seind von der Universität sowohl als von der Statt gewiße Aufseher bestellet, hieraufs genaue Achtung zugeben; und wird ein jeder sein Gesinde zu warnen wißen, daß sie derogleichen in die Brunnen zu werfen, oder sonst einige unsauberkeit in denselben anzurichten, sich nicht hinferner gelüsten laßen ...»

Wirtschaftverwaltung der Universität

Hans-Ulrich Schwarz, «Von den ‹Fleischtöpfen› der Professoren». Bemerkungen zur Wirtschaftsgeschichte der Universität Tübingen. In: *Beiträge zur Geschichte der Universität Tübingen 1477–1977,* a. a. O., S. 85–104. Hans-Wolf Thümmel, *Die Tübinger Universitätsverfassung im Zeitalter des Absolutismus.* a. a. O., S. 405–429.

Akademische Würden

Theodor Knapp, «Zur Geschichte der akademischen Würden vornehmlich an der Universität Tübingen». In: *Zeitschrift für württembergische Landesgeschichte* 2 (1938), S. 48–116. Immo Eberl, «Die akademischen Würden in ihrer Tübinger Ausprägung». In: *Beiträge zur Geschichte der Universität Tübingen 1477–1977,* a. a. O., S. 347–366.

Promotionen

Für den Kanzler ein lukratives Geschäft, wie ein Erlaß vom 21. November 1561 zeigt:

«Commoda Cancellarij in promotionibus bey den Dreyen Superioribus Facultatibus:

I. Post praesentationem gibt Jeder Candidatus Canceltario 1 R[eichstaler] und ein pfund Zuckher, oder dafür 12 batzen

II. In actu promotionis, wann einer allein promovirt, gibt er Cancellario einen huot (oder darfür einen gulden): ein paar handtschuch (oder darfür einen halben gulden): und ein maß Malvasier, oder das praetium darfür

Wann aber zwen oder mehr promovirn, gibt man Cancellario zwen hüett: einen als Cancellario: den andern als Professori: oder für beyde 2 R.

III. Mit dem Malvasir wird es (wann zwen oder mehr promovirn) gehallten, wie mit den hüetten.»

Und für die Promoventen, dies verdeutlicht der Brief eines frisch Gekürten, viel Ehr!

«Als der gantze proceß in daß Auditorium hinein gewesen, und ein jeder in seinem gehörigen orth gewesen, hat man I. ein wenig figuraliter musicirt, hernach hat der promotor canditatorum eine oration gehalten, nach diser zu gleich von dem H. Cancellario der Universität Licentiam petirt, die Candidatos zu promoviren. Als auch diser mit einer zimblichen oration dem H. promotori dieselbige auß Kaiserl. freiheit ertheilt, hat darauf der H. promotor den creations actum angefangen, welcher in folgen stücken bestehet: I. hat er aller Canditaten nahmen offentlich abgelesen und für magistros proclamirt. Hernach hat er einem jeden nach der ordnung seinen hut aufgesetzt. Darauf auch auf gleiche ordnung einem jeden sein ihme vorhin zugestelltes buch in die Hand gegeben; Und dan 4. auch einem jeden seinen eignen ring an den goldfinger gestekt; da er unter disem eines jeden Bedeutung und ursach offentlich erzehlt.

Als nun diser actus erzehlter maßen vorbei gewesen, haben darauf die 2 ersten unter den neuen magistris von einer philosophischen materi einer pro der andere contra perorirt; da auß dem auditorio ein anderer magister, welcher von ihnen selbst zu einem schidsmann erfordert worden, die decision darüber gegeben. Einer unter den neuen magistris hat nicht allein dem H. Cancellario der universität für ertheilte licentiam, und dem H. promotori für die promotion, sondern auch allen anwesenden gästen für ihre praesentz gedankt;

darauf dann die neuen magistri ihrer ordnung nach jeder von einem H. Professore oder sonsten einem gast hinauß auß dem Auditorio, über die gaß in die Kirch (in welcher ein jeder unter wehrender music eine dancsagung gegen Gott, wegen ertheilter promotion abgelegt) und darauß widerumb biß vor daß Facul[täts-]Hauß begleitet worden; da dann die anwesenden H. Professores und Gäste einen jeden unter denselben wegen deß neuen ehrentittuls gratulirtet a Pedello ad convivium omnes invitabantur …»

Kost und Logis für die Studierenden

Anweisung der Universität an die Vermieter und Tischherrn aus dem 16. Jhdt.: «Nachvolgende Articul so Rector, Cancellarius und Senatus mitt guter Vorbetrachtung gemacht, sollen die Kostherren und Kostfrauen bey Vermeidung ernstlicher Straff halten.

1. Erstlich sollen gemelte Kostherren und Kostfrauen fürohin gute uffrichtige Rechnung ihrer Dischgenger halten, wenn sie gefordert werden fürbringen, nitt mehr oder minder, dan wie gemelte Dischgenger verthan, in dieselbig einstellen, und kheine Nebenrechnungen mit inen machen, oder ettwas underschlagen und verhalten.
2. Item darneben auch uff erfragen bey guten glauben anzaigen, welcher under inen Dischgengern ein übermas mit Extra nemen, täglichem Zechen und Zehren bey inen oder andern brauchen oder fürzunemen [sich] understanden.
3. Item auch weitter uff erfordern nit verhalten, welche under inen Dischgengern fahrleßig und die Lectiones sovil inen wissend, nitt frequentier, und vleißig oder gar nitt besuche.
4. Item es sollen füraus auch die Kostherren und Kostfrauen nit mer in genere, unnd in einer gemain und summ, wie bißanhero geschehen uffschreiben, sondern singulatim und particulariter, alle gantze und halbe maßen auch quarthal und was sie inen sunsten geben, in ir Rechnung einstellen.
5. Item in sonderheit auch in gemelte Rechnungen alwegen setzen, wie sie ein jede mas wein, und in was gelt dieselbige sie geben, sie sey neu oder alt, weiß oder roth oder auch ein Mischling, mit anzeig was sie in specie für wein geben.
6. Item es sollen auch die Kostherren und Kostfrauen alle Sambstag oder Sonntag den Kost oder Dischgengern die genummene Extra verlesen miteinander zusammen rechnen und nit über acht tag einstellen ...»

Anmerkungen zum 3. Kapitel

Zum Fall Hagmaier-Frommann

Der Brief des Studenten Karl Hagmaier an seine Geliebte Luise Frommann befindet sich bei den Prozeßakten im Universitätsarchiv und hat folgenden Wortlaut:

«An Jgfr Luise Frommännin

Vergib liebe Luise, wenn ich dich in deiner dem Tode so nah angränzenden Schwachheit die ich an deiner zitternden Hand bemerkte, noch beunruhige, aber ich habe niemand, dem ich meinen Kummer mittheilen, keinen Freund, an deßen Brust ich ihn ausweinen könnte; du du bists noch allein, die meine Leiden fühlt, die mir Trost und Beruhigung geben könnte, wenn wir nicht von einander getrennt wären. Aber auch schriftliche Unterhaltung gibt mir einige Beruhigung, und ich danke es der Güte meiner Richter, die mir noch diß erlauben. Freilich wäre es mir lieber, wenn ich an deiner Seite, in deinem Arm mneinen Kummer ausweinen könnte, jedermann dürfte uns zuhören, unsere Worte aufschreiben, denn heimlich miteinander uns zu besprechen um unsere Richter zu betrügen, dazu denkst du zu edel, und Gott im Himmel weiß es, der mein Herz beßer als alle Menschen außer dir kennt, er weiß, daß ich fern bin, einen solchen niederträchtigen Betrug zu begehen.

Tausend Dank dir, liebe mir ewig theure Luise, für dein Billet, das gab mir so viel Trost, daß ich diese Nacht ein wenig schlafen konnte, (denn die vorige habe ich immer in meinem Kummer durchwacht) denn oft kam mir der fürchterliche Gedanke, der alle meine Schmerzen weit überwiegt, du könntest gestorben sein, ohne nocheinmal deinen Carl geküßt, ohne ihm verziehn, ohne Abschied von ihm genommen zu haben, ach und dann stürzt ein Strom von Tränen aus meinen Augen, der auch sogar meine wenigstens für mein zartes Gefühl todte Wächter rührt, daß sie mich mit ihrer kalten Bauren Philosophie trösten wollen, es werde schon beßer werden. Sinnloß falle ich auf mein Lager zurük, bitte Gott um Stärkung und Trost, um die Erhaltung deiner mir so theuren Gesundheit und Gott dem Allgütigen sei es gedankt, immer stehe ich wieder beruhigt auf, wie wenn mein Gebett erhört wäre. Alles alles will ich lieber erdulden, als deinen Tod zu erleben, und ich weiß nicht, ein gewißes inneres Gefühl sagt mir, du werdest leben wenigstens so lang werde dich mir Gott erhalten, daß ich dich noch einmal sehen könnte.

Gestern war ich 5 Stunden im Verhör, sagte alles, was man mich fragte, von unserer Bekanntschaft an, biß auf den Tag der Geburt deines Kindes, wo ich zugegen gewesen, mit der aufrichtigsten reinsten Wahrheit, bekannte alles treulich, wie es damit vorgegangen, soviel ich wenigstens sehen konnte; Gott vergelte es ihnen, sie haben mir geglaubt, sie haben mich edel behandelt. Ich redete mit solcher Unerschrokenheit, wie einer der nur aus Leichtsinn und in der fürchterlichsten Bestürzung fehlte, seinen Fehler bereut, sich aber von jedem groben Verbrechen so rein weiß, als ein Kind in der Wiege, daß ich selbst überzeugt hin, sie glauben meinen Aussagen, die aus dem erlichen redlichen, und nur durch Leichtsinn verführten Herzen floßen. Ich bekannte ihnen freimüthig, daß ich das Kind nach 8. Uhr fortgetragen hätte, kurz alle Umstände gab ich so traulich an, wie du sie auch angeben wirst. Es ist beßer bekennen, als läugnen, man bestärkt den fürchterlichen Verdacht noch mehr, von dem wir so wie so frei sind, daß, wenn ich heute noch vor Gott den Allmächtigen gerufen würde, wir nichts anders bekennen würden. Er allein kennt unsere Herzen, er wird uns helfen, uns von diesem Verdacht zu reinigen, unsere Unschuld darthun, unsern Leichtsinn uns verzeihen und unsere Leiden auch noch einmahl enden. Sein Wille war es, daß wir solange in der sichersten Ruhe zufrieden und glüklich leben, solange unbewußt deiner Schwangerschaft, die du sogar selbst nicht wußtest, die Meinungen der Leute belachen, daß wir endlich aufgeschrökt aus unsern Träumen in einen solchen Abgrund stürzen, so tief sinken musten; Seine Wege sind dunkel, aber gut, die fürchterliche Lage in die er uns fallen ließ, wird noch einen guten Zwek haben, sie wird noch uns die Aussicht zu einem reineren, beßeren Glük oefnen. Ich vertraue ganz auf ihn, er ließ uns nur fallen, aber ganz verlassen wird er uns nie; oft murre ich freilich, in Verzweiflung hingerissen, aller Sinneskraft vom Kummer beraubt, über die Wege des Schiksaals, aber wenn der Kummer sich gelegt hat, der tobende Schmerz vorüber ist, bitte ich Gott wieder um Verzeihung. Er wird uns auch verzeihen, denn unsere Lage ist so schröklich, daß auch der beste Christ, der den Werth der Religion, die Wege der Vorsehung fühlt und anbettet, in schwarzen Augenbliken in Klagen über dieses schrökliche Schiksaal ausbrechen muß. Liebe Luise ich will dulden und leiden, mich kümmert nicht die Strafe, die mir zuerkannt wird, ich habe sie verdient, diß macht meinen Kummer, daß ich sonst von jedermann geachtet, von meinen Freunden geliebt, durch deine Liebe beglükt, so tief fallen, in Verachtung, höchstens in Bedauren, entfernt von meinen Freunden, getrennt von dir leben muß; daß meine Ehre, die mein größter Stolz war, unwiederbringlich verlohren ist, meine Familie in Kummer und Schande gesezt, daß dieses schrökliche Schiksaal mich auch in fernen Landen verfolgen wird. Aber still von Klagen, du armes gekränktes Herz, dein Leichtsinn hat es dir ja selbst zu bereitet.

O! meine Luise, dürfte ich nocheinmal dich sehen, an deiner Brust liegen, fühlen, wie wohl sichs im Arme der Liebe ruht, mit Freuden würde ich die Welt verlaßen, sogar vergnügt das Schafot besteigen und meinen Richtern noch danken. Aber ich hoffe es noch zu Gott, er wird mich erhören, denke für wen du lebst, deine jezt freilich durch Kummer und Schmerzen geschwächte Gesundheit erhältst, bedenke, wenn du jezt stürbest, daß der ganze Verdacht auf mich allein fiele, ich allein die Folgen unsers Leichtsinns leiden und nicht mer den Trost der Liebe empfinden würde. Lebe wohl, Geliebte, erfülle meine Bitte, Gott wird dein Gebett um Kräfte dazu erhören, und dich stärken. Nocheinmal leb wohl, wir sehen uns wieder, tröste nur durch einige Zeilen von dir deinen so unglüklichen, wie einen Mißethäter behandelten Carl.

Ach ich könnte dir ganze Bogenvoll schreiben, aber mich dauern deine verlohrene Kraefte. Kein Aug ist naß geworden, solang ich diß schriebe, so viel Trost gibt mir, mich mit dir auch nur schriftlich unterhalten zu können.»

Gerichtsbarkeit der Universität Tübingen

Karl-Eugen Hohl, *Die akademische Gerichtsbarkeit in Württemberg.* Diss. (maschschr.) Tübingen 1944. Hans-Wolf Thümmel, *Die Tübinger Universitätsverfassung.* a. a. O., S. 331–402. (Zu den Malefiz-Sachen zusammenfassend: S. 374–385.)

Der Fall Felicitas Heppler

Ausführliche Beschreibung bei Wilhelm Göz, «Ein Justizakt der Universität Tübingen am Ende des 16. Jahrhunderts». In: *Tübinger Blätter* 18 (= N.F.4) (1925/26) 5–16.

Der Fall Baur von Eyseneck

Pfarrer M. Duncker, «Aus alten Kriminalakten. Ein Kulturbild aus dem Tübinger Universitätsleben um das Jahr 1670». In: *Tübinger Blätter* 9 (1906), S. 4–16.

Das Reutlinger Totschläger-Asyl

Ralf Reck, *Das Totschläger-Asyl der Reichsstadt Reutlingen 1495–1804. Diss. phil. Tübingen 1970.*

Tübinger Studenten-Sitten

Grundsätzlich: Albert Tholuck, *Das akademische Leben des siebzehnten Jahrhunderts.* Halle 1853/54, S. 246–293. Speziell: Robert von Mohl, *Geschichtliche Nachweisungen über die Sitten und das Betragen der Tübinger Studierenden während des 16. Jahrhunderts.* Tübingen 1840 (3. Aufl. Tübingen 1899). Karl-Hermann Kästner, «Die Tübinger Studenten im 15. und 16. Jahrhundert und die öffentliche Ordnung». In: *Ferdinandina.* Festschrift für Ferdinand Elsener. Tübingen 1972, S. 43–55. Außerdem Karl Klüpfel, *Geschichte und Beschreibung der Universität Tübingen.* Tübingen 1849.

Wie es um die Disziplin der Studenten bestellt war, zeigen, exemplarisch, die folgenden Belege:

1. Klage der Grafschaft Hohenberg von 1661.

«Demnach die von lobl. Universitet zue Tübingen inweilen alhiro spazierenden Herrn Studiosi beraits zu verschidenen mahlen in alhiesiger statt mit reiten undt schießen solche excessus veriebt, daß nicht allein der algemeine Bürgersmann sich hochlich darob beschwerdt und auch wier, zur verhietung grosen Uebles von obrigkaites wegen dergleichen ferneres nicht continuieren kunden. Maßen sich bei kurzer Zeit zwey gefehrliche exempel zuegetragen, in denen einer auf offenem Marckht des Paradeiß Wirthes Knecht alhie mit solcher furi zu Boden gerant, daß er für todt aufgehoben und mit großem schaden und schmertzen widerumb hat miessen restituiret werden.

Deß gleichen hat erst neulich einer dem anderen sein pferdt vor des Engel Würthes Hauß unter dem leib nidergeschoßen, welche beede delinquenten wier mit gezimender correction einzuesehen billiche ursach gehabt heten.»

2. Klage des Obmeisters des Landeshauptmanns der Grafschaft Hohenberg von 1662 an die Universität Tübingen.

«Es werden sich dieselbe noch guetermaßen zue Erinnern haben, welcher gestalten wier ihnen, zue widerholten mahlen, freint=Nachbarlich zuegeschriben, undt sie ersuocht, ihre Herren Academicos dahin zu vermögen, daß sie sich nit also insolent in allhiesiger statt mit reiten, schießen undt anderer ohngelegenhaith verhalten, undt der burgerschafft [...] beschwehrlich sein sollen, so hat doch solche wolmainende abwahrung dato noch nit verfangen wollen, sondern erst gestrigens Tages einer auß den alhir anwesent gewesten trouppen sich erküenen dorffen, mit seinem pferdt in ansehung vielen Volckhes in die Kirchen hinein zuereiten undt nach seinem herauskommen sich alß mit den übrigen eilfertig davon zumachen.

Wann aber die Kirchen khein stall sondern ein hauß Gottes undt dise leichtfertigkhait billich solle abgestrafft werden, haben wir nit unterlassen, diesem leichtsinnigen gesellen nachsezen … denselben aber nicht mehr, sondern etweliche complices die ihn vorhin geschützt im fleckhen Wurmblingen erdappet undt allhiro in arrest ziehen lassen.»

Pasquille

Beispiel eines «scriptum famosum» samt aktuarischer Notiz über den Fundvorgang:

«Herr Pabst diß ist eur hauß, da möget Ihr loschieren,
laßt unß nur unbeschimpft, beym Narrenhauß paßieren,
Ihr bildt eüch zwar Vielmehr alß alle Päpste ein,
Drum zaigt eür stoltz, daß Ihr könnt wol ein hundsfuth seyn.

Copia Scripti famosi

Sonntag 13. Dez. 1696 am Triller [Pranger] auf dem Markt zu Tübingen, von H. burgemeister Grüningers Knecht, des morgens fünf, solle ersehn und nacher Hauß gebracht worden seyn.»

Anmerkungen zum 4. Kapitel

Von Herzog Eberhard im Bart bis Herzog Christoph

Knappes Resümee bei Eugen Schneider, *Württembergische Geschichte.* a. a. O., S. 87–188, und Ernst Müller, *Kleine Geschichte Württembergs.* Stuttgart 1963, S. 97–118.

Die Reformation und die Universität Tübingen

Heinrich Hermelink, *Geschichte der evangelischen Kirche in Württemberg von der Reformation bis zur Gegenwart.* Tübingen 1949. S. 70–74. (Ich verdanke diesem Buch, einem zu Unrecht nie wieder aufgelegten Standardwerk, eine Fülle von Hinweisen, die in dieses Kapitel eingegangen sind.)

Christian Friedrich Schnurrer, *Erläuterungen der Würtemberrgischen Kirchen-Reformations- und Gelehrten-Geschichte.* Tübingen 1798, S. 289–416. (An Reichtum des Materials noch immer unübertroffen.)

Carl von Weizsäcker, *Lehre und Unterricht an der evangelisch-theologischen Fakultät der Universität Tübingen von der Reformation bis zur Gegenwart.* Tübingen 1877, S. 3–22.

Julius Rauscher, *Württembergische Reformationsgeschichte.* Stuttgart 1934, S. 140–143.

Theodor Keim, *Ambrosius Blarer, der schwäbische Reformator.* Stuttgart 1960, S. 67–69.

Theodor Pressel, *Ambrosius Blarer's des schwäbischen Reformators Leben und Schriften.* Stuttgart 1861, S. 381–400.

Bernd Moeller, «Neue Nachträge zum Blarer-Briefwechsel». Zur Reformation der Universität Tübingen 1534–1535. In: *Blätter für württ. Kirchengeschichte* 68/69 (1968/69), S. 60–80.

Gerhard Fichtner, «Neues zu Leben und Werk von Leonhart Fuchs aus seinen Briefen an Joachim Camerarius I. und II. in der rew-Sammlung». In: *Gesnerus* 25 (1968), S. 65–82. (Für die Reformationsgeschichte der Universität Tübingen von außerordentlicher Wichtigkeit.)

Gustav Mandry, «Johannes Sichard. Eine academische Rede». In: *Württembergische Jahrbücher für Statistik und Landeskunde.* Jahrgang 1872, II. Teil, Stuttgart 1874, S. 18–52.

Hans Erich Feine, «Johann Sichard. Humanist, Professor des römischen Rechts und herzoglicher Rat 1499–1552«. In: *Schwäbische Lebensbilder V.* Stuttgart 1950, S. 60–72.

Guido Kisch, *Studien zur humanistischen Jurisprudenz.* Berlin – New York 1972, S. 107–111.

Hermann Wendorf, «Joachim Camerarius (1500–1574)«. In: *Herbergen der Christenheit.* Bd. 2. Jahrbuch für deutsche Kirchengeschichte. Leipzig 1957, S. 34–87.

Die Herzöge Ulrich und Christoph und das württembergische Erziehungswesen

Geschichte des humanistischen Schulwesens in Württemberg. Herausgegeben von der württ. Kommission für Landesgeschichte. Bd. 1, 3. Teil: «Das württembergische Partikularschulwesen 1534–1559». Von Ludwig Ziemssen. Stuttgart 1912, S. 468–601.

Gustav Lang, *Geschichte der württembergischen Klosterschulen von ihrer Stiftung bis zu ihrer endgültigen Verwandlung in Evangelisch-theologische Seminare.* Stuttgart 1938, S. 25–80.

Martin Leube, «Geschichte des Tübinger Stifts. 1. Teil: 16. und 17. Jahrhundert». In: *Blätter für württ. Kirchengeschichte,* Sonderheft 1, Stuttgart 1921.

Reinhold Rau, «Herzog Christophs Universitätsreform». In: *Attempto* 31/32 (1969), S. 98–106.

Zum Problem *Ausbildung einer eigenen geistigen Elite* vgl. u. a. folgenden Eintrag im Fakultätsbuch der philosophischen Fakultät vom Februar 1688:

«Seyen zwar noch gute ingenia bey der Universität, allein muß man dieselben pflanzen, aufrichten und erbawen, daß einmahl Ihro Hochfürstl. Durchlaucht landkinder in hac professione können dienen und nach Gelegenheit der Sach diese Stelle vertreten.»

TÜBINGER THEOLOGIE VOM 16. BIS ZUM 18. JAHRHUNDERT

Neben der Universitätsgeschichte Klüpfels, dem Kompendium Hermelinks und dem Überblick Carl von Weizsäckers dient zur ersten Information die knappe Skizze von Hanns Rückert, «Tübingen und die Theologie». In: *Tübinger Hochschulführer.* Sommersemester 1948, S. 12–24. Außerdem Jörg Baur, «Auf dem Wege zur klassischen Tübinger Christologie. Einführende Überlegungen zum sogenannten Kenosis-Krypsis-Streit». In: *Theologen und Theologie.* a. a. O., S. 195–269. (Grundlegend; eine «Rettung» der oft zu Unrecht verketzerten Orthodoxie.)

Friedrich Fritz, «Theodor Thumm, ein Vorkämpfer der lutherischen Kirche in der Zeit des dreißigjährigen Krieges». In: *Luthertum* (1939), S. 202–220 und S. 225–230.

Heinrich Gürsching, «Jakob Andreä und seine Zeit.» In: *Blätter für württ. Kirchengeschichte* 54 (1954), S. 123–156.

Rosemarie Müller-Streisand, «Theologie und Kirchenpolitik bei Jakob Andreä bis zum Jahr 1568.» In: *Blätter für württ. Kirchengeschichte* 60/61 (1960/61), S. 224–394.

Die Gegenrichtung («Subkultur») zur Orthodoxie wird umfassend dargestellt von Martin Brecht, «Johann Valentin Andreae. Weg und Programm eines Reformers zwischen Reformation und Moderne». In: *Theologen und Theologie.* a. a. O., S. 270–343. (Besonders interessant durch die Neubewertung von Keplers theologischem Briefpartner, Matthias Hafenreffer, der hier eher als Konfrater denn als orthodoxer Gegenspieler des Mathematikers erscheint.)

APIAN UND KEPLER

Auguste Gruber, *Philipp Apian. Leben und Werke.* Diss. phil. (maschschr.) München 1923, S. 66–131.

Friedrich Seck, «Marginalien zum Thema Kepler und Tübingen». In: *Attempto* 41/42 (1971), S. 3–19.

ders., *Kepler und Tübingen.* Tübinger Kataloge Nr. 13, 1971.

Franz Hammer, «Keplers Bemühungen um eine Professur in Tübingen». In: *Schwäbische Heimat* 22 (1971), S. 209–218.

Jürgen Hübner, *Die Theologie Johannes Keplers zwischen Orthodoxie und Naturwissenschaft.* Tübingen 1975, S. 45–67 und S. 108–119.

Anmerkungen zum 5. Kapitel

Gutachtertätigkeit

Wie groß das Ansehen der theologischen Fakultät über die Grenzen des Landes hinaus war, zeigt das Schreiben des Herzogs Johann Wilhelm von Sachsen vom Oktober 1571:

«Von Gottes gnaden Johans Wilhelm Herzog zu Sachsen. Unsern gnedigen grus zuvorn, Erwirdige und Hocherbare lieben Andechtige und besondere. Wir stellen inn keinen Zweifell, Euch werde unverborgen sein, was für ein fehrlicher streitt vonn der Erbsünde durch Magistrum Ihricuin erregt und biß anhero verharlich continuirt worden ... Dieweill dann durch solchen streitt etliche unserer Kirchen und Schuelendiener nicht geringschezig perturbiret und verwirret, als haben wir den Erwirdigen unnd hochgelarten unsern Lieben Andechtigen Erenwerten Johannum Wigandum der Heiligen Schrifft doctorem und Professorem inn Unser Universitat Jhena beiligenden Druck ferttigen und Publiciren lassen. Ob wir nun woll in gueter Hoffnung gestanden, dieweill solch scriptum Gottes wortt, der waren augspurgischen Confession, scriptis Lutheri unnd unserer Duringischen Confession gemes, es sole ein Jeder Christe daran ein billichs genügen tragen, so haben sich doch etliche Uber Unsere Zuvorsicht angemast solch Christlich scriptum zutaddeln unnd als verwerfflich auszuruffen. Dardurch etliche unsere Kirchendienere und Politici noch mehr Perturbiret werden.

Dieweill wir dann dieselbigen anderer gestalt nicht wissen wiederumb zurechtzubringen, oder da sie uf ihrer gefasten opinion halstarrig bleiben ... als ersuchen wir Euch, unnd gesinnen gnediglich, Ihr wollet beigelegten druck von der Erbsünde und auszug Testimoniorum Augustini mit vleis vorlesen, inn Gottesfurchte erwegen, und uns daruber eur Christlich bedencken stellen, unnd so balde es fertig, zu unsern eigen Handen uberschicken. An dem allem thut Ihr Gott dem Allmechtigen ein sonder angenehmes werck unnd uns zu gnedigem gefallen, in gnaden zuerkennen.»

Zur *Kooperation von juristischer und theologischer Fakultät* vgl. das Dekanatsbuch der ev.-theol. Fak. vom April 1785:

«den 10. April überschikte der H. Decanus der Juristenfacultaet D. Majer an den dießseitigen Decanum ein Stoß Acten, welche die hochfürstl. Badische Regierung ad consulendum hieher geschikt hatte. Sie betrafen erstl. das Todesurtheil eines dortigen Delinquenten, ... der sein mit seiner Frau angetretenes Kind von 1 Jahr 8 Mon. mit vieler Grausamkeit umgebracht hatte, und der von der Landesregierung zum Schwerd verdammt war. Es war aber zugleich die Frage angehängt, *ob es gegründetes Bedenken hätte, diese Todesstrafe in lebenslängliche Zuchthausstrafe zu verwandeln, wann der Landesfürst entschlossen wäre, den Delinquenten auf die Art zu begnadigen, daß er ... durch den Henker tüchtig mit Ruthen gehauen, und alsdann jährlich am 11. Sept., daran er den Mord begangen, eben daselbst mit Schlägen, nach seiner Leibesbeschaffenheit, zur Erneuerung des Exempels abgestraft würde.* Und dieser zweyten Frage wegen wurde das gemeinschaftl. Consilium verlangt, die gemeinschaftl. Consessus wurde den 16 eius gehalten wo D. Kapff qua Referens in causa, zwar die Gründe, womit man ehmals den Regenten das Jus aggratiandi homicidas strittig machte, in aller Schärfe vortrug, aber auch gründlich darauf antwortete: folglich in thesi zwar den Regenten diß Recht einräumte, aber so große Bedenklichkeiten … ihnen dabey ans Herz legte, daß es immer das sicherste für das Gewißen der Regenten dabey bleiben muß, die vorhandene peinliche Geseze in ihrer Kraft zu erhalten. Hauptsächlich wurde der geringere Eindruck auf andere oder die *Schwächung des Exempels* und das *Willkürliche* urgirt, das sich auf diese Weise in die peinliche Rechtspflege einschleichen könte. Die Theologische Facultaet trat bey dieser Vorsicht dem gestellten Consilio ohne Bedenken bey.»

Direkte und indirekte Blasphemie

August Hegler, *Die praktische Thätigkeit der Juristenfakultäten des 17 und 18. Jahrhunderts in ihrem Einfluß auf die Entwicklung des deutschen Strafrechts von Carpzov an.* Diss. jur. Tübingen 1899.

Der Kampf zwischen Frischlin und Crusius

David Friedrich Strauß, *Leben und Schriften des Dichters und Philologen Nicodemus Frischlin.* Frankfurt a. M. 1856.

Tübingen und Zinzendorf

Robert Geiges, «Zinzendorf und Württemberg». In: *Blätter für württ. Kirchengeschichte* N.F. 17 (1913), S. 52–78 und S. 138–152.

ders., «Herrnhut und Württemberg». In: *Blätter für württ. Kirchengeschichte* N.F. 34 (1930), S. 211–269.

Friedrich Fritz, «Konventikel in Württemberg von der Reformation bis zum Edikt von 1743». In: *Blätter für württ. Kirchengeschichte* 53 (1953), S. 82–130, und 54 (1954), S. 75–122.

Zensur

Hans Widmann, «Zur Geschichte der Zensur in Tübingen». In: *Gutenberg-Jahrbuch* 44 (1969), S. 168–173.

ders., *Tübingen als Verlagsstadt.* Tübingen 1971, S. 82–96 und S. 120–133.

Gunther Franz, «Bücherzensur und Irenik». Die theologische Zensur im Herzogtum Württemberg in der Konkurrenz von Universität und Regierung. In: *Theologen und Theologie.* a. a. O., S. 123–194.

Faust in Tübingen

Landesgerichtspräsident Graner, «Tübingen und die Faustsage». In: *Tübinger Blätter* 17 (1922/24), S. 25–30.

Der Tübinger Reim-Faust von 1587/88. Aus demProsa-Volksbuch *Historia von D. Johann Fausten.* 1587 in Reime gebracht von Johannes Feinaug. Hrsg. von Günther Mahal. Kirchheim/Teck 1977.

Teufelspakte

Volker Schäfer, «... helfen zu graben den Brunnen des Lebens». 500 Jahre Tübinger Universitätsgeschichte. Tübinger Teufelspakte. In: *Tübinger Universitätszeitung* 2 (1977), S. 14–16.

Anmerkungen zum 6. Kapitel

Die Rede des Kanzlers Pfaff

Erwin Schömbs, *Das Staatsrecht Johann Jakob Mosers (1701–1785).* Zur Entstehung des historischen Positivismus in der deutschen Reichspublizistik des 18. Jahrhunderts. Berlin 1968.

Der Lehrbetrieb der Artisten

Hans-Wolf Thümmel, *Die Tübinger Universitätsverfassung im Zeitalter des Absolutismus.* a. a. O., S. 234–260.

Die Magister-Feier

Die Problematik der – mehr und mehr zum kuriosen Ritual erstarrten – Zeremonie beleuchtet ein Briefwechsel zwischen Tübingen und Stuttgart.

Bitte der philosophischen Fakultät vom August 1794:

«... daß bei dem Magisterio künftig wieder alle weitere Ceremonien zu Vermeidung der dadurch veranlaßten Unanständigkeiten unterbleiben, und der Actus bloß so, wie er vor dem Jahre 1770 üblich gewesen, gehalten werden möchte.»

Antwort des Herzogs Ludwig Eugen vom 23. 8. 1794

«... wollen wir anmit die überflüssigen Ceremonien, nehmlich den Gebrauch der Insignien und Symbolen, als Huth, Ring, liber clausus et apertus etc. auf eine Probe gnädigst abgestellt und dagegen verordnet haben, daß künftig die ganze Verhandlung bey dem Magisterio dahin eingeschränkt werden solle, daß der Decanus eine Rede über eine schikliche Materie halte, den Canzler um Ertheilung der Venia requirire, dieser ebenfalls vor Ertheilung derselben eine zwekmäßige Rede halte, die gebetene veniam praescriptis verbis ertheile und dann der Decanus die neue Magistros renuncire.»

Disputationen in der Universität

Eugen Neuscheler, «Der Blasphemie-Prozeß gegen stud. theol. Hartmann Causius 1581». In: *Attempto* 22 (1967), S. 68–76.

Die Philosophische Fakultät der Universität Freiburg

Ernst Walter Zeeden, «Die Freiburger Philosophische Fakultät im Umbruch des 18. Jahrhunderts». In: *Beiträge zur Freiburger Wissenschafts- und Universitätsgeschichte* 17. Freiburg/Br. 1957.

Die Tübinger Philosophische Fakultät zu Hölderlins Zeit

Reiches Material im Katalog des Schiller-Nationalmuseums Marbach/Neckar. *Hölderlin zum 200. Geburtstag.* Stuttgart 1970, S. 84–143.

Die juristische Fakultät

Hans-Wolf Thümmel, *Die Tübinger Universitätsverfassung im Zeitalter des Absolutismus.* a. a. O., S. 185–212.

Helmut Coing, «Rechtsschulen der Aufklärung». In: *Handbuch der Quellen und Literatur der neueren europäischen Privatrechtsgeschichte.* Bd. 2, München (1978).

Christoph Besold

Emil Niethammer, «Christoph Besold. Professur des Rechts 1577–1638». In: *Schwäbische Lebensbilder* 2. Stuttgart 1941, S. 11–34.

Matteo Gribaldi

Reinhold Rau, «Matteo Gribaldi in Tübingen». In: *Alemannisches Jahrbuch 1968/69* (1970), S. 38–87.

Charles Dumoulin

Gert Meyer, «Charles Dumoulin – ein führender französischer Rechtsgelehrter». In: *Rechts- und Sozialwissenschaftliche Vorträge und Schriften* 4 (1956).

W. Buder, «Calvins Beziehungen zu Tübingen». In: *Tübinger Blätter* 11 (1908/09), S. 11–18.

Wolfgang Adam Lauterbach

Roderich von Stintzing, *Geschichte der deutschen Rechtswisssenschaft.* 2. Abt., München u. Leipzig 1884, S. 139–146.

Die Juristen-Fakultät als Spruch-Kollegium

Hermann Seeger, *Die strafrechtlichen Consilia Tubingensia.* Von der Gründung der Universität bis 1600. Tübingen 1877.

August Hegler, *Die praktische Thätigkeit der Juristenfakultäten des 17. und 18. Jahrhunderts.* a. a. O. Friedrich Graner, «Zur Geschichte der Kriminalrechtspflege in Württemberg». In: *Württ. Vierteljahreshefte für Landesgeschichte* N.F. 37 (1931), S. 16–57 und S. 227–265.

Jochen Geipel, *Die Konsiliarpraxis der Eberhard-Karls-Universiät und die Behandlung der Ehrverletzung in den Tübinger Konsilien,* Stuttgart 1965. (In Details durch Thümmel, *Tübinger Universitätsverfassung.* a. a. O., S. 201–211, berichtigt.)

Hexenprozesse

Als Überblickswerk noch immer unentbehrlich [Wilhelm Gottlieb] *Soldan's Geschichte der Hexenprozesse.* Neu bearbeitet von Heinrich Heppe. München 1912. Ergänzend: Manfred Hammes, *Hexenwahn und Hexenprozesse.* Frankfurt a. M. 1977; und: Gaby Becker u. a., *Aus der Zeit der Verzweiflung.* Zur Genese des Hexenbildes. Frankfurt a. M. 1977.

Zur Tübinger Praxis: Paul Gehring, «Der Hexenprozeß und die Tübinger Juristenfakultät. Untersuchungen zur württ. Kriminalrechtspflege im 16. und 17. Jahrhundert. In: *Zeitschrift für württ. Landesgeschichte* 1 (1937), S. 157–188 und S. 370–405; und: Jg. 2 (1938), S. 15–47.

Anmerkungen zum 7. Kapitel

Die medizinische Fakultät und das collegium medicum

Hans-Wolf Thümmel, *Die Tübinger Universitätsverfassung,* a. a. O., S. 212–234.

Ludwig Makowsky, *Fünf Jahrhunderte Chirurgie in Tübingen.* Stuttgart 1949.

Victor Adolf Riecke, *Das Medizinalwesen des Königreichs Württemberg.* Stuttgart 1856. (Vor allem wichtig: S. 60–113.)

Johann Heinrich Ferdinand von Autenrieth, Über den Geist, der zur Zeit des dreißigjährigen Krieges auf der Universität Tübingen herrschte. Tübingen 1832.

Johann Säxinger, *Über die Entwicklung des medizinischen Unterrichts an der Tübinger Hochschule.* Tübingen 1883.

Zur Geschichte der Anatomie vgl.: August Froriep, Vorwort zur Geschichte der Anatomischen Anstalt in Tübingen. In: *Die anthropologischen Sammlungen Deutschlands.* (16. Tübingen) Braunschweig 1902, S. V–XIV.

Adelheid Kuhn, *Aus der Geschichte der Pathologie an der Universität Tübingen.* Diss. med. Tübingen 1970.

Gerhard Fischer, *Tübinger Anatomie im neunzehnten Jahrhundert.* Diss. med. Tübingen 1970.

Der botanische Garten

Klaus Dobat und Karl Mägdefrau, «Vom Heilpflanzenbeet zum Neuen Botanischen Garten». In: *Attempto* (1975), S. 8–31.

Anatomie-Probleme

Noch 1855 oblag es dem zuständigen Professor der Anatomie, Vorschläge für eine geeignete Art des Leichentransportes zu machen: Jede Gemeinde, die Leichen an die Anatomie liefere, solle eine «sargähnliche, fest gearbeitete und gut verschließbare Kiste» für den Transport anschaffen, deren Schlüssel dem Fuhrmann in einem versiegelten Begleitschreiben mitzugeben sei. «Um den Anblick der Kiste dem Publikum vollständig zu entziehen, dürfte es genügen, dieselbe *sorgfältig* in Stroh *einzubinden*, als ein Mittel, welches überall und ohne nennenswerte Kosten beizuschaffen wäre.»

Amtsärztliche Tätigkeit

Aus einem Schreiben der med. Fakultät qua collegium medicum ob der Steig vom 15. 9. 1804: «Dornstetten selbst hat nur 1086 Einwohner nach dem heurigen Adreßcalender, von diesen kann bei weitem ein Apotheker noch nicht leben. Das Dornstädter Amt zählt zwar nebst der Stadt 9019 Menschen. Dornstett selbst aber, nur 2 Stunden von Freudenstadt entfernt, durch eine Chaussee damit verbunden, wird nie Rechnung machen können, alle diese 9000 Menschen in seine Apotheke zu bekommen. Seitwärts liegen die Apotheken von Sulz und Alpirsbach, vorwärts Freudenstadt, rückwärts in das Land herein ist die Gegend reichlich mit Apotheken versehen. Die Stadt und Amt Tübingen nebst dem Bebenhäuser Oberamt zählt auf 35 227 Menschen – ohne die Univ. Verwandten – nur zwey Apotheken. Und wenn auch die Stadt und Amt Stuttgart 45 304 Menschen, den Hof und das Militair ausgeschlossen, für welche man die Hofapotheke rechnen kann, auf 4 Apotheken zählen, so trifft hier der große Unterschied ein, daß in Absicht auf Hülfe, welche Kranke aus der Apotheke suchen, eine große Differenz zwischen den Einwohnern beträchtlicher Städte und dem Landvolk ist.

Es kommt noch der Umstand hinzu, daß in Dornstett kein Arzt ist, und daß wenn Dornstett einen eigenen Physicus erhalten sollte, bey ihm der nehmliche Übelstand, wie bey dem Apotheker eintreffen wird, daß er nehmlich, hat er nicht eigenes Vermögen, von seinem Amtsdistrikt nicht leben kann.»

Die Fakultät ist der Ansicht, daß «bey einem Apotheker-Gewerbe Concurrenz nicht Wohlfeilheit guter Waren, sondern bloß Wohlfeilheit schlechter Waren herbeyführt, deren Gehalt das Publicum zu beurtheilen noch dazu unfähig ist ...» und stimmt deshalb gegen die Einrichtung einer Apotheke in Dornstetten.

Inspektionen

Beschreibung eines Prüfungs-Vorgangs

«D. 31ten Jul. (1800) wurde der Durchgang der Chirurgorum und d. 1ten Aug. der Durchgang der Hebammen und geschworenen Weiber von dem ganzen Tübinger Amt, von der Staatskellerey Tübingen unterworfenen Orten, von dem Staatsamt Gomaringen, und von dem ganzen Bebenhäuser Amt, Vormittag von 9 Uhr an auf dem UniversitätsHauß, und zwar der Durchgang der Hebammen wegen ihrer Menge in dem Senatszimmer selbst, der Durchgang der Chirurgen aber in dem Nebenzimmer gehalten. Vorher hatte ich jeder der 4 oben genannten Beammtungen einzeln etwa 8 Tag früher im Nahmen der Facultät geschrieben und sie ersucht, ihre Chirurgen alle um eine Zeit auf den einen Tag, und ihre Hebammen und geschworenen Weiber auf eben die Zeit an dem andern Tag der Facultät zu stellen. Durch den Pedell war ausser der Facultät den Tag vorher zu dem Durchgang der Chirurgorum bloß der hiesige H. Regierungsrath und Oberammtmann eingeladen worden, der sich aber entschuldigen ließ. Ausser der Facultät war deßwegen nur der H.Stadtphysicus Dr. Diez anwesend. Die übrige praktische Ärzte in der Stadt wurden den Tag vorher durch den Pedell ersucht, mündlich oder schrifftlich ihre etwaige Klagen bey der Facultät vor dem Durchgang anzubringen. Ich als Decanus führte das Protocoll, H.Stadtphysicus Dr. Diez führte privatim für sich ebenfalls ein Protocoll. Es wurde nun ein Chirurgus um den andern hereingerufen und während sie standen befragt, wie sie hießen, wo sie her seyen, ob sie nichts zu klagen hätten, ob ihnen nichts in ihrer Gegend bekannt seye, das wieder die Medicinal-Ordnung vorgehe, ob kein nicht examinirter Chirurgus in ihrer Gegend seßhafft seye, ob sie sonst keine Bemerkung zu machen hätten.»

«Chir. Rattig von Mössingen zeigte an, und erbat sich, wenn ihm sein Zeitverlust ersezt würde, es obrigkeitlich zu beweisen, daß Hannß Martin Holfingers Ehfrau von Thalheim auch äusserlich prakticire, und in den ersten Monaten dieses Jahrs einer Frau Nahmens Schneiderinn von Öschingen ihre scirrhose Brust aufgeschnitten habe, worauf der Tod in wenigen Tagen gefolgt seye. Es wurde bey dem Oberammt von der Fac. stark darauf gedrungen, dieses strafwürdige Factum genau untersuchen zu lassen und zur gebührenden Strafe zu bringen.

Chir. Wandel in Kusterdingen zeigte an, daß der Schultheiß von Ohmenhausen, Reutlinger Gebiets als Hexenineister im Wirtembergischen stark practire. Die Fac. bat das Oberammt, den schon einmahl gegebenen Befehl, diesen Schulzen im Falle er sich wieder als Quaksalber in einem wirtembergischen Orte betretten lasse, zu arretiren, in Vollziehung bringen zu lassen.

Dann zeigten Chir. Essig von Entringen und Chir. Brakenheimer von Breitenholz an, daß Hausirer und Materialisten vielen Unfug mit Arzney- und Arcanaverkaufen in diesen Gegenden verursachen. Auch diese Beschwerde theilte die Fac. dem Oberammt zur Abstellung derselben bey.

Chir. Brakenheimer von Breitenholz zeigte an, daß nach Kay ausländische Chirurgen von Altingen, 3 Gebrüder Hammer zum rasiren, Harnbeschauen etc.

etc. kämen. Das Oberammt wurde ersucht, diesen ausländischen Chirurgen ihr Handwerk im Wirtembergischen zu legen.»

Leproseninspektion

Gutachten der medizinischen Fakultät vom 22. November 1625:

«Wir Decanus, Doctores und Professores der löblichen Facultet der Artzney bey gemeiner Universitet zue Tübingen, Erkhennen offentlich, und thun kundt ... mit diesem Briv: daß in Unserm Versambleten Collegio heutt Dato vor uns erschienen Christina Ramßdorfferin, von Rottenburg am Negger, acht unnd viertzig Jährigen allters (neben Ihrem Schwager, Conrad Gering, Bürgern unnd Rothgerbern daselbsten) kürtzlich vermeldendt ... daß sie Christina, wegen einen Bösen an Sich habenden Räuden ... (allß ob Sie mit Franzosen oder Außatz behafftet) für Suspect gehallten werde, mit freundtlichem begern, daß wir Sie Collegialiter besichtigen, auch wie unnd welcher gestallt Sie befunden worden, Ihr der warheit zu Steuer, glaubwürdigen Schein unnd Urkhundt, under unserer Facultet vorgetruckhten gewohnlichen Innsigel, ohnbeschwerth mittheilen wollten.

Wann wir dann solch Ihr ... Begern für zimblich und billich erachtet unnd Ihr solches nicht abschlagen sollen noch wollen: Allß haben wir hierauff heutt Dato, mit Zuziehung eines erfahrnen chirurgi, die Besichtigung in unserm versambleten Collegio, mit ermelten Christina vor die Handt genommen, den beschaffenheit erkhundiget, unnd alleß waß hierzue erfordert wirdt, auff das vleißigste unnd besste, allß wir vermöcht, erwogen unnd betrachtet, auch nach sattsamben wissen, unnd wolbedächtlicher deliberation befunden, daß ermelte Christina, sowol aus gegenwärtigen allß vorhergehenden Ursachen und zeichen weder mit frantzösischen Schäden, noch mit dem Außatz behafftet seye, zumaßen Sie dann von unns solcher beeden Räuden wegen ... ledig unnd loß gesprochen wirdt: Sondern solche sich bey ihr erzeigender Räuden, auß versaumbnuß der ordenlichen baden, Schrepfen, Unordenlichen Eßen, Trinckhen, unnd dergleichen: vor versaltzenen unnd verbrännten groben Speisen, Ihren Ursprung genommen, denen jedoch auff den künfftigen Frühling mit ordenlichen guten Mitteln, von einem verstendigen Medico und chirurgo wol mag begegnet und Sie Christina widerumb zu voriger guter gesundheit gebracht werden [mag].

Zue Urkhundt befundener beschaffenheit, haben Wir ermelter Christina gegenwertigen schrifftlichen Schein, der warheit zu Steuer ... Under unserer Facultet vorgetruckhten gewohnlichen Innsigel geverttigt mittgetheilt, unnd geben zu Tübingen, Zinstags den Zween und zwaintzigsten Novembris, deß ablauffenden Sechzehenhundert fünff unnd zwaintzigsten Jahrs.»

Wilhelm Schickard

Friedrich Seck (Hrsg.), *Wilhelm Schickard (1592–1635). Leben und Werk.* Tübingen, 1977.

ders., «Wilhelm Schickard in Briefen. Ein Tübinger Gelehrtenleben im Dreißigjährigen Krieg». In: *Schwäbische Heimat* 26 (1975), S. 197–220. (Beiden Studien verdanke ich die Kenntnis der auf S. 210 und S. 211 auszugsweise zitierten Passagen.)

Anmerkungen zum 8. Kapitel

Das collegium illustre

Eugen Schneider, «Das Tübinger collegium illustre». In: *Württ. Vierteljahreshefte für Landesgeschichte* N.F. 7 (1808), S. 217–245.

August Willburger, «Das Collegium illustre zu Tübingen». In: *Tübinger Blätter* 13 (1911), S. 1–33.

Gerhard Rauscher, *Das Collegium illustre zu Tübingen und die Anfänge des Unterrichts in den neuen Fremdsprachen, unter besonderer Berücksichtigung des Englischen (1601–1817)* Diss. phil. (maschschr.) Tübingen 1957.

Reisebeschreibung der sächsischen Prinzen

Auszug aus einer «Reisebeschreibung der beyden Prinzen Albrecht und Bernhard von Sachsen». In: *Archiv zur neueren Geschichte, Geographie, Natur- und Menschenkenntnis* 5 (1786), S. 261–302.

Das Adels-Kolleg

Der Herzog regelt den Einzug der Prinzen:

«Unsern gnädiglichen grueß zuvor, ... liebe getreue;

Wir haben Euren ... bericht, weilen wir unß gnädigst resolvirt, unsere geliebte drey jüngere Frst. Printzen, in unser frstl. Collegium hiemechstens ein kommen zulaßen, wie die in solchem Collegio hierzu benötthigte losamentorum und Mobilien in einem und anderm bereiths versehen, auch was es noch weitters erfordere, und zubestellen sein möchte, mit mehrerem hören verlesen; Hierauff nun ist unser gnädigster befelch, Ihr wollet daran sein, das nachfolgende Stückh und Puncten, also beschleüniget und zurhand geschafft werden, daß hierinnen kein mangel erscheinen möge;

1. ... sollen drey gantz neue Sauber außgemachte Bethladen (fahls es noch nicht geschehen were) verferttiget, und noch ... ohnangestrichen gelaßen:
2. Solche Bethladen mit neuen grünen latißenen umbhängen, welcher Zeug zu Tüwingen, Calw oder sonsten im Landt zuerkauffen ist, behenckht und versehen:
3. In solche Bethladen gantz neues Bettgewand, alles drey gantz neue Ober- und under bett, sambt Pfulben, Küßenern, weißen gezeug, und all yberiger zugehör ohnfehlbar verschaffet und zur hand gebracht:

4. Sollen auch die, in denjenigen Stuhen, welche unsern frstl. Printzen zubereitet sein, befindtliche Bänckh abgebrochen und deren stätt mit latten von Nußfarb angestrichen wieder beschlagen werden; und dan
5. wegen der Wachslichter und fackhlen habt Ihr Euch umb die erfordernde Notthurfft Jedes mahles bey unserem Haußhofmeister oder Bug Vogt alhier, weilen solche vormahls auch für unsere im Collegio gewesene frstl. Printzen von unserm Hofstaat auß dorthin verschafft worden, gebührend anzumelden; Hieran vollziehet Ihr unsern gnädigsten Willen und meinung; und wir verbleiben Euch mit gnaden wohlgewogen; datum Stuttgt. den 21. obtober 1672»

Disziplin im collegium illustre

Protokoll eines Handels aus dem Jahre 1667:

»So sich den 18ten Martj abents ungefähr umb halb 8 Uhren, zwischen Eliaß Walthern Collegiaten in dem Fürstlichen Collegio mit etlichen Burschen auß der Statt, darunder Knobelßdorff, Kökritz, und Hundt, et Consorten begeben. Es hat Neuhäuser, studiosus bey der Universitet alhier, benanthen Walthern, ein paar Pistolen abhandeln wollen, So fern sie Sich in die halfftern, so er habe, Schickhen werde. Deßwegen dieser gleich nach gehaltner Taffel ein Pistol under dem mantel zu sich nemment, außgehet, solche bey dem Neuhäußer in die halfftern zu Probieren. Weilen Er ihn Zu abendt am ersten vermeint anzutreffen; wie er dan auch in sein Hauß gangen: die Fraw aber habe ihm gesagt, Neuhäußer Seye noch nicht kommen, worauff Er wieder fortgangen. Alß Er aber im Rückhwege vor der Gerhartin hauß vorübergangen, Sey auff der Gassen ein Trupp burschen gestanden, und Ihm nach geruffen, Spazenfänger, hast du Spazen underm hut; Er Walter aber geantwortet es seye ietz nacht, Er ziehe den Huet vor Ihnen nicht ab, dar Er sie nicht kändte; Darauff habe Knobelsdorff gleich angefangen, Potz Tausendt es ist der Walter! der Herr Lach nicht! und Ihn mit seiner Rede (alß die von Nattur waß Langsames und leyse) außgestattet; alßdann habe Walther gesagt, waß sie doch an Ihn begehrten, ob sie ihn denn nit Seineß weges könnten gehen laßen; da habe einer geruffen, es seye schon guet, *Er Solle nur gleich fort gehen*, oder bekhomme ohrfeygen, welches Ihn dan sehr verdroßen, und geantwordet, was *Er auch wohl nach Ihnen fragte, Sie solten Sich nicht einbilden Daß Er Sich for Ihnen fürchte*; Darauff sey Knobelsdorff auff Ihn zu gangen, Er Walther, aber habe daß Pistol (weliches daß es geladen gewesen, Er gantz nicht gewußt, könne auch auff Sein gewissen Sagen, daß er nicht wisse, wie und wan es seye geladen worden) *auff Ihn gehalten, da seye Knobelsdorff Stehen bliben biß es loß geschnelt*; dan Sey Knobelsdorff auff Ihn fort gangen, *Da Walther den Degen gezogen, Ihn damit vom leib zuhalten*, und die ohrfeygen, so Sie zu vor Ihme getroht zu verhüten; habe auch alß er gantz nahe auff Ihn kommen, *nach ihm gestossen*; darauf Ihn Knobelsdorff über den Kopff gehauen, mit disen worten, du Tausendt Sawmentscher etc. und gleich Seyen noch zwen über Ihn gewesen: wie sie hernachher mit gesambten hauffen mit Ihm Seyen umbgangen, würden die nachbar wohl gesehen haben; Letzlich nach dem Sie Ihn auf dem boden haben genug geschlagen, und Ihn mit dreyen hiben und zweyen Stichen, auff dem Kopff, auch einen Stich am arm, übel beschädiget, haben Sie, alß hetten Sie zu wenig gethan, und zu mehrerer beschimpffung, Ihren dienern geruffen, Sie solten ihn gewaltig abbrüglen, Seye auch gleich deß gerstdorffers diener über Ihn her gefallen. Er Walther aber habe Ihn gleich bey den Haaren erwischt, und jener Sich loßwirckhendt, Seye Ihm mit der handt ins maul kommen; da habe Er zu gebißen, daß iener Schreiend davon geloffen, und Er also ledig worden.»

Nepotismus

Bewerbung von Maria Gmelin für ihren Sohn Samuel Gottlieb Gmelin von 1768.

«Euer Magnificentien, Hochwürden und Excellentien werden es hochgeneigtest erlauben, daß ich mich unterstehe meinen abwesenden Sohn Bey der vorseyenden Wahl eines Professoris ordinarii demüthigst in das Angedenken zu bringen, und in dessen Abwesenheit in seinem Namen seine underthänigste Dienste gehorsamst zu oferiren. Ich weiß die Verzögerung, die aus seiner Entfernung entstünde. Ich weiß meines Sohns Verbindung ein Jahr vorher aufzukünden.
Wann ich aber erwege, daß schon vormals nur 2 ordinarii Professores Medicinae gewesen und alles nöthige gelehret haben, auch daß die Chemie und Historia naturalis nur alle 3 Jahre gelesen wird, der Botanic halber aber leichtlich eine convenabie Verfügung gemacht werden könte: so erkenne ich, daß es von der blosen hohen Geneigtheit Amplissimi Senatus abhange, diese Schwierigkeiten aus dem Weg zu räumen. Wann ich dabey die Treue Dienste der Gmelinschen, die sie der Universität geleistet, und die hohe Wohlgewogenheit, Freundschaft und Liebe, welche diese Famille jederzeit in diesem Hochverehrlichen Collegio genossen, überlege: so glimmet in mir eine Hoffnung, daß diese geneigte Gesinnungen nicht erloschen seyn werden. Ich bin zwar als ein Weib außer Stand die Studia und Tüchtigkeit meines Sohnes abzumessen, doch schließe ich wahrscheinlicher Weise, daß, da er von Jugend auf unter den Gmelinschen die vorzügliche Neigung zu eben diesen Studiis, die das erledigte Pensum erfordert, eingesogen, und sie daher, wie ich ein Augenzeuge bin, vorzüglich von der zartesten Jugend an getrieben, und neben bekannter Academischer Fertigkeit es zu Gottes und des Vaterlands Ehre so weit gebracht, daß er von einer Erlauchten Academie zu St. Petersburg zum Professore in eben diesen Wissenschaften dieser erledigten Stelle vocirt, schon vorher aber nach abgelegten Speciminibus zum Mitglied der berühmten Academien der Wissenschaften in London und Harlem aufgenommen worden, Er auch als einen Beweis seiner Tüchtigkeit noch dieses vor sich hat, daß, nachdem er in dem verflossenen Jahr die hinterlassene Sammlungen seines Oncle in Ordnung gebracht und ausgearbeitet, den Botanischen Garten in St. Petersburg angelegt, und nach Absterben … Herrn Lehmanns das Laboratorium

diesen abgewichenen Winter versehen, Er zu einer Untersuchungs-Reyse als Director der Gesellschaft ernannt worden und seinem Namen bereits Ehre bey den Ausländern erworben; daß ich seine Dienste demüthigst werde anbieten dörfen.

Mein seeliger Mann und ich haben weder Kosten noch Treue gespart, ihn sowohl hier in der Aufziehung, als auch nachmals auf Reysen fast in die 3 Jahre in Strasburg, Holland, Engelland, Paris etc. zu einem Tüchtigen Diener seines Vaterlandes zu machen. Ob nun gleich die göttliche Vorsehung ihm eine honorable Stelle außer Lands gegönnet hat: so halte ich es doch vor seine Schuldigkeit, daß er seine Dienste dem Vaterland vorzüglich widme, wozu ich noch dieses Beyzusezen mich erkühne, daß ich als eine redliche Mutter vor seine Gesundheit besorgt seye, und glaube, daß ihm das Clima seines Vaterlands angemessen wäre.

Wie ich also nicht zweifle, mein Sohn werde gleiche unterthänigste Gesinnungen gegen seinen angebohrnen Durchleuchtigsten Landesherrn, und gleiche Dienst-Ergebenheit gegen dem Hochlöblichen Senat und dem Vaterland hegen, und, wann es die Entfernung liete [= litte] seine unterthänigste Dienste anbieten, und alle auswärtige Vortheile nach seiner Schuldigkeit zuruklassen: also versuche ich es in seinem Namen zu thun, schütte meine unterthänige Bitte nach meiner zärtlichen Mutterliebe in den Schoos eines Ho Indem ich nun Euer Magnificentien, Hochwürden und Excellentien meinen Sohn vor gegenwärtig und aufs zukünftige in Hochgeneigtestes Angedenken zu bringen mich erkühne: so Bediene [ich] mich zugleich dieser Gelegenheit mich und meine ganze Famille Dero Hohen Patrocinio gehorsamst zu empfehlen, und von mir zu versichern, daß ich mit demüthiger Hochachtung seye

Euer Magnificentien, Hochwürden und Excellentien Meiner allerseits Hochzuverehrenden Herren

Maria Gmelin»

Reformen im 18. Jahrhundert

Uwe Jens Wandel, «... in allen Stücken prudenter und reifflich eingerichtet». Tübinger Reformversuche im 18. Jahrhundert. In: *Beiträge zur Geschichte der Universität Tübingen 1477–1977.* a. a. O., S. 105–134.

Georg Bernhard Bilfinger

Eugen Schmid, «Geheimrat Georg Bernhard Bilfinger (1693–1750)». In: *Zeitschrift für württ. Landesgeschichte* 3 (1939), S. 370–422.

Heinz Liebing, *Zwischen Orthodoxie und Aufklärung.* Das philosophische und theologische Denken Georg Bernhard Bilfingers. Tübingen 1961.

Karl Eugen und die Universität Tübingen

Herzog Karl Eugen von Württemberg und seine Zeit. Hrsg. vom Württ. Geschichts-

und Altertums-Verein. Esslingen 1909. Bd. 2, 10. Abschnitt: Heinrich Hemelink, «Das Hochschulwesen: Universität», S. 191–234, und: «Die Wissenschaften», S. 235–260.

Volker Schäfer, «Die Umbenennung der Universität Tübingen in ‹Eberhardina Carolina›». In: *Attempto* 33/34 (1969), S. 3–8.

Martin Leube, «Christian Friedrich Schnurrer, besonders als Ephorus des Stifts». In: *Blätter für württ. Kirchengeschichte.* N. F. 36 (1932), S. 231–254.

VISITATIONEN

Aus den Monenda des Senats (1769):

«Besondere Aufsicht über die Studiosos.

[Es] wäre zu wünschen, daß jeder Studiosus unter der Aufsicht eines von denen Professoribus stünde, der sich stets nach seinem Thun und laßen erkundigte, ihn von Zeit zu Zeit zu sich forderte, durch ein liebreiches Examen sentirte, aufmunterte, Anweisung zum Studiren gäbe, u.s.w. Mancher würde dadurch für Unfleiß und Unordnung bewahrt, welcher, wann er sich selbst nur überlaßen ist, desto leichter auf Weege des Verderbens geräth. Vormahls hat jeder Studiosus, nachdem er bey dem Rectorat inscribirt hatte, hemach auch bey dem Decano seiner Facultaet inscribiren müßen. Dieses hat man bey der Theologischen Facultaet zu deß Canzlers Pfaffen Zeiten nur bey Stipendiaten beobachtet, bey Theologiae Studiosis Oppidanis aber ganz in Abgang kommen laßen; und obgleich der jezige Cancellarius und andere sich dißfalls viele Mühe gegeben haben, so haben doch die Extranei sich noch gar nicht, sondem nur die Lands-Kinder dazu bequemt. … Weil es aber um den allgemeinen Ruhm der Universitaet zu thun, so wäre auf diesen Umstand zu reflectiren, indeme solche Studiosi extranei, wann sie ihre Zeit auf der Universitaet ohne Aufsicht zugebracht, und als schlechte Leute nach Hauße kommen, der Hohen Schule wenig Ehre machen, und andere Eltern abschröcken ihre Söhne dahin zuschicken.

Allzu große Jugend der Studirenden.

[Es] ist … schädlich, wann die Leute gar zu jung auf die Universitaet kommen, und wohl nicht einmahl die nöthige Fundamenta Latinitatis mitbringen. Für dieses könnte bey der gewöhnlichen Deposition, mittelst eines kleinen Examinis in Latinitate, welches von dem jeweiligen Rectore und Professore Contubernii vorzunehmen, gesorgt werden.

Abstellung der Vacanz im Monath Julio.

Denen Fremden ist beschwehrlich, daß die Vacanz auf den Monath Julium gesezet ist, da gar nicht gelesen wird. Landes-Kinder gehen solche Zeit über nach Hauße, und ihre meiste Universitaets-Kosten cessiren so lang; Aber ein Fremder muß die Vacanz über sein Geld umsonst verzöhren, und kan von dem Unterricht der Lehrenden nicht profitiren. Gleich wohl ist es auch denen Professoribus zu gönnen, sondern auch denen meisten würcklich nöthig, daß sie im Sommer einige

Wochen von ihren meist angreiffenden Geschäfften ruhen, und etwa eine Cur für ihre Gesundheit brauchen können.

Es wäre dahero rathsam, im Sommer, nicht denen Studiosis, sondern nur denen Professoribus eine Vacanz zuerlauben, welche aber durch die drey Monathe Junium, Julium und Augustum zertheilt werden müßte, so, daß, indem auß jeder Facultaet einer, oder, nachdem sie auß Membris bestehet, zween, Vacanzen haben, die übrige ihre Lectiones und Collegia fortsezen; worüber man aber sich vorläufig miteinander zu vergleichen [habe].

Studiosis, welche Lands-Kinder sind, könnte, wie vormahls üblich gewesen, im Frühling und Herbst eine kurze Vacanz gestattet werden, um darinnen zu Hauße ihre Kleidung und andere Nothwendigkeiten mit geringern Kosten besorgen zu laßen; So, daß die Vacanz im Julio gänzlich abgeschafft werden sollte.

Anfangs-Termin der Collegiorum.

Dieser intendirte Endzweck würde um so leichter erreicht werden können, wann die neue Collegia nicht, wie manchmahl zu geschehen pflegt, erst in der Mitte eines halben Jahrs, sondern gleich mit Ostern und Michaelis, wie auf andern teutschen Universitaeten geschiehet, angefangen würden.»

Schillers Berufung nach Tübingen

Günter Schulz, «Die Vorverhandlungen einer Berufung Schillers nach Tübingen». In: *Jahrbuch der Deutschen Schiller-Gesellschaft* 3 (1959), S. 180–196.

Anmerkungen zum 9. Kapitel

Zur Universitätspolitik 1800–1848

Franziska Müller-Papst, *Staat und Universität im württembergischen Vormärz.* Diss. phil. Tübingen 1975.

Universitätspolitik von König Friedrich

Gustav von Rümelin, «König Friedrich v. Württemberg und seine Beziehungen zur Landesuniversität». In: *Besondere Beilage des Staatsanzeigers für Württemberg.* H. 2/3, 1883, S. 17–33.

Karl August von Wangenheim

Heinrich von Treitschke, «Karl August von Wangenheim». In: *Historische und politische Aufsätze.* Bd. 1, 5. vermehrte Aufl., Leipzig 1886, S. 197–268.

Georg Schmidgall, «Der württembergische Staatsminister Karl August Freiherr von Wangenheim als Student». In: *Sonntags-Beilage zum Schwäbischen Merkur.* Nr. 520 (1926), Abendblatt.

Heinz Autenrieth, «Freiherr von Wangenheim – Vater zweier Fakultäten». In: *Attempto* 25/26 (1968), S. 3–17.

Staatswirtschaftliche Fakultät

Karl Erich Born, *Geschichte der Wirtschaftswissenschaften an der Universität Tübingen 1817–1967.* Tübingen 1967.

ders., «Von der Staatswirtschaftlichen Fakultät zur Wirtschaftswissenschaftlichen Abteilung», In: *Attempto* 25/36 (1968), S. 18–31.

Wilhelm Bleek, *Von der Kameralausbildung zum Juristenprivileg.* Berlin 1972.

Karl Wolfgang Christoph Schüz, «Bemerkungen über die Bildung der Württembergischen Regiminal- und Finanz-Beamten und über die staatswirthschaftliche Facultät zu Tübingen». In: *Archiv der politischen Ökonomie und Polizeiwissenschaft.* Bd. 4. Hrsg. von Karl Heinrich Rau. Heidelberg 1840, S. 200–225.

Robert von Mohl, «Über die wissenschaftliche Bildung der Beamten in den Ministerien des Innern». In: *Zeitschrift für die gesammte Staatswissenschaft* 2 (1845), S. 129–184.

Albert Schäffle, «Zur Frage der Prüfungsansprüche an die Candidaten des höheren Staatsdienstes». In: *Zeitschrift für die gesammte Staatswissenschaft* 24 (1868), S. 601–616.

Reinhold Köstlin, «Die Ausbildung der Geschäftsmänner und der Staatsbeamten». In: *Konstitutionelle Jahrbücher.* Bd. 2. Hrsg. von Karl Weil. Stuttgart 1847, S. 20–102.

Ludwig Jolly, «Zur Geschichte der Staatswissenschaftlichen Fakultät in Tübingen». In: *Jahrbuch für Gesetzgebung, Verwaltung und Volkswirtschaft im Deutschen Reich.* N. F. 13 (1889), S. 159–181.

Paul Gehring, *Friedrich List.* Jugend- und Reifejahre 1789–1825. Tübingen 1964.

Katholisch-theologische Fakultät

Josef Zeller, «Die Errichtung der katholisch-theologischen Fakultät in Tübingen im Jahre 1817». In: *Theologische Quartalschrift* 108 (1927), S. 77–185.

Rudolf Reinhardt, «Im Zeichen der Tübinger Schule». In: *Attempto* 25/26 (1968), S. 40–57.

Max Miller, «Die Tübinger Kath.-theologische Fakultät und die württembergische Regierung vom Weggang J. A. Möhlers (1835) bis zur Pensionierung J. S. Dreys (1846)». In: *Theologische Quartalschrift* 132 (1952), S. 22–45 und S. 213–234.

Rudolf Reinhardt, «Die katholisch-theologische Fakultät Tübingen im 19. Jahrhundert». In: *Kirche und Theologie im 19. Jahrhundert.* Hrsg. von Georg Schwaiger. Göttingen 1975, S. 55–87.

Georg May, *Mit Katholiken zu besetzende Professuren an der Universität Tübin-*

gen von 1817 bis 1945. Amsterdam 1975. (Außerordentlich materialreich, aber kritisch zu lesen!)

JOHANN HEINRICH FERDINAND VON AUTENRIETH

Eberhard Stübler, *Johann Heinrich Ferdinand von Autenrieth 1772–1835.* Stuttgart 1948.

Helga Sieber, «... mit nichts Politischem sich zu beschäftigen». Kanzler Autenrieths Haltung zu den Tübinger Studenten 1820–1825. In: *Attempto* 45/46 (1972/73), S. 3–11.

Max Miller, «König Wilhelm I. besucht die Universität Tübingen». In: *Tübinger Blätter* 25 (1934), S. 44–48.

ders., «Die Universität Tübingen in den Jahren 1819/20». In: *Tübinger Blätter* 25 (1934), S. 48–51.

Marita Keller, *Die Geschichte des Tübinger Klinikums im ersten Halbjahrhundert seines Bestehens* (1792–1846). Diss. med. Tübingen 1969.

Siegrun Lippoth, *Tübinger Medizinstudium vor hundert Jahren.* Diss. med. Tübingen 1970.

Elisabeth Winter, *Das Dekanatsbuch der medizinischen Fakultät 1808–1858.* Diss. med. Tübingen 1977.

DER KAMPF THIERSCH–AUTENRIETH

Beste Zusammenfassung nach wie vor: Karl Klüpfel, a. a. O., S. 354 bis 356. Kurze Zusammenstellung der Streitschriften in: Ferdinand Gottlieb Gmelin, *Der Streit über die neue Organisation der Universität Tübingen.* Tübingen 1830.

TÜBINGER STUDENTEN IN DER ERSTEN HÄLFTE DES 19. JAHRHUNDERTS

Geschichte der Tübinger Burschenschaft. Zum Fünfzigjährigen Jubelfest 1887. Stuttgart 1887.

Georg Schmidgall, «Die alte Tübinger Burschenschaft 1816–1828». In: *Quellen und Darstellungen zur Geschichte der Burschenschaft und der deutschen Einheitsbewegung.* Bd. 17, Hrsg. von Paul Wentzcke. Heidelberg 1940, S. 1–186.

Wilhelm Lang, «Die Tübinger Feuerreiter». In: *Quellen und Darstellungen zur Geschichte der Burschenschaft und der deutschen Einheitsbewegung.* Bd. 3. Hrsg. von Hermann Haupt. Heidelberg 1912, S. 84–187.

Erich Bauer, «Der Bericht des a. o. Regierungskommissärs von Hofacker über seine Maßnahmen gegen die Tübinger Corps und die Burschenschaft vom 3. Januar 1826». In: *Einst und Jetzt.* Bd. 10. Jahrbuch 1965 des Vereins für corpsstudentische Geschichtsforschung. 1965, S. 9–36.

Reinhard Müth, *Studentische Emanzipation und staatliche Repression.* Die politische Bewegung Tübinger Studenten im Vormärz von 1825–1837. Diss. phil. (masch.schr.) Tübingen 1975.

ders., «Tübingen und die französische Julirevolution». Ein Beitrag zur Geschichte des württembergischen Liberalismus in der Metternichzeit. In: *Attempto* 35/36 (1970), S. 3–21.

ders., «Bekenntnis zu Schwarz-Rot-Gold». Die freiheitlich-nationale Idee in der Tübinger Studentenschaft von 1813 bis 1848. In: *Beiträge zur Geschichte der Universität Tübingen 1477–1977.* a. a. O., S. 251–284.

Eberhard Sieber, «Die Gogs auf dem Aschperg». Tübingen und die Festung Hohenasperg im 19. Jahrhundert. In: *Attempto* 37/38 (1970), S. 3–13.

Die Kommissärszeit in Tübingen

Aus den Hofacker-Protokollen:

«d. 31. Dec. 1825

wurden die Studirenden durch einen Anschlag in Beobachtung der policeilichen Vorschriften eingeschärft und das Policeipersonal noch insbesondere durch Aufbietung und Vertheilung von etwa 40 Bürgern und durch Verdoppelung der Universitätshatschiere verstärkt. Insbesondere wurden starke Patrouillen zur Durchstreifung der Umgebungen der Stadt angeordnet.

d. 1. Jan. 1826

Die Neujahrsnacht ging durchaus ruhig und stille vorüber. Es war mehreren Wirthen wegen Verantwortlichkeit für ihre Gäste erlaubt worden Gesellschaften über Mitternacht zu halten; es kam jedoch auch in dieser Beziehung keine Uebertretung zur Anzeige. Es fielen nur 2 Schüsse. Einer, ein Kanonenschlag, um 12 Uhr in der Nähe der Univ. und am Neckar, und einer Morgens 6 1/2 Uhr in der Gegend des Schmidthores. [...]

d. 2. Febr.

auf erhaltene Nachricht, daß heute mehrere Chaisen mit Studirenden in aller frühe nach Sindlingen, wo ein Ball angekündigt war, abfahren werden und in Berücksichtigung, daß in Sindlingen früher häufig Duelle vorgenommen wurden, ferner daß es zum Erscheinen auf dem Balle keiner so frühen Abreise bedurft hätte, wurde Landjäger 1. Cl. Haible nach Sindlingen abgeschickt, um sich dort auf Kundschaft zu legen. Er meldete: daß erst um halb 12 Uhr Morgens eine Chaise mit Studirenden vorgefahren gekommen sey, während schon andere Gäste, die Oberamtleute von Herrenberg und Nagold vorhanden waren, daß später noch eine Chaise angekommen sey, aber keine Spur von Duellen habe bemerkt werden können. Ebenso war heute Pol. Commissair Groß nach Hechingen abgeschickt worden, um sich des Nähern von dem Thun und Treiben der diesen Ort frequentirenden Studirenden zu unterrichten. Er brachte jedoch die Nachricht mit, daß neuerlich sehr wenige Studenten dort sich sehen lassen, daß die Bälle nur selten besucht werden, und daß von Duellen, die [...] auf dem sogenannten Brielhofe vor sich gegangen, seit längerer Zeit nichts mehr vernommen worden sey. Von hier etablirten Herrenwirthschaften sey in H. durchaus nichts vorhanden und überhaupt haben die Studirenden diejenige Wirthshäuser, wo Mädchen seyen und die beiden vorhandenen Juden Kneipen kaum besucht. Keines dieser Wirthshäuser beherberge aber eine eigentlich feile Dirne.

d. 3. Febr.

baten die hiesigen Militärpflichtigen um Erlaubniß mit Musik durch die Stadt ziehen und im Wirthshaus zum Waldhorn an der Hechinger Strasse eine Art Commers halten zu dürfen. Die Erlaubniß wurde ihnen unter der Bedingung ertheilt, daß sie Nachts ohne Musik still und ruhig zurückkehren. Sie erfüllten diese Bedingungen und betrugen sich überhaupt so geordnet, daß ihnen ... die Erlaubniß ertheilt wurde, ihr Commers im Wirthshaus zum Lamm bis 11 Uhr Nachts fortzusetzen. Auch hier ging es ruhig und still weiter.

d. 5. Febr.

Auf eingezogene Erkundigung, daß mehrere Studirende theatralische Vorstellungen im Museumssaale geben wollen, daß hierzu bereits Gerüste daselbst errichtet, und zum Theil kostspielige Coulissen besorgt werden, wurde nicht nur dem angeblichen Unternehmer der Coulissen, Dr. Heigelin, bedeutet, daß bis jetzt keine obrigkeitl. Erlaubniß zu diesen Vorstellungen ertheilt sey, sondern es wurde auch Prof. Ferdinand Gmelin, der Museums Director befragt, wer denn bei ihm den Museumssaal zu diesen Vorstellungen bestellt habe. Auf die Antwort, Stud.theol. Schmidlin von Stuttgart habe diese Bestellung gemacht, wurde diesem durch den Pedell eröffnet, er habe sich aller weiteren ... Vorkehrungen zu theatralischen Vorstellungen zu enthalten.

d. 6. Febr.

erschienen die Studirenden Schmidlin und Gadermann, entschuldigten sich, daß nicht früher Erlaubniß zu theatralischen Vorstellungen nachgesucht und sie es als Sache einer Privatgesellschaft betrachtet, und baten um Erlaubniß, im Museumssaale mehrere Vorstellungen geben zu dürfen. Es wurde ihnen erklärt, daß zur Aufführung mehrerer Stücke die Erlaubnis nicht ertheilt werden könne, weil diese gar zu sehr zeit- und Geld-raubend sey, daß man aber die Aufführung eines einzigen Stückes gestatten wolle, um ihnen zu zeigen, wie man sie so wenig als möglich an anständigen Vergnügungen einzuschränken gedenke. Sie nannten hierauf Wallensteins Lager, das sie bis nächsten Samstag aufführen wollen, worauf ihnen bedeutet wurde, daß sie jedenfalls vorher noch den Kostenüberschlag und das Verzeichniß der Spielenden zu überreichen haben. Auch wurde ihnen die Beobachtung des Anstandes in der Szene mit der Marketenderin empfohlen. Zugleich wurde heute dem Policeipersonal aufgetragen, auf diejenigen Studirenden, welche die Wirthshäuser in der Regel Morgens schon besuchen, ein genaues Augenmerk zu haben und sie namentlich anzubringen.

d. 7. Febr.

wurde die anliegende Bekanntmachung angeschlagen, weil die Studirenden neuerlich wieder an Sonn- und Feiertagen ihre alte Gewohnheit, Spaliere an den Kirchthüren zur Belästigung der Kirchgänger zu bilden, hervor gesucht hatten.

d. 10. Febr.

überbrachte Stud. Theol. Schmidlin von Stuttgart das Verzeichnis der Studirenden, welche Rollen in dem morgen aufzuführenden Stücke übernommen hatten. Er zeigte zugleich an, daß die Einrichtung des Theaters ohne Kostüme, Beleuchtung und Musik nach dem von Dr. Heigelin gemachten Ueberschlage 100.f. kosten könne, und daß die Unternehmer durch Ausgaben von etwa 400. Billets zu 30. ihre Kosten wenigstens großen Theils gedeckt glauben. Ferner erklärte er, daß er, ungeachtet der bedeutenden Menschenmenge mit seinen Freunden die Ordnung erhalten zu können hoffe, und daher Streifen im Museumsgebäude selbst überflüssig seyen und vielleicht nur das Vergnügen stören würden, worauf ihm erwidert wurde, man werde wenigstens für mögliche Fälle der Störung das Policeipersonal in der Nähe des Museumsgebäudes in Bereitschaft halten.»

Anmerkungen zum 10. Kapitel

Hölderlin und seine Zeit

Martin Leube, *Geschichte des Tübinger Stifts.* 3. Teil: Von 1770 bis zur Gegenwart. Stuttgart 1936, S. 117–124.

Hölderlin. Eine Chronik in Text und Bild. Hrsg. von Adolf Beck und Paul Raabe. Frankfurt 1970.

Gerhard Fichtner, «Der ‹Fall› Hölderlin». Psychiatrie zu Beginn des 19. Jahrhunderts und die Problematik der Pathographie. In: *Beiträge zur Geschichte der Universität Tübingen 1477–1977.* a. a. O., S. 497–513.

Professoren im Vormärz

Eberhard Sieber, «Der politische Professor um die Mitte des 19. Jahrhunderts.» In: *Beiträge zur Geschichte der Universität Tübingen 1477-1977.* a. a. O., S. 285–306.

Friedrich List

Paul Gehring, *Friedrich List.* Jugend- und Reifejahre 1789–1825. Tübingen 1964.

Einzelheiten in Friedrich Lists Briefen aus seiner Tübinger Zeit. In: *F. L.,* Tagebücher und Briefe 1812–1846. Hrsg. von Edgar Salin. Berlin 1933.

August Ludwig Reyscher

Zu seiner Entlassung vergleiche die Dokumente 19–36. In: A. L. Reyscher, *Drei verfassungsberathende Landesversammlungen und mein Austritt aus dem Staatsdienste.* Tübingen 1851.

Robert von Mohl

Aktenstücke betreffend den Dienst-Austritt des Professors R. von Mohl. Freiburg im Breisgau 1846.

Klaus Schreiner, «... der Preis, um den man nützlich sein darf». Zur Strafversetzung Robert von Mohls am 6. Dezember 1845. In: *Attempto* 39/40 (1971), S. 123–143.

Ludwig Büchner

Klaus Schreiner, «Der Fall Büchner». Studien zur Geschichte der akademischen Lehrfreiheit an der Universität Tübingen im 19. Jahrhundert. In: *Beiträge zur Geschichte der Universität Tübingen 1477–1977.* a. a. O., S. 307–346.

Tübingen 1848

Die März-Tage sind bis ins Detail hinein kommentiert in: Karl Klüpfel, «Aus Johannes Fallati's Tagebüchern und Briefen». In: *Württ. Vierteljahreshefte für Landesgeschichte* 8 (1885), S. 1–36.

Karl Geiger, «Tübingen in den Märztagen 1848». In: *Tübinger Blätter* 7 (1904/05), S. 13–25.

Eberhard Sieber, *Stadt und Universität Tübingen in der Revolution von 1848/49.* Tübingen 1975.

Martin Scharfe, «Die Kultur der Unteren Stadt und die Universität», Tübingen im 19. Jahrhundert – nur ein Beispiel. In: *Wem gehört die Universität?* Untersuchungen zum Zusammenhang von Wissenschaft und Herrschaft anläßlich des 500jährigen Bestehens der Universität Tübingen. Hrsg. Martin Doehlemann. Lahn-Gießen 1977, S. 37–66.

Dort, wie auch in der Arbeit von Sieber, ebenfalls eine detaillierte Analyse des Hungeraufstands von 1847, bei dem die Studenten gleichfalls auf der Seite der Ordnungsmacht standen.

Über alle lokalen Vorgänge der Vormärz-Zeit berichtet ausführlich «Der Beobachter», das Blatt der liberal-demokratischen Opposition.

Die politischen Strömungen der Zeit bis hin zur Reichsgründung – vor allem das Gegen- und Miteinander von liberaler und demokratischer, von religiöser und politischer Opposition – illustriert hervorragend Dieter Langewiesche, *Liberalismus und Demokratie in Württemberg zwischen Revolution und Reichsgründung.* Düsseldorf 1974.

Hier wird auch offenkundig, wie dramatisch die Spannungen zwischen wissenschaftlichem Freiheitsstreben und sinistrer Haltung in politicis waren. David Friedrich Strauß: «Unter russischem Despotismus könnte ich, zwar mit beschnittenen Flügeln, doch noch existieren, aber Massenherrschaft würde mich vernichten.» Friedrich Theodor Vischer: «... die Viechkerle, die alles verderben, die roten Republikmacher!»

Fritz Schlawe, *Friedrich Theodor Vischer.* Stuttgart 1959.

Dekan Rohrer, «Der Streit um Friedrich Theodor Vischer in den 1840er Jahren». In: *Blätter für württ. Kirchengeschichte.* N. F. 38 (1934), S. 306–324.

Artur Wenke, *Junghegeltum und Pietismus in Schwaben.* Diss. phil. Bern 1907.

Protokoll der Senatssitzung vom 23. 1. 1845

«Seine Magnificenz der Herr Rektor eröffnet dem hohen Collegium, daß die durch Senats-Beschluß vom 9. d. M. niedergesetzte Commission für die Angelegenheit des Prof. *Vischer* nunmehr ihre Aufgabe gelöst habe u. daß sie sich bewußt sey, diesen Auftrag mit aller Unpartheilichkeit erfüllt zu haben.

Zuerst werden nun die diesen Gegenstand betreffenden Erlasse des Ministeriums an den Rektor – und die von Lezterem gepflogenen Communicationen mit Prof. Vischer, sowie auch eine ... Eingabe des S. G. Liesching in Stuttgart, nebst Beil. bekannt gemacht; worauf

Herr Prof. Dr. *Fichte* den von der Commission [in Form eines *Berichts* an das K.Ministerium] erstatteten Bericht vorträgt. Dieser Bericht äussert sich nun in Gemäßheit der Minist. Rescripte über folgende 3 Punkte:

1.) ob Prof. *Vischer* in seiner Inaugural-Rede ‹destructive u. irreligiöse Meinungen› im Tone der Anmaßung u. Verwertung ausgesprochen habe?

2.) über die wissenschaftliche Persönlichkeit des Prof. Vischer, und

3.) über den ganzen Hergang bei der fraglichen Rede.

In Beziehung auf Punkt 1.) ist die Ansicht ausgesprochen, daß die Rede keinen statthaften Grund zu einem Vorwurf in der fragl. Richtung darzubieten scheine, indem die Stellen, welche auf Verwertung der Religion gedeutet werden, durch ihren Zusammenhang u. durch die Vertheidigungsschrift des Prof. Vischer eine Erklärung erhalten, welche zu dem gedachten Vorwurf keine hinreichende Berechtigung gebe.

Zwar bekenne sich Prof. Vischer ausdrüklich zur Lehre des Pantheismus u. es sey nicht zu zweifeln, daß er nach den Consequenzen dieses Standpunkts sich mit den Lehren der positiven Religion in Widerspruch setze. Dieß könne man jedoch an sich weder unzulässig finden, noch auch darin eine Ueberschreitung der akad. Lehrfreiheit sehen.

Im Gegentheil müsse in jeder Einschränkung dieses Rechts, wenn es vom akad. Lehrer im Geiste der Gründlichkeit, Mässigung u. des wissenschaftl. Ernstes geübt werde, eine Gefährdung der Lehrfreiheit erblikt werden.

In diesem Sinn müßte der Senat es bedauern, wenn den Prof. Vischer ein Verweis oder eine Beeinträchtigung aus dem Grunde treffen sollte, weil er *überhaupt* dem erwähnten philosoph. Stand-Punkt angehöre u. weil er in seiner Rede offen erklärt habe, ihn auch ferner vertreten zu wollen.

Bei der Debattierung dieses Punkts erklärte zuerst D. v. Schmid, daß er die Auslegung u. Rechtfertigung des Prof. Vischer über seine ausgesprochenen Ansichten keineswegs für befriedigend halten könne; wenn man die Äusserungen in der Rede mit andern Stellen seiner Schriften in Verbindung nehme, so gehen daraus die irreligiösen Ansichten des Vischer unzweideutig hervor. Auch D. Mayer u. Walz äußern sich in diesem Sinne; sie sind der Ansicht, daß die Ansichten des Prof. Vischer insofern auch als destructiv zu nehmen seyen, als sie den positiven Lehren des Christenthums u. dem kirchl. Glauben unläugbar entgegentreten. R. v. Mohl hält dafür, daß der Pantheismus überhaupt für Staat und Kirche gefährlich sey, und deshalb keine Lehrfreiheit für sich in Anspruch nehmen könne.

D. Fallati u. D. Volz machen dagegen geltend, daß es der Stellung des Senats entspreche, auf das Materielle der Sache nicht näher einzugehen, viel mehr auf das Entschiedenste sich gegen eine Beschränkung der Lehrfreiheit zu erklären.

Auch Dr. v. Baur äussert sich in ähnlichem Sinne, indem er anführt, daß die pantheistische Ansicht des Vischer nur der *Form*, nicht aber dem Khama Inhalte nach als destructiv erscheinen könne, daß diese Ansicht schon seit lange in der Wissenschaft existire u. daher jedenfalls ein historisches Recht für sich habe.

Nach längerer Diskussion wurde von Dr. v. Schrader ein Antrag dahin gestellt, daß sich der Senat über den *ersten* Punkt folgendermaßen äussere: Die Worte «religiös u. irreligiös» glaube der Senat mit Rüksicht auf die so wichtige wissenschaftl. Lehrfreiheit in einem doppelten Sinn nehmen zu müssen, den einen, der sich auf den positiven Glauben beziehe, den andern in Bezug auf Religion im weitesten Sinne des Worts. Unter dieser Voraussetzung können die Äusserungen des Vischer noch so aufgefaßt werden, daß durch sie nicht nothwendig etwas Irreligiöses gesagt sey. Die Frage über das Destructive seiner Meinungen u. den anmaßenden Ton desselben werde aber bei dem Pkt. 2 über die wissenschaftl. Persönlichkeit näher erörtert werden.

Der in diesem Sinn gestellte Antrag, womit der von der Commiss. beantragte erste Satz hinwegfällt, wurde sofort mit 21 gegen 10 Stimmen zum *Beschluß* erhoben.

Sofort führte die Debatte auf den Umfang der Lehrfreiheit.

D. Mayer wünscht, daß im Berichte in irgend einer Weise auf die *Gränzen* der Lehrfreiheit hingewiesen werde, da dieselbe doch nicht wohl in der weitesten Ausdehnung statthaft sey; es könnten sonst auch die communistischen Ansichten u.s.w. gelehrt werden. Auch Herr R. v. Mohl ist der Ansicht, daß die Lehrfreiheit nicht so ganz maaßlos bestehen dürfe.

D. Volz und D. Fallati nehmen aber die Lehrfreiheit im weitesten Sinne des Worts in Anspruch.

Nach längeren Erörterungen hierüber kam zuerst die Frage zur Abstimmung: ‹ob die in dem Berichte der Commission enthaltene Fassung angenommen werden solle?›

Nachdem diese Frage mit 16 gegen 15 Stimmen *verneint* worden, kam der Antrag des D. v. Schrader zur Abstimmung, wonach in dem Berichte ausgedrükt werden solle, daß ‹*auf dem Standpunkte des Senats*, d. h. dem der Wissenschaft›, eine Beschränkung der Lehrfreiheit nicht gebilligt werden könne.

Dieser Antrag wurde mit großer Majorität angenommen.

Auch wurde mit 16 gegen 15 Stimmen *beschlossen*, im Sinne des Prof. Mayer einen kl. Beisatz über die Gränze der Lehrfreiheit zu machen.

Auf den Antrag des D. v. Schmid wurde ferner mit 19 gegen 12 Stimmen beschlossen, eine im Commiss. Bericht vorkommende Stelle, worin die Verbreitung u. Berechtigung der pantheistischen Lehre hervorgehoben wird, ganz hinwegzulassen.

Der sofort von D. Michaelis gestellte Antrag, den oben beschlossenen Zusatz ‹vom Standpunkt des Senats› wieder aufzuheben, wurde mit 18 gegen 13 Stimmen verworfen.

Wegen vorgerükter Zeit (Mittags 1 Uhr) wurde die weitere Beratung hier abgebrochen u. die Fortsetzung derselben auf Nachmittags 4 Uhr angekündigt.

Fortgesetzt Nachmittags 4 Uhr.

Die weitere Diskussion führte nun auf den 2ten Punkt des Berichts, in welchem ‹*die wissenschaftliche Persönlichkeit* des Prof. Vischer› ausführlich gewürdigt ist.

Der Commissions-Bericht führt in dieser Beziehung aus, daß Prof. Vischer, dessen überzeugungstreuer, männlicher Charakter Anerkennung verdiene, bei manchen Äußerungen in seiner Rede u. andern Schriften von schlimmen Uebereilungen, von Leidenschaftlichkeit, überhaupt von einem gewissen Mangel an Reife u. Maaßhaltung nicht freigesprochen werden könne; insbesondere enthalte die Vorrede zu den ‹Kritischen Gängen› Bd. 1. S. 20–30 (welche vorgelesen wird) eine leidenschaftliche Mißkennung der Ansichten u. Gesinnungen seiner theol. Gegner, ja sogar gehässige Angriffe auf die Moralität derselben.

Sofern es nun wahrscheinlich sey, daß Prof. Vischer diese Tendenzen auch in seinen akad. Vorlesungen äussere und sich in diesen ungebührliche Einmischungen fremdartiger (nicht zum Gebiet der Ästhetik gehöriger) Gegenstände erlaube, soll nach der Ansicht der Commission dem Prof. Vischer eine Warnung ertheilt werden, daß er sich in Zukunft dergleichen nicht mehr erlaube.

Die Debattierung über Pkt. 2 erstrekte sich zunächst auf diejenigen Stellen der Vischer'schen Rede u. Schriften, welche eine leidenschaftliche Gesinnung aussprechen.

In dieser Beziehung machte D. v. Schmid darauf aufmerksam, daß Vischer dem seiner Ansicht entgegengesetzten Princip öffentlich Feindschaft u. Haß angekündigt habe. Unter diesem Princip, welches Vischer angreife, will D. v. Schmid das Princip eines ‹persönlichen Gottes› bezeichnet wissen.

Diese Begriffs-Bestimmung wurde jedoch mit StimmenMehrheit *abgelehnt.*

Dagegen wurde nach dem Antrage der Prof. Walz u. Mayer mit Stimmen-Mehrheit *beschlossen*, den Haß des Prof. Vischer als einen ‹gegen die Grundlehren aller gesetzlich anerkanten Haupt Confessionen› grichteten zu bezeichnen. Ferner wurde ein von D. v. Schmid beantragter Zusatz genehmigt, daß dieser feindseligen Tendenz auch die Leidenschaftlichkeit entspreche, mit welcher Prof. Vischer bei jeder sich darbietenden Gelegenheit die Religion und religiöse Dinge angreife.

D. Mayer macht weiter noch darauf aufmerksam, daß der Einfluß des Prof. Vischer um so gefährlicher erscheine, als derselbe in seinen Vorlesungen Zuhörer *aus allen Facultäten* habe u. daher solche, weiche nicht durch ihren Beruf auf ein gründliches Studium der Theologie u. Philosophie angewiesen seyen, gegen die schädlichen Folgen jener leidenschftl. Tendenzen sich weniger sichern können; daher stellte D. Mayer den Antrag, in diesem Sinne einen Zusatz in den Bericht aufzunehmen. Dieß wurde aber durch Stimmen-Mehrheit abgelehnt.

Hinsichtlich des von der Commission gestellten Antrags auf eine *Verwarnung* des Prof. Vischer wird von D. v. Schrader bemerkt, daß bei der ganzen Persönlichkeit des Prof. Vischer von dieser Rüge wenig Erfolg zu hoffen sey; er wünsche deßhalb, daß in dem Berichte noch die dringende Nothwendigkeit hervorgehoben werde, daß für die Zukunft eine genügende Sicherheit gegen die gefährlichen Tendenzen des Prof. Vischer gegeben werde.

Diesen Antrag unterstützten auch die Herren Mayer und Hepp; während er von mehrern andern Seiten, D. v. Ewald, Volz, lebhaft bekämpft wurde. D. R. v. Mohl ist gleichfalls der Ansicht, daß die beantragte Rüge wenig helfen werde u. glaubt, daß der Senat sich eines Antrags in dieser Beziehung ganz enthalten sollte, da in den Erlassen des Ministeriums ohnehin keine Aufforderung hiezu liege.

Von Seiten des Herrn Rektors wird die bisherige Debatte resumirt u. unter Rükweisung auf die früheren Äußerungen des Senats über Vischer u. den Vorgang bei seiner Einführung die Nothwendigkeit eines bestimmten Antrags hervorgehoben, sey es, daß dieser auf eine Verwarnung des Prof. Vischer, eine Disciplinarstrafe oder die Versetzung desselben gerichtet sey, indem nicht nur das Ministerium selbst es wünschen müsse, daß das dem Prof. Vischer vorgesetzte Collegium sich hierüber ausspreche, sondern es auch im Interesse des akad. Senats liege, daß ohne seinen Antrag nicht gegen eines seiner Mitglieder eingeschritten werde; ohnedieß sey es offener, eine Ueberzeugung direkt auszusprechen, als eine Lücke im Berichte zu lassen u. dadurch die Folgen von sich abzuwenden.

Es kamen nach geschloßener Diskussion folgende Fragen zur Abstimmung:

1., ob im Sinne des Dr. v. *Schrader* ein Antrag gestellt werden solle?

Dieß wurde mit 25 gegen 8 Stimmen *verneint*,

2., ob nach der Ansicht des Dr. R. v. *Mohl* von einem Antrag ganz *abgestanden* werden solle?

Dieß wurde mit 17 gegen 16 Stimmen *bejaht*,

Nun kam die Reihe an den 3ten Punkt des Berichts, in welchem der äussere Hergang bei der Inaugural-Rede u. der Einführung des Prof. Vischer in den akad. Senat näher geschildert ist.

Der hinsichtlich dieses Punkts theils vom H. Referenten, theils von dem Corref., Herrn Rektor Dr. Reyscher verfaßte u. vorgetragene Berichts-Entwurf erhielt mit einigen kl. Berichtigungen die einstimmige Genehmigung.»

Die Hallischen Jahrbücher und ihre schwäbischen Mitarbeiter

Hermann Fischer, «Die Hallischen Jahrbücher und die Schwaben». In: *Württ. Vierteljahreshefte für Landesgeschichte.* N.F. 25 (1916), Festband, S. 558–571.

Fritz Schlawe, «Die junghegelische Publizistik». In: *Die Welt als Geschichte* 20 (1960), S. 30–50.

Der Kreis der «Tübinger Rebellen»

Eingehende und pointiert-plastische Beschreibung – auch die Rolle des Gastes Uhland betreffend – siehe: Anton Springer, *Aus meinem Leben.* Berlin 1892. S. 105/106: «Zu unserm Kreise gehörte außer Vischer und Schwegler der Professor der Staatswirtschaft J. Fallati, ein Hamburger von Geburt, der Mediziner Griesinger, später als Irrenarzt berühmt, der Stiftsbibliothekar Dr. Reichardt, die Dozenten Köstlin, Planck und Köhler, der Zeichenlehreran der Universität, Leibnitz, und einige liberale Gerichtsbeamte. Einmal in der Woche traten auch Uhland und Karl Mayer hinzu. Uhland verhielt sich in der Regel schweigsam. Ein einziges Mal im Laufe des Winters entfesselte Zorn in ihm einen mächtigen Redestrom. Auf dem Turm hatte die Glocke noch nicht zehn Uhr ausgeschlagen, als ein Polizeidiener erschien, um uns Feierabend zu bieten. Nun war es allgemeiner Brauch, noch ein akademisches Viertel zuzugeben, gegenüber in der Post saßen die Regierungsbeamten oft bis elf ungestört zusammen. Wir befanden uns überdies nicht in der allgemeinen Wirtsstube, sondern in einem abgeschlossenen Privatzimmer des Museums. Wir wollten alle gegen die offenbare Polizeibosheit laut protestieren. Aber Uhland kam uns zuvor. In unverfälschter schwäbischer Mundart schüttelte er einen Sack von Grobheiten auf den Polizeidiener, so daß dieser betroffen schnell die Thüre suchte. Dann hielt er aber zu unserer Überraschung eine förmliche politische Rede, in welcher er die schwäbischen ‹Befehlerle's› brandmarkte, und das im großen unfähige und feige, im kleinen brutale Regierungssystem Würtembergs ausmalte. Beim Nachhausegehen meinte Fallati: ‹Jetzt werde ich jeden auslachen, welcher Uhland die Redegabe abspricht.›»

Außerdem: Eduard Zeller, «Drei deutsche Gelehrte. 1. Albert Schwegler». In: E. Z., *Vorträge und Abhandlungen.* Zweite Sammlung. Leipzig 1877, S. 329–363. Hier besonders S. 347–349: «Es hatte sich um diese Zeit in Tübingen eine Anzahl jüngerer Männer von freien Grundsätzen und wissenschaftlichem Streben zusammengefunden, die als Lehrer in verschiedenen Facultäten wirkten, und auch als Schriftsteller, zum Theil in eigenen Zeitschriften, ihren Ansichten Geltung zu verschaffen suchten. Einige derselben waren bereits angestellt, die meisten hatten damals noch als Privatdocenten, oft unter lebhaftem und langjährigem Widerstand, um die Stellung zu ringen, die sie in der Folge denn doch alle innerhalb oder ausserhalb Würtembergs gefunden haben. Die einen kamen aus der Schule der Hegel'schen Philosophie, andere waren von empirischer Forschung ausgegangen; aber wie jene die philosophische Spekulation durch Kritik und Geschichtsforschung zu ergänzen suchten, so strebten diese nach einer wissenschaftlichen Verknüpfung und Erklärung der Thatsachen. So war bei aller Mannigfaltigkeit der Fächer und der Ansichten doch eine überwiegende Verwandtschaft der wissenschaftlichen Denkweise vorhanden. Dazu kamen vielfache persönliche Verbindungen und Universitätsfreundschaften, Gleichheit der akademischen und der gesellschaftlichen Verhältnisse. Es war natürlich, daß unter diesen Umständen der größere Theil der Genannten in einen engeren persönlichen Verkehr trat; andere schlossen sich an, meist gleichfalls jüngere Männer in verschiedenen Lebensstellungen; ab und zu kamen Fremde hinzu, die sich länger oder kürzer in Tübingen aufhielten, und es bildete sich so ein bunter und munterer Kreis mit wechselnder Peripherie, der aber doch seinen festen Mittelpunkt an den Stammgästen hatte, welche sich jeden Abend und theilweise auch Mittags zusammenfanden, um sich in heiterem Gespräch von der Tagesarbeit zu erholen. Da gab es denn in der Regel eine belebte Unterhaltung, in der literarische und persönliche Mittheilungen, wissenschaftliche und politische Gespräche, gute und schlechte Scherze sich drängten; die Gegner wurden nicht geschont, was die kleine Universitätsstadt an Neuigkeiten bot, war sicher hier zu finden; der Ton war der ungezwungenste, man sprach sich freimüthig, auch wohl rücksichtslos und derb aus; aber weil man sich im allgemeinen schätzte und zusammenpaßte, wurden Misstöne leicht überwunden, und ein gutmüthiger Humor wusste auch das widrige zu versöhnen und über die unangenehmen Erfahrungen, von denen die meisten Theilnehmer zu erzählen hatten, hinwegzuheben. Es war ein fröhliches Zusammenleben, eine Nachblüthe der Universitätsjahre, der es doch auch schon an Früchten nicht fehlte, eine Zeit reich an Bestrebungen und Planen, an Hoffnungen, Täuschungen und Erfolgen. Auch Schwegler trat bald in diesen Kreis ein ...»

Zu Albert Schwegler, dessen Bedeutung bis heute noch nicht gebührend gewürdigt worden ist, außerdem: Erwin Ackerknecht, «Albert Schwegler». In: *Schwäbische Lebensbilder* 4. Hrsg. von der Württ. Kommission für Landesgeschichte. Stuttgart 1949, S. 312–341.

Zu den Tübinger Zeitschriften

Ein genauer Vergleich der Vorworte, vor allem aber eine detaillierte Analyse der programmatischen Erklärung von Roser und Wunderlich «Ueber die Mängel der heutigen deutschen Medicin und über die Nothwendigkcit einer entschieden wissenschaftlichen Richtung in derselben» – in: *Archiv für physiologische Heilkunde* I (1842), S. I–XXX – steht noch aus.

Zu Wunderlich-Roser-Griesinger vgl. Georg Sticker, «Wunderlich, Roser,

Griesinger. Die drei schwäbischen Reformatoren der Medizin». In: *Sudhoff's Archiv für Geschichte der Medizin und der Naturwissenschaften* 32 (1939), S. 217–274. Und: Jg. 33 (1940/41), S. 1–54.

Zur Verlegung der Universität nach Stuttgart

Vergleiche die anonym publizierten Streitschriften aus dem Jahr 1826: *Über das Verlegen der Universitäten in die Residenzen und das der Universität von Tübingen nach Stuttgart insbesondere.* Von D. A. (d. i. Johann Heinrich Ferdinand von Autenrieth), Tübingen 1826; und – grundsätzlich – Friedrich Theodor Vischer, «Die Verlegung der Universität Tübingen nach Stuttgart». In: *Süddeutsche Monatshefte* 1, 2. Bd. (1904), S. 734–750.

Ferdinand Christian Baur und die Tübinger Schule

Eduard Zeller, «Ferdinand Christian Baur». In: E. Z., *Vorträge und Abhandlungen geschichtlichen Inhalts.* Bd. 1, Leipzig 1865, S. 354–434.

ders., «Die Tübinger historische Schule». a. a. O., S. 267–353. (Beide Aufsätze an Exaktheit bis heute unübertroffen.)

Klaus Scholder, «Ferdinand Christian Baur als Historiker». In: *Evangelische Theologie* 21 (1961), S. 435–458.

Wolfgang Geiger, *Spekulation und Kritik.* Die Geschichtstheologie Ferdinand Christian Baurs. München 1964. (Ein Buch, dem ich viele Anregungen verdanke.)

Horton Harris, *The Tübingen School.* Clarendon Press, Oxford 1975.

Zum Verhältnis von Baur und Strauß zusammenfassend:

Adolf Rapp, «Baur und Strauß in ihrer Stellung zueinander und zum Christentum». In: *Blätter für württ. Kirchengeschichte.* N.F. 52 (1952), S. 95–149, und Nachtrag: N.F. 54 (1954), S. 182–186.

Zum Problem des Hegelianismus in Tübingen:

Ernst Barnikol, «Das ideengeschichtliche Erbe Hegels bei und seit Strauß und Baur im 19. Jahrhundert». In: *Wiss. Zeitschtift der Martin-Luther-Universität, Halle-Wittenberg.* Gesellschafts- und sprachwiss. Reihe X, 1 (1961), S. 281–328.

Anmerkungen zum 11. Kapitel

Gründungsgeschichte der Naturwissenschaftlichen Fakultät

Ausführliche Dokumentation in: *Quellen zur Gründungsgeschichte der Naturwissenschaftlichen Fakultät in Tübingen 1859–1863.* Bearbeitet und hrsg. von Wolf Freiherr von Engelhardt und Hansmartin Decker-Hauff. Tübingen 1963.

Die Tübinger Kathedersozialisten im Rahmen der staatswirtschaftlichen Fakultät

Karl Erich Born, *Geschichte der Wirtschaftwissenschaften an der Universität Tübingen 1817–1967.* a. a. O., S. 63–82.

Die Universität im Kaiserreich

Max von Rümelin, «Die Universität Tübingen». In: Victor Bruns (Hrsg.), *Württemberg unter der Regierung König Wilhelms II.* Stuttgart 1916, S. 409–438.

Ernst Müller, «Besonnener Fortschritt». Die Universität im Bismarckreich. In: *Tübinger Blätter* 50 (1963), S. 44–56.

Baugeschichte der Universität Tübingen

Eine zusammenfassende Darstellung in der detaillierten Dokumentation der Tübinger Bauplanung und ihrer Realisierung von den Anfängen bis zur Gegenwart:

Detlef Lembke, «Die Baugeschichte der Universität Tübingen». In: *Attempto* 61/62 (1977), Sonderheft.

Das Problem der Leichen-Beschaffung

Gerhard Fischer, *Tübinger Anatomie im neunzehnten Jahrhundert.* a. a. O., S. 47–50.

Probleme einer Zunft

1. Sorgen mit Corpsstudenten: anno 1925.

Schreiben des Akademischen Rektoramts vom 16. Februar 1925 an die Korporationen:

«Ich bedaure, die Herren Kommilitonen darauf aufmerksam machen zu müssen, daß es mit der Ordnung und guten Sitte des akademischen Lebens durchaus unvereinbar ist, daß Kommilitonen, die offensichtlich eben erst auf der Mensur waren, mit frischem Verband und oft starken, für die Nebenmenschen unerträglichen Geruch um sich verbreitend in Vorlesungen oder sogar zu festlichen Veranstaltungen erscheinen. So scheuten sich z. B. am letzten Samstag mehrere Studierende nicht, in diesem Zustand zur Eckenerfeier im Festsaal zu erscheinen, so daß sie durch den Oberpedell entfernt werden mußten. Es ist selbstverständlich ebensowenig angängig, daß Studierende mit frisch verbundenem Kopf zur Immatrikulation beim Rektoramt, in Vorlesungen, in der Sprechstunde der Dozenten oder in der Universitätsbibliothek erscheinen.»

2. Die Frage der Anatomie-Versorgung: anno 1938.

Das Bekenntnis des Anatomen und NS-Dozentenbund-Führers Wetzel:

«Jeder Anatom weiß, daß es ein auch von uns selber mitempfundenes Volksempfinden gibt, dem der Gedanke schwer erträglich ist, einen nahen Angehörigen ‹auf der Anatomie› zu wissen. Volksempfinden ist es aber auch, die Gelder der Fürsorge lieber für die Lebenden verwendet zu wissen als für die Toten. Und Volksempfinden ist es auch, mit dem ‹Opfer›, das Angehörige von Toten bringen, wenn ihr Toter in die Anatomie überführt wird, die gute Ausbildung *des* Berufs erkauft zu sehen, der am unmittelbarsten dem Leben des Volkes dient. [...]

Niemandem aber, [...] keiner fernerstehenden Person, keinem allgemeinen Menschenfreund, keiner Körperschaft, sei sie geistlich oder weltlich, gestehen wir das Recht zu, im Namen des Volksempfindens die Aufgabe zu untergraben, die wir in unmittelbarem Dienst an der Volksgesundheit zu erfüllen haben.»

Anmerkungen zum 12. Kapitel

Die Universität in der Weimarer Republik

Eine zusammenfassende Darstellung fehlt. Zur Ausgangssituation vgl. die Debatte im Landtag am 3. März 1921 (in: *Verhandlungen des Landtags des freien Volksstaates Württemberg auf dem 1. ordentlichen Landtag in den Jahren 1920/21.* Protokoll-Band 2, S. 1605–1629); wichtig im Vergleich zur Debatte vom 25. Juli 1918 (in: *Verhandlungen der Württ. Zweiten Kammer auf dem 39. Landtag im Jahre 1918.* Protokoll-Band 102, S. 6322–6347). Es wäre reizvoll, die Geschichte der Tübinger Universität einmal aus der Perspektive des Stuttgarter Parlaments zu entwickeln und auf diese Weise den Wandel der gesellschaftlichen Anforderungen zu beleuchten, die an die Landeshochschule gestellt wurden.

Preussische Demokratisierung und Hochschulreform: die Universität Tübingen contra Paul Tillich

Am 7. Januar 1932 ließ die Pressestelle der Universität, vertreten durch den Juristen Professor Gerber, sämtlichen Dekanen folgendes Schreiben zukommen:

«In der Anlage lasse ich einen Aufsatz des Frankfurter Kollegen *Tillich* über eine grundsätzliche Hochschulreform in je einem Stücke zugehen und bitte, ihn in den Fakultäten umlaufen zu lassen. Der Aufsatz spiegelt das sozialistische Hochschulprogramm wider und ist deswegen von grundsätzlicher Bedeutung. Außerdem entspricht der in ihm gemachte Vorschlag dem Vernehmen nach einem Entwurfe, der im Berliner Kultusministerium vorbereitet ist und möglichst noch unter Ausnutzung der gegenwärtigen Mehrheit im Preuss. Landtage verabschiedet werden soll. Es ist deshalb geboten, grundsätzlich dazu Stellung zu nehmen. Nachdem Herr Kollege Ottfried *Müller* einen Gegenaufsatz zur Verfügung gestellt hat, der in diesen Tagen im ‹Schwäb. Merkur› erscheinen wird, und der Unterzeichnete der Frankfurter Zeitung eine grundsätzliche offene Antwort an Herrn *Tillich* übersandt hat, erscheint es angebracht, daß im Laufe der nächsten Wochen immer wieder die Polemik fortgesetzt wird. Und zwar erlaube ich mir vorzuschlagen, daß einer der philosophischen Herren Fachvertreter über die Erfahrungen der philosophischen Fachprüfung und über den Unwert des hierin begründeten *Tillich*'-schen Argumentes schreibt, einer der Herren Mediziner über die ‹Kraft und Zeit der medizinischen Fakultäten zu radikalen Fragen›, ein Jurist über die Erfüllung des sozialistischen Hochschulprogramms durch die jüngste Studienreform (das soz. Programm liegt hier vor), ein Mitglied der evangelisch-theologischen Fakultät über die Notwendigkeit der Eingliederung dieser Fakultät in eine ‹humanistisch› geleitete Universität, einer der Herren kathol. Theologen über die Bedeutung des bisherigen Hochschulideals, ein Naturwissenschaftler über die Unzulänglichkeit einer nur technischen Ausbildung gerade für die Naturwissenschaft.

Ich würde mich bemühen, die Aufsätze in die große Presse verschiedenster Richtung zu bringen und jeweils durchzusetzen, daß auch die großen Tageszeitungen der anderen Richtung davon Notiz nehmen.

Ich erlaube mir ferner den *Vorschlag*, daß bei den Aufsätzen auf Einzelheiten des *Tillich*'schen Planes nicht eingegangen wird, sondern daß die Absurdheit seines Vorgehens bereits aus den von ihm als Voraussetzung gemachten Feststellungen erwiesen wird.

Für eine *baldige* Erfüllung des ausgesprochenen Wunsches wäre ich dankbar.»

Nationalsozialistische Haltung der Studenten in der Weimarer Republik

Im November 1932 wurde im *Tübinger Tagblatt* folgender Aufruf erlassen:

«Aufruf an die Tübinger Studentenschaft

Der Vorstand der Studentenschaft und die Fraktionsführer des Asta rufen alle wahlberechtigten Kommilitonen auf, am 6. November ihrer Wahlpflicht nachzukommen. Nie war es notwendiger, der Wahlmüdigkeit mit Entschiedenheit entgegenzutreten, als im jetzigen Augenblick! Jeder Student, der am 6. November der Wahl fern bleibt, stärkt Liberalismus und Marxismus und schädigt die nationalen Interessen des Volkes! Wahlrecht bedeutet für uns Studenten Wahl*pflicht*!

Der Vorstand der Studentenschaft:
Sandberger   Buck   Hack

Die Fraktionsführer des Asta:
Schumann   Böttrich   Kaiser»

Die Universität Tübingen im Dritten Reich

Alf Lüdtke, «Vom Elend der Professoren. ‹Ständische› Autonomie und Selbstgleichschaltung 1932/33 in Tübingen». In: *Wem gehört die Universität?* a. a. O., S. 99–127.

Uwe Dietrich Adam, «Die Universität Tübingen im Dritten Reich». In: *Beiträge zur Geschichte der Universität Tübingen 1477–1977*. a. a. O., S. 193–250.

Die Monographie von Adam zu diesem Thema lag mir bei Schluß dieser Arbeit ebensowenig vor wie die für 1978 angekündigte Studie von Eleonore Siegele-Wenschkewitz über die Evangelisch-Theologische Fakultät der Universität Tübingen und ihre Rolle im Kirchenkampf – eine Rolle, die durch ein Höchstmaß von Ambivalenz gekennzeichnet ist: Der Jude als «Artfremder» und «Gast»; die gemäßigten deutschen Christen als «Versöhner» zwischen den Extremisten der Tübinger Richtung und den Bruderschaften. (Die Gegenposition wird im Brief der Pfarrer Diem, Goes, Fausel, Fuchs, Link, Sannwald, Schempp und Widmann, geschrieben am 21. November 1934, verdeutlicht: «Das Evangelium als ‹Sinnerfüllung deutscher Existenz› ist nicht das Evangelium der Schrift, sondern eine Widerlegung des Kreuzes.»)

«Wissenschaftlicher» Antisemitismus an der Universität Tübingen

Am 11. März 1941 begründet die Philosophische Fakultät ihren Antrag, für den Dozenten Dr. K. G. Kuhn einen außerordentlichen Lehrstuhl zur «Erforschung des Judentums» zu schaffen, wie folgt: «Die Universität Tübingen kann sich auf eine besondere Tradition in der Rassenforschung berufen, an die der Ausbau seit der nationalsozialistischen Revolution wirkungsvoll angeknüpft hat. Auf dem Hintergrund dieser Tradition und ihres bedeutsamen Ausbaus wurde auch bisher schon die Erforschung des Judentums in Tübingen besonders gepflegt. In dem Sachverständigen-Beirat des Reichsinstituts für Geschichte des neuen Deutschlands, Sondergruppe Erforschung der Judenfrage, waren von Anfang an drei Tübinger Forscher an hervorragender Stelle tätig: Prof. Wundt, Prof. Kittel (jetzt Wien) und Dozent Dr. K. G. Kuhn.

Die Aufgabe der neuen Professur soll darin bestehen, aus dem jüdischen Schrifttum und der jüdischen Geschichte die charakteristischen Züge so überzeugend zu entwickeln, daß die jüdische und judenfreundliche Gegnerschaft des Nationalsozialismus und der nationalsozialistischen Hochschule sich einer wissenschaftlichen Diskussion stellen muß. Dies ist vordringlich wichtig für die innere Sicherung des neuen Europas und im weiteren Sinne zur Durchsetzung unseres deutschen Führungsanspruchs. Diese Aufgabe kann nur von einer hauptamtlichen Kraft in Angriff genommen werden, die Sprache und Schrifttum der Juden in Vergangenheit und Gegenwart beherrscht sowie die Geschichte und die vorderasiatisch-orientalische Umwelt aus den Originalquellen heraus kennt. Bisher sind wir in der schwierigen Lage, die jüdischen Äußerungen schlechthin als jüdischen Geist zu definieren, ohne quellenmäßig und kritisch sagen zu können, worin die jüdische Haltung begründet ist, und welche Ausdrucksformen sie aus sich heraus entwickelt hat. Die Bestimmung des Jüdischen darf nicht allein abhängig sein vom Stammbaum, sondern muß bei der Adaptationsfähigkeit als einer besonderen Rasseeigentümlichkeit mit wissenschaftlichen Kategorien gefaßt werden.»

Die hierarchische Struktur der Universität und das Problem des «Unter-sich-Seins»

Eberhard Naujoks, «Reform und Lehrkörperstruktur der Universität Tübingen (1815–1914)». In: *Beiträge zur Geschichte der Universität Tübingen 1477–1977.* a. a. O., S. 135–192.

In diesem Zusammenhang gewinnt der von Tübingen beförderte «Erste Reformkongress für die deutschen Universitäten», abgehalten im September 1848 in Jena, besondere Bedeutung, über den Ludwig Volz in der *Zeitschrift für die gesammte Staatswissenschaft* ausführlich berichtete: W. L. Volz, «Der erste Reform-Congress für deutsche Universitäten und seine Vorbereitung in Tübingen». In: *Zeitschrift für die gesammte Staatswissenschaft.* Jg. 1848, S. 663–718.

Die Tübinger Professoren und die Fremden: der Fall Jacob Burckhardt

Text der Gegenerklärung, die die Professoren Vischer und Teuffel dem akademischen Senat am 6. Februar 1867 in der Form eines Separatvotums zukommen ließen:

«Die Mehrheit der philosophischen Facultät hat gegen die vom akademischen Senate mitbeantragte Berufung des Prof. *Burckhardt* eine Äußerung beschlossen, welche Behauptungen solcher Art enthält, daß die Unterzeichneten eine Pflicht zu versäumen glauben würden, wenn sie dieselbe unwidersprochen zu den Acten gehen ließe.

Erstens will die Mehrheitsäußerung den Prof. Burckhardt zu einem bloßen Kunst- und Cultur-Historiker machen, der von politischer Geschichte wenig versteht. Nun ist aber nicht abzusehen, wie Jemand die Geschichte zu seinem Lebensberufe machen und Jahrzehnte hindurch akademischer Lehrer der Geschichte sein könnte, ohne auch mit der politischen Geschichte ganz vertraut zu sein, wenn er auch innerhalb der letzteren nicht schriftstellerisch auftritt. Und daß Burckhardt die Geschichte als seine Lebensaufgabe betrachtet, erhellt außer anderm aus der von der Mehrheit angeführten Thatsache, daß derselbe, als er nach Prof. Lübke's Abgang den Lehrstuhl der Kunstgeschichte wieder einnehmen konnte, diß abgelehnt hat und der allgemeinen Geschichte treu geblieben ist.

Zweitens bestreitet die Mehrheit dem Prof. Burckhardt den Charakter als Quellenforscher. Diß widerlegt sich schon durch dessen Schrift über Constantin, an welcher gerade die einschneidende Art, wie Burckhardt die Quellenschriftsteller, besonders Eusebios und Lactantius, gewürdigt hat, auf theologischer Seite übel bemerkt worden ist. Wenn dann die Mehrheit gar von Burckhardts Werk über die Renaissance behauptet, es beruhe nicht auf selbständiger Durchforschung urkundlichen Materials, sondern auf Benutzung allgemein zugänglicher Literatur- und Sammel-Werke, so wissen wir nicht, womit die Mehrheit diese schwere Anschuldigung beweisen will; wenigstens ist daraus, daß Burckhardt seinen literarischen Apparat nicht zur Schau stellt, noch lange nicht zu schließen, daß er bei seiner oftmaligen und andauernden Anwesenheit in Italien nicht auch dem Studium von Urkunden seinen Fleiß gewidmet habe. Überdiß aber ist ein Geschichtsforscher nicht blos derjenige, welcher in Archiven Urkunden zusammensucht und herausgibt, sondern auch, wer das so zugänglich gewordene Material studiert und zu einem Gesammtbilde der betreffenden Zeit verwerthet; und ebenso wenig ist ein tüchtiger akademischer Geschichtslehrer blos derjenige, welcher künftige akademische Geschichtslehrer bildet, sondern mindestens ebenso sehr auch, wer durch geistvolle Behandlung der Geschichte in weiten Kreisen von Studierenden Verständniß der Geschichte und Liebe für ihr Studium zu wecken versteht.

Drittens tadelt die Mehrheit an Burckhardt, daß er seit lange nur mit italienischer, nicht mit deutscher Geschichte sich befasse. Hiermit steht es schon nicht im Einklang, daß die Mehrheit in ihrem Berichte vom 10. Januar von einer ‹*einseitig* nationalen Richtung der heutigen Geschichte› spricht. Sodann ist die erledigte Lehrstelle nicht die der deutschen Geschichte, sondern für allgemeine Geschichte; und dise, von welcher die deutsche einen wesentlichen Bestandtheil bildet, vertritt Burckhardt, indem er in Basel, wo Gerlach römische und Fischer griechische Geschichte liest, zwar die alte bei Seite läßt, dafür aber in regelmäßigem Turnus Geschichte des Mittelalters bis 1250, dann von 1250 bis 1494 vorträgt, darauf die neuere Geschichte von 1494 bis 1763; endlich die Geschichte des Revolutionszeitalters, von 1763 bis 1815. Außerdem hält er historische Übungen, indem er besonders den Ioannes Vitoduranus erklärt und erklären läßt.

Viertens macht die Mehrheit Burckhardt sogar zum Vorwurf, daß er Schweizer sei, und ‹nicht mehr jung genug, um Deutscher zu werden›. Aber ein Mann von solcher Weite des geistigen Gesichtskreises wie Burckhardt, überdiß geboren und wohnhaft in einer Deutschland so eng benachbarten Stadt wie Basel und sein Leben lang in geistiger Berührung mit Deutschland, hat ganz unfehlbar auch für die Bestrebungen und Aufgaben der deutschen Nation das regste Interesse. Und obwohl wir seine Ansicht über die politischen Fragen, welche heute Deutschland bewegen, lediglich nicht kennen, so sind wir doch überzeugt, daß er sich eine solche gebildet hat, wenn er auch sicherlich – und diß wird schwerlich als ein Übelstand betrachtet werden können – von jener leidenschaftlichen Parteinahme sich fern halten wird, welche so oft die unbefangene Auffassung auch der Vergangenheit unwillkürlich beeinträchtigt.»

Zum Thema «Die Tübinger Professoren und die Fremden» vgl. auch die Aussage, die der Abgeordnete Egelhaaf am 3. März 1921 in der Kammer der Abgeordneten machte: «Nun hat, als wir am 23. August 1890 bei Bismarck in Kissingen waren, dieser das treffende Wort gesprochen, er sei auch einmal in Tübingen gewesen, da sei ihm behaglich zumute gewesen, da habe er gedacht, daß Tübingen eine richtige schwäbische Landesuniversität sei, im Gegensatz zu Heidelberg, das mehr international infiziert sei.»

Vgl. dazu das Protokoll der Senatssitzung vom 21. März 1876, in dem es heißt:

«Herr Professor Thudichum bemerkt, daß wenn eine Erlaubnis [zum Frauenstudium] ertheilt werde, voraussichtlich Gesuche oder Anfragen ins ungemessene anwachsen würden. Nach statistischen Erhebungen befinden sich unter den Studentinnen bloß 5 Deutsche, die übrigen seien Russinnen und Amerikanerinnen, wir haben keinen Grund, diesen in ihren Extravaganzen Vorschub zu leisten.

Nunmehr fragt Herr Rektor: ob der Senat die Zulassung von Frauen zum Besuch der Vorlesungen principiell abgelehnt haben wolle? Diese Frage wird mit 16 gegen 9 Stimmen bejaht.»

Dreißig Jahre später sah die Situation dann freilich anders aus – wie sehr, das zeigen die Erinnerungen Margarethe von Wrangells:

«Am 1. April 1904 machten wir uns auf. Daisy und Amalie fuhren direkt nach Tübingen, während ich noch einen kleinen Umweg zu machen hatte.

Der Anfang unseres dortigen Lebens bot viel Interessantes und Neues. Nach einigen ermüdenden, aber abwechslungsreichen Tagen waren wir in der Melanchthonstraße bei Frau Wurster gut untergebracht.

Tübingen erwies sich als die geeignetste Universität für eine Studentin. Das Stuttgarter Mädchengymnasium entließ damals seine ersten Abiturientinnen, die in Tübingen unter den denkbar günstigsten Verhältnissen aufgenommen wurden. Es war 1899 von einer Baltin, Frau Gertrud Schwend, geborenen Baroneß Uexküll-Gyllenband, mit vier Schülerinnen gegründet worden, und ganz Württemberg blickte auf diese Mädchen, die allen Hindernissen zum Trotz neue Wege zu betreten wagten. Man kann sich heute kaum mehr eine Vorstellung davon machen, welchen Staub es aufwirbelte, als diese ersten Abiturientinnen mit vorschriftsmäßiger Vorbildung, die sie zum erstenmal in einer vom Staat anerkannten Schule sich erworben hatten, ihren Einzug in der alten Universitätsstadt hielten.

Professoren und Studenten erwiesen ihnen ritterliches Entgegenkommen. Die Studenten waren zunächst meist neugierig eingestellt. Sie ließen sich's einen Extragang auf die ‹Rennbahn› kosten, wie der schnurgerade Weg zur neuen Aula genannt wurde, um sich diese unbekannte Größe ‹Studentin› zu besehen, und waren sehr erstaunt, normale junge Mädchen zu erblicken, von denen keine einzige eine Brille trug, die gekleidet waren wie die übrige Frauenwelt und – das konnte wirklich nicht geleugnet werden – alle blühend, gesund und frisch aussahen. Das völlige Fehlen des östlichen nihilistischen Studentinnentyps trug auch viel dazu bei, etwaige Vorurteile gegen die Studentinnen bald zu zerstreuen.»

«Endlich kam der große Tag, an dem die ersten weiblichen Studierenden immatrikuliert wurden.

Der damalige Rektor der Universität, der Theologe Professor Haering, gestaltete den Akt besonders weihevoll. Nicht umsonst beglückwünschte ganz Tübingen die Studentinnen, daß sie gerade unter der Amtsführung dieses Mannes immatrikuliert wurden.

In Talar und Barett nahm er in Gegenwart des damaligen Universitätsrats Bach und des würdigen Oberpedellen Walker, der später die Studentinnen mit einer Mischung aus väterlichem Wohlwollen und gütiger Herablassung betreute, die feierliche Handlung vor.

Die weißgekleideten jungen Mädchen erschienen unter der Führung des blaubefrackten Oberpedellen im Rektoratszimmer, von dessen Wänden die Bilder alter Tübinger Professoren in Perücke und Zopf herabblickten.

Professor Haering hielt eine zu Herzen gehende Rede; die helle Güte leuchtete aus seinen blauen Augen. Er fing damit an, was wohl die alten, eingerahmten Herren da oben sagen würden ... Dann las der Pedell die Namen vor, und der Rektor gratulierte mit einem Händedruck: ‹Und jetzt, meine Damen, wünsche ich Ihnen von Herzen Glück.› ...

Es war allen sehr feierlich zumute.»

(*Margarethe von Wrangell. Das Leben einer Frau 1876–1932.* Aus Tagebüchern, Briefen und Erinnerungen dargestellt von Fürst Wladimir Andronikow. München o. J. S. 137/38 und 141/42.)

Die Universität Tübingen in der Nachkriegszeit

Volker Schäfer, «Die Universität Tübingen». In: *Der Landkreis Tübingen.* Bd. 3, Stuttgart 1974, S. 202–217.

Ludwig Raiser, «Universität und Staat im Licht der Tübinger Erfahrungen seit 1945». In: *Wissenschaft an der Universität heute.* Hrsg. Johannes Neumann. Tübingen 1977, S. 1–44.

(Zum Einzelnen vergleiche man die Dokumentationen in der Zeitschrift *Attempto.* Nachrichten für die Freunde der Universität Tübingen e. V. Herausgeber: Akademisches Presseamt. Heft 1–Heft 61/62.)

Benutzte Archivalien

Für das vorliegende Buch wurden neben den Senatsprotokollen (UAT 2/1–19; UAT 3/1–18; UAT 4/1–11; UAT 47/1–46; UAT 47a/1–8) und den Visitations-Rezessen (UAT 6/25–30) folgende Bestände des Universitätsarchivs Tübingen (UAT) eingesehen:

1. UNIVERSITÄTSVERWALTUNG

a) Ältere vermischte Sachakten:

UAT 5/20	Funeralia Melanchthonis
UAT 5/23	Kepleriana
UAT 6/1	Pestis et morbi contagiosi
UAT 7/6	Baustreitigkeiten/Untergangssachen
UAT 7/12	Buchbinder 1560–1800
UAT 7/13	Bücherzensur 1554–1800
UAT 8/1 + 2	Buchhändler und Buchdrucker 1522–1798
UAT 9/1	Casus singulares et tragici 1560–1827
UAT 9/4–6	Akademisches Bürgerrecht 1524–1822
UAT 9/7–13	Collegium Illustre
UAT 10/5	Pennalismus, Studentenjungen, Freimaurerlogen 1661–1821
UAT 10/9	Feriae 1597–1796
UAT 10/11	Nicodemus Frischlin 1574–1600
UAT 10/16	Gotteslästerer 1606–1756
UAT 25/10 u.	
UAT 26/1	Kriegssachen 1520–1734
UAT 26/2	Kutschen der Universität 1619–1692
UAT 26/6	Melancholici 1556–1790
UAT 27/4	Pasquille 1558–1758
UAT 27/5	Pedell 1556–1672
UAT 28/3	Policeysachen (Handwerker-Tax-Ordnung, Kosthäuser, Hochzeiten, Holzkäufe, Mietwohnungen, Brunnen, Miststätten, Herbstordnungen etc.) 1550–1717
UAT 28/5	Prandi, coenae, promotiones 1561–1759
UAT 29/1	Rangstreitigkeiten
UAT 30/1	Reutlingen 1600–1768
UAT 30/2	Rottenburg/Horb 1561–1574
UAT 30/3	Rottweil 1555–1628

UAT 32/5	Wildpret-Verehrungen 1507–1706
UAT 32/6	Wohnungen
UAT 44/3, 1–16	Senatszirkulare 1782–1829
UAT 44/8	Mitteilungen auswärtiger Universitäten über consilia abeundi 1846–1849
UAT 44/9	Mitteilungen amtlicher Stellen über die Bestrafung von Studenten 1829–1860
UAT 44/10	Relegationen 1780–1828
UAT 44/120	Bücherzensur 1755–1827
UAT 44/161	Universitätswohnungen 1552–1849

b) Akademisches Rektoramt:

UAT 117/139	Universitäts-Jubiläen deutschsprachiger Universitäten 1837–1932
UAT 117/183	Akademische Vorlesungen. Störungen durch Militär 1905–1922
UAT 117/184	Kirchliche Eingriffe in die akademische Lehrfreiheit 1907–1912
UAT 117/189	Medizin-Studium 1889–1926
UAT 117/328	Fakultäten: Allgemeines 1829–1924
UAT 117/380	Erhaltung der Bäume an der Lustnauer Landstraße und Änderung des Ortsbebauungsplans Wilhelmstraße 1888
UAT 117/385	Bahn durch den Schönbuch 1869–1930
UAT 117/425	Anstellung eines katholischen Lehrers für Geschichte 1856–1914
UAT 117/588	Assistenten am arischen Seminar
UAT 117/680	Evangelisch-theologische Fakultät 1819–1928
UAT 117/682	Erhaltung der theologischen Fakultäten 1919–1937
UAT 117/695	Katholisch-theologische Fakultät 1812–1830
UAT 117/697	Katholisch-theologische Fakultät 1817–1822
UAT 117/716–720	Medizinische Fakultät 1814–1932
UAT 117/721–724	Anatomisches Institut 1763–1932
UAT 117/725 + 726	Ablieferung von Leichen an die Anatomie 1801–1902
UAT 117/749	Pathologisches Institut 1931–1943
UAT 117/750 + 751	Versorgung des pathologischen Instituts mit Leichen 1888–1943
UAT 117/779	Philosophische Fakultät: Allgemeines 1829–1930
UAT 117/780	Professur der Eloquenz 1829; 1862–1865, 1909–1914
UAT 117/848	Professoren der Mathematik und Physik 1821–1824
UAT 117/861–863	Botanischer Garten 1654–1914
UAT 117/864	Einrichtung eines forstbotanischen Gartens 1862–1907

UAT 117/865	Forstliche Versuchsanstalt 1902–1920
UAT 117/974	Bauprogramm Frauenklinik. Erbklinik 1934–1939
UAT 117/981	Sozialpolitik, Hygienisches, Sittlichkeit, Mäßigkeitsbewegung etc.
UAT 117/988	Convention mit der römischen Curie 1857/58
UAT 117/991	Rektorfest 1933
UAT 117/996 + 997	Nationalsozialistische «Revolution»
UAT 117/1187 + 1188	Zeicheninstitut
UAT 117C/12	Evangelisch-theologische Fakultät 1935–1940
UAT 117C/15	Rechtswissenschaftliche Abteilung 1925–1943
UAT 117C/16	Wirtschaftswissenschaftliche Abteilung 1927–1943
UAT 117C/17	Medizinische Fakultät 1933–1944
UAT 117C/18	Philosophische Fakultät 1930–1944
UAT 117C/23	Naturwissenschaftliche Fakultät 1933–1945
UAT 117C/26	Wehrwissenschaft 1933–1945
UAT 117C/242	Zurückbehaltung von Leichen für wissenschaftliche Zwecke 1926–1939
UAT 117/245	Ablieferung von Nebeneinnahmen der Ärzte 1933–1942
UAT 117C/251	Militär- und SS-Ärzte an den Kliniken 1939–1942
UAT 117C/253	Seuchenbaracken 1942/43
UAT 117C/269	Bauprogramm der Universität 1926–1943
UAT 117C/270	Neue Aula
UAT 117C/337	Straßen (Lärm, Staub, Unterhaltung) 1929–1950
UAT 117C/492 + 493	Juristisches Seminar 1923–1943
UAT 117C/494	Wirtschaftswissenschaftliches Seminar 1929–1942
UAT 117C/495	Anatomisches Institut 1919–1944
UAT 117/496	Anthropologisches Institut 1924–1951
UAT 117C/497	Hygiene-Institut 1934–1951
UAT 126	Personalakten: Personalakte Baur, Ewald, Koch, Pauli, Vischer, Wächter, Weizsäcker, Wilbrandt, Zeller.
UAT 205/7	Lehrstuhlakten Medizinische Fakultät I

c) Kanzleramt:

UAT 119/12	Allgemeine Universitätsverhältnisse, Frequenz etc. 1838–1943
UAT 119/15	Lehrer, Beamte etc. 1843–1847, 1868, 1898–1911
UAT 119/22	Kanzler, Rektor, Dekane, Allgemeines 1831–1931
UAT 119/23	Kanzler 1819–1887
UAT 119/24	Konzepte und Senats-Protokolle von Kanzler Rümelin 1900–1925
UAT 119/48	Eduard Zeller

UAT 119/50	Katholisch-theologische Fakultät: Berufungen 1841–1925
UAT 119/57	Professur (kath.-theol.) für Geschichte: Fehr-Sägemüller 1893–1912
UAT 119/62	Professor Wilhelm Koch 1909/1910–1919
UAT 119/61	Professor Mack 1839–1841
UAT 119/79	Professur für bürgerliches Recht, deutsche Rechtsgeschichte etc. Mandry, Rietschel, Schmidt 1861, 1871–1931
UAT 119/110	Professur für Geburtshilfe und Gynäkologie: Säxinger, Döderlein, Sellheim, Mayer 1868–1917
UAT 119/150	Professur für alte Geschichte: Kornemann, Weber, Vogt, Laqueur 1902–1932
UAT 119/151	Professur für mittelalterliche Geschichte: Heinemann, Below, Goetz, Haller 1897–1932
UAT 119/153	Professur für Geschichte: Günter 1902–1907
UAT 119/159	Professur für germanische Philologie: Schneider, Bohnenberger, Siebs, Kluckhohn, Vietor, G. Müller 1920–1930
UAT 119/182	Pauli 1859–1867
UAT 119/188	Schwegler 1843–1848
UAT 119/189	Sievers 1883–1887
UAT 119/190	Strauch 1889
UAT 119/191 + 192	Tafel 1841, 1844–1846
UAT 119/194	Vischer 1843–1869
UAT 119/200	Professur für Volks- und Finanzwissenschaft: Helferich, Schäffle, Schönberg, Wilbrandt 1848–1914
UAT 119/222	Schweickhardt 1841–1855
UAT 119/224	Professur für Mathematik: Hölder, Maurer, König, Kommerell 1889–1925
UAT 119/225	Professur für Mathematik: Stahl, Maurer
UAT 119/230	Professur für Geologie: Quenstedt, Koken, Pompecky 1842–1930
UAT 119/242	Du Bois-Reymond 1873–1880
UAT 119/243	Fittig 1869–1875
UAT 119/273	Frauenstudium, Allgemeines 1876, 1901–1917
UAT 119/304	Personal- und Vorlesungsverzeichnisse. Verteilerplan für die deutschen Universitäten 1844–1847
UAT 119/305–309	Akademische Disciplin 1835–1944
UAT 119/398	Handakten des Kanzlers 19. und 20. Jahrhundert

d) Akademisches Konsistorium

UAT 33/1–136	Acta Consistorialia; besonders 33/72, 33/94, 33/130

e) Außerordentlicher Regierungskommissär Hofacker

UAT 165/1–4	Generalakten mit Beilagen
UAT 165/25	Protokoll in Polizeisachen der Studenten 29. 11. 1825–31. 12. 1826
UAT 165/36	Untersuchungsakten gegen Studierende Bd. 2 1826/27
UAT 165/40	Untersuchungsakten gegen Studierende Bd. 6 1827/29

f) Disziplinarkommission

UAT 166/14	Akten der akademischen Disziplinar-Kommission 1824/25

g) Mischbestand «Sigmaringen»

UAT 129/K108	Hauptbericht des Kanzlers 1855–1860
UAT 129/K109	Hauptbericht des Kanzlers 1854–1855
UAT 129/K110	Hauptbericht des Kanzlers 1848–1853
UAT 129/K152	Privat-Dozent Karl Hase
UAT 129/K181	Turnlehrer stud.iur. Karl Völker und das Turnwesen

2. Fakultäten

a) Evangelisch-theologische Fakultät

UAT 12/3 + 4	Exules et Proselyti 1561–1775
UAT 12/5–7	Consilia Dogmatica 1528–1777
UAT 12/10–12	Consilia Censurae 1559–1785
UAT 12/16–18	Religionssachen
UAT 130/1 + 2	Protokolle der Fakultäts-Sitzungen 1759–1875
UAT 130/9	Büchereditionen und Zensur 1755–1786
UAT 162/II 7	Planungskommission (NS-Zeit)
UAT 162/II 13a und c	Politische Säuberung
UAT 162/IV	Kirchliche Behörden und Vereine
UAT 162/IV, 6	Kirchenkampf 1933–1947

b) Katholisch-theologische Fakultät

UAT 184	Dekanatsakten 1817–1935

c) Juristische Fakultät

UAT 13/1 + 2	Vocationes 1526–1649

UAT 70/15–19, 28–31	Dekanatsakten
UAT 84	Consilien
UAT 189	Juristische und wirtschaftswissenschaftliche Fakultät: Dekanatsakten 20. Jahrhundert

d) Medizinische Fakultät

UAT 14/1–3	Vocationes 1540–1725
UAT 14/13 + 14	Fakultätsbücher medizinische Fakultät 1734–1808
UAT 20/3	Generalia 1562–1795
UAT 20/7	Instituta 1482, 1610–1800
UAT 20/9	Chirurgica, Hebammen 1538–1803
UAT 20/10	Inspectio Leprosum 1543–1772
UAT 20/11	Pestis
UAT 20/12	Unerlaubtes Medicinieren 1575–1768
UAT 58/1	Dekanatsakten 1752–1806
UAT 61/1	Strittigkeiten medizinische Fakultät – Collegium Archiatrale 1612–1804
UAT 65/4b	Hebammen und Chirurgen 1800–1813
UAT 65/6 + 7	Dekanatsakten 1839–1868
UAT 68/2	Anatomie 1569–1859
UAT 125/93–97	Dekanatsakten 1858–1951

e) Philosophische Fakultät

UAT 15/1–4	Vocationes philosophische Fakultät 1510–1810
UAT 15/23 + 24	Protokollbücher 1687–1755
UAT 55/1–26	Dekanatsakten 1663–1851
UAT 131/1–19, 69–141, UAT 200–207	Dekanatsakten 1755–1950

j) Mathematisch-naturwissenschaftliche Fakultät

UAT 136/56–147	Dekanatsakten 1863–1955
UAT 201/	Dekanatsbuch
UAT 201/Ordner 11	Dekanatsakten
UAT 201/Ordner 13a	Gegenwart
UAT und b	

Namenregister

Albrecht VI. (von Vorderösterreich) 25
Alexander VI., Papst 19
Amend, Heinrich Jacob 150–153, 246
Andreä, Jakob 113, 117, 119 f.
Andreä, Johann Valentin 112, 148
Anshelm, Thomas 42 f.
Apian, Philipp 100, 118–122, 125, 156, 281
Aristoteles 32, 38, 188
Artois, Louis 93
Auerbach, Berthold 238, 334
Autenrieth, Heinz 220, 261 f.
Autenrieth, Johann Heinrich Ferdinand 192 ff., 198 f., 201, 220, 229, 231, 240, 248–253, 255 f., 259–264, 280–284, 296, 306 f., 329 f.

Bach, Johann Sebastian 239
Bacon, Francis 55
Bahnmeier, Jonathan Friedrich 248
Barth, Karl 331
Bauer, Brüder 273
Bauer, Luise 347
Baumgarten, Alexander Ortlieb 270
Baur, Ferdinand Christian 243, 262, 286–292, 294 ff., 301, 310, 344
Baur, Gudrun 286, 347
Baur, Jörg 286
Baur von Eyseneck 94, 286
Bebel, Heinrich 39–43, 56, 106
Bengel, Johann Albrecht 251, 275
Berg, Peter 347
Besold, Christoph 81, 172 f., 176 ff., 281
Biel, Gabriel 29, 31–37, 42 f., 106
Bilfinger, Georg Bernhard 137 f., 140, 210, 214, 222, 281
Bismarck, Otto von 266, 313, 330
Blarer, Ambrosius 103, 107, 111, 190
Bloch, Ernst 343 f.
Boccaccio, Giovanni 39
Boisserée, Sulpiz 233
Born, Karl-Erich 346
Börne, Baruch 334
Brant, Sebastian 42
Brassicanus (alias Kohl) 39, 41
Braun, Friedrich 49 f.
Braun, Karl Ferdinand 331
Brecht, Bertolt 169, 207
Brecht, Martin 346
Brenz, Johannes 104–107, 114, 116, 121 f., 137, 170, 190
Brodbek, Horst 346
Bruno, Giordano 53, 105 f., 193
Bruns, Paul 331
Bruns, Victor 331
Büchner, Ludwig 267 f.
Bultmann, Rudolf 333
Burckhardt, Jacob 105, 320, 321

Calvin, Jean 58, 102, 107, 111, 113, 115, 118, 121–124, 126, 143, 148, 153, 171, 329
Camerarius, Joachim 28, 40, 103–106, 127, 170, 305
Camerer, Alexander 54, 192, 200, 222
Camerer, Rudolf Jakob 54, 192, 221 f.
Canz, Israel Gottlieb 139 f.
Canz, Wilhelmine 278

Carpzov, Benedikt 176, 178
Carus, Carl Gustav 297
Causius, Hartmann 167
Celsius, Johann Alexander
Christoph, Herzog von Württ. 101 ff., 106 f., 111–115, 132, 137, 139, 212, 214 f., 229, 234, 268, 285, 292
Cicero (Tullius Cicero), Marcus 65, 396
Coing, Helmut 346
Cotta von Cottendorf, Johann Friedrich 15, 227, 233, 262, 284
Cranach, Lucas 119
Crusius (Krauss), Martin 65, 79, 82, 133 f., 170 f., 186, 202, 207, 213

Decker-Hauff, Hansmartin 346
Descartes, René 55
Dilthey, Wilhelm 106, 332
Drey, J. S. 238f.
Droysen, Johann Gustav 286
Dumoulin, Charles (alias Carolus Molinaeus) 171
Duns Scotus 34

Eberhard der Ältere, gt. Eberhard «im Barte», Graf zu Württ. und Mömpelgard 12 ff., 17–32, 34, 36, 38–44, 46 f., 50, 56, 78, 80f., 95, 100, 102, 104, 106, 159, 210, 213, 215, 230, 233, 248, 281, 293, 310, 343
Eberhard II., Herzog von Württ. 100
Eberhard III., Herzog von Württ. 91 f.
Eberhard Ludwig, Herzog von Württ. 149
Eck, Johann 33, 39
Elvers, Gerhart 346
Engelhardt, Wolf Frhr. von 346
Engels, Friedrich 105
Erasmus von Rotterdam 43
Eschenburg, Theodor 347
Euler, Leonhard 214
Eyrich, Wilhelm 130 ff.

Fabri, Heinrich, Abt von Blaubeuren 22
Fackler, Georg 84 ff., 88 f., 94
Fallati, Johannes 265 f., 295
Feinaug, Johannes 92, 151
Ferdinand II., Kaiser 117, 143
Fichte, Johann Gottlieb 105, 269, 333
Fichtner, Gerhard 346
Ficino, Marsilio 26, 34
Flacius, Matthias 113
Forstner von Dambenoy, Georg Ferdinand 236
Franz, Gunther 41
Frecht, Martin 111
Friedrich, Graf zu Württemberg 18, 24
Friedrich I., Herzog von Württ. 214, 229
Friedrich, König von Württemberg 46, 228, 230 ff., 237, 239 f., 250 ff., 281
Friedrich III., der Weise, Kurfürst 23, 43
Friedrich Carl, Herzog von Württ. 134
Friedrich Eugen, Herzog von Württ. 76 ff.
Frischlin, Nikodemus 65, 133 f., 166 f., 170, 213, 271
Frornmann, Luise Charlotte 72–78, 94
Fuchs, Leonhart 104 ff., 170, 192

Galenus (Claudius Galenus) 188
Galilei, Galileo 55, 139, 193, 207

Geiler von Keysersberg, Johann 42
Gmelin, Ferdinand Gottlieb 54, 200, 222, 232, 261, 284
Gmelin, Johann Georg 54, 192, 194, 200 f., 221 f., 232, 261, 263, 284
Gmelin, Maria 54, 200, 220 ff., 232, 261, 284
Gmelin, Samuel Gottlieb 54, 200, 222, 232, 261, 284
Goethe, Johann Wolfgang 15, 284, 293, 322
Gotthelf, Jeremias 334
Grafft, Johann 63, 135
Grass, Michael 177f., 181 f.
Gregor VII., Papst 117
Gribaldi, Matteo 171
Griesinger, Wilhelm 286, 290
Grynäus, Simon 103 f., 107, 111
Guardini, Romano 338
Gumbel, Emil Julius 318
Günther, Rudolf 301, 347

Haeckel, Ernst 244
Hafenreffer, Matthias 120, 122 ff., 126, 131 f.
Hagenlocher, Lore 346
Hagmaier, Carl Christian 72–78, 94, 246
Hahn, Philipp Matthäus 135
Haim, Georg Friedrich 150
Haller, Albrecht von 60, 98, 138 f., 189 f.
Haller, Johannes 303, 318, 346
Hartmann, Nicolai 333
Hase, Karl von 253
Hauff, Wilhelm 150
Hauptmann, Gerhart 333
Hegel, Georg Wilhelm Friedrich 56 f., 108, 165, 234, 248, 251, 262, 270, 272, 274, 278, 282, 286, 288f., 343 f.
Heidegger, Martin 333
Heine, Heinrich 253, 271, 273
Heppler, Felicitas 72, 79–85, 90, 94
Herder, Johann Gottfried 322
Hesiodos 43
Hesse, Hermann 167, 333, 338
Heymann, Kultusminister 318
Heynlin, Johannes 28f., 33 f., 36, 38, 42f.
Hilbert, David 106, 332
Hippokrates 188
Hirscher, Johann Baptist 238
Hitler, Adolf 316
Hock, Alexander 151
Hofacker, Karl 254–259, 262, 281, 329
Hofbauer, Erna 346
Hölderlin, Johann Christian Friedrich 56, 108, 161, 165, 194 f., 227, 248, 251, 262–266, 338, 344
Hölderlin, Johanna Christiana 161
Hölderlin, Maria Eleonora Heinrike 195
Hölzle, Christa 347
Homeros 251, 313
Hufeland, Christoph Wilhelm 105
Hutten, Ulrich von 27, 39 f.

Jean Paul, eigtl. Johann Paul Friedrich Richter 233
Johann Friedrich, Herzog von Württ. 154 ff.
Johann Wilhelm, Herzog von Sachsen 146
Julius, Erzbischof von Sabina 195

Kant, Immanuel 270
Karl V., Kaiser 77, 101, 114, 128, 142, 177
Karl, Erzherzog von Österreich 117

Karl Eugen, Herzog von Württ. 16, 18, 26, 45, 51, 66, 69, 129, 195, 197, 211, 217 f., 222 ff., 226 f., 229
Kepler, Johannes 56, 100, 105, 108 f., 121–125, 129, 156, 174, 281 f., 334, 344
Kepler, Katharina 281
Kerner, Justinus 194
Kierkegaard, Søren 105
Kies, Johann 222
Klimpf, Werner 318
Klöden, Irmela 347
Klopstock, Friedrich Gottlieb 85
Klüpfel, Karl 345
Koellreutter, Otto 326
Kohl → Brassicanus
Kolb, Gustav Eduard 253, 255
Kolbenheyer, Erwin Guido 333
Königseck-Aulendorf, Anton Eusebius Graf 163
Kopernikus, Nikolaus 55
Köstlin, Reinhold 286, 293, 320
Kotzebue, August 233, 247
Krauss, Martin → Crusius 65
Kuehnlin, Anna Maria 92 f.
Kurz, Hermann 333

Landwehrmeyer, Richard 346
Laubengeyer, Euphrosyna 127
Lauterbach, Wolfgang Adam 157, 173, 175, 178, 180 f., 184 f., 214, 281
Lebsanft, Albert 340, 343, 345
Leibniz, Gottfried Wilhelm 16, 55, 138, 283, 336
Lemp, Jakob (gen. Panutius) 39, 43
Lequin, Baptiste 93 f.
Lessing, Gotthold Ephraim 85, 180, 270, 322
Leublin, Elias 127
Leyrer, Wolfgang 347
List, Friedrich 213, 235 f., 264, 266, 283
Livius, Titus 27
Ludwig, Herzog von Württ. 24, 118 ff., 126, 145
Ludwig III., Kurfürst, Pfalzgraf bei Rhein 25
Ludwig Eugen, Herzog von Württ. 227
Luther, Martin 32 ff., 39, 43, 102, 104 f., 107, 111, 113 ff., 117, 121f., 126, 133, 136, 138, 157, 167f., 285, 322

Mangoux, Oberst de 337
Märklin, Jacob Friedrich 165
Mästlin, Michael 123
Matjeka, Manfred 347
Maucler, Paul Friedrich Th. E. 260f.
Maximilian I., Kaiser 19, 23, 90, 100
Mechthild, Pfalzgräfin 13, 17, 20 f., 25, 132
Medici, Lorenzo de' 26, 190 f., 205
Melanchthon, Philipp 13, 23, 27 f., 38, 40–44, 103–106, 119 ff., 125, 194, 238, 282
Merz, Heinrich 276
Metternich, Klemens Fürst 140, 231, 247 f., 250, 252, 266, 281, 295, 342
Mohl, Hugo von 220 f., 286, 296, 298, 300–303, 305, 310, 315, 329f., 336f.
Mohl, Moriz 220, 244, 286
Mohl, Robert von 54, 218, 220 f., 232, 236, 267 f., 277 ff., 283, 286, 290, 342
Möhler, Johann Adam 238 f.
Molinaeus → Dumoulin, Charles

Mörike, Eduard 344
Moritz von Sachsen 101
Moser, Johann Jacob 214
Münchhausen, Gerlach Adolph Frhr. von 158
Müth, Reinhard 346

Napoleon I. 231 f., 249
Naukler → Vergenhans
Negelin, Ursula 149, 153
Newton, Isaac 304
Nicolai, Friedrich 15, 17
Niebuhr, Berthold Georg 105
Nietzsche, Friedrich 332
Nöldeke, Theodor 332

Oberman, Heiko A. 346
Ockham, William von 31
Orwell, George 258
Osiander, Johann 143 f.
Osiander, Lukas 69, 117, 126
Ovidius Naso, Publius 27

Petrus Lombardus 32
Pfaff, Christoph Matthäus 157 ff., 329
Philipp von Hessen 101
Piccolomini, Ottavio 208
Pius X., Papst 242f.
Platon 32, 38
Ploucquet, Gottfried 200, 249 f., 306
Poggio Bracciolini, Gian Francesco 39
Prenninger, Martin, gen. Uranius 26, 29, 34

Quenstedt, Friedrich August 331

Raiser, Ludwig 328, 347
Ranke, Leopold von 343
Rau, Johannes 88 f.
Rauscher, Johann Martin 206
Reichart, Hellmut 346
Reinhard, Karl Friedrich 164
Reinhardt, Rudolf 346
Reuchlin, David 61, 106
Reuchlin, Johannes 11, 19 f., 23, 29, 31, 34, 40, 42 f.
Reuter, Fritz 281
Reyhing, Jakob 154 ff., 172
Reyscher, August Ludwig 265, 276
Rohde, Erwin 332 f., 339
Rosenberg, Arthur 318
Roser, W. 289
Rüge, Arnold 273
Rupp, Hans Georg 335

Sand, Karl Ludwig 233, 248
Sauerbruch, Ferdinand 106
Schadewaldt, Wolfgang 339
Schäfer, Volker 346
Schäffle, Albert 266
Schelling, Friedrich Wilhelm Joseph 105, 108, 165, 239, 248, 297
Schickard, Wilhelm 168, 206 ff., 210, 334
Schiller, Friedrich 73, 105 f., 227, 262, 264, 270, 322
Schlatter, Adolf 331
Schleiermacher, Friedrich Ernst Daniel 262
Schmid, Carlo 323, 335 f., 338
Schmitt, Carl 326
Schnurrer, Christian-Friedrich 163
Schubart, Christoph Friedrich Daniel 11
Schwab, Gustav 262, 265
Schwalb, Jonathan Friedrich 45 f., 48
Schwarzerd, Philipp → Melanchthon

Schwegler, Albert 274 ff., 278, 286, 295f.
Schweickhardt, Eduard 279
Schwenkfeld, Kaspar 148
Seck, Friedrich 346
Setzler, Wilfried 346
Shakespeare, William 86, 313
Sichard, Johannes 104 ff., 170
Sigwart, Christoph 197, 200, 220, 306
Silcher, Friedrich 264
Sixtus IV., Papst 17, 19, 21–24, 29, 34 f.
Smith, Adam 290
Spinoza, Baruch 144
Spranger, Eduard 339
Springer, Anton 341
Staupitz, Johann von 32
Steinbach, Wendelin 34 f.
Steudel, Johann Christian Friedrich 236, 286
Stöffler, Johannes 41 ff., 56
Strauß, David Friedrich 15, 56 f., 134, 161, 172, 207, 275, 286 f.
Strobel, Anna Sophia 128
Summenhart, Konrad 28, 35 ff.
Süß Oppenheimer, Josef
Swedenborg, Emanuel 140
Sylvester II., Papst 117

Theis, Adolf 345
Theurer, Monica 346
Thiersch, Friedrich 260, 284
Tholuck, August 116
Thomasius, Christian 178 f., 183
Thukydides 186
Thumm(ius), Theodor 117 f., 142, 156, 170, 177, 193
Thümmel, Hans-Wolf 346
Tillich, Paul 317, 331
Troeltsch, Ernst 106

Uhland, Ludwig 74, 207, 233, 263 ff., 291, 293 ff., 313, 319 f., 342
Ulrich, Graf zu Württ. 13, 18, 100
Ulrich, Herzog von Württ. 78–81, 90, 100–106, 139 f., 173
Unsius, Thomas 213

Vergenhans 27–31, 33 f., 36, 41, 43, 56
Vesal, Andreas 104
Vischer, Friedrich Theodor 11, 15 f., 57, 105, 134, 161, 207, 262, 268–273, 275–278, 282 f., 286, 291, 295, 298, 305, 310
Vischer, Robert 286
Volke, Werner 346
Vulpius, Christiane 15

Wächter, Karl Georg von 173, 281 f., 293
Wagner, Tobias 143 f., 284
Wandel, Uwe Jens 347
Wangenheim, Karl August Frhr. von 213, 224, 233, 235–239, 244, 248, 252 f., 262, 281, 283, 300, 338 f.
Weckerlin, Buchdrucker 142
Weit, Peter 347
Weizsäcker, Carl Friedrich von 336
Widmann, Ambrosius 113
Wilbrandt, Robert 318 f., 331
Wilhelm I., König von Württ. 232, 248, 251–255, 259 ff., 264, 267, 276, 279, 283, 306, 319, 321, 334
Winckelmann, Johann Joachim 270
Wolff, Christian, Frhr. von 137–140, 165f., 181, 209 f.
Wolfgang, Pfalzgraf 115
Wunderlich, Karl Reinhold August 289

Wuttke, Historiker 320
Wyle, Niclas von 26

Zasius, Ulrich 104
Zeller, Eduard 279, 286, 293 ff., 310, 320
Zeller, Josef 286
Zeller, Wolfgang 286
Zimmer, Hermann 338
Zinzendorf, Nikolaus Ludwig Graf 135 f., 139 f., 166
Zwingli, Huldrych 102 ff., 113, 115, 121 ff., 143, 157, 329

rowohlts monographien

Große Denker

Aristoteles
J.-M. Zemb
3-499-50063-9

Platon
Uwe Neumann
3-499-50533-9

Seneca
Marion Giebel
3-499-50575-4

Sokrates
Gottfried Martin
3-499-50128-7

Karl Marx
Werner Blumenberg
3-499-50076-0

C. G. Jung
Gerhard Wehr
3-499-50152-X

Sigmund Freud
Hans-Martin Lohmann
3-499-50601-7

Martin Heidegger
Walter Biemel
3-499-50200-3

Karl Popper
Manfred Geier
3-499-50468-5

Jean-Paul Sartre
Christa Hackenesch
3-499-50629-7

Friedrich Nietzsche
Ivo Frenzel

3-499-50634-3

S 23/1